►木製短甲《たんこう》(復元品，浜松市伊場《いば》遺跡)　黒漆《うるし》と赤い丹《に》を塗った木製の短甲で，その用途は，実戦に用いられたものではなく，儀礼用のものと推定される。

▼上空よりみた若王子《にゃくおうじ》古墳群(藤枝市)　若王子古墳群は33基の小型円墳《えんぷん》と方墳《ほうふん》からなり，４世紀末から６世紀にかけて造営された。それらの被葬者は大型前方後円墳に葬られた首長らより下位にランクされる小首長であろう。

►東海道五十三次図屏風　この五十三次図は，六曲一双の屏風で，金地着色の鮮やかなものである。浜松から江戸までを描いた右隻内の４扇で，左端第六扇の下段に浜松・天竜川，中段に府中・江尻・興津《おきつ》などがみえる。

►縄文時代の集落址(駿東《すんとう》郡長泉《ながいずみ》町上《かみ》山地《やまち》遺跡) 縄文時代の中期前葉の住居址27基や竪穴《たてあな》遺構・土杭《どくい》・集石遺構などが検出された。

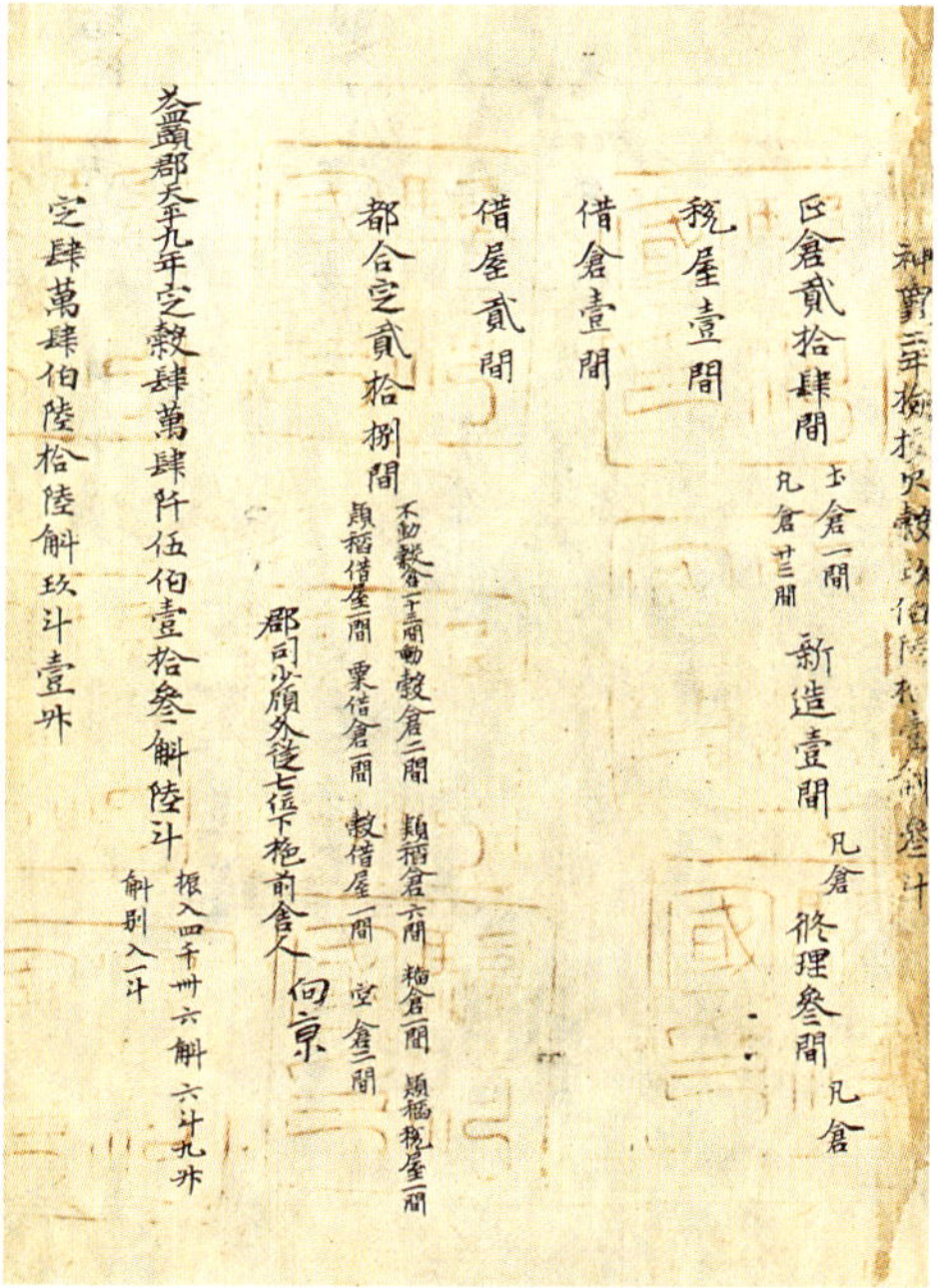

◄駿河国正税帳《するがのくにしょうぜいちょう》(天平10〈738〉年，正倉院宝物複製) 「正税帳」は，田租《でんそ》と出《すい》挙《こ》の運用状況を中央政府に上申した公文書であるが，国司らの正月の元日朝《ちょう》拝《はい》や部内巡行などの政務の実状や政務にあたっての食料給付の実際もわかる。

▼遠江国浜名郡輸租帳《ゆそちょう》(天平12〈740〉年，正倉院宝物複製) 「浜名郡輸租帳」は浜名郡の郷別の田租《でんそ》の課税額を記した公文書で，浜名郡の総計部分と郡内の某(猪鼻《いのはな》)郷・新居《あらい》郷・津築《つづき》郷の断簡が残っている。

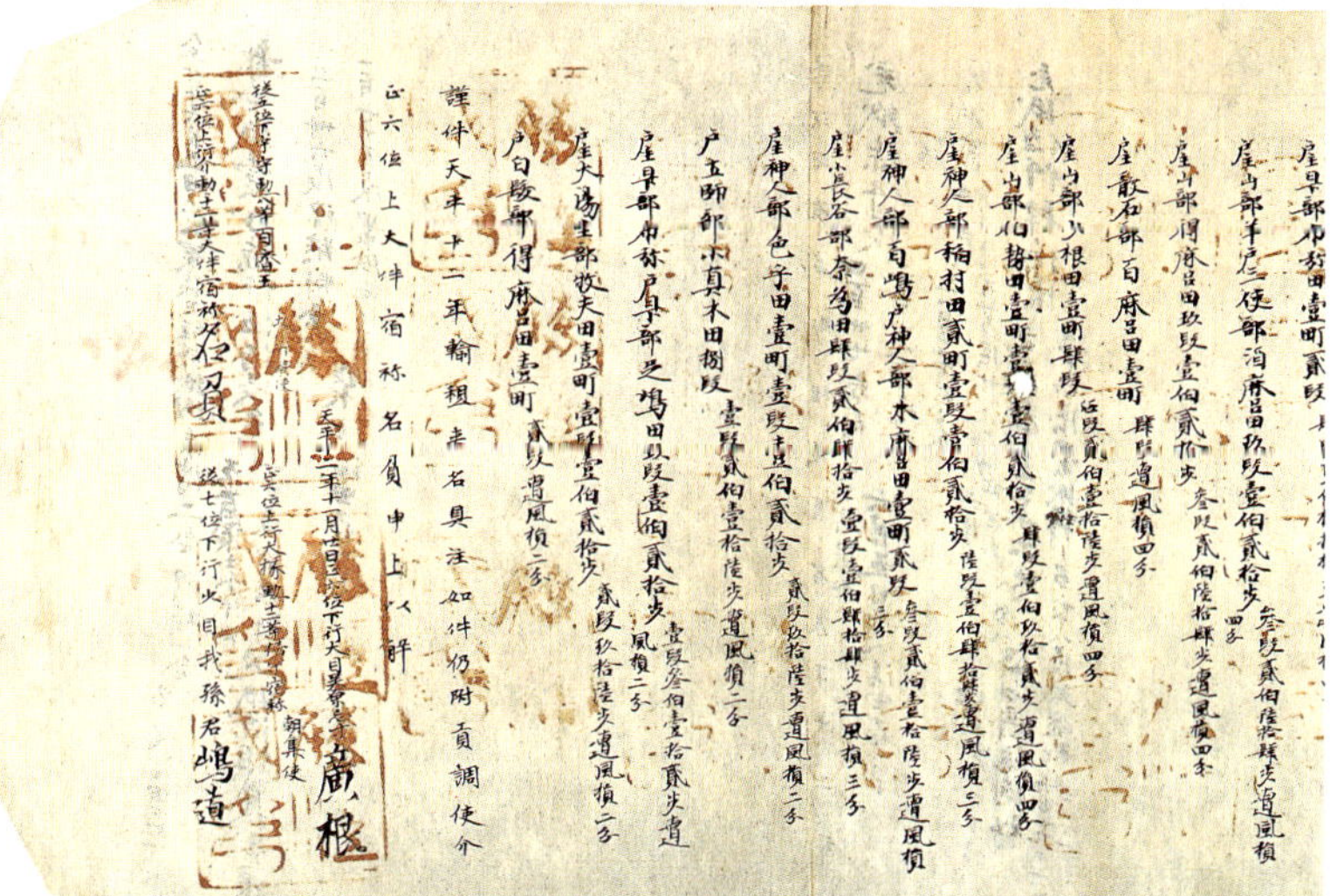

▲伝源頼朝像　藤原隆信《たかのぶ》筆とされるこの著名な画像の像主が誰かについて近年異説もだされているが，「威勢厳粛《いせいげんしゅく》，その性強烈，成敗分明，理非断決」(『玉葉《ぎょくよう》』)と称された頼朝の人品を活写しているように思われる。国宝。

▼『一遍《いっぺん》上人絵伝』巻6　一遍は弘安5(1282)年7月，鎌倉を発って伊豆三島《みしま》社に参詣した。この場面には，一遍とそれを囲む時衆《じしゅう》，社殿や池・橋，参詣する多様な階層の人びと，門前町のようすなどが克明に描かれている。国宝。

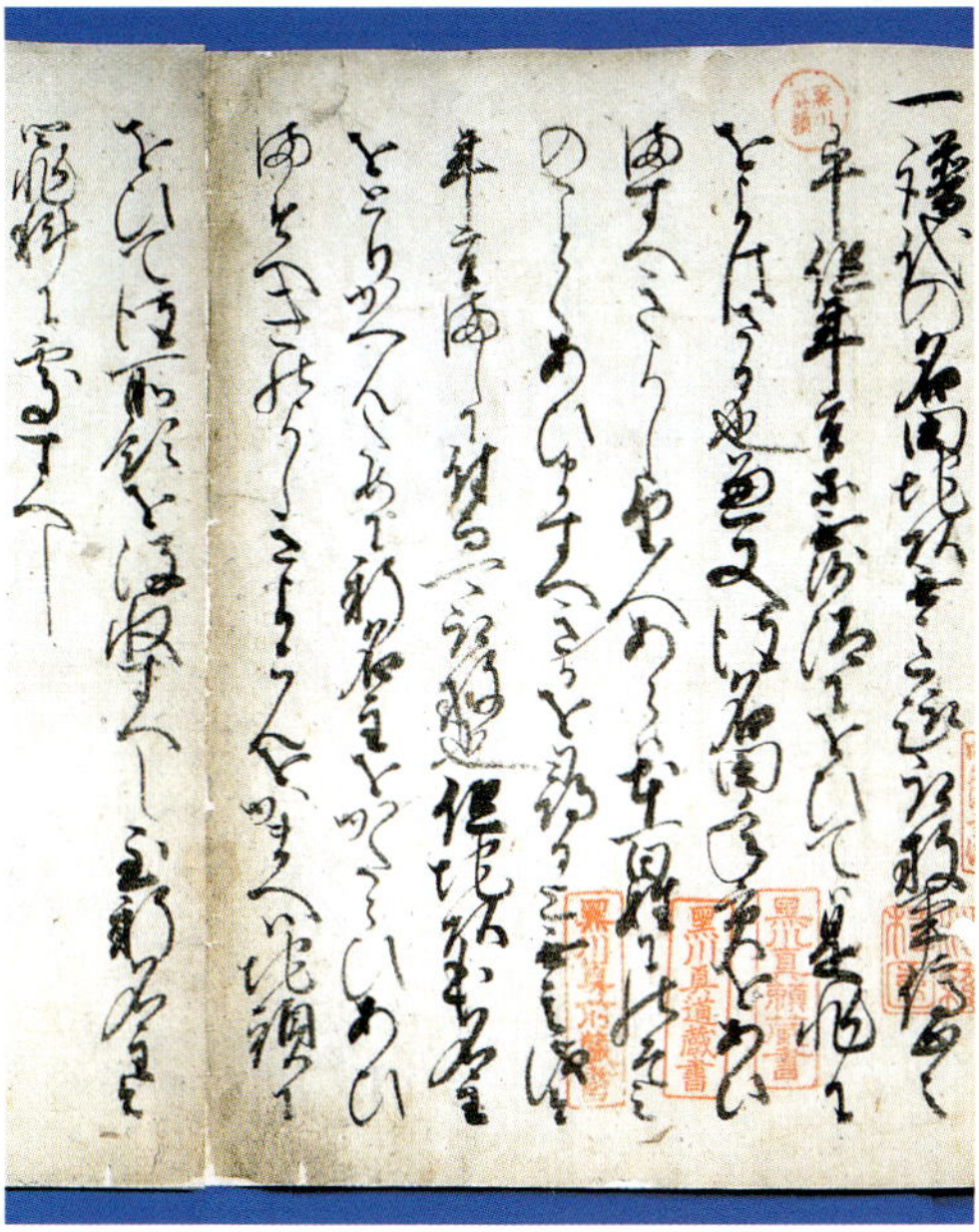

▲『今川かな目録』第１条　東国最古の分国法であるこの法典(全33カ条)は，大永６(1526)年今川氏親《うじちか》によって制定され，武田氏の『甲州法度之次第《はっとのしだい》』など，周辺戦国大名の分国法に大きな影響をあたえた。

▲宗良《むねよし》親王墓所(浜松市北区引佐《いなさ》町井伊谷《いいのや》)　漂泊の貴種宗良親王終焉の地については，井伊谷のほか諸説あって詳《つまび》らかでないが，明治初年，彦根井伊家により井伊谷宮が造営され，写真の宝篋印塔《ほうきょういんとう》が宮内省所管の墓所に指定された。

▲伝駿府《すんぷ》城築城図屛風　大規模な築城工事が行われると，担当諸大名の家臣や職人・人夫・遊女などが多数集まり，一時的に活況を呈する。この図は駿府築城普請《ふしん》のようすを描いたものといわれ，南蛮人の姿もみられる。

◀徳川家康画像　家康の画像は壮年期からはじまって何点か残されている。この図は久能《くのう》山《さん》東照宮所蔵の晩年の衣冠束帯《いかんそくたい》姿で，もっともよく知られているものである。

▼駿府城下鳥瞰《ちょうかん》図　土佐光成《みつなり》の筆になるもので，宝永《ほうえい》山が描かれていることから，宝永5(1708)年か翌年の作である。城や道路をはじめ，町並みが正確に描かれていて，当時の城下の様相を具体的に知ることができる。

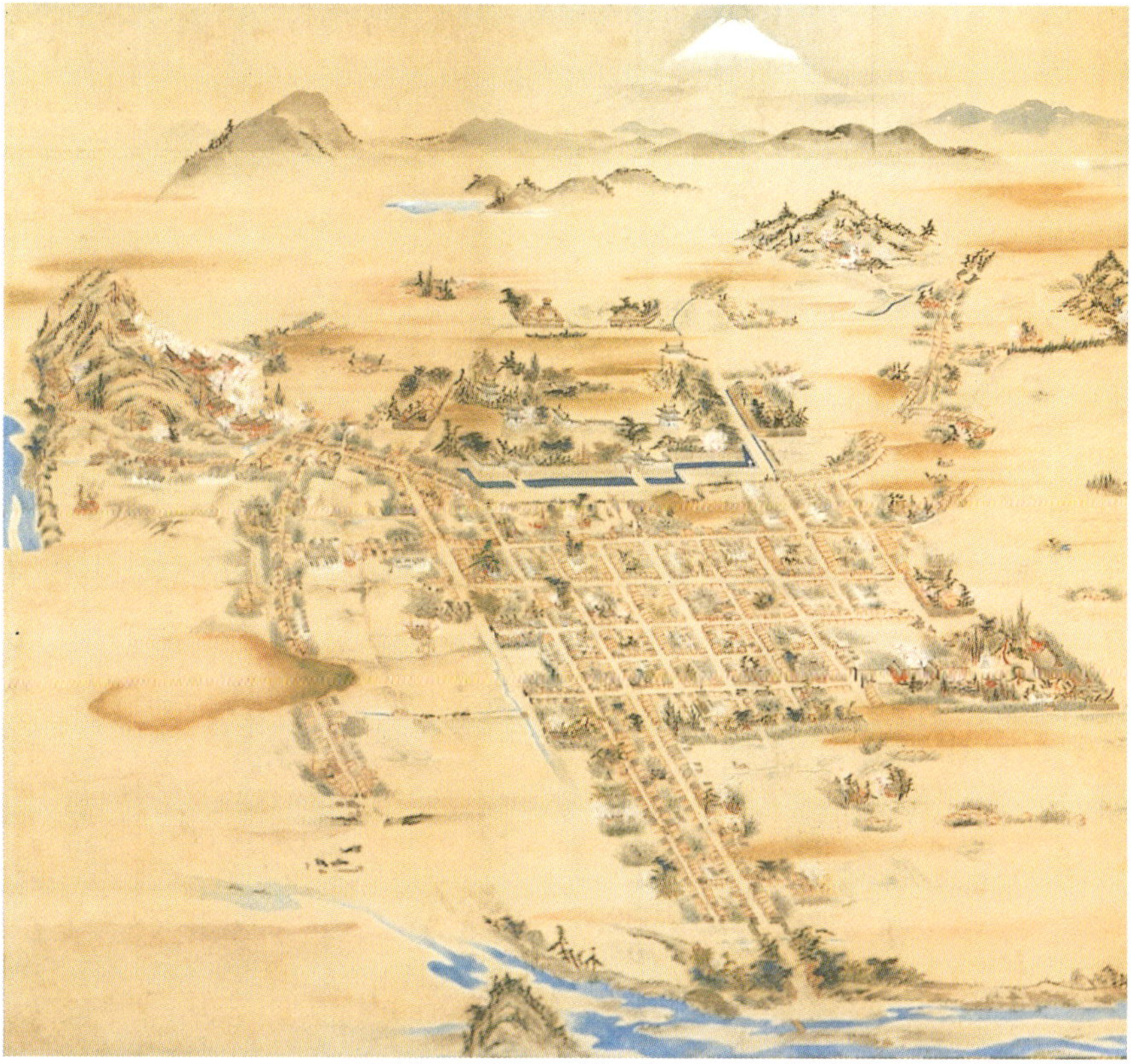

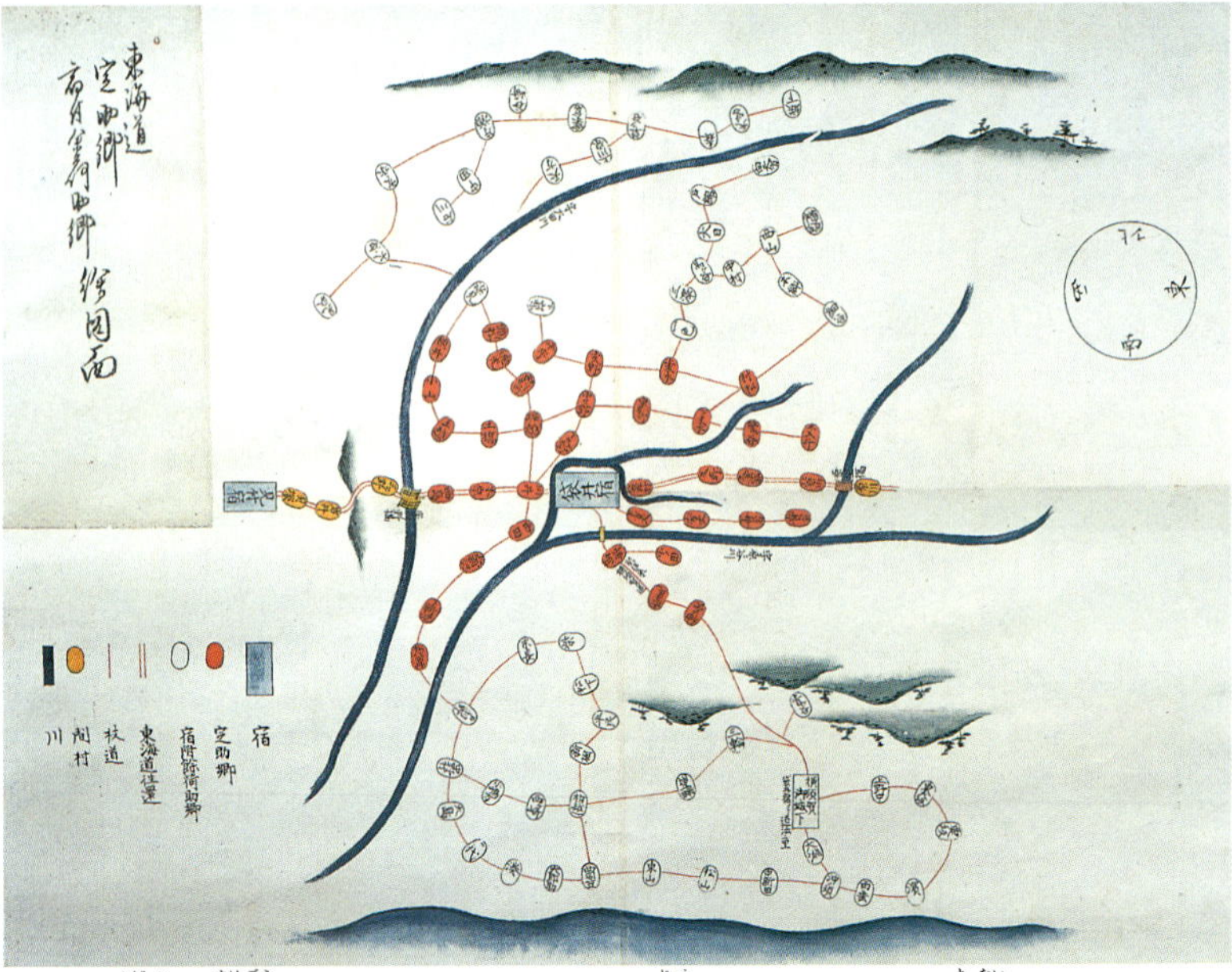

▲袋井宿助郷図《ふくろいすけごうず》　袋井宿を中心に，赤が定《じょう》助郷37カ村，白が余荷《よない》助郷53カ村となっている。定助郷とその周辺の臨時の助郷村々の設定状況があきらかであり，助郷の広がりを知ることができる。

▲四季農耕図屏風　農耕図は一般に農村の四季の生活や農作業を描いたもので，当時の農村風景や農業技術などを具体的に知ることができる貴重な絵画資料である。この図は，秋の収穫の場面である。

▼沼津藩水野氏入部行列図　参勤交代で，沼津藩水野氏が江戸から国許に戻った際のいわゆる大名行列図である。高5万石とあるので，文政12(1829)年に加増で5万石となった忠成《ただしげ》以降の藩主のお国入りの図となる。

▲薩埵《さった》峠付近のＪＲと東名高速道路　このあたりは，ＪＲ(旧国鉄)東海道線・国道１号線と東名高速道路が，海に突きでた峠によりそうように走る。日本の大道脈のノドといったおもむきで，富士山の眺めがすばらしい。

▼焼津《やいづ》魚市場の風景(焼津市)　焼津は，遠洋漁業の根拠地として日本一をほこってきた。早朝の水揚げ後まもなく行われる魚市場でのセリの呼び声が風物詩となっている。

地方史研究協議会名誉会長
学習院大学名誉教授
児玉幸多　監修

企画委員　熱田公―川添昭二―西垣晴次―渡辺信夫

静岡県の歴史 目次

本多隆成―荒木敏夫―杉橋隆夫―山本義彦

3章―戦国動乱と天下統一 123

いか

6章—近現代社会の形成と将来 253

静岡県の歴史

風土と人間――東日本と西日本の境界県

東西交流の接点●

近世では「東海道《とうかいどう》五十三次《ごじゅうさんつぎ》」の四割を超える二二宿を擁し、現在も新幹線の駅が六つもある静岡県は、長い街道筋と海岸線とを地理的な特徴の一つとしている。他方で、フォッサマグナ（糸魚川《いとい》―静岡構造線）と中央構造線とよばれる二つの大地溝帯が日本列島を縦断していて、そのいずれもが静岡県内をとおっている。

この後者の地質構造上の特徴は、静岡県が日本列島のほぼ中央に位置することもあって、単なる地質学上の問題にとどまらず、東日本と西日本との広い意味での文化交流の接点に静岡県を位置づけることにもなった。東日本と西日本とでは、文化的にさまざまな面で違いがみられるが、静岡県はまさにその境界に位置しているのである。

たとえば、言葉の問題がある。いわゆる方言には、東国方言と西国方言とが、いわば二大方言として対立していることはよく知られているが、いろいろな言葉の分布からみると、静岡と愛知あたりが東西の境界になっているのである。東京式アクセントと京都式アクセントについても、方言にくらべるとその境界はやや西によるとはいえ、東西の分岐は明瞭である。

食べ物についても同様で、大きな傾向として、イモでは東はさつまいも、西はじゃがいもが多く、またイモを儀礼食物とする場合、東はやまいも、西はさといもという傾向がある。ニクでは、東は豚肉、西は牛肉が多い。正月の魚の地域性も顕著で、東の鮭《さけ》と西の鰤《ぶり》は、それこそフォッサマグナではないが、糸魚川と浜名湖《はまなこ》を結ぶ線でほぼ東西に分かれている。刺身を食べるとき、東は醬油《しょうゆ》で西は溜《たまり》となるのも、浜名湖あたりが境といわれている。

このような東西の相違は、戦後、それもいわゆる高度成長期以後急速に均一化されていく傾向があるとはいえ、なお厳然として残っているといってよいであろう。この違いが生じたのは、縄文《じょうもん》・弥生《やよい》時代にまでさかのぼるようであるが、それはともかく、東海道に即して静岡県をみた場合、やはり中世以降の政治的な変化がもつ意味が大きい。すなわち、鎌倉《かまくら》に幕府《ばくふ》が開かれたことで、鎌倉と京都を結ぶ東海道交通の重要性が一気に高まったことである。さらに江戸《えど》幕府の成立は、江戸と京都・大坂を結ぶ東海道と太平洋海運の発展をもたらし、静岡県はこの東西の政治・経済・文化交流の接点として、また橋渡しとして重要な位置を占めたのである。

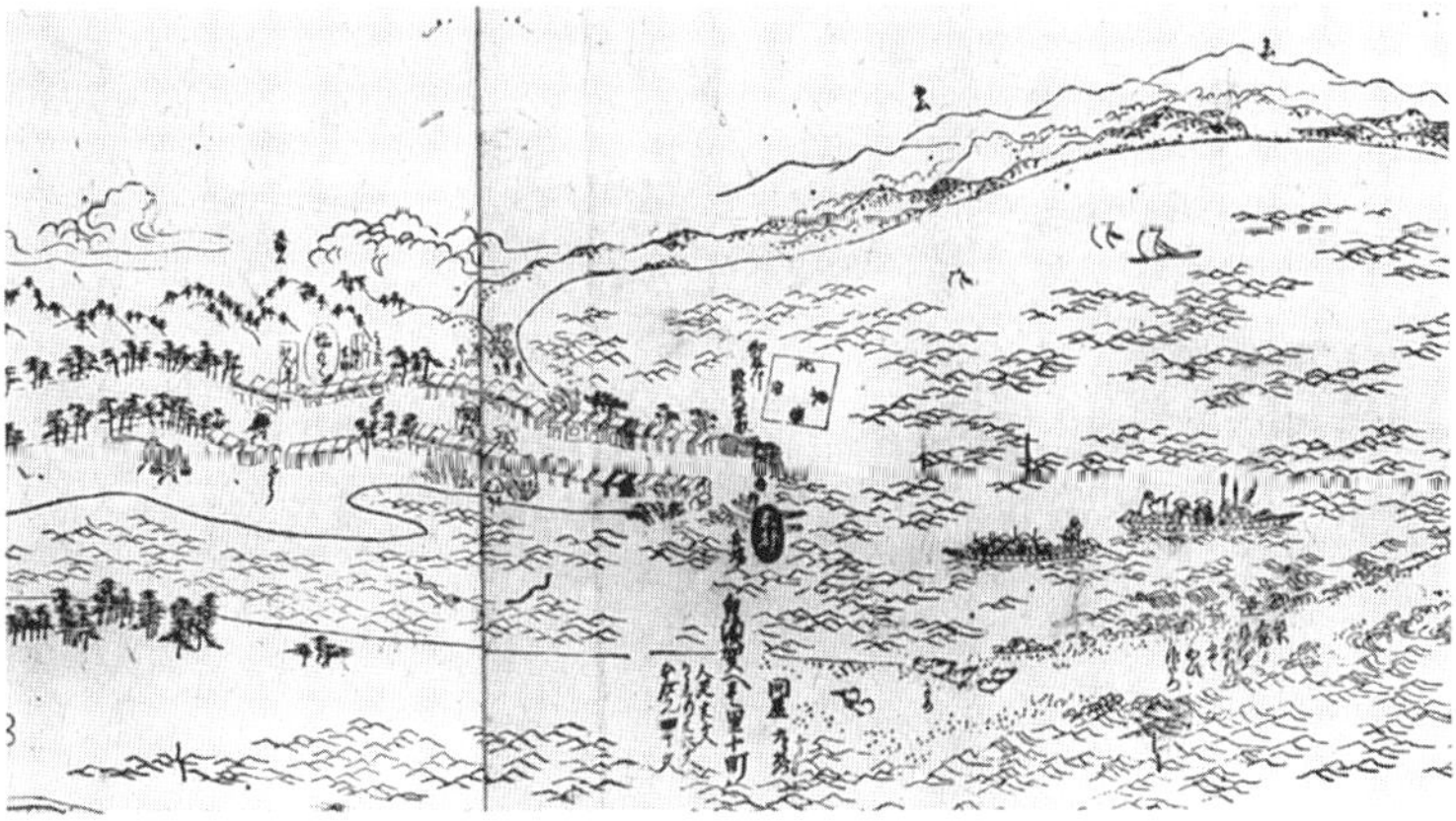
浜名湖と荒井(『東海道分間絵図』)

個性ある三国●

ところで、これまで静岡県といってきたが、もとより静岡県の成立は明治以後のことである。それまでは遠江《とおとうみ》・駿河《するが》・伊豆《いず》の三国に分かれていた。静岡県が東西交流の接点といった場合も、当然三国で事情が異なっていた。

おおよその傾向として、遠江は西国に近く、駿河はやや東国よりで、伊豆はまったく東国圏といってよい。たとえば、村役人の呼称が一つの典型であるが、東国では名主《なぬし》、西国では庄屋《しょうや》といわれたが、遠江は庄屋が優位、駿河は名主が優位で、伊豆は圧倒的に名主となっている。

この傾向は、古代にまでさかのぼるといってよく、そもそも遠江という国名自体が、琵琶湖《びわこ》を近淡海《ちかつおうみ》(近江《おうみ》)といったのに対して、浜名湖を遠《とおつ》淡海(遠江)と称したのに由来するといわれている。つまり、大和《やまと》王権以来の古代国家では、早くから遠江までは直接権力がおよぶ地域とみなしていたのであろう。古代末から中世にかけての荘園《しょうえん》や御厨《みくりや》にしても、その分布はもとより、実効ある支配が長くおよんだのは、やはり遠江までであった。

それに対して、駿河と伊豆とが独自の発展をはじめるのは、天武天皇九(六八〇)年に駿河国から伊豆国が分かれて以来である。駿河の国府は駿河郷(沼津《ぬまづ》市)から安倍《あべ》郡に移され、駿河府中《ふちゅう》(静岡市)が政治の中心地となった。とくに戦国大名《せんごくだいみょう》今川《いまがわ》氏が駿府に居館《きょかん》をかまえ、さらに大御所徳川家康《おおごしょとくがわいえやす》が駿府を居城《きょじょう》にしたことで、駿府は政治的な都市として発展し、その特質は今日にまでつながっているといえよう。

伊豆国という表記が正史に明確にあらわれてくるのは、大宝二(七〇二)年のことといわれていて、遠江・駿河にくらべるとかなり遅かった。中央からは僻遠《へきえん》の地とみなされていたようで、源頼朝《みなもとのよりとも》が蛭《ひる》ヶ小島《こじま》に流されたように、流刑の地とされていた。一貫して東国的な要素が強く、戦国期には小田原《おだわら》の北条氏《ほうじょう》の支配下におかれ、北条氏滅亡後は、遠江・駿河には豊臣《とよとみ》系大名がいっせいに配置されたのに対し、伊豆は江戸城にはいった徳川家康の領国下におかれた。現在も、熱海《あたみ》、伊東《いとう》から下田《しもだ》に至る東海岸は、まったく関東圏といってよい。

静岡県の成立●

このように、風土も歴史も異なった三国が、明治になって静岡県とされたのである。一国一県というところも多いなかで、静岡県が三国も合わせて一県となったのは、どのような経緯だったのであろうか。

まず静岡という名の由来であるが、明治元（一八六八）年八月に徳川家達《いえさと》が七〇万石で駿府城にはいり、駿河府中藩が成立したが、翌年六月に、「府中」は「不忠」につうずるということで静岡藩に改称したといわれてきた。しかし『静岡県史』の成果によれば、中央政府が藩レベルで公的ニュアンスをもつ府中という呼称を好まなかったため、あらたに三つの候補名を提出したところ、六月に各藩の版籍奉還《はんせきほうかん》の願書をうけいれたさい、家達の場合は静岡藩知事に任命されたことによって、はじめて静岡という名称が使用されたという。

その後、明治四年七月に廃藩置県《はいはんちけん》が行われ、十一月には全国は三府七二県へと統廃合が断行された。そのさい、静岡藩の駿河部分が静岡県に、遠江部分と堀江《ほりえ》県が浜松《はままつ》県となった。伊豆では早くから韮山《にらやま》県が成立していたが、このとき足柄《あしがら》県に編入されたのである。ここにも、伊豆と関東とのつながりがみられるといえよう。

こうして、新しい県体制が確立したのであるが、静岡県では士族《しぞく》の不満が強くなったため、翌年伊豆国の石高《こくだか》の半分を静岡県に編入するという運動をおこした。政府も一度はこの要求を取りあげたが、足柄県や伊豆自身からも強い反対運動がおこり、半高分割案は撤回されてしまった。やがて全国的に合県政策が推進され、明治九年四月にまず足柄県の廃県に伴って伊豆は静岡県と合併され、ついで八月に浜松県も廃止されて、ほぼ今日の静岡県の成立をみることになったのである。

南北の交流●

さて、静岡県のとくに前近代においては、東西の交流に加えて、南北の生活や文化の交流があったことを忘れてはならない。鉄道の発達以来、ともすれば東西交流に目がむきがちであるが、遠江と信濃《しなの》、駿河と甲斐《かい》は、古くから深い交流があった。

遠江では、相良《さがら》町（現牧之原市）にはじまり、掛川《かけがわ》市や森《もり》町を経て、水窪《みさくぼ》町で青崩《あおくずれ》峠を越えて信濃に至る信州街道がメインルートであった。この道は、秋葉《あきは》街道ともよばれる信仰の道でもあったが、他方では塩の道ともいわれているように、まさに信濃との物資や文化の交流をささえてき

日本平と富士山　右側にみえるのは駿河湾。

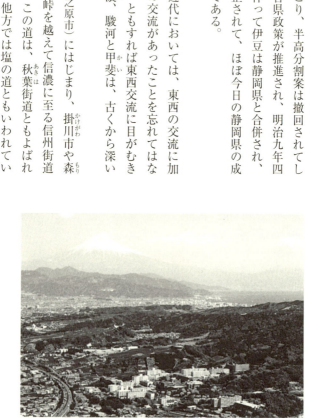

たのである。青崩峠に立って信濃方面をのぞむと、山並みが幾重にも連なっていて、いかにも国境の峠という印象が強い。それとともに、このような山間の峠や渓谷をいくつも越えて、古くから人びとの往来が盛んであったということに、深い感慨をおぼえるのである。

駿河から甲斐へは、身延《みのぶ》街道がつうじていた。静岡市清水《しみず》区興津《おきつ》の旧東海道から身延街道への分岐点に、今でも大きな題目碑《だいもくひ》がみられるように、この道もまた信仰の道でもあった。物資の輸送という点では、とくに近世になって富士《ふじ》川舟運《しゅううん》の役割が飛躍的に高まった。慶長十二(一六〇七)年に角倉了意《すみのくらりょうい》によって開削・整備されたといわれるが、甲斐の鰍沢《かじかざわ》・青柳《あおやぎ》・黒沢《くろさわ》の三河岸《かし》と、駿河の岩淵《いわぶち》河岸が舟運で結ばれ、岩淵から陸送で蒲原湊《かんばらみなと》へ、そこからはまた船で清水湊に至った。主要物資としては、下り荷は廻米・城米、上り荷は塩であった。岩淵から送られた塩に、赤穂《あこう》・竹原《たけはら》など瀬戸内産のものもみられ、当時の広域的な流通の状況がうかがわれる。

河川交通では、信濃の伊那《いな》谷と遠江の掛塚《かけづか》湊を結ぶ天竜《てんりゅう》川水運も重要であった。とくに木材の輸送で、榑木《くれき》を「管《くだ》流し」して船明《ふなぎら》でいったん水揚げし、そこからは「筏《いかだ》流し」で掛塚湊に至り、船積みされて江戸などに送られたのであった。物資の輸送はもとより、生活に直接かかわるものも多く、炭・薪《まき》・楮《こうぞ》や串柿など多様であった。このような河川や街道、多くの脇道などを利用して、山や谷をふみこえながら、物資の流通、文化の交流がはかられてきたのである。

温暖な気候と自然災害●

このような風土と歴史にはぐくまれてきた静岡県であるが、ただそこに生きる人びと、その県民性を一言で表現することはなかなかむつかしい。よくお国柄などといわれるように、国ごとに伝統的な特色を有しているが、静岡県はそれぞれ歴史的に個性的な三国からなっているからである。

県民性についてあえていうとすれば、お茶とミカンに象徴されるように、温暖な気候にめぐまれて、ハングリー精神にとぼしく、おっとりした人柄ということになろうか。しかしそのイメージとて、おそらくは近代以降に形づくられてきたものであろう。前近代では静岡県もまた、きびしい自然災害との戦いをまぬがれなかった。

天竜川・大井《おおい》川・安倍川・富士川あるいは狩野《かの》川などの大河川は、大風雨のたびに洪水を引きおこした。堤防によってその克服がはかられたのは、近代以降、それも最終的には昭和になってからのことであった。また最近ではよく知られているように、これまでほぼ一〇〇年余りごとに東海大地震に見舞われて、そのたびに多大な被害をうけてきたのである。

そのような災害はあっても、静岡県は富士山や浜名湖を始め、やはり山・川・海の自然にめぐまれている。この自然を大切にしながら、自然と調和のとれた政治・経済・文化の発展をはかることで、今や二十一世紀の世界にむけて、あらたな静岡像をつくりだしていくことが必要であろう。

1章

静岡の夜明けと律令体制の成立

大北横穴群の24号横穴「若舎人」石櫃

1　三ヶ日人と登呂の人びと

三ヶ日人と愛鷹山麓の人びと●

旧石器《きゅうせっき》時代とは、約一万年より以前、地質学的には更新世《こうしんせい》とよばれる年代に属する最古の人類文化をさすが、列島内のこの時代に属する遺跡の多くは、約三万年前から一万二、三千年前のものが中心となっている。

このころの人びとの生活の痕跡を示す遺跡として、愛鷹《あしたか》山麓の沼津《ぬまづ》市中見与《なかみよ》第一遺跡では台状様石器や磨製石斧《ませいせきふ》が出土し、また、拳《こぶし》大の小礫《れき》を一カ所に集め、それを熱し、肉などを調理した施設と考えられるわが国最古の礫群が発見されている。おおよそ三万年前の遺跡と推定されている。

戦後、浜松市北区三ヶ日町只木《ただき》と同市根堅岩水寺《ねがたがんすいじ》から発見され、「三ヶ日人《みっかびじん》」「浜北人《はまきたじん》」と命名されている化石人骨は、紀元前一万九〇〇〇年前ごろのものとされているから、これらの人びとの存在した時代を一万年余もさかのぼることになる。三ヶ日人骨は七点出土し、成年男性二人と女性一人の人骨であることが判明しており、男性の身長は一四五センチと一五四センチと推定され、浜北人骨は、二〇歳代の女性で身長一四三センチと考えられている。これらの人骨発見以後、県内での調査例がふえ、旧石器時代の遺跡は二〇〇カ所近くに達している。それらは、(1)天竜川左岸の磐田原《いわたはら》台地西縁一帯、(2)沼津市の背後の愛鷹山南麓、(3)箱根《はこね》山西麓の三カ所に密集している。

このうち、愛鷹山南麓の尾上《おのうえ》遺跡群では、環状《かんじょう》ブロック（使用済み石器や石器製作の石屑《いしくず》を捨てた跡）が確

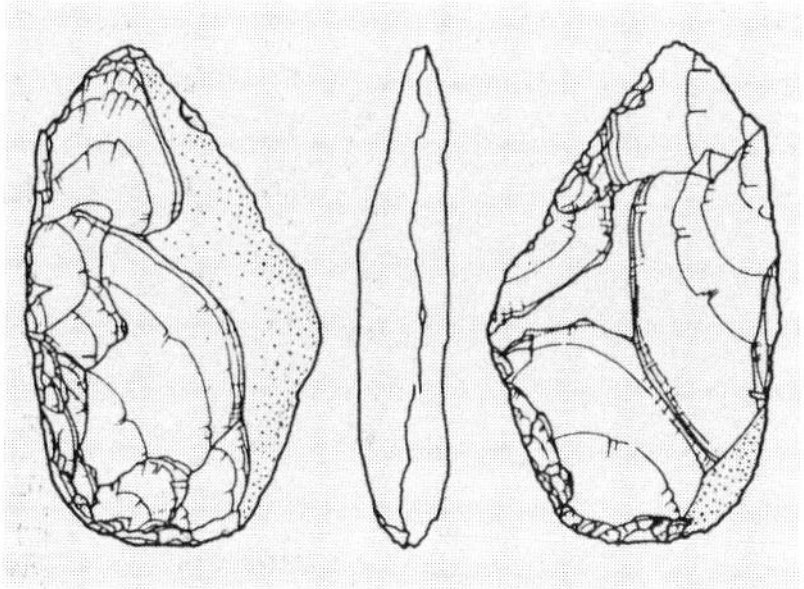

尾上NO.5遺跡(沼津市)の石斧(『静岡県のあけぼの』による)

尾上イラウネ遺跡(沼津市)の線刻礫

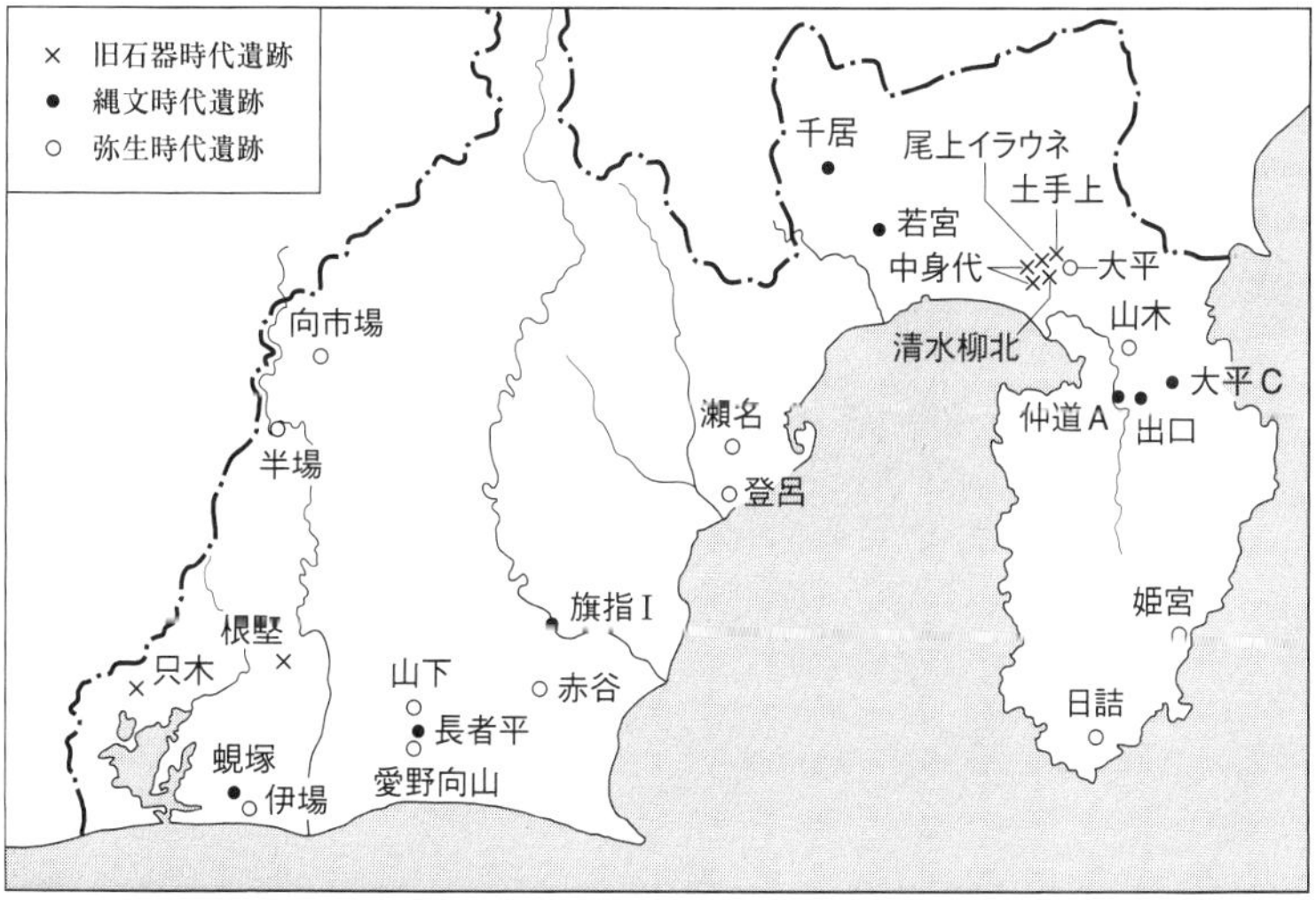

旧石器・縄文・弥生時代の遺跡分布　遺跡のなかには，複数の時代にまたがる遺跡もあるが，本図では区別していない。

認され、また、尾上イラウネ遺跡から子どもの拳大の自然礫に鋭利な工具で線刻された三点の線刻礫が発見されている。

遺物からみてみると、このころの日本列島は今日の平均気温より寒冷であったが、愛鷹山南麓や磐田原台地は落葉広葉樹や針葉樹の森を背後にもつ草原地帯であったと推定されている。

蜆塚遺跡と静岡の縄文時代●

旧石器時代につぐ縄文《じょうもん》時代は、地球の温暖化が進みはじめる約一万二〇〇〇年前ごろから約二五〇〇年前までの時代をさす。約一万年におよぶこの縄文時代を、『静岡県史』通史編1では、形成期（縄文草創期・早期前半）―発展期（早期後半）―一時的衰退期（前期）―成熟期（前期末・中期・後期前半）―終末期（後期後半）の五段階に区分している。

遺跡総数は約二〇〇〇カ所を数え、おおよそ大井《おおい》川を境として東部に偏在している静岡の縄文時代の遺跡・遺物からうかがえる時代の概観は、『静岡県史』通史編1の成果に依拠して記すとつぎのようである。

縄文時代の開始は、静岡県の場合、九州や東北地方と比較するとやや遅く一万一〇〇〇年前ごろとされる。旧石器時代との大きな相違を示す土器の製作が県内でも伊豆の国市仲道《なかみち》A遺跡で確認されている。縄文草創期の遺跡はこの遺跡を含め数は少ないが、早期前半までに至ると縄文文化は確実に定着していることが、撚糸文《よりいともん》土器や押型文《おしがたもん》土器などの住居址からの出土やこの期の集落址の調査によってわかっている。その後、今から約七〇〇〇～八〇〇〇年前ごろまでの発展期にあたる早期後半には愛鷹山南麓から箱根山西麓・伊豆《いず》半島にかけて集落が急増し、中部にも拡散するようになる。

縄文前期になると遺跡数が減少しはじめる一時的衰退期を経過する。この時期になると住居に炉《ろ》が常設

❖コラム

蜆塚貝塚とその堆積物

国指定史跡の蜆塚遺跡（浜松市中区蜆塚）は、縄文時代後期から晩期（「終末期」）の遺跡である。この遺跡に関しては、浜松諏訪神社の神主（大祝）であった杉浦国頭《くにあきら》の著作『曳馬拾遺《ひくましゅうい》』の中に興味深い記述がある。

> 蜆塚は、三つ山の東にあり。今は一むら（村）となりて、しづ（賤）が家々も十あまり見えぬ。此所むかしいかなる所なりけん。つち（土）をうか（穿）ち見れば底の底までも猶しゝみから（殻）のつ（尽）くることを知らす。かかることは世にも又有るものかは。

杉浦国頭は、延宝六年（一六七八）遠州浜松に生まれた国学者でもあり、賀茂真淵の師としても知られる人である。少し土を掘れば、蜆の殻が層をなして堆積していると、国頭が記した様子は、遺跡のある蜆塚公園を訪れれば、ガラス戸越しに見ることができる。

蜆塚遺跡は、縄文時代の晩期の住居址や墓址を検出しているが、地名「蜆塚」の名にふさわしく蜆を堆積する貝塚を検出していることで著名である。貝塚の堆積物は、当時の食糧資源の実情を推測する重要な資料であり、遺跡公園にある貝層断面を観察できる施設に立ち寄れば、その消費のすさまじさを実感できる。

貝塚は淡水性のヤマトシジミが圧倒的に多く、ハマグリ・シオフキ・ダンベイキサゴ・キセルガイなどの貝類やタイやマフグ・スズキ・アカエイなどの骨も認められる。貝塚からの出土遺物はそれだけでない。石鏃が刺さったままの状態でシカの骨盤の一部が発見されており、イノシシ・ノウサギ・タヌキ・アナグマなどの動物類やコガモやツルなどの鳥類も捕獲されていたことが分かる。

されるようになる。前期末から中期・後期前半までの成熟期になると、県内の縄文時代は最盛期を迎え、県中部から西部にかけても遺跡の数が増加する。東部では、八ヶ岳《やつがたけ》山麓で発達した縄文中期の文化と様相が類似する文化（集落規模・住居の形と構造・土器・顔面把手《とって》・土偶《どぐう》・石棒《いしぼう》・大量の打ち欠いた石斧《せきふ》・ヒスイの大珠《たいしゅ》）が発達し、愛鷹・箱根両山麓地帯を中心に伊豆半島から西は掛川《かけがわ》市付近まで浸透している。これに対し、遠江《とおとうみ》の平野部では、近畿・瀬戸内地域の土器が流入し、東海東部独自の形式を生みだしたり、伊那谷《いなだに》系の土器などが支配的に分布する独自の様相を示している。

また、石鏃《せきぞく》の原料となる石材も、天竜川付近までは、奈良県と大阪府の県境にある二上山《にじょうさん》産出のサヌカイトや岐阜県下呂《げろ》産の下呂石などが大量にはいっているのに対し、東部では八ヶ岳産の黒曜石《こくようせき》が、伊豆半島では神津島《こうづしま》産の黒曜石が主流を占めている。こうした点から生活必要材の「交易」が活発に行われていたことがわかる。

後期後半になると遺跡数が東部では急減するが、拠点的遺跡を成立させる中・西部はゆるやかに減少する傾向がうかがえる。この時期になると、石棒は姿を消し、石剣《せきけん》や石刀《せきとう》などの儀器《ぎき》が普及し、前代にみられた石製の玦《けつ》状耳飾りにかわって土製耳飾りがつくられるようになる。

いくつかの時期の集落のようすをもう少し遺跡に即してみてみよう。富士宮《ふじのみや》市若宮《わかみや》遺跡は集落のほぼ全容を調査し、建替えが考えられる形成期の竪穴住居址《たてあなじゅうきょあと》二八基が直径七〇〜八〇メートルの環状を呈して検出されており、発展期から一時的衰退期にかけての集落址である沼津市清水柳北《しみずやなぎきた》遺跡では、遺跡の南側に帯状に住居址が発見されている。

成熟期の例として、伊豆市出口《でぐち》遺跡では、直径約六〇メートルの半円状にならぶ一五基の住居址が発掘され、富士宮市千居《せんご》遺跡では二一基の住居址が環状にならび、袋井《ふくろい》市長者平《ちょうじゃびら》遺跡では一八基の住居址が半円状にならんで検出されている。また、終末期の例としては、浜松《はままつ》市蜆塚《しじみづか》遺跡では円環状に住居址が検出され、大小四つの貝塚が一部住居址と重複してある。

これらの調査例が示す住居址数は、同時に存在した数を示すものでなく、遺跡の存続期間や建替えを考慮すると、同時に存在したのは少ない例で二、三基程度、総人数二〇～二五人程度ではなかったかと推定されている。住居址に住んだ縄文人は、立地条件によってその比重が異なるが、弓矢の使用によるシカやイノシシなどの狩猟、木の実の採集、淡水性・海水性の貝類や魚類の採集・捕獲によって生活を維持していた。

終末期の蜆塚遺跡からは、貝類では淡水性のヤマトシジミが他を圧倒するが、それらにまじって海水性の魚類であるタイ・マフグ・スズキ・クロダイ・アカエイの骨もみられる。とくに、スズキのえら骨にみられる三つの小孔は銛《もり》による捕獲とする見方もだされており、また、多量に発見された石錘からマダイなどの網漁も推定されている。

登呂遺跡と静岡の弥生時代

天竜川上流の浜松市天竜《てんりゅう》区半場《はんば》遺跡から縄文時代最末期の条痕文《じょうこんもん》を主体とする水神平《すいじんびら》式土器にまじって弥生《やよい》文化の波及を知らせる遠賀川《おんがかわ》式土器が検出されている。この遺跡は、静岡でもっとも早く弥生文化の洗礼をうけた遺跡の一つである。賀茂《かも》郡河津《かわづ》町姫宮《ひめみや》遺跡もそうした遺跡で、こちらは遺跡の場所からみて太平洋の黒潮《くろしお》ルートをつうじての文化の波及が推定されている。ただし、これらの遺跡では、弥生時代を特徴づける土器の流入は認められても、いずれの遺跡においても稲作農耕が行われていたかについては疑問視されている。

それでも、稲作農耕は紀元前一世紀には全県的に定着したと考えられており、各地に拠点的集落が形成される。こうした時期を経て、この静岡の地では二世紀後半から三世紀にかけて大河川の流域に稲作農耕を伴って本格的に弥生時代が展開し、このころから遺跡数が急増する。

弥生時代の静岡県域は、初め静岡・清水平野、その後天竜川を境として大きく東西二つの地域圏に分けることができ、さらに細分化して、西から⑴天竜川以西の遠州西部、⑵太田《おおた》川・菊《きく》川流域を中心とした遠州中・東部、⑶大井川から静岡・清水平野までの駿河西部、⑷富士川・狩野《かの》川流域や愛鷹山麓から伊豆半島を含む駿河《するが》東部・伊豆の四地域圏が考えられるという。

弥生時代の集落の構造は、ほぼ全域を調査した例を総合してみると、少なくとも集落は住居域、倉庫域、墓域の三つの区域をそなえていたとみられる。このうち、弥生後期の集落遺跡でもある登呂《とろ》遺跡の集落の区域は、安倍《あべ》川の一支流が形成した自然堤防上にある。それは、一七〜一八戸で成り立っていたと推定され、彼らの生活をささえた水田は、これまでの調査で矢板《やいた》や杭《くい》で補強された畦畔《けいはん》で整然と区画された水田が五〇枚ほど確認されている。水田の面積は最大で二三九六平方メートル、最小で三七五平方メートル、もっとも多いのは一四〇〇平方メートルとされている。

しかし、その後、各地で水田遺構の調査が進んでくると、登呂遺跡の水田景観とは相を異にする田が多く検出されている。それは水田をつくる地形環境に応じて区画されるためとされ、そのために不定形のものが多く、田一枚の面積もせまい。平坦地の水田に至っては四〜一〇平方メートルの小区画の田が検出される場合も少なくない。

今日、県内で最古の弥生時代中期後葉の水田遺構といわれる静岡市瀬名《せな》遺跡でも、面積のわかる七枚の田は一八〜二八・五平方メートルで、足跡とみられる小さな凹《くぼ》みも検出されている。

ところで、稲作農耕が伝播・普及した弥生時代は、一般に「平和」のイメージが強いが、この時代は戦国時代とならぶ「戦争」の激しかった時代でもあった。そのようすを記す貴重な海外史料である『魏志《ぎし》』倭人伝《わじんでん》は二世紀前半の、「桓霊《かんれい》の間」に倭国《わこく》の大乱があったことを記している。卑弥呼《ひみこ》の中国への使者派遣も一つに狗奴《くな》国との戦争を有利に展開するためであったことに目をむける必要があろう。

こうした戦争の時代を特徴づけるものが、弥生中期から後期にかけて出現する高地性《こうちせい》集落《しゅうらく》であり、遺構としては佐賀県吉野ケ里《よしのがり》遺跡などにうかがえるように集落の周囲に濠《ほり》をめぐらせた環濠《かんごう》が出現する。県内の高地性集落としては、小笠山《おがさやま》北西麓に位置する袋井市愛《あい》野《の》向山《むかいやま》遺跡や菊川流域の菊川市赤谷《あかや》遺跡

浜松市北区細江町悪ケ谷の三遠式銅鐸（左）と同市三ヶ日町猪久保の近畿式銅鐸

が知られている。前者からは約一万四〇〇〇平方メートルの範囲から一五〇基以上の竪穴住居、高床倉庫《たかゆかそうこ》のほか方形周溝墓《ほうけいしゅうこうぼ》、土器棺墓などの墓地が検出されている。また、環濠は県内でも、三重の濠の一部から黒漆《くろうるし》と丹《に》の塗られた呪術《じゅじゅつ》性の濃厚な木製の短甲《たんこう》を出土した浜松市伊場《いば》遺跡の例を含めて十数例が知られている。

集落を構成する墓域にみられる墓制《ぼせい》は、縄文時代の墓制を引き継いでいる細長い穴に死者を埋葬した土壙墓《どこうぼ》や壺《つぼ》に鉢《はち》をかぶせて土壙におさめた土器棺墓とならんで、方形に溝をめぐらし区画内に木棺で死者を埋葬する方形周溝墓が、県内では弥生時代中期以後に普及する。その最古の例は、袋井・掛川両市の境にある山下《やました》遺跡で、弥生中期初頭から中期後葉にかけて一七基が列状に展開している。また、弥生後期になると袋井市以西の地域では、丘の上にあって周囲を削りだして高さを強調した台状墓《だいじょうぼ》などもみられる。

なお、弥生時代を代表する祭器《さいき》ともいわれている銅鐸《どうたく》は、後期になると、近畿式銅鐸とならんで三遠《さんえん》式銅鐸といわれる一類型をうみだしている。三河《みかわ》と遠江からの出土が多いことからこの名がつけられており、銅鐸の身の文様《もんよう》の区画に太い凸《とつ》線を配し、鈕《ちゅう》の頂部に飾り耳をもたない特徴を有する。これらのなかには、身に絵画を描くものもあり、浜松市北区細江《ほそえ》町小野《おの》や磐田市敷地《しきじ》の銅鐸には鷺が、浜松市北区細江町悪ケ谷《あくがや》のそれには鷺と鹿が描かれている（前頁写真参照）。

2　静岡の古代氏族と倭王権

静岡の古墳と豪族居館●

邪馬台国《やまたいこく》の女王卑弥呼が、狗奴国との戦いのなかで亡くなったとすると、三世紀中葉のこととなる。卑弥呼の死に際して大きな塚をつくったと『魏志』倭人伝は記している。

今日、県内最古と考えられる古墳は、磐田《いわた》市新豊院山《しんぼういんやま》二号墳や袋井市座王権現《ざおうごんげん》神社古墳などである。前者は墳長三四・三メートルの前方後円墳で、竪穴式石室を内部主体とし、副葬品《ふくそうひん》として鉄刀などの武具や三角縁《さんかくぶち》四神《ししん》四獣鏡《しじゅうきょう》などを副葬している。その造営の時期については、出土土器から三世紀末から四世紀前半が考えられる。

後者は四九メートルの前方後方墳であるが、後方部の南側周濠から出土した土器の特徴が、新豊院山二号墳出土の土器よりも古いとされている。土器の年代観がゆれているため、決定的ではないが、三世紀末ごろの土器と考えられている。この年代観がゆるがぬものとなったとき、座王権現神社古墳が県内最古の古墳として認定されることになろう。

このように静岡の地における古墳時代の始まりは、どうやら三世紀末から四世紀前半のころにさかのぼって考えられそうである。四世紀後半になると、古墳時代の到来を告げるきざしが遠江のほかの地域や駿河の地域にもみえるようになり、五世紀をつうじて本格的な展開をみせる。六世紀以降になると次項で記すように

新豊院山２号墳（磐田市）

家族墓的様相の強い小古墳が密集してつくられる群集墳が形成される。『静岡県史』通史編1では、一三の地域に区分し、さらにそれを三〇の支群に細分化して、県内の主要な古墳群を理解している（下図・次頁表参照）。そのいくつかを四・五世紀の特徴的な古墳の分布に留意して西からみてみよう。

浜名湖《はまなこ》沿岸地域では、浜松市北区引佐町の井伊《いい》谷《のや》盆地北東部の丘陵部にある北岡大塚《きたおかおおつか》古墳（四六・五メートル）が目を引く。四世紀後半の造営が推定される前方後方墳で、都田《みやこだ》川流域の古墳群で最古の古墳であるばかりでなく、この地域の最古の古墳でもある。

天竜川右岸の三方原《みかたがはら》台地には、京都府椿井大塚《つばいおおつか》山《やま》古墳や奈良県佐味田宝塚《さみだたからづか》古墳と同笵《どうはん》関係にある三角縁神獣《しんじゅう》鏡《きょう》を出土した赤門上《あかもんうえ》古墳（五六・三メートル、浜松市中区蜆塚）があり、天竜川左岸の磐田原台地から太田川流域は、県内でも屈指の古墳群—石田《いわた》古墳群・遠淡海国《とおつおうみのくに》古墳群（ともに磐田市）・周《しゅう》

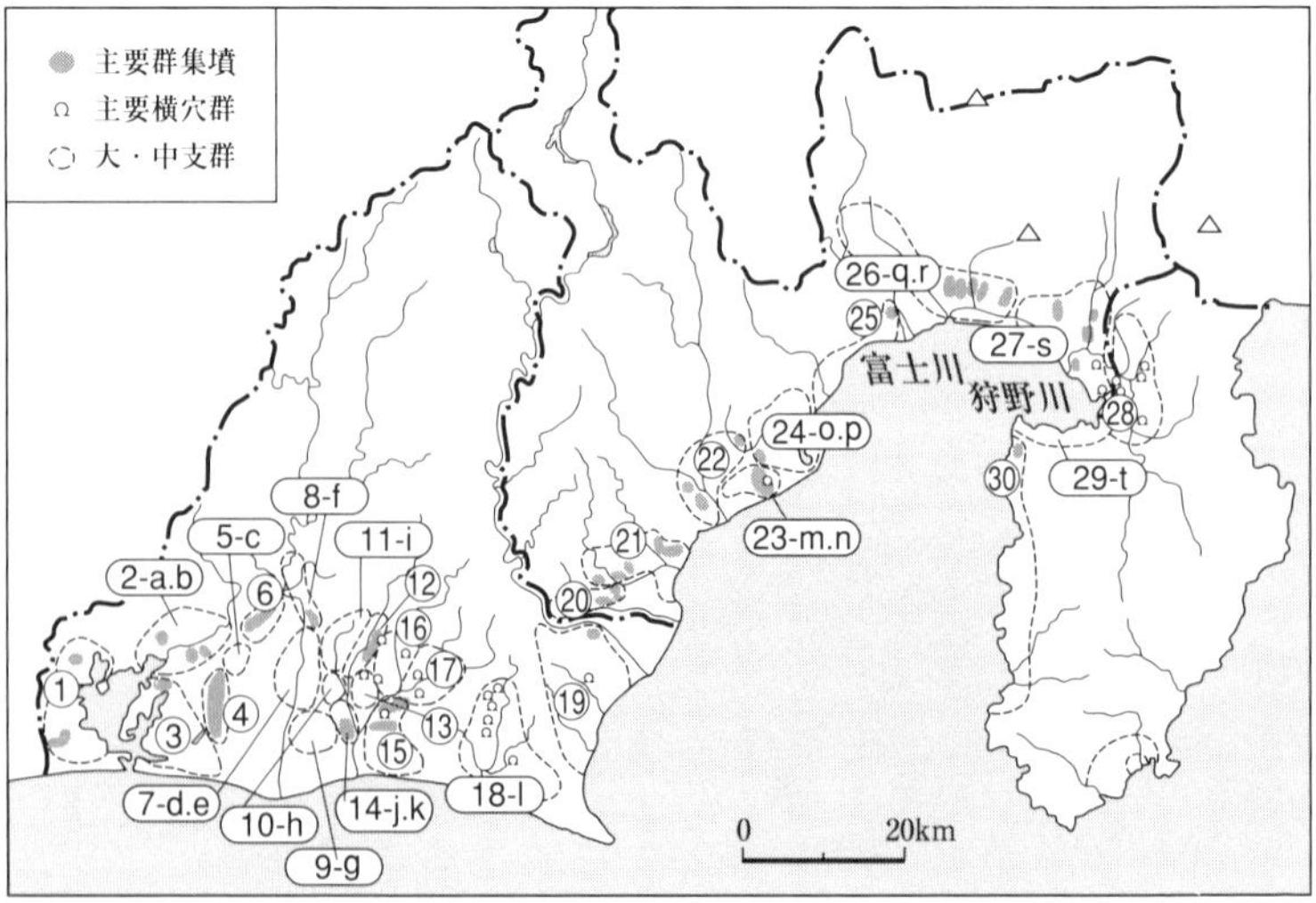

県内のおもな古墳群の分布　マル付数字は次頁表と対応。

県内のおもな古墳群とその古墳

古墳群	支群	古墳
〔遠江〕		
井ノ国古墳群(浜名湖沿岸地域) 約490基	浜名大支群①	
	引佐大支群②	a 北岡大塚　b 馬場平
	敷智大支群③	
長田古墳群(天竜川流域〈右岸〉) 約680基	三方原大支群④	
	内野中支群⑤	c 赤門上
	麁玉大支群⑥	
石田古墳群(天竜川流域〈左岸〉) 約380基	磐田南大支群⑦	d 小銚子塚　e 銚子塚
	磐田北大支群⑧	f 光明山
遠淡海国古墳群(磐田原台地西南部) 約40基	磐田原南中支群⑨	g 堂山
周智古墳群(太田川流域〈北部〉) 約570基	向笠中支群⑩	h 新豊院山2号
	周智西大支群⑪	i 坊主山
	周智東大支群⑫	
久努国古墳群(太田川流域〈南部〉) 約870基	山名北大支群⑬	
	磐田原東大支群⑭	j 松林山　k 兜塚
	山名南大支群⑮	
素賀国古墳群(原野谷・逆川流域) 約1,260基	佐野西大支群⑯	
	佐野東大支群⑰	
紀甲古墳群(菊川・大井川流域) 約1,170基	城飼大支群⑱	l 上平川大塚
	榛原大支群⑲	
〔駿河〕		
益頭古墳群(志太平野周辺地域) 約1,200基	志太大支群⑳	
	益頭大支群㉑	
有度古墳群(静岡平野周辺地域) 約330基	安倍大支群㉒	
	有度大支群㉓	m 柚木山神　n 賤機山
廬原国古墳群(清水平野周辺地域) 約200基	庵原大支群㉔	o 午王堂山3号　p 三池平
	庵原東中支群㉕	
珠流河国古墳群(富士・愛鷹山麓地域) 約1,150基	富士大支群㉖	q 浅間　r 東坂
	駿河大支群㉗	s 神明塚
〔伊豆〕		
伊豆国古墳群(伊豆半島全域) 約940基	田方東大支群㉘	
	田方西大支群㉙	t 駒形
	那賀中支群㉚	

『静岡県史』通史編1による。
マル付数字は前頁の「県内のおもな古墳群の分布」に対応。

智《ち》古墳群(森町)・久努国《くどのくに》古墳群(磐田市・袋井市)―が展開している地域である。

その展開は、三世紀末から四世紀前半ごろに最古の古墳の一つ磐田市新豊院山二号墳や袋井市座王権現神社古墳が造営されることからはじまる。時代的には、ついで小銚子塚《こちょうしづか》古墳(四七メートル、磐田市大藤寺谷)がきずかれ、四世紀末ごろには松林山《しょうりんざん》古墳(一一〇メートル、磐田市鎌田)、銚子塚古墳(一一二メートル、磐田市大藤寺谷)などもつくられ、さらに五世紀にはいると台地中央から南端に東海地方最大の円墳《えんぷん》といわれる兜塚《かぶとづか》古墳(八〇メートル、磐田市河原町)や京見塚《きょうみづか》古墳(四七メートル、磐田市高町)に代表される大形円墳群が造営される一方で、大形前方後円墳の堂山《どうやま》古墳(一一三メートル、磐田市鎌田)もつくられている。なお、この堂山古墳の被葬者については、神功《じんぐう》・応神《おうじん》の時代の王権中枢にいた武人(物部氏《もののべし》第十世代、物部印葉連《いなばむらじ》とその兄弟)たちの奥《おく》津城《つき》だったのではないかという試論がだされている(原秀三郎「結語―堂山古墳の歴史的意義―」磐田市教育委員会編『遠江堂山古墳』)。

つぎに、駿河をみてみよう。有度《うど》古墳群・廬原国《いおはらのくに》古墳群が展開する安倍川下流域の平野部には、巴《ともえ》川流域にこの周辺では最古の四世紀後半に属する静岡市葵区柚木山神《ゆのきやまのかみ》古墳(谷津山《やつやま》古墳、一一〇メートル)があり、これとは別に、庵原《いはら》川下流域には前方後方墳の同市清水区午王堂山《ごおうどうやま》三号古墳(七八メートル)があり、四世紀末の築造と推定される前方後円墳の三池平《みいけだいら》古墳(七〇メート

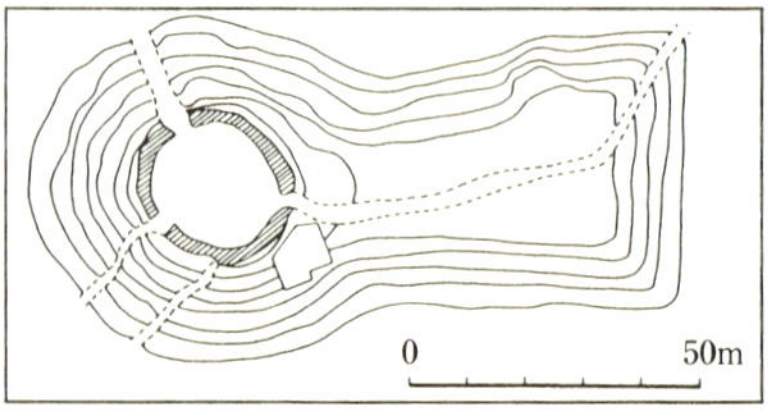

柚木山神(谷津山)古墳(全長110m，静岡市。『静岡県のあけぼの』による)

ル、静岡市清水区庵原町）は、墳形が異なるが、この古墳につぐ地区の首長級古墳とみられる。この地は『倭名類聚抄《わみょうるいじゅうしょう》』が記す駿河国廬原郡廬原郷であることから、これらの墳墓が『日本書紀《にほんしょき》』にみえる廬原君一族のものと推定される。富士・愛鷹山麓地域の珠流河《するが》国古墳群には、富士市須津《すど》にある国指定史跡の浅間《せんげん》古墳（一〇三メートル）を最古とする須津古墳群が展開している。

伊豆の地域の場合、伊豆《いず》の国《くに》市に多田大塚《ただおおつか》古墳群がある。この古墳群は、古く『豆州史稿《ずしゅうしこう》』にも記されたものであるが、五基からなる大塚古墳群は五世紀後半のもので、伊豆で確認されている最古の古墳である。

近年では、こうした首長墓級古墳の埋葬主体の生前の居住していた居宅が、各地で発見されている遺跡から推測できるようになっている。群馬県の三《み》ツ寺《でら》遺跡の発見で顕著になり、今日、各地で「豪族居館」として報告されている例がそれである。県内でも古墳時代前期から後期に、そして律令時代にまでおよぶ発掘例がある。

県内の前期の「豪族居館」として考えられるのは、佐鳴湖《さなるこ》を東にみおろす台地上にある浜松市大平《おおひら》遺跡である。この遺跡は竪穴住居跡五九、掘立柱建物跡七六棟、方形周溝墓一基、土坑四八基が検出された集落遺跡であるが、その集落内に周囲を溝や柵でかこった区画が認められる。規格性をもって配置された建物の存在からみて、集落内の特定の地位にある人物の屋敷地と考えられている。

中期の遺跡としては、袋井市古新田《こしんでん》遺跡や焼津《やいづ》市宮之腰《みやのこし》遺跡などの例もみられ、後期の例としては、足柄《あしがら》街道沿いの交通の要衝にある駿東《すんとう》郡小山《おやま》町横山《よこやま》・上横山《かみよこやま》遺跡があり、七世紀代は豪族居館であったとみられるが、八世紀代になると官衙《かんが》の一つである駅家となったのではないかと考えられている。この例は、律令制《りつりょうせい》下の官衙がどのような地に設定されるかを考えるうえで示唆的であろう。

群集墳と横穴●

六世紀をすぎると、古墳が大きく変化する。前方後円墳でも墳長三〇メートル以下、円墳は直径一〇〜一五メートル程度に小規模化し、墳丘をかざった葺石《ふきいし》や埴輪《はにわ》がなくなり、埋葬施設も追葬が可能な横穴式石室となる。そして何よりも以前と異なるのは、その数が増加し、せまい範囲に群集して墓域を形成する点である。昭和六十三（一九八八）年と平成元（一九八九）年発行の『静岡県文化財地名表』をもとに、かつて存在したと考えられる古墳を加えて数えると約九〇〇〇基であり、このうち横穴が約三〇〇〇基である。約六〇〇〇基の古墳のうち、四、五世紀の古墳は一〇％を超えることはないと推定されているから、残り約五四〇〇基が後期から終末期の古墳ということになる。その分布は、二六頁表にみるとおりである。

他方、約三〇〇〇基を数える横穴も後期古墳を考えるうえで重要である。軟質の凝灰岩を掘ってつくった横穴は、古墳時代後期から奈良時代にかけてつくられたもので、大きさは五メートル以上のものから数十センチのものまで多様である。小さな横穴は、火葬の影響かとも推測されている。この横穴は、高くきずく墳墓と異なることから階層差・身分差によるものと考える説もあったが、歴然とした差はみいだしにくく、渡来系の人びとの墓制とする考えが有力となっている。

横穴は、遠江・駿河にもあるが、沼津市江《え》の浦《うら》横穴群・函南《かんなみ》町柏谷《かしや》横穴群・伊豆の国市北江間《きたえま》横穴群・同宗光寺《そうこうじ》横穴群などのある伊豆に顕著にみられる墓制である。

北江間横穴群は、東から大北東《おおきたひがし》横穴群・大北横穴群・大北西横穴群・大師山《たいしやま》横穴群・割山横穴群に区分でき、計一〇一基の横穴が展開する一大横穴群である。そのうちの一つの大北横穴群の二四号横穴からは、秀逸な書体で「若舎人《わかとねり》」と刻された八世紀初頭のものとされる石櫃《せきひつ》（九頁写真参照）が出土している。この若

❖コラム

「放生」とまじない

『日本書紀《にほんしょき》』持統三（六八九）年八月十六日条に、摂津《せっつ》国武庫海《むこのうみ》・紀伊《きい》国阿提《あて》郡那耆野《なきの》・伊賀《いが》国伊賀郡身野《むの》を殺生禁断の禁漁区とした記事がある。水野正好氏は、伊場木簡《いばもっかん》のなかの「己丑年八月放□」・「二万千三百廿□」と表裏に墨書された木簡を、持統三（＝己丑）年八月の殺生禁断と不可分の生き物の生き放ちを意味する放生《ほうじょう》と結びつけ、この年に遠江でも放生が行われたことをあきらかにした（「伊場放生木簡の顕現」『三浦古文化』二一）。『日本書紀』の年紀と記事に対応する王権の施策が、これほど見事に証明できた例は少ない。

この事実は、放生という仏教的宗教儀礼が官衙《かんが》で行われたことを意味するが、伊場遺跡からは、道教《どうきょう》系の呪符《じゅふ》や絵馬《えま》・馬形木製品・斎串《いぐし》などの多様な呪術遺物も出土している。王権の威光は、武力だけでは浸透しない。王権の威光に地方の人びとがひれふす背景に、多様な宗教儀礼の駆使をみるべきであろう。王権の出先機関にある各地の官衙から宗教的遺物が出土する理由がここにあるといえよう。

（表）己丑年八月放□

（裏）二万千三百廿□

放生会木簡

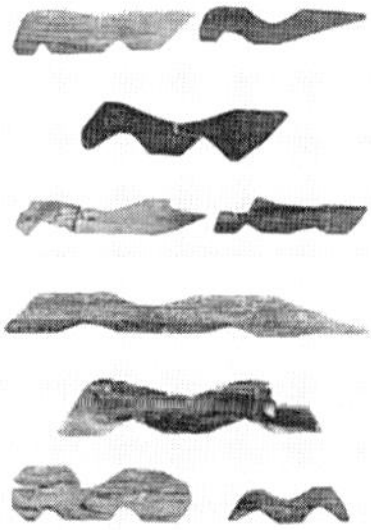

まじない関係木製品

はだか馬の絵馬

県内の主要群集墳・横穴

古墳群	所在地	時期(世紀)	古墳数
天神山	湖西市梅田	6前	◎1　○約60
半田山C-E	浜松市半田町	6中～7後	◎1　○52
瓦屋西ABD	浜松市有玉西町	6前～後	◎1　○21
瓦屋西C	浜松市有玉西町	6前	◎1　○21　□1
観音堂	森町飯田	6末～7中	▲23
宇刈	袋井市宇刈	6後～7	▲85
菅ケ谷	袋井市村松	7前	▲95
地蔵ケ谷	袋井市高尾	6中～7前	▲35
長者平	袋井市豊沢	6前～7前	◎3　○53
飛鳥	掛川市下垂木	6後～7中	▲65
大谷代	掛川市高御所	6後～7前	▲60余
岡津	掛川市岡津	7前～8初	▲24
毛森山	大東町西の谷	6後～8初	▲68
東平尾	菊川町中内田	6後～8初	▲37
山本	菊川町西方堀	6後～8初	▲38
大淵ケ谷	菊川町西方	6後～8初	▲38
寺の谷	小笠町川上下組	7前～8初	▲26
谷口原	島田市阪本	6前	◎1　○20
水掛渡	島田市岡田原	6後～7後	○29
大ケ谷	榛原町勝間	6中～7	▲43
谷稲葉	藤枝市谷稲葉	6後～8前	○25
横添	岡部町岡部	7前	○63
笛吹段	焼津市坂本	7～8前	○22
伊庄谷	静岡市大谷	6末～8前	○63
山王	富士川市岩淵	7後～8前	○28
比奈	富士市東坂	7	○24
船津	富士市船津		○200余
石川	沼津市石川	6後～7	▲45
江ノ浦	沼津市江ノ浦	7末～8前	▲92
柏谷	函南町柏谷	6後～8前	▲106
北江間	伊豆長岡町北江間	7中～8	▲101
松江	戸田村井田	7	○23

1．◎前方後円(方)墳，○円墳，□方墳，▲横穴。
2．この表で示した年代観・数値は，吉岡伸夫「古墳時代 主要群集墳・横穴群一覧」(『静岡県史』資料編2)に依拠している。

舎人と書かれた人物は、七世紀後半の天武《てんむ》・持統《じとう》朝の皇子宮《みこのみや》の舎人として出仕した人と推定されている（原秀三郎「静岡県伊豆長岡町大北横穴出土石櫃の若舎人銘について」『静岡県史研究』一二）。

かくして、三世紀末から四世紀前半ごろにはじまった静岡の古墳造営は、七世紀中葉になると遠江で古墳の築造が中止され、八世紀前葉になると駿河・伊豆でも古墳は築造を中止するに至る。

盧原君と倭王権の浸透●

天智二（六六三）年の白村江《はくそんこう》の戦いに「万余」の精鋭部隊を引きつれ、従軍した将に盧原君臣《いおはらきみのおみ》（別名、臣足《おみたり》）がいる（『日本書紀』）。

盧原君臣の子と孫は、この一族の系譜である「菴原公系図」によれば、子の大蓋《おおがさ》が大山上（のちの正六位《しょうろくいの》上《じょう》相当）の位階《いかい》をもち、「国造《くにのみやつこ》」に任じられ、孫の首麻呂《おびとまろ》は、盧原郡大領《だいりょう》となり、神護景雲三（七六九）年に駿河国内の祭祀《さいし》をつかさどる律令制下の新国造となっている。こうした履歴からみれば、臣もまた後の駿河国盧原郡に居をかまえていた豪族であり、盧原国造の血をひいた存在とみてよいだろう。

国造制は遅くとも六世紀には成立しており、『隋書《ずいしょ》』倭国伝《わこくでん》によれば、六世紀末から七世紀初頭ごろには約一二〇の「国」（＝国造）が存在し、「国」の下に一〇の稲置《いなぎ》が属していた。また、平安《へいあん》時代初期に編纂された『旧事本紀《くじほんぎ》』には、各地の「国造」の履歴が書かれた「国造本紀《こくぞうほんぎ》」という部分があり、静岡県内の国造として六国造が、国造に任じられた治世およびその祖とともに書かれている。

すなわち、(1)素賀《そが》国造（神武《じんむ》天皇・美志印《うましいに》命）、(2)遠淡海国造（成務《せいむ》天皇・物部氏の祖、伊香色雄《いかがしこお》命の子、伊《いに》岐美《きみ》命）、(3)珠流河国造（成務天皇・物部氏の祖、大新川《おおしんかわ》命の子、片堅石《かたがたし》命）、(4)盧原国造（成務天皇・池田・坂井君の祖、吉備武彦《きびたけひこ》命の子、意加部彦《おかべひこ》命）、(5)久努国造（仲哀《ちゅうあい》天皇・伊香色男《いかがしこお》命の孫、印播足尼《いなばのすくね》）、(6)伊豆国造（神功皇后・物部連の祖、天蕤桙《あまのぬぼこ》命の八世の孫、若建《わかたける》命）の六国造である。

『静岡県史』通史編1では、古墳群の分布の検討から、(1)原野谷《はらのや》川・逆《さか》川流域、(2)を磐田原台地西南部、(3)を富士・愛鷹山麓、(4)を清水平野、(5)を太田川流域、(6)を伊豆半島のそれぞれの地域に国造領域を比定している。

国造は王権への従属の証しとして、その娘か姉妹を采女《うねめ》として大王に差しだして奉仕させる義務をおっただけでなく、贄《にえ》などの貢納物をおさめ、平時のさいには力役として造宮・造寺の人夫の派遣や戦時には兵の徴発に応じ、倭王権の軍事力の一翼をになう「国造軍」として参加した。廬原君臣が白村江の戦いに出征したのも、こうした義務の遂行であったといえる。

　これらとならんで国造の大王への奉仕として重要なのは、「トモ＝伴」として大王の身辺のことをつかさどる「舎人」、大王の身辺の警護をつかさどる「靫負《ゆげい》」、大王の食膳のことをつかさどる「膳夫《かしわで》」の派遣であり、大王や王族の宮に出仕していたトモの資養物という名目で、各地の「初物《はつもの》」を貢上することであった。後者の負担をうけおう集団は、「べ＝部」とよばれ、「トモ」とあわせて、五世紀から七世紀にかけて王権存立の最重要の基礎をなした「トモ―べ」制が成り立っている。

　前者にかかわって、檜前《ひのくま》舎人・金刺《かなさし》舎人・他田《おさだ》舎人などのようにかつて奉仕した大王の宮にちなんで一族の姓と化した例や、後者にかかわって、白髪部・小泊瀬《こはせ》（長谷《はせ》）部のようにかつての「名代《なしろ》」姓と化した例が、後代の文献史料や県内外出土の木簡《もっかん》・墨書《ぼくしょ》土器などの考古の史資料にみいだすことができ、また、「駿河国有度郡他田郷」のように地名化している例からも王権の浸透が推測できるのである。

　近年、埼玉県稲荷山《いなりやま》古墳出土の鉄剣の銘文にみられる「意富比垝《おほひこ》」が『古事記《こじき》』『日本書紀』にみられる「大彦命」であるとし、その実在を主張し、崇神《すじん》天皇の没年を二五八年とする指摘（田中卓「古代天皇の系譜と年代」・「稲荷山古墳出土の刀銘について」『田中卓著作集』二・三）を検討した原秀三郎氏はこの倭王権の東海・関東地域への浸透を、記・紀の伝承や神社などに残る伝承、氏族系譜、名代・子代《こしろ》・氏族《しぞく》にかかわる歴史的地名などの史資料を総合して、静岡にその分布が確かめられる阿倍《あべ》・物部・久米《くめ》・吉備《きび》（廬原）などの古代氏族が分布する歴史的背景から説いている（原秀三郎「静岡の古代氏族」『静岡市史』原始古代中世、「大和王権と遠江・駿河・伊豆―日本武尊伝説の歴史的背景―」『静岡県史研究』4、「王権と東方への道」『新版古代の日本』7中部、その他）。

これらの指摘は、崇神朝の四道将軍派遣や景行《けいこう》朝の日本武尊《やまとたけるのみこと》東征などの伝承を、史資料を駆使して、その背景をさぐり、列島の歴史を再構成する新しい試みである。その最新の成果は、『静岡県史』通史編1の第二編第一章の「大和王権と遠江・駿河・伊豆の古代氏族」にうかがえる。この仮説的提起に真摯《しんし》に応えるには、なお時間が必要と思えるが、田中卓氏の指摘の妥当性を含めて、三・四・五世紀の王権の歴史研究の深化による指摘の是非の検証にまたねばならない部分が少なくない。

伊場木簡「渕評」と伊豆国の成立●

『日本書紀』皇極三（六四四）年七月条に、「不尽河」＝富士川の辺りに住む大生部多《おおふべのおお》という人物が、村人に富と長寿が得られるから虫を「常世《とこよ》の神」としてまつることをすすめることがあり、人びとをまどわすものとして、山背《やましろ》国の葛野《かどの》郡（京都市右京《うきょう》区）の秦河勝《はたのかわかつ》が懲らしめたという説話がある。この説話は、秦河勝が聖徳太子《しょうとくたいし》につかえ、京都市太秦《うずまさ》の広隆寺《こうりゅうじ》を建立した豪族でもあることから、先進文明の象徴である仏教を奉じる河勝が、民間にいる蒙昧《もうまい》な巫覡《ふげき》を懲らしめ、無知な人びとを教化するという説話になっており、倭王権の文明的優越性が地方を圧倒していった点を如実に示すものとして知られている。

六・七世紀をつうじて遠江・駿河・伊豆の地域が、倭王権への従属を強めていく過程は、換言すると、静岡の地に律令制的行政システムが施行されてくる過程でもある。

このことを七世紀後半から八世紀初頭にしぼってたどるには、浜松市伊場遺跡から出土している一〇八

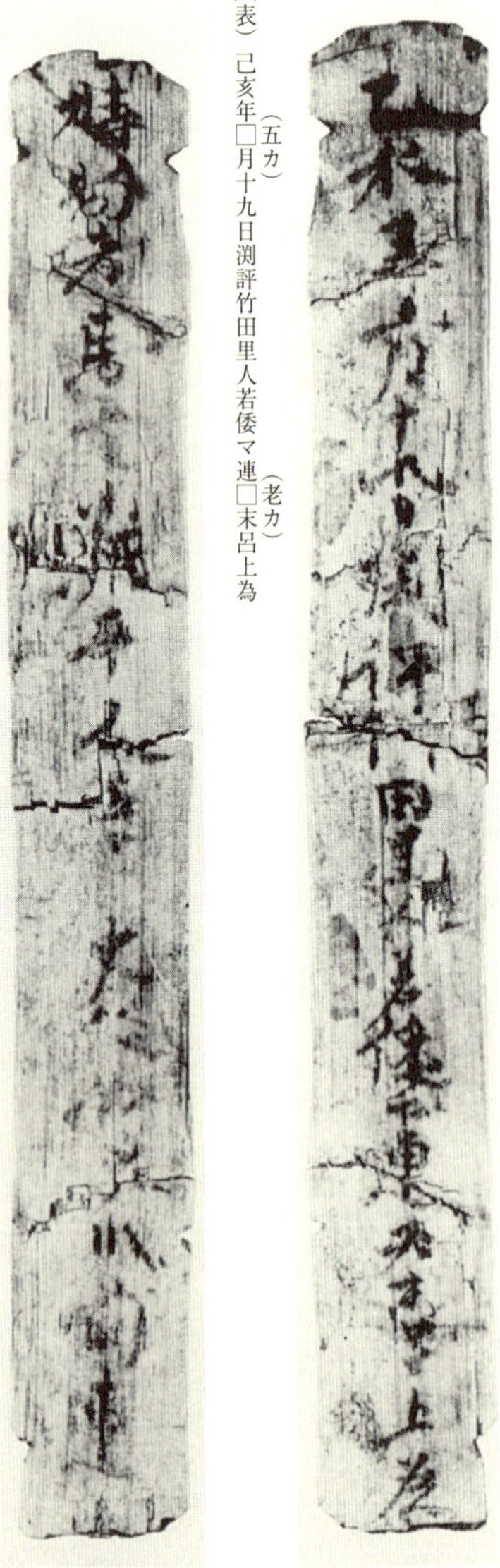

（表）己亥年□（五カ）月十九日渕評竹田里人若倭マ連□（老カ）末呂上為

（裏）持物者馬□□□人□□史□評史用前連□

伊場遺跡（浜松市）出土の己亥年過所《かしょ》木簡

点の木簡がもっともふさわしいであろう。

この遺跡は、次節でもふれるように奈良時代の官衙が想定される遺跡であるが、出土木簡には奈良時代をさかのぼる木簡が多くみられる点が注目されている。

そのうちの一点に「己亥（文武三＝六九九）年五月十九日渕《ふち》評竹田里《たけだのさと》人（下略）」、いま一点の「屋《や》椋帳《くらちょう》」とよばれる木簡に「駅評人」と記された部分がある。

評とは「コホリ」と訓み、律令制下の国―郡―里制の先駆となった制度で、七世紀中葉の孝徳《こうとく》朝ごろから大宝令《たいほうりょう》施行に至るまでの間に実施された地方行政単位であり、王権が直接支配するための拠点として「評衙《ひょうが》」ともいえる施設が設けられた。評には評督《ひょうのかみ》・助督《ひょうのすけ》がおかれ、国造家とその系譜につらなるものや新興の首長などが任用された。

伊場遺跡とその周辺は、七世紀中葉から末にかけてこの評衙が存在したとみてよいだろう。渕評はのちの敷智《ふち》郡に引き継がれるが、駅評は後に直接結びつく郡名がない。後者の評は、出土当時、研究者の頭を悩ませたが、その後、奈良県東大寺正倉院《とうだいじしょうそういん》蔵の法隆寺《ほうりゅうじ》系の「幡《ばん》」に、「飽波《あくなみ》評」と墨書された類例が発見され、のちの郡名に直接結びつかない評であることがわかった。『静岡県史』通史編1は、この点を踏まえたうえでさらに一歩理解を進め、この駅評の例から「評が郡の前身だけではなく、駅家《うまや》や川津のような交通施設」も評とよんだ可能性を指摘している。この指摘は、八世紀以前の古代地方行政制度の理解をめぐって論争された「郡評」論争の新しい段階を画するものといえよう。今後の評制研究をリードする資料と

（表）
人　□　委尓部足結屋一　若倭部小人屋一　語部□支□屋一　驛評人　軽部軒部足石椋一屋一　蘇可部□男椋一屋一
□□□椋□双□　肥人部牛麻呂椋一　若倭部八石椋一　同小麻呂椋一屋　人語部三山椋一　加□江五十戸人　語部小衣屋一椋一
一　委尓部長椋二　五十戸造麻久□一椋二　委尓部干支鞨椋一□□原語部比古椋一　□男椋一字□□　語部小君椋一
□部衣依□屋　語部山麻呂椋一　宗尓部□□屋一　委尓部酒人椋一　□

（裏）
□□□　□　□□□□　宗可部□椋一　□　宗可部□□椋一　敢石部角椋一
□□部□□□□□　間人部□　同部□□屋　日下部□木椋二今作　□□□　加□□　一椋一　□□　□　□
□□□女屋一□　□部龍椋一　石部国□椋　宗何部□□椋一　神人□□□□　宗何部伊□□椋　□
□□□□　同□椋一　大伴部足石椋一　宗□□□□□椋一　□木部□椋一　□□□□
□□□□椋□□　□□□

伊場遺跡（浜松市）出土の「屋椋帳」木簡

して、この伊場遺跡出土の「屋椋帳木簡」は以前にまして光り輝くものとなろう。

また、「辛巳年」(天武十＝六八一)・「乙酉年」(天武十四＝六八五)などの天武朝にさかのぼる木簡史料の存在から、浜松市伊場とその周辺の地域が国—評—里制のなかに組み込まれ、渕評の官衙を中心とする王権に直結する地方統治組織によって支配されていたと考えられる。『県史』通史編は、この渕評の歴史的性格を「東海地域のひいては日本列島の政治的実験農場」として位置づけたが、評の性格を見事についた指摘であろう。

遠江・駿河・伊豆国・郡・里(郷)名

遠江国	浜名郡	(坂上)・坂本・大神・駅家・贄代・英多・宇智
	敷知郡	蛭田・赤坂・象嶋・柴江・小文・竹田・雄揚(雄踏)・海間(尾間)・和治・浜津(浜松)・(駅家)
	引佐郡	京田・刑部・渭伊・伊福
	麁玉郡	三宅・碧田・覇田(覇多)・赤狭
	長上郡	茅原・碧海・長田・河辺・蟾沼・壱志
	長下郡	大田(太田)・長野・貫名・伊筑・幡多・大楊・老馬・通隅
	磐田郡	飯宝・曾能・山香・入見・小野・千柄・高苑(高花)・壬生・野中・久米・小谷・飯宝？・(神戸)・豊岡・(駅家)
	山香郡	大峯(大岑)・与利・岐階・気多
	周智郡	小山・山田・依智・大田・田椀
	山名郡	山名・衾田・宇智(宇知)・信藝・萩戸・久努
	佐野郡	山口・小松・邑代・幡羅・日根・(駅家)
	城飼郡	加美・新井・荒木・河上・高橋・鹿城・朝夷・松淵(松渕)・土形・狭束・新野
	榛原郡	賀治(質治)・(駅家)・蓁原・大江・細江・(神戸)・船木・勝田・相良
駿河国	志太郡	(大長)・大野・大津・英原・(茅原)・刑部・(餘能)・(夜梨)
	益頭郡	西刀・沢会(沢食)・朝夷・飽波・八田・物部・益頭・高楊・(小何)・(新居)
	有度郡	内野(内屋)・真壁・他田・新居・託美・嘗見・会星
	安倍郡	河辺・植生(埴生)・広伴・葛間・美和・川津・八社(八祐)・横太
	廬原郡	西奈・大井・河名・廬原・蒲原・息津
	富士郡	島田・小坂・古家・久弐・姫名・(蒲原)・(駅家)・(大井)・(神戸)
	駿河郡	柏原・矢集・子松・古家・玉作・横走・駿河・山埼・宍人・永倉・宇良
伊豆国	田方郡	新居・小河・直見・佐婆・鏡作・茨城・依馬・八邦・狩野・天野・吉妾・有雉(有辨)・久寝
	那賀郡	井田・那賀・石火
	賀茂郡	賀茂・月間・川津・三嶋・大社

なお，郷名は高山寺本『倭名類聚抄』の記載をとり，大東急記念文庫本との異同がある場合は（　）で補っている。

このほかに、藤原宮《ふじわらぐう》出土の木簡には、荒玉評（のちの遠江国麁玉《あらたま》郡）の例があり、「土方家《ひじかたけ》系図」には真閇《まへ》乃君《のきみ》の尻付に「城飼《きこう》評督（長官）」（のちの遠江国城飼《きこう》郡）とみえ、推古《すいこ》朝のころに出仕し、居地に因んで土方君姓を名乗ることになったという。記載のとおりとすれば、孝徳朝以降に評は立てられるとする通説的見解をくつがえすものである。

また、『扶桑略記《ふそうりゃっき》』によれば、「辛巳年」の前年にあたる天武九年に「駿河国二郡を分けて、伊豆国と為す」とあり、この記事の大要が信用できるとすれば、のちの三国がこの時期にととのったことになろう。

しかし、「伊豆国」の表記が確実な史料にあらわれるのは、現状では、大宝元（七〇一）年にさかのぼることがないので、遠江・駿河・伊豆三国が出揃うのは大宝元年ごろとみておくのが妥当であり、前頁表のような、国―郡―里制もまた、このときからはじまるのである。この制度はその後、霊亀元（七一五）年に手直しされ、約二五年間、国―郡―郷―里の地方行政制度（「郷里制」）として機能したが、天平十一、二（七三九、四〇）年ごろ、地方行政をいたずらに煩雑にするものとして廃止されるに至る。廃止後「里」は復活することなく、国―郡―郷制がその後の基本的な地方行政制度として存続することとなる。

3　奈良・平安時代の静岡と律令国家の支配

発見された古代の水田●

律令制下の遠江・駿河・伊豆三国の人びとは、班田《はんでん》制にもとづき、六歳以上の男子には二段、女子にはその三分の二段の土地があたえられた。これらの人びとがあたえられた班田は、八世紀の全国的な土地区画制度である条里《じょうり》制の施行された田が少なくなかった。

条里がほどこされ、整然と区画された水田は、旧来、地形図・地籍図・残存地名などから推定するしかなかった。ところが、大規模開発の進行に伴う発掘調査によって地表下の埋もれた条里が発見される例が増加してきている。静岡県の場合も例外でなく、その顕著な成功例を清静バイパス工事に伴う発掘調査からみておこう。

この工事に伴う調査によって、耕地整理以前まで残存していた表層条里の方向・地割とほぼ並行する埋没条里が、静岡市内の各所（瀬名《せな》遺跡・川合《かわい》遺跡・上土《あげつち》遺跡・岳美《たけみ》一丁目遺跡・永ケ島《ながしま》遺跡・北安東《きたあんどう》四丁目遺跡・池ケ谷《いけがや》遺跡）で発見され、九世紀以来中途での廃絶期間を含みつつも近代に至るまでの条里型水田を、広域的かつ重層的に検出した意義は大きい。これらの調査によって、埋没していた条里型水田の一辺長が一〇七メートル前後、方位がN38°-41°Wとなること、また、川合遺跡内荒《うちあれ》地区の官衙かと推定される遺構も条里型地割により区画され、同地区でも検出された古東海道遺構が条里の里界線を利用したことがうかがえる点などをあきらかにしている（矢田勝「清静平野北部における条里型地割の復元と立地環境の変遷」『静岡県埋蔵文化財調査研究所研究紀要』、宮村典雄ほか『瀬名遺跡』）。

豪族の氏寺と国分寺●

九世紀初頭の仏教説話集『日本霊異記《にほんりょういき》』（中―三一話）には、聖武《しょうむ》天皇の時代に遠江国磐田郡の丹生直弟上《にゅうのあたいおとかみ》が「磐田寺」の七重塔を建立したという説話がある。説話では、国司・郡司が別におり、弟上は特別の肩書きをもたないが、その「直」という姓からみて、郡司級の人であったろう。また、弟上の建立したのが塔と限定されていることから、弟上が磐田寺の伽藍《がらん》のすべてを造営したわけでない。これらの点からこの寺は、丹生一族の氏寺《うじでら》とみなすことができる（偶然発見された瓦から、磐田市寺谷廃寺がこの磐田寺の有力候補となっている。今後の調査にまちたい）。

だが、塔建立の趣旨に賛同した「知識」を率いたとはいえ、塔の建立を完成させた経済力は並々ならぬものである。こうした経済力を蓄積できた氏族が、白鳳《はくほう》期から天平《てんぴょう》期にかけて列島各地に氏寺を建立している。地方への仏教普及の一つの指標ともいえよう。

県内で知られているこの期の廃寺として、下図にみられるような寺院址がある。これらの寺院が、遅くとも奈良時代の天平期ごろまでには建立され、甍《いらか》をきそっていたのである（平野吾郎「遠江・駿河における屋瓦と寺院」『静岡県史研究』六）。

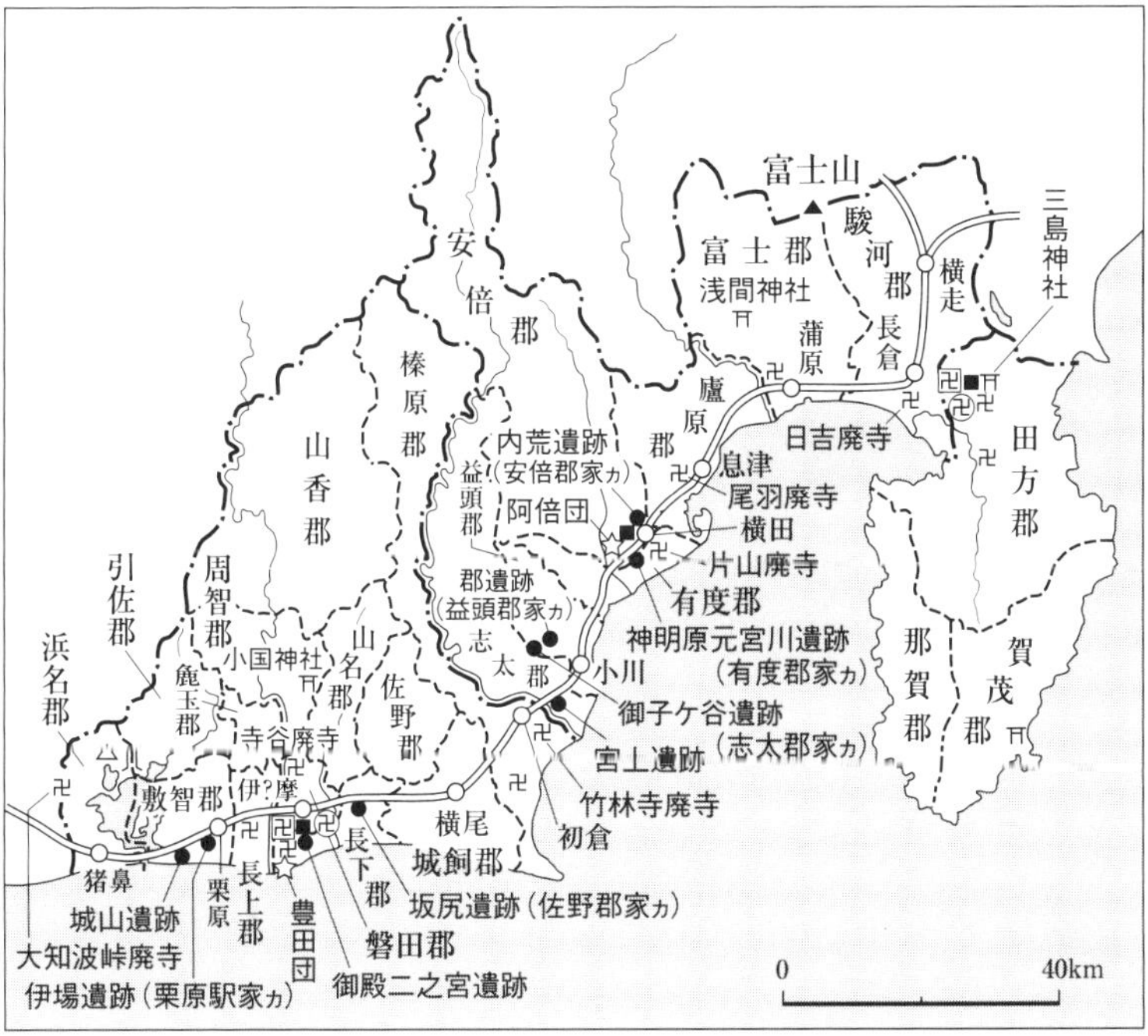

奈良〜平安初期の歴史地図

したがって、天平期にはいれば、遠江・駿河・伊豆の諸国の人びとにとって寺院伽藍が希有で新しい「文明」の象徴であった時代は去りつつあったともいえる。こうした状況であるにもかかわらず、天平十三（七四一）年二月に国分寺《こくぶんじ》建立の詔が発布された。

それは、「法華経《ほっけきょう》」一〇部のほかに、「金光明最勝王経《こんこうみょうさいしょうおうきょう》」一〇部、塔におさめるための天皇の自筆になる紫紙金字《ししこんじ》の「金光明最勝王経」の書写、丈六《じょうろく》の釈迦像造立料《しゃかぞうぞうりゅうりょう》として僧寺に食封《じきふ》五〇戸の施入、僧寺の定員を二〇人、尼寺《にじ》は一〇人と定め、その生活費として各々に水田一〇町をあたえることなどを内容とするものであった。

全国に国分僧寺と尼寺を建立しようとする大事業である。この大事業は、県内でも各地に国分寺跡としてその歴史的痕跡を残している。

遠江国の国分僧寺は、磐田市中央町に往時の姿が一部復元されており、国分尼寺はその北に存在したことがほぼ確かめられている。駿河国分僧寺は、静岡市駿河《するが》区大谷にある片山《かたやま》廃寺がその最有力候補とされているが、国分尼寺は不明である。伊豆国分僧寺は、三島市泉《いずみ》町に、国分尼寺は三島市南《みなみ》町に求められる。このうち、遠江と伊豆の国分寺は、そのプランが中門の東西から回廊がのびて金堂にとりつき、塔が回廊の外の西に配置される東大寺式伽藍配置であったことがわかっている。

「駿河国正税帳」と木簡●

律令制下の税制は、租《そ》（口分田一段に付き稲二束二把）・調《ちょう》（繊維製品・食料品・金属製品などの特産物）・調《ちょうの》副物《そわつもの》（正丁の調の付加税。染料・油・塩など。養老元〈七一七〉年以降廃止され、その品目は「中男作物《ちゅうなんさくもつ》」に継承される）・庸《よう》（本来は歳役一〇日。郷土の産物で布や米など）・雑徭《ぞうよう》（正丁は年間六〇日）・兵役（正丁三・四人に対し一人が軍団で訓練をうける）・仕丁《しちょう》（五〇戸から正丁二人が選ばれ、三年交代で都で雑役に従事する）などがある。これらに、強制貸付の意味合いの濃い「出挙《すいこ》」や「義倉《ぎそう》」や都への税を都まで送付する「運脚《うんきゃく》」なども考慮しなければならない。これらの公民にかけた税の徴収によって、中央財政および地方財政は成り立っていた。

田租《でんそ》と出挙については、それらの年度ごとの運用状況を中央政府に上申した文書である天平年間（七二九〜七四九）の正税帳が二七通残っている。そのうち、三通が天平九（七三七）年と十年の「駿河国正税帳《しょうぜいちょう》」と、天平十一年の「伊豆国正税帳」である。これらはすべての部分が残っているわけではないが、断片の端々から正史からは十分にうかがえない地方政治の実情が浮かびあがってくる。

前者の「駿河国正税帳」からは、国司らの正月の元日朝拝や部内《ぶない》巡行などの政務の実状や政務にあたっての食料給付の実際もつかめる。また、後者の「伊豆国正税帳」には、ほかの正税帳にはみられない軍団関係の費用にあてられたと推定される「兵家稲《へいかとう》」の記載もみられる。

同じく、正倉院には浜名郡《はまなぐん》の郷別の田租課税額の明細である「浜名郡輸租帳《ゆそちょう》」（近年、この史料が税帳の付属文書として国衙から京進された「租帳夾名帳《きょうめいちょう》」あるいは「輸租歴名帳《ゆそれきみょうちょう》」とみるべきことが指摘されている。原秀三郎「遠江浜名郡輸租帳の史料的性格」『日本国家の史的特質』古代・中世）があり、その首部である浜名郡の総計部分と各郷別の記載が猪鼻《いのはな》郷の一部・新居《あらい》郷の大部分・津築《つづき》郷のすべての三郷分の断簡が残っている。

中央財源にあてられた調や庸は、藤原京《ふじわらきょう》や平城京《へいじょうきょう》などの都城《とじょう》から出土する木簡や幸いにも正倉院に残された墨書銘を記した布から、納税者の個人名・生地までもがわかる。それぞれ一例ずつあげよう。

『延喜式』にみえる貢進物

出　　典	遠　江　国	駿　河　国	伊　豆　国
神祇三（臨時祭用途）			熊皮，猪皮，鹿皮
神祇四（伊勢太神宮月次祭）	神酒（太神宮），神酒（度会宮）		
神祇四（伊勢太神宮神嘗祭）	神酒		
神祇五（斎宮調庸雑物）	絹，庸糸，木綿，胡麻油，雑腊	絹，庸布，煮堅魚	木綿，堅魚，堅魚煎
内蔵寮（諸国年料供進）	樽，干薑小，薑種，大匏，斑竹，支子	樽	樒子
民部下（年料別貢雑物）	筆，零羊角	筆，零羊角	零羊角，甘葛斤
民部下（諸国貢蘇）	蘇	蘇	蘇
民部下（交易雑物）	絹，苧，鹿皮，鹿革，木綿，樽，凝菜，海藻根，胡麻子，大匏，干薑，種薑	絹，商布，鹿革，樽	猪皮，鹿皮，堅魚煎，樒子
主計上（調庸）	一窠綾★，二窠綾★，三窠綾★，七窠綾★，小鸚鵡綾★，薔薇綾★，菸核綾白★，菸核綾赤★，呉服綾白★，呉服綾赤★，御襪料白絹★，緋帛★，纁帛★，橡帛★，貲布★，絹★，韓櫃◆，糸◆，木綿▲，胡麻油▲，与理▲	一窠綾★，二窠綾★，三窠綾★，小鸚鵡綾★，薔薇綾★，帛，橡帛★，纁帛★，皀帛★，倭文★，煮堅魚★，堅魚★，絁★，白木韓櫃◆，布◆，手綱鮨▲，紙▲，紅花▲，火乾年魚▲，煮塩年魚▲，堅魚煎汁▲，堅魚▲	一窠綾★，二窠綾★，冠羅★，緋帛★，皀帛★，絁★，堅魚★，布◆，木綿▲，胡麻油▲，堅魚煎汁▲，
兵部省（諸国器仗）	甲，横刀，弓，征箭，胡簶	甲，横刀，弓，征箭，胡簶	甲，横刀，弓，征箭，胡簶
宮内省（諸国例貢御贄）	甘葛煎，甘子，稚海藻	甘葛煎，甘子	甘葛煎
大膳職（諸国貢進菓子）	甘葛煎，柑子	甘葛煎，柑子	甘葛煎

木工寮（諸国所進雑物）		商布	
典薬寮（諸国進年料雑薬）	黄芩，芎窮，桔梗，黄蘗，茯苓，桑螵蛸，薯蕷，麦門冬，桃仁，蜀椒，栢子仁，干薑，支子大	桔梗，白朮，木斛，橘皮，茯苓，防風，夜干，防已，桑螵蛸，薯蕷，附子，蜀椒，麦門冬，決明子，桃仁，葶藶子，羚羊角	藍漆，商陸，白石脂，白薇，防風，木斛，石斛，爪蔕，水防已，赤石脂，黄礬石，榧子，薯蕷，蜀椒，桃仁，決明子，莨菪子，牝荆子
内膳司（年料）	稚海藻		

★は調，◆は庸，▲は中男作物。

・伊豆国那賀郡丹科郷多具里物マ千足　調荒□　□九連一丸
　□□九月

この平城宮址より出土の木簡は、伊豆国からの調の付札につけられたもので、「物マ千足」が税負担者で、品目は「荒」の下が読めないが、他例からみて「荒堅魚《あらかつお》」とあったはずである。伊豆国と駿河国から鰹の製品・半製品の貢上が多かったことは、類似の荷札木簡が多量に出土していることからわかる。また、この木簡の別な面での重要性は「丹科郷多具里」とあり、この郷里名は平安時代の『倭名類聚抄』の郷名にはみえず、奈良時代の那賀郡内のムラが具体的に検出された点にある。

・遠江国敷智郡竹田郷戸主刑部真須弥調黄絁《あしぎぬ》六丈
　天平十五年十月（首端）

この正倉院宝物の調庸布の一つは、同文の墨書が尾端にもあり、それらには遠江国の国印が押されている。遠江国の「刑部真須弥」が天平十五年の調として、「黄絁」をおさめたことがわかる。「敷智郡竹田《たけだ》郷」は浜松市伊場遺跡周辺の郷名（次頁写真参照）。

このうち、地域的特色を比較的よく示す税が調と庸であり、『延喜式《えんぎしき》』にみえる諸国からの貢進物（三八・三九頁表参照）である。

発見あいつぐ官衙遺跡

税制を中心に律令時代の地方支配をみてきたが、支配の担い手は、都から赴任した国司（その長官が国守。任期は当初六年、のちに四年となる）とその土地の生え抜きの旧国造の一族や新興の有力者である郡司《ぐんじ》（大領《かみ》・少領《すけ》・主政《じょう》・主帳《さかん》の四等官《しとうかん》からなる）であった。

国司・郡司の支配拠点は、それぞれ国府―国庁であり、郡家《ぐうけ》とよばれる。静岡県の場合、国府―国庁については、遠江国府が磐田市御殿《ごてん》二《に》之宮《のみや》遺跡が、駿河国府が静岡市駿府城東南地区が有力な候補地の一つとしてそれぞれあるが、伊豆国府は三島市内に遠江や駿河と同等とみなせる候補地をいまだみいだせていない。それにくらべ、郡家および駅家や官衙級遺跡に関しては全国でも指折りの調査例をほこっている。

官衙遺跡の調査でとりわけ注目されるのは、伊場遺跡および城山《しろやま》遺跡・梶子《かじこ》遺跡・梶子北遺跡などの周辺地域の発掘であろう。梶子遺跡からは、「□□(己卯カ)七月七日□(記カ)」と記す木簡を出土している。「己卯年」が天

調庸布（正倉院宝物，天平 15〈743〉年 10 月〈首端〉）

武八(六七九)年にあたるとすれば、県内最古の木簡となろう。この他にも推定を含めると、天武朝にさかのぼる木簡が伊場遺跡で二点、梶子遺跡で一点出土している。

また、平成六(一九九四)年から七年にかけて行われた梶子北遺跡の調査によれば、規格性のある配置をもつ掘立柱建物一三〜一四棟、木簡・絵馬《えま》・墨書土器などの遺物が出土している。木簡は八点出土している。そのうちの一点は、つぎのような記載をもっている。

宜部

(表)「依調衙宗□□□□　□□　」

(裏)「　大領「石山」　」

この木簡の「調衙」という類例をみない墨書は興味深く、あるいは郡家級官衙の内部の分掌機構を示しているのかもしれない。

また、他の木簡にもみえる「宗宜部」姓の

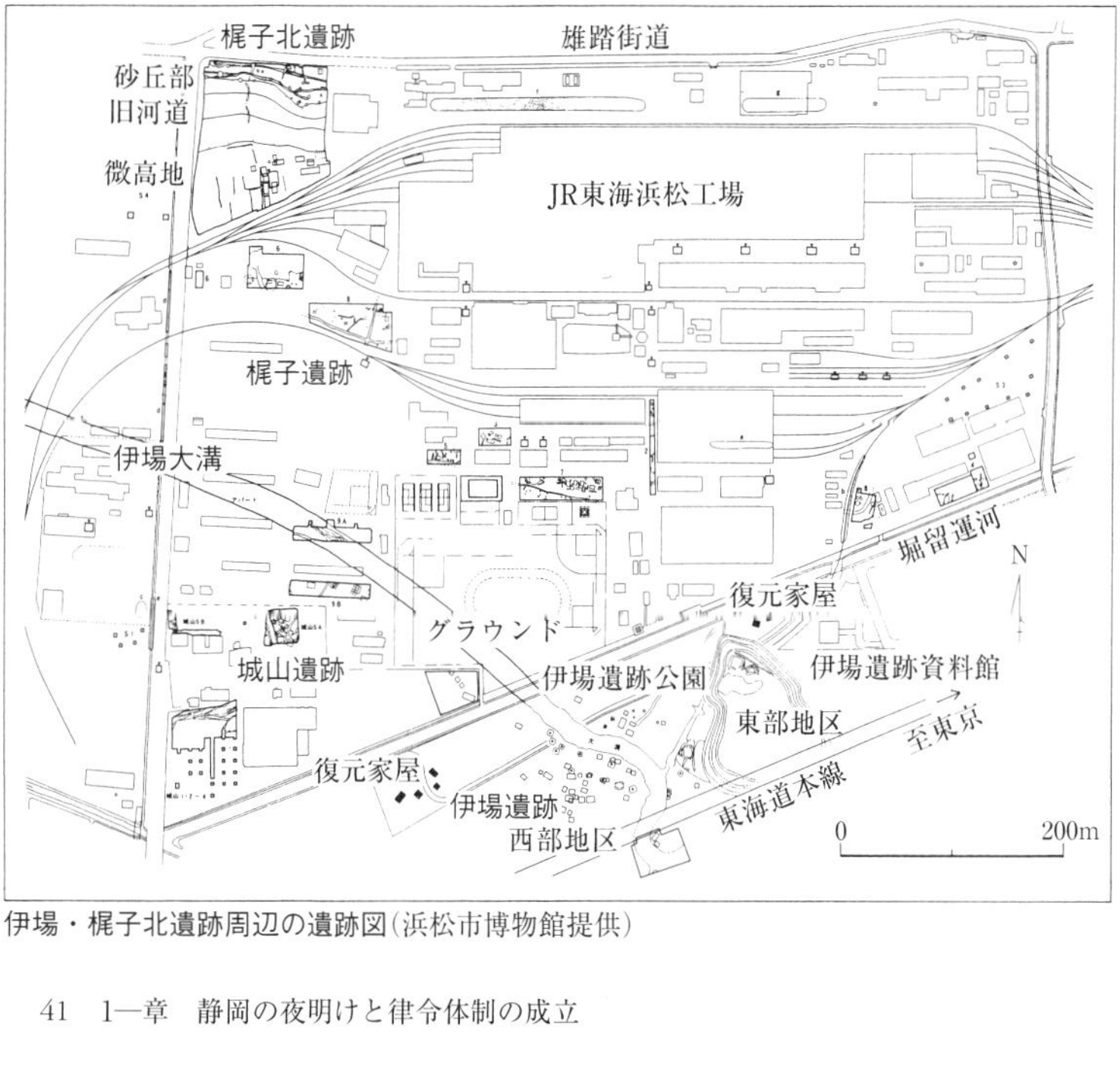

伊場・梶子北遺跡周辺の遺跡図(浜松市博物館提供)

墨書は伊場木簡との近似性を著しくしている。

そして何よりも重要なのは、伊場遺跡・城山遺跡・梶子遺跡・梶子北遺跡などのこれまでの調査に基づけば、遺跡は相互に関連あるものとみなければならないことがより鮮明になってきていることである。

したがって、これらの遺跡を別々にではなく面としてとらえ、敷智郡家および関連官衙（館《たち》・厨《くりや》）や栗原駅家《くりはらうまや》などの地方官衙の複合する地域として理解すべきことを示している。加えて、これらの遺跡出土の木簡・墨書土器などは、近年全国的に注目されている長野県千曲《ちくま》市の屋代《やしろ》遺跡出土の木簡・墨書土器と比較しても、その内容の豊富さは勝るとも劣るものでない。これらの点から、この地域がこれからの古代官衙研究のモデル地域の一つとして再認識されてよいはずである。

また、藤枝《ふじえだ》市御子ケ谷《みこがや》遺跡は、国の指定史跡で、八世紀前半から九世紀代にかけての規格性のある配置が認められる掘立柱建物を含む三〇棟を始めとして井戸・南と東を囲む土塁・塀・道路などが検出されている。これらの遺構に

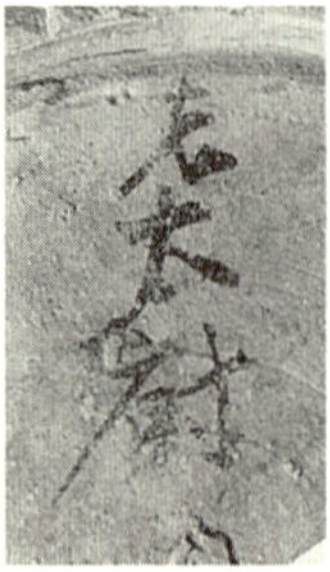
御子ケ谷遺跡（藤枝市）出土の「志太厨」の墨書土器

志太郡衙跡　藤枝市史跡。「ふるさと歴史の広場」による復元。

加えて、南側の湿地から土器や木製品にまじって木簡や「大領」「少領」「志太厨」の墨書土器が出土しており、同遺跡の東側丘陵を越えた秋合《あきあわせ》遺跡が同じく掘立柱建物・井戸・「大領」「志厨」の墨書土器を出土していることから少なくとも二つの遺跡をあわせた範囲が駿河国志太《しだ》郡家と考えるのが妥当であろう。その他、郡家と推定される遺跡に、袋井市坂尻《さかじり》遺跡（佐野郡家カ）、藤枝市郡《こおり》遺跡（益頭《ましず》郡家カ）がある。

近年の国府―国庁や郡家の研究は、これらのセンター的施設とは別に出先機関と考えられる施設の存在を想定するようになってきている。遺構や遺物からみて一般集落とは考えられない遺跡が調査されるようになったためである。

袋井市土橋《つちはし》遺跡は遺構こそ目立たないが、「國厨」の墨書土器が出土していることから、遠江国府の一支所としての「国厨家」と考えられている。

さらに、国衙工房の例証として、「駿河国正税帳」にみえる国に付属の「織物工房」に働くものを意味する「綾生」への食料給付の記事がある。興味深いのは、御殿二之宮遺跡から「綾生」の墨書土器が出土しており、遠江国にも同様の工房があったと考えられる。これらがみられるのは、和銅五（七一二）年七月に駿河国のほか二〇カ国に錦綾の織成を命じた結果ともいえるが、このときの二一国のなかに遠江国はみえない。ただし、『延喜式《えんぎしき》』（主計寮式）には駿河国とならんで遠江国もみえるので、和銅五年以降に遠江国でも錦綾の国衙工房での織成が行われるようになったことを墨書土器からも証明することができたのである。

沼津市藤井原《ふじいはら》遺跡からは、鯉の煮炊きに利用された多量の「堝形《なべがた》土器」が二〇〇個体以上出土しており（瀬川裕市郎「藤井原の大鉢」『沼津市歴史民俗資料館紀要』四、瀬川裕市郎・小池裕子「煮堅魚と堝形土器覚え書」『沼津市歴史民俗資料館紀要』一四）、近接した御幸町《みゆきちょう》遺跡を含めて伊豆国府に付属する「水産加工センター」

が存在したことを推測させる。これなどは、国衙付属の工房的支所とみることができよう。

東海道と駅家●

平成六（一九九四）年から七年にかけて、旧東静岡駅跡地を中心とした曲金北《まがりかねきた》遺跡の調査が行われ、下層に古墳時代後期のころと推定される水田跡の上層から、奈良時代から平安時代にかけての古代の道路跡が発見されている。

道路跡は古代の東海道《とうかいどう》であり、両側に溝をもつ、長さ三五〇メートルにわたる直線道路である。道路幅は、おおよそ九メートルで、側溝の中心からもう一方の側溝の中心までに距離が一二～一三メートルの幅である。この道路は、条里の東西軸方向と一致しており、道路側溝から、布目《ぬのめ》瓦・須恵器《すえき》・土師器《はじき》・灰釉《かいゆう》陶器・木製品その他の豊富な出土品にまじって三点の木簡が出土したことも注目されている。木簡は、両端が欠けたため「×黒万呂×」（一号）としか読めない木簡や、「常陸國鹿嶋郡□　□」（二号）、「戸主大生秋万呂五丈」（三号）などと書かれたものであるが、とりわけ駿河国内から常陸の国郡名を記した木簡が発見されたことは興味深い。これらの

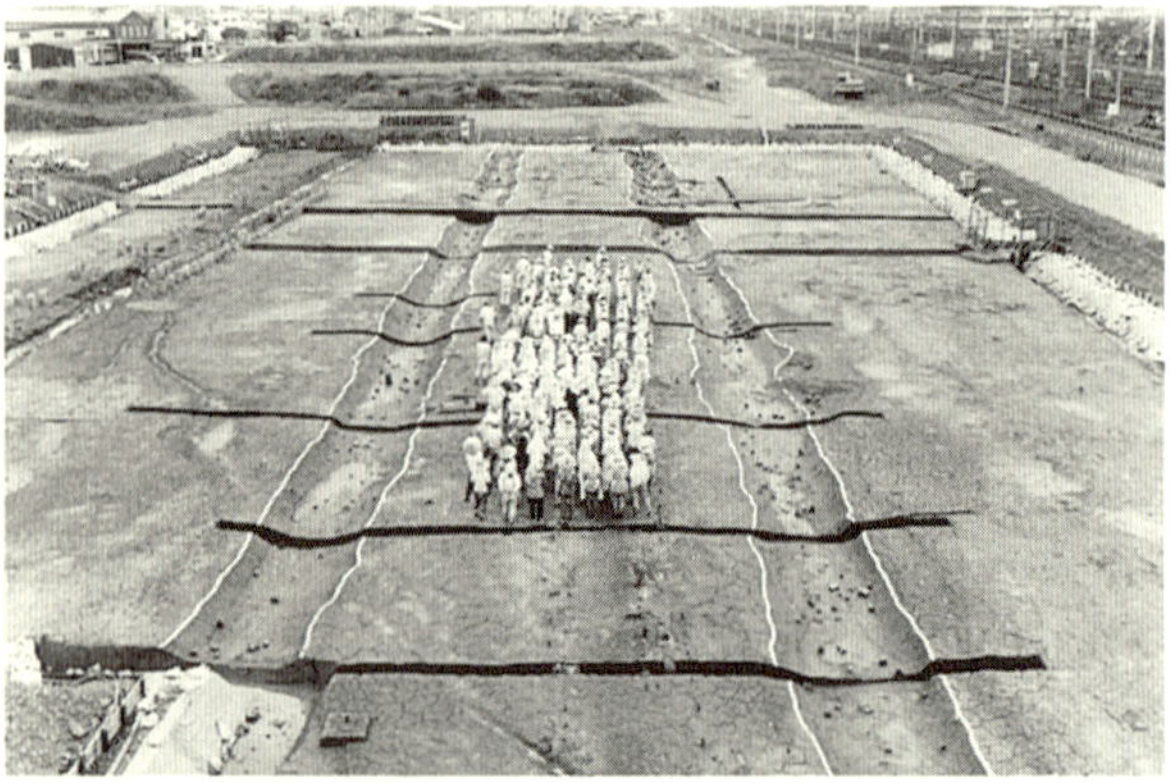

東海道の道路跡（静岡市曲金北遺跡）

❖コラム

浜松市伊場遺跡の文化財裁判

県内の官衙《かんが》研究の調査の本格的な先駆となったのは、昭和四十五（一九七〇）年から三年間かけて発掘された浜松《はままつ》市伊場《いば》遺跡である。この遺跡については、昭和四十八年に県指定の史跡を指定解除したことの是非をめぐって本格的な文化財裁判が繰り広げられた。学術的には、当時、藤原京《ふじわらきょう》や平《へい》城京《じょうきょう》と異なる一地方の遺跡から、想像を超える内容をもった一〇八点の木簡《もっかん》や四〇〇点余の墨書《ぼくしょ》土器《どき》が出土しただけに、古代史研究への学問的な波紋も大きかった。

裁判は、平成元（一九八九）年の最高裁判所による原告（保存要求側）に「訴えの利益なし」とする判断から却下され、原告敗訴となったが、国や県の文化財行政に一石を投じた役割は高く評価されている。

伊場遺跡の遺物や遺構が、地域から日本古代史を究明する可能性を示唆し、以後の全国における地方官衙の調査・研究にどれほどの確信を与えたことか……。この点は明記されておかねばならないであろう。

起訴された。また、県選管は町選管の決定を取り消し、中村候補の当選を告示した。

伊場遺跡で 行政訴訟
守る会 指定解除取り消し求め

国鉄東海道本線の高架化工事に

取り消しを行政訴訟で争うのは全国で初めてという。

伊場遺跡は二十四年に発見されて以来、これまで七次にわたって発掘調査され、縄文時代から鎌倉時代までの木簡、漆器、土器、住居跡地や、日本最古とみられる木製のよろいなど多くの遺物、遺跡が見つかっている。

『朝日新聞』昭和49年7月15日夕刊

〝指定解除を取り消せ〟
静岡「伊場遺跡」で行政訴訟

【浜松、静岡】全国の歴史、考古学者でつくっている「伊場遺跡を守る会」の事務局長、菊地康明・横浜国大教授（四七）、遠江考古学研究会代表の辰巳文雄さんら文化財関係者五人は、「静岡県教委（鍛正太郎委員長）が、同県浜松市の伊場遺跡の史跡指定を解除したのは、県文化財保護条例違反だ」として、十五日、静岡地裁に解除の取り消しを求める訴えを出した。

文化財訴訟としては、現在大阪の難波宮をはじめ、鳥取の青木遺跡など三件が係争中だが、これらはいずれも、遺跡破壊の工事代金支出などをめぐる住民訴訟で、文化財の指定解除という行政措置そのものを対象とした行政訴訟は今度が初めて。

伊場遺跡は、浜松市東伊場にある弥生（やよい）時代から鎌倉時代にかけての複合遺跡。さる二十九年に県の史跡に指定されたが、

『読売新聞』昭和49年7月15日夕刊

木簡が、通行中に側溝に投棄したものと考えにくいとするならば、近在の官衙での投棄が推定できよう。いまだに所在不明の駿河国府ないし関連官衙との関係も留意されねばならないであろう。古代の東海道の発見にとどまらない貴重な発見といえよう。

この官道としての東海道に、令制下三〇里（一六キロ）に一駅おかれたのが、官衙としての駅家であり、東海道が中路にあたることから駅馬一〇匹がおかれた。『延喜式』に規定された三国の駅家とおもな推定地は、つぎのとおりである。

〈遠江〉

猪鼻（新居町）―栗原（浜松市伊場遺跡）―□摩（磐田市今之浦《いまのうら》付近カ）―横尾（掛川市中宿《なかじゅく》・下西郷《しもさいごう》付近カ）―初倉《はつくら》（島田《しまだ》市宮上《みやうえ》遺跡周辺カ）［なお、『延喜式』にみえない駅家として、板築《いたづき》駅家（浜松市北区三ヶ日町日《ひ》比沢《びさわ》、『日本文徳天皇実録《にほんもんとくてんのうじつろく》』）がある］

〈駿河〉小川《こがわ》（焼津市小川町）―横田《よこた》（静岡市葵区横田町）―息津《おきつ》（同市清水区興津本町《おきつほんちょう》付近）―蒲原《かんばら》（貞観六〈八六四〉年東遷前は静岡市清水区蒲原字諏訪《すわ》町付近カ、東遷後は富士市吉原・富士市伝法・富士川町など諸説あり）―柏原《かしはら》（貞観六年に廃止。富士市東柏原新田《ひがしかしはらしんでん》付近・富士市船津《ふなづ》付近カ）―長倉《ながくら》（永倉とも。沼津市大岡日吉・駿東郡長泉《ながいずみ》町など諸説あり）―横走《よこばしり》（御殿場市駒門付近カ―相模《さがみ》国と甲斐《かい》国への分岐点にあたるため、この駅のみ駅馬が二〇匹）

駅家は、一般庶民の利用を許さぬものであったが、こうした施設を利用できなくても、都鄙《とひ》を往来する人びとが東海道を通過した。「駿河国正税帳」は駿河国内の東海道を通過した多種の人びとを書き留めたが、そのなかに帰郷する東国防人《さきもり》の集団もあった。

平安時代にはいると、東北の蝦夷《えみし》との戦争もあって、東海道の往来は以前にまして活発化したようで、承和二（八三五）年には、駿河国の富士川に浮橋を設置する、遠江・駿河両国の堺の大井川に渡船二艘を加えて四艘とする、駿河国の安倍川に渡船二艘を加えて三艘とする太政官符《だいじょうかんぷ》がだされている。

4　奈良・平安時代の文化

『万葉集』と防人歌

桓武《かんむ》朝の初期にあたる天応から延暦のころ（七八一〜七八三）に、大伴家持《おおとものやかもち》が編纂した『万葉集《まんようしゅう》』（全二〇巻、収録歌数四五〇〇余首）には、遠江・駿河・伊豆の三国にかかわる歌が七二首ある。

そのなかには、大宝二（七〇二）年冬、持統太上天皇が東海地域に行幸《ぎょうこう》したときの和歌が二首おさめられている。

引馬野《ひくまの》に　にほふ榛原《はりはら》入り乱り　衣《ころも》にほはせ　旅のしるしに（五七番）
（引馬野に色づいている榛を乱して衣に美しい色をうつしなさい。旅の記念に）

何処《いづく》にか　船泊《ふなは》てすらむ安礼《あれ》の崎《さき》　漕《こ》ぎ廻《た》み行きし　棚無《たなな》し小舟（五八番）
（今ごろは何処に船泊りしているであろうか。安礼の崎を漕ぎめぐって行った棚無し小舟は）

この二首は、三河行幸に陪従《ばいじゅう》した長忌寸奥麿《ながのいみきおきまろ》（五七番）と高市連黒人《たけちのむらじくろひと》（五八番）の和歌であり、「引馬野」と「安礼の崎」の地名比定で古くから論争の種になっており、いまだ鉄案といえるものでないが、「引馬野」が浜松市曳馬《ひくま》町周辺に、「安礼の崎」が浜名郡新居町新居に比定される場合が多い。

また、『万葉集』には、富士山をうたった長歌・短歌があわせて一二首あり、初期万葉の代表的歌人である山部赤人《やまべのあかひと》が「田児の浦ゆ　うち出《い》でて　見れば　真白にそ　不盡《ふじ》の高嶺に　雪は降りける」（三一八番）とうたった短歌や、中期の歌人高橋《たかはし》連虫麿《むしまろ》の「なまよみの　甲斐の国　うち寄する　駿河の国と　こちごちの　国のみ中ゆ　出で立てる　不盡《ふじ》の高嶺は　天雲《あまくも》も　い行きはばかり　飛ぶ鳥も　飛びも上《のぼ》らず　燃ゆる火を　雪もち消《け》ち　降る雪を　火もち消ちつつ　言ひもえず　名づけも知らず　霊《くす》しくも　います神かも　石花《せ》の海と　名づけてあるも　その山の　つつめる海そ　不盡河と　人の渡るも　その山の　水の激《たぎ》ちそ　日の本の　大和の国の　鎮《しづめ》とも　座《いま》す神かも　宝とも　生《は》れる山かも　駿河なる　不盡の高嶺は　見れど飽かぬかも」（三一九番）と富士山が「日の本の　大和の国の　鎮」であることをうたっているのである。

いずれも『万葉集』の秀歌としてその評価が定着しているものであるが、これらにまじって静岡の地で生まれ育ち、「大君の命」によって北部九州の防備についた防人らの歌が幸いにも一七首（遠江七首─四三二一〜二七番、駿河一〇首─四三三七〜四六番）が収録されている。

たとえば、駿河国の玉作部広目《たまつくりべのひろめ》は「吾等《わろ》旅は　旅と思ほど　家にして　子持ち痩《や》すらむ　わが妻《み》かなしも」（自分の旅は、これが旅だと思ってあきらめるけれども、家に残って子どもを持って痩せるであろう私の妻がいとおしい　四三四三番）とうたい、防人に徴発されたのでその任にはつくが、妻子を残し防人にでる不安をかくさない。こうした防人歌は、東国方言をまじえ、妻との惜別をうたい、また、防人にでた息子が父母を案じた歌などがあり、軍旅に赴く当時の庶民の心情がうかがえる。

三島神の神階と富士山の爆発●

伊豆国の一宮《いちのみや》であり、惣社《そうじゃ》でもあった賀茂郡の三島大社《みしまたいしゃ》は、大同元（八〇六）年の牒《ちょう》（『新抄格勅符抄《しんしょうきゃくちょくふしょう》』）によれば、天平宝字二（七五八）年に、社殿の維持・管理と恒常の祭祀のための封戸が計一三戸さずけられた。その後、天長九（八三二）年に三島神は、伊古奈比咩《いこなひめ》神とともに「名神《みょうじん》」に列せられ（『釈日本紀《しゃくにほんぎ》』）、嘉祥三（八五〇）年十月七日には「神階《しんかい》」として従五位上《じゅごいのじょう》をさずけられ、貞観十（八六八）年七月二十七日には従三位《じゅさんみ》をさずけられている。この「神階」とは、神々に位階《いかい》をさずけ、神々を序列づける試みにほかならない。

その最初の記事は、承和七（八四〇）年六月二十四日に遠江国周智郡の無位《むい》小国《おくに》天神と同国磐田郡の無位矢奈比売《やなひめ》天神に従五位下《じゅごいのげ》をさずけたという記事であり、ついで、九月二十三日に伊豆国神津島の阿波《あわ》神と物忌奈乃《ものいみなの》神に従五位下をさずけたという記事である（『日本文徳天皇実録《にほんもんとくてんのうじつろく》』）。以後、寛平二（八九〇）年十二月二十五日に遠江国の雄神を従四位上《じゅしいのじょう》から正四位下《しょうしいのげ》に神階を上げる記事（『日本紀略《にほんきりゃく》』）をみるまで断続的に続く。

史料で確かめられる神階をさずけられた神々は、遠江国二二神、駿河国六神、伊豆国一一神の計三九神であり、これを神階別に分けると、四位以上が七神、正五位上―三神、正五位下―五神、従五位上―四神、従五位下―二〇神となり、半数強が従五位下の神々である。これらの神々は、九世紀末までにそれぞれの国で律令国家がさずけた神階の授与と昇叙によって神々が序列づけられていったのである。こうした試みの一つの帰結が、『延喜式』にみえる「式内社《しきないしゃ》」体制である。

式内社とは、延長五（九二七）年撰進の『延喜式』の巻九・巻一〇の「神名帳《しんめいちょう》」に記載された三一三二座の神をまつる神社をいう。このうち、さらに式内の大社四〇三座のなかから名のある霊験《れいげん》あらたかな神と認定した二八五座を「名神＝明神」としてほかの神との差異をつけ、名神大社―大社―地方の小社―無格社と序列化している。

県内の式内社として、遠江国から六二座（大社一座・小社六一座）、駿河国から二二座（大社一座・小社二一座）、伊豆国から九二座（大社五座・小社八七座）が選ばれている。

このうち、明神・大社となったのは、遠江国は蓁原郡の敬満《けいまん》神社の一社、駿河国は富士郡の浅間《せんげん》神社の一社、伊豆国は賀茂郡の伊豆三島神社・伊古奈比咩命《いこなひめのみこと》神社・物忌奈命《ものいみなのみこと》神社・阿波神社の四社に、賀茂郡の意波与命《おはよのみこと》神社か田方郡の楊原《やなぎはら》神社のいずれかの一社を加えた五社である（流布《るふ》本は後者の楊原神社を明神・大社とするが、九条家《くじょうけ》本は前者の意波与命神社を明神・大社とする）。また、三国の郡別内訳は、つぎのごとくである。

〈遠江国〉
浜名郡五座　敷智郡六座　引佐郡六座　麁玉郡四座　長下郡四座　長上郡五座　磐田郡十四座　山香《やまか》郡（なし）　周智郡三座　山名郡四座　佐野郡四座　城飼郡二座　蓁原郡五座

〈駿河国〉
志太郡（なし）　益頭郡四座　有度郡三座　安倍郡七座　廬原郡三座　富士郡三座　駿河郡二座

〈伊豆国〉
賀茂郡四六座　田方郡二四座　那賀郡二二座

こうした式内社の分布で、第一に注目されるのは国ごと・郡ごとに式内社数が不均等であることである。

遠江国山香郡や駿河国志太郡のように式内社が存在しない郡もあり、他方で伊豆国賀茂郡のように一郡で四六座を占め、駿河国七郡の式内社の総数を優に上まわる郡もある。これをみても式内社が機械的に諸国の郡から均等にえりぬいたものでないことがわかる。

また、三国のなかでは伊豆国の式内社数の多いことがめだつ。そのうちでも、三島神社は「神名帳」によれば、「案上官幣《あんじょうかんぺい》」のあつかいをうけ、明神・大社の社格に加えて、国家的祭祀の月嘗祭《つきなめ》および新嘗祭《にいなめ》の執行に際して幣帛《へいはく》をうける遠・駿・豆三国の式内社一七六社のなかで唯一の神社である。

他方、富士山を御神体とする駿河国浅間神社は、駿河国内では高い社格をあたえられ、仁寿三（八五三）年七月五日に名神とされ、貞観元年正月二十七日には正三位《しょうさんみ》の神階を授与されている。

自然災害史の上でも見逃すことができないが、火山噴火のメカニズムに暗かった当時の人びとにとって、「国の鎮め」としての富士山の噴火が社会不安を増幅させたための対応である。

富士山は、『扶桑略記《ふそうりゃっき》』などの史料によって役小角《えんのおづぬ》が開いたとされる。こうした伝説にたよらなくとも、『万葉集』に「日の本の大和の国の鎮」とうたわれていることから、奈良時代にはすでに周知の山であった。また、『常陸国風土記《ひたちのくにふどき》』筑波《つくば》郡条には、「神祖尊《みおやのみこと》」が駿河国の「福慈岳《ふじ》」（富士山）で宿を請うたところ福慈神は「新粟《わせ》の初嘗《にひなへ》して、家内諱忌《ものいみ》せり。今日の間は、翼《ねが》はくは許し堪《あ》へじ」と断り、「神祖尊」は宿を貸さなかったことを恨み、そのことが原因で長く福慈岳にはつねに雪がふり、人がのぼらなくなったという伝承がみえる。ここでの「福慈（富士）神」は、秋に「新嘗」をする存在として語られており、古代の民衆生活の延長上に擬人化して語られている。都の貴族が駿河国を通過するに際してあおぎみた国家鎮護の神とは異なる一面が示されている。

元慶元（八七七）年前後ごろ成立した都良香《みやこのよしか》の『富士山記《ふじさんき》』の山頂の描写は、富士山頂上への登山経験なくしては描けないもので、おそらく、九世紀後半のころには富士山への登頂を実際に試みたものがいたと考えられる。

古代における富士山の噴火は、天応元（七八一）年（『続日本紀《しょくにほんぎ》』『日本紀略』）にはじまって、延暦十九（八〇〇）年（『日本紀略』）・延暦二十一年（『日本紀略』『富士山記』）・承和年間（八三四〜八四八、『富士山記』）・長保元（九九九）年（『本朝世紀《ほんちょうせいき》』）・長元五（一〇三二）年（『日本紀略』）・永保三（一〇八三）年（『扶桑略記』）までの噴火が史料的に確認できる九回である。

国分寺の退転と定額寺・大知波峠廃寺●

聖武天皇の威令で造営させた国分寺は、律令国家の厚い保護のもとにおかれていたが、平安時代にはいると各国の国分寺は寺の維持・補修を自前で行う必要が多くなってくる。この点を少しみておこう。

遠江国分僧寺は弘仁十（八一九）年八月二十九日に火災にあっており（『類聚国史《るいじゅうこくし》』）、発掘調査によって金堂・塔の焼失が推定されている。その後の再建の痕跡はないが、十世紀代の「講院《こういん》」の墨書土器が出土していることから、かろうじて法灯を保っていたと考えられる。また、伊豆国分尼寺も承和三（八三六）年の火災によって焼亡したのちは、豪族《ごうぞく》の氏寺《うじでら》である「定額寺《じょうがくじ》」（寺名不詳）を半世紀におよんで代用していた。その後、元慶八（八八四）年に国司による再建の申請が許可されているが（『三代実録』）、その完成については不明である。

これらの例が示唆するように、国家の手厚い保護に依存していた国分寺は、保護が薄くなると、退転を余儀なくされた場合が少なくない。

❖コラム

東海の海民・海賊

黒潮《くろしお》は、海の幸を運んでくれる。こうした利点を伊豆大島《いずおおしま》は十分に活かした生産活動を古代においても行っていた。伊豆大島が鰹《かつお》漁とその加工の一つの拠点であり、内陸部の生活用土器が大島や新島《にいじま》・式根島《しきねじま》でも出土していることから、古代の太平洋の海上交通の重要拠点であったことはすでに指摘されている（橋口尚武『海の考古学』。荒木敏夫「東への海つ道と陸つ道」『海と列島と文化』巻八—伊勢と熊野の海—）。

海上交通が盛んになってくると、海賊がつきものである。海賊といえば、瀬戸内海で活躍した村《むら》上《かみ》水軍や紀伊《きい》の熊野《くまの》水軍などが有名であるが、平安《へいあん》時代の貴族である藤原宗忠《ふじわらのむねただ》の日記『中右記《ちゅうゆうき》』に、「遠江《とおとうみ》・尾張《おわり》・参河《みかわ》の海賊強盗、多く以って出来《しゅったい》す」とあり、永久二（一一一四）年のころ、遠江にも海賊がいたことを記している（同年二月三日条）。文献史料は東海の古代の海上交通について多くを記さないが、それでも、『日本書紀《にほんしょき》』応神《おうじん》紀五年冬十月条は伊豆国に、仁徳《にんとく》紀六十二年五月条は遠江国に、斉明《さいめい》紀六年十二月条は駿河《するが》国が造船を行っていることを記しており、陸上交通とならんで海上交通も大事な道であったことがわかる。また、熱海《あたみ》市来宮《きのみや》神社の大楠は、かつて船材として用いることの多かった伊豆の地の楠木を知るよすがでもある。

熱海市来宮神社の大楠

九・十世紀における寺院の退転の事情は、豪族の氏寺にもおよんでいる。国家からの優遇措置をうけることができる資格をもつ豪族の氏寺である、定額寺ですら、退転の危機をのりきる必死の努力がなされている。

定額寺の例は、伊豆国分尼寺の代用となった寺名不詳の例についで斉衡二（八五五）年九月二十八日に定額寺となった「伊豆国大興寺《だいこうじ》」（『日本文徳天皇実録』）、貞観五（八六三）年六月二日の「駿河国富士郡法照寺《ほうしょうじ》」と同年八月二日の「遠江国頭陀寺《ずだじ》」（いずれも『三代実録』）の例をみることができる。

しかし、伊豆国大興寺は「孝子大《(丈カ)》部富賀満」が「国家の為に建て」たものであるが、定額寺となると同時に「海印寺別院」となっており、中央寺院の末寺《まつじ》化を選択している。遠江国頭陀寺も、のちに高野山《こうやさん》領頭陀寺荘が存在していることから（『御室御所高野山御参籠《おむろごしょこうやさんごさんろう》日記《にっき》』）、時期は不明であるが、同じく末寺化の途を選んだと考えられる。

こうした選択は、多くの白鳳《はくほう》期・天平《てんぴょう》期の寺院が十

大知波峠廃寺跡（湖西市）

世紀のころに退転を余儀なくされている場合の少なくなかったことをふまえれば、揺れ動く古代社会のなかで「氏寺」を存続させるための一つの選択であった。

十世紀に退転を余儀なくされる寺院がみられるなかで、この時期にあらたに寺院が建立される場合もある。湖西市の大知波峠《おおちばとうげ》廃寺は、浜名湖北西部の多米《ため》峠と本坂《ほんざか》峠の中間の主尾根に位置する国境の寺院である。遺跡からの眺望は浜名湖を眼下にし遠江を一望でき、尾根に立てば三河国府・国分寺も視野にはいる。

遺跡の主要な遺構としては、四周を結界する盤石、その中心に閼伽池《あかいけ》かと考えられる池と加工された巨岩があり、そのまわりに建つ礎石建物六棟がある。遺物で目をひくのは、愛知県豊橋《とよはし》市二川《ふたがわ》古窯跡産の灰《かい》釉《ゆう》陶器に「寺」「太」「珎」などと書かれた大量の墨書土器である。それらの多くは内部底面に墨書されている点が大きな特色である。

遺跡からは八世紀後半の須恵器も出土している。この生活の痕跡は、山岳での修行の痕跡とも考えうる。だが、本格的な寺院としての活動は十世紀後半からはじまり、十二世紀前半まで存続する可能性が強い遺跡である。

大知波峠廃寺を考えるうえで、注目されるのは行政区域では愛知県豊橋市に属するが、廃寺址から南へ三キロの位置に現存する普門寺《ふもんじ》である。同寺には、「大治二年歳次丁未五月五日書了　勧進僧明伊」と記した大治二（一一二七）年の奥書をもつ古写経を遺し、さらに元堂址からは明治十（一八七七）年に、同寺の縁起《えんぎ》である『船形山普門寺梧桐岡院開闢《かいびゃく》縁起』にみえる十四世住職「勝意」の名を刻した久寿三（一一五六）年銘の銅製経筒《きょうづつ》が出土している。

この勝意は、昭和五十八（一九八三）年に袋井市岡崎《おかざき》の茶畑から掘りだされた平治元（一一五九）年銘のある梵鐘《ぼんしょう》鋳造の勧進僧の一人でもある。全長九一センチのこの鐘には、鋳造の経緯を刻した二二〇字の銘文がある。

それによると、この「東紀里岡寺」＝普門寺の鐘は、平治元年八月十三日、二条《にじょう》天皇とその中宮《ちゅうぐう》高松院とが施入し、その意をうけて左衛門尉藤原師光（西光）が事を運び、求意・行視・勝意を勧進僧として、平治二年正月に鋳上げたものである（袋井市教育委員会編『目でみる袋井市史』）。

天皇・中宮の施入をうける普門寺と大知波峠廃寺との関係は、今後の調査にまつところが大きい。大知波峠廃寺が「三遠境の山塊中に国分寺創建の契機によって始まる山岳修行の場」（後藤建一ほか『大知波峠廃寺』Ⅲ・Ⅳ）として、十世紀後半から十二世紀中葉に至るまで活動を続けていたのは確かなことであり、文献史料からうかがい知れなかった貴重な事実である。

また、浜名湖北西部の山塊一帯には、三ヶ日町の大福寺《だいふくじ》の前身かとも推測される播教寺《ばんきょうじ》廃寺が富幕《とんまく》山の中腹にあり、また同町宇志《うし》から瓦塔《がとう》も出土しているように山岳仏教遺跡が点在している。大知波峠廃寺の歴史的性格については、こうした点も考慮する必要があろう。

このうち宇志瓦塔は、浜北市浜北区根堅勝栗《かつくり》山出土と伝えられる陶製五輪塔との関連も考慮しておくことが重要であろう。この陶製五輪塔は、梵字《ぼんじ》を配し、法華経の一部を篦《へら》書きしたうえで結縁者《けちえんしゃ》の名を記してのちに、「久安二年七月廿七日遠海新所之立焼五輪土塔為慈尊出世為滅罪生善後世菩提」と久安二（一一四六）年の年紀と土塔焼成の願文《がんもん》も刻している。「新所立焼」は「新所」が地名とすると、湖西窯のある新所原《しんじょはら》付近で焼いたものとも考えられる（赤羽一郎「久安二年（一一四六）銘陶製五輪塔」『愛知県陶磁資料館研究紀要』四）。十二世紀中葉における湖西の地の宗教活動を知らせるあらたな資料といえよう。

末法思想と写経・経塚●

奈良時代に国家や寺院の経典の需要にこたえる写経《しゃきょう》は、平安時代になると下火になり、それにかわって祈願成就を願っての宗教行為としての写経が、浄土《じょうど》思想の普及や日本では永承七（一〇五二）年より末法《まっぽう》にはいるとする仏教的終末観である末法思想の流布とともに盛んになってくる。

また、写経行為にとどまらず、さらに、経典を写したのちにそれを金属製その他の容器にいれ、それらを土製の外容器におさめ、地下の小さな石室に和鏡・利器・銭貨などとともに埋納する埋納経が十一、二世紀をつうじて全国的に活発化することが確かめられている。そのことを端的に示すのが、経塚《きょうづか》の築造である。これは、五六億七〇〇〇万年を経て、ふたたび娑婆《しゃば》世界に出現する弥勒菩薩《みろくぼさつ》が第二の釈尊《しゃくそん》として再生して龍華樹下《りゅうげじゅげ》に教をたれ、衆生済度《しゅじょうさいど》を示す経典に依拠したもので、経典を弥勒再生の時期まで地下に保存しようとする信仰活動に基づいている。

県内の古写経として、牧之原市般若寺《はんにゃじ》には、静岡県指定文化財で、治暦二（一〇六六）年の年紀と正五位上藤原維清《ふじわらのこれきよ》ら四人の名を記す奥書をもつ大般若経が六五巻（うち四六巻に奥書あり）所蔵されており、賀茂郡南伊豆町の修福寺《しゅうふくじ》には、長治元（一一〇四）年二月六日に大蔵大輔《おおくらのたいふ》で伊豆守を兼官した大江通国《おおえのみちくに》や大治二（一一二七）年に伊豆守に重任された源盛雅《みなもとのもりまさ》の息男の源盛頼《もりより》の名が奥書にみえる重要文化財の大般若経五三九巻がのこされている。

また、所蔵に至った経過は不明であるが久能寺《くのうじ》所蔵の古写経は、広島県厳島《いつくしま》神社にある平家納経《へいけのうきょう》とならぶ代表的な装飾経とされている。雁皮紙《がんぴし》に金銀砂子、切箔《きりはく》に下絵、描文様などで装飾をほどこしており、鳥羽院《とばいん》・待賢門院璋子《たいけんもんいんあきこ》・美福門院得子《びふくもんいんとくこ》・二条大宮を始めとする時の王権中枢が名をつらねるもので、写経者に女性の多いのが特徴である。その成立の年代については、鳥羽上皇《じょうこう》が法皇《ほうおう》となった永治元（一一四一）年十二月ごろ、また、待賢門院とかかわるものが写経者に多いことから、待賢門院が落飾した永治二年二月が有力視されている。

一方、県内の経塚については、昭和二（一九二七）年、伊豆山でも経塚が伊豆山神社の裏山から「永久五（一一一七）年八月四日」「僧良勝　橘成祐」と刻書された経筒外容器や「承安二（一一七二）年」の年紀を記す網文《あみもん》飛雀鏡《ひじゃくきょう》が発見されており、伊豆山神社経塚とよばれている。なお、伊豆山神社本殿に安置されている神像は、平安時代中期の一木造・像高二一二・二センチの男神立像で重要文化財に指定されている作品である。

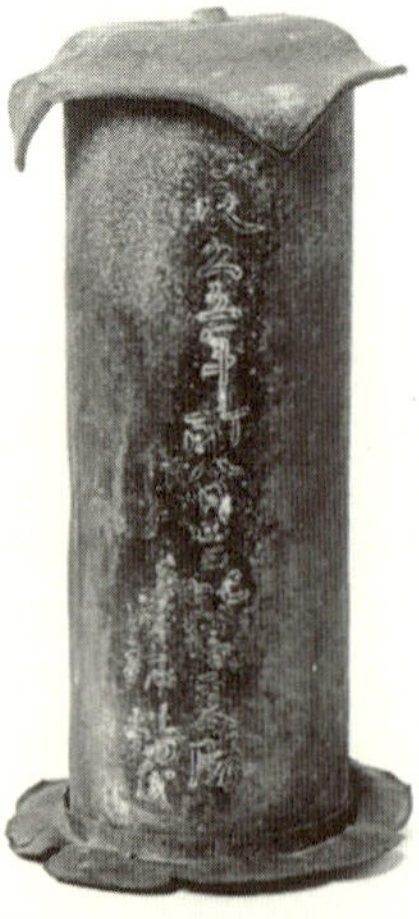
伊豆山神社の経筒外容器
「永久五(1117)年八月四日」「僧良勝　橘成祐」の刻書がみえる。

『今昔物語集』に描かれた相撲人・傀儡師●

十二世紀にできた編者不明の『今昔物語集《こんじゃくものがたりしゅう》』は、平安時代に生きた人びとを活写している史料として知られている。

「相撲人《すまいびと》私市宗平《きさいちのむねひら》投上鰐《わにをなげあげた》語《かたり》」（巻二三—二三）に登場する駿河国の私市宗平は、正暦四（九九三）年のころの実在の人であり（『小右記《しょうゆうき》』・『権記《ごんき》』正暦四年条）、相撲人として京都にのぼり、その名をなした名高い相撲人であった。

平安時代になると、毎年七月、天皇が宮中で相撲を観覧し、参列の諸臣と饗宴をする相撲節会《すまいのせちえ》が年中行事化されるようになり、この相撲節会に諸国から力自慢の相撲人らが選ばれ、七月二十八日の天覧の召合《めしあわせ》にそなえた。私市宗平は、こうした年中行事がうんだ著名人であった。

また、『今昔物語集』には、平安時代の諸国を渡り歩く芸能者集団である傀儡子《かいらいし》出身であった伊豆国の目代《もくだい》の説話をのせている（「伊豆守小野五友目代語」巻二八―二七）。

伊豆守小野五友《おののいつとも》は、国守《こくしゅ》の代理として有能な目代を探し求め、駿河国内の年六〇歳ほどのものを目代にした。あるとき、国守の前で仕事をしていたところ、傀儡子が国司の館に出入りし、歌舞を披露しはじめたら、「昔の事忘れがたく」と仕事を放りだして、ともに興じはじめる始末。それをみて館のものが笑いさわいでいると、目代はわれにかえり、恥じて逃げ去っていった。国守がその理由を傀儡子に訊くと、目代は若いころに傀儡子であったが、書を巧みにし、文を読むことができることから傀儡子をやめたという。国の人や館の人は、彼《か》の人を「傀儡子目代」といって笑ったという。

この説話は、若いころの体にしみついた傀儡子体質が容易に消せるものでなかったことを語っているが、同時に伊豆国司の館に出入りする傀儡子集団の姿を描いている。遠江の地はこうした集団を育んだ土地でもあった。

『朝野群載《ちょうやぐんさい》』におさめられた大江匡衡《まさひら》の「傀儡子記」は、そうした人びとの生活を漢文体でつづった作品として著名であり、「東国の美濃・参川・遠江等の党を豪貴」とし、傀儡子集団のランクの最上位にしている。

傀儡子は「定居無し」と書かれ、テントに似た移動可能な住居に住み、水草を逐《お》って移動する存在であった。その風俗は「北狄之俗に類し」、男は弓馬が巧みで、「沙石を変じて金銭と為し、草木を化して鳥獣と為す」といった奇術に類することもできるとされる。女は「倡歌淫楽、以て妖媚を求め」、「一宵の佳会を嫌わず」と記された遊女的な一面ももっていたとされている。

傀儡子集団は、「一畝の田をも耕さず。一枝葉も採らず。故に県官に属さず。皆土民に非らず」ということから、彼らは課役がなく、そのことをもって「一生の楽と為す」とも書かれた存在である。

諸芸能にすぐれた渡り歩く傀儡子集団の社会的存在理由は、諸国を渡り歩き、歌舞音曲をもって「福助を祈る」宗教性にあったとみることができるのである。

霊験所伊豆の走湯・箱根山の生成●

十一世紀ごろになると、走湯《はしりゆ》権現・伊豆権現の名で知られた伊豆山神社神宮寺（熱海市）の地は、平安時代の『新猿楽記《しんさるがくき》』や『梁塵秘抄《りょうじんひしょう》』に「よも《（四方）》の霊験所は伊豆の走湯、信濃の戸隠《とがくし》、駿河の富士の山、伯耆《ほうき》のたいせん《（大山）》、丹後《たんご》の成相《なりあい》とか、土佐の室生《むろお》と讃岐の志度《しど》の道場とこそ聞け」とみえ、「伊豆の走湯」は、「駿河の富士の山」とならぶ、日金山《ひかねさん》と走湯（温泉）を信仰の対象にした全国でも有数の霊験所であった。

また、足柄《あしがら》明神をまつる箱根外輪山の矢倉岳《やくらだけ》が古くから信仰されていたが、神山や駒ケ岳《こまがたけ》をめぐる山々や湖水が信仰の対象になった箱根山修験道がある。

建久二（一一九一）年の奥書のある「筥根《はこね》山縁《さんえん》起《ぎ》幷《ならびに》序《じょ》」によれば、天平宝字三（七五九）年に、三重県の多度神宮寺、茨城県の鹿島《かしま》神宮寺の創建にもかかわった万巻《まんがん》（満願）上人が苦行の末に山の三神を感得して筥根三所権現としてまつりはじめたとする。子細は不明ながら奈良時代末期には、箱根山の開基は認められよう。

その後、平安時代にはいると十一世紀前半の人で、三十六歌仙の一人である相模《さがみ》の『相模集』には、「ふたつなき　心にいれて　はこね山　いのるわか身を　むなしからすな」と箱根権現をうたった和歌があるが、これからもうかがえるように、このころには箱根山の修験道信仰が盛んであったことが証される。

富士上人末代と藤原顕長●

昭和七（一九三二）年、旧田方郡西錦田《にしにしきだ》村三ツ谷新田（三島市三ツ谷新田）で、経塚が発見された。遺物のなかに、愛知県田原《たはら》市の大アラコ古窯址で焼いた壺があり、そこに「藤原顕長《ふじわらのあきなが》」の名を含む銘文が刻されていた。同様の壺が、その後焼成地を別として、県外でも出土しており、今日、山梨県南巨摩《みなみこま》郡南部《なんぶ》町出土（個人蔵）、伝鎌倉出土（愛知県立陶磁資料館蔵）、神奈川県綾瀬《あやせ》市早川《はやかわ》宮久保遺跡出土（神奈川県立埋蔵文化財センター蔵）の三点が知られている。

男神立像と伊豆山神社（熱海市）

藤原顕長は、白河院《しらかわいん》の近臣《きんしん》であった藤原顕隆《あきたか》と源顕房《あきふさ》の娘とのあいだに生まれ、藤原季綱《としつな》の娘の悦子とのあいだに生まれた藤原顕《あき》頼《より》・顕能《あきよし》は異母兄弟にあたり、顕長は、保延二（一一三六）年から久寿二（一一五五）年までのあいだに三河守→遠江守→三河守と任じられている。その顕長が三河守在任中に三河国の渥美半島にある大アラコ古窯に埋納経のために必要な壺をつくらせ、今日知られているかぎりで、伊豆・相模・甲斐の三国に埋納を企てたと考えられる。

他方、顕長が遠江守となっていた久安五（一一四九）年、京都で富士山に一切経を奉納することを説く僧侶がいた。その名を富士上人末代《まつだい》という。

富士上人末代は、霊峰富士にのぼること数百度におよぶという僧であった。その末代が、経はいうにおよばず律・論・釈疏などの経典のすべてを書写する一切経の書写とそれらの富士山への埋納を企て、すでに関東・東海・東山の人びとを勧進してまわり、久安五年四月ごろには都にまでのぼり、京都の公家から庶民だけでなく、鳥羽法皇をも結縁させることに成功した（『本朝世紀』久安五年四月十六日・五月二日・五月十三日条）。

この企ての結果を史料は記さないが、それから約八〇〇年後の昭

三ツ谷新田（三島市）出土の壺

三ツ谷新田出土「壺」銘文

正五位下行兵部大輔
兼三河守藤原
朝臣顕長
藤原氏
比丘尼源氏
道守尊霊
従五位下
惟宗朝臣遠清
藤原氏
惟宗氏
内蔵氏
惟宗尊霊
惟宗氏尊霊
藤原尊霊

和五（一九三〇）年八月、まったく偶然に、このことに関連すると思われる遺物が、富士山頂の三島ケ嶽で土砂を採取していたおり発見された。銅経筒一・銅経筒片二個体分・朱書および墨書紙本経《しほんきょう》の残塊一括・陶壺片一括・刀子片《とうすへん》一括などが出土していることから、紛れもない経塚の遺址の富士山頂からの発見であった。

出土遺物を調査すると、銅製経筒の底部に「承久」の墨書があり、経巻五〇巻のうち四三巻が血書を擬した紅殻《べんがら》で書かれた朱書の経巻であり、これらに加えて、「十七日書了」「末代聖人」「□□（覚亮）」と墨書した紙片（経巻残片カ）も残存していた。これらを久安五年のものと断定する見解には異論もあるが、末代上人の関連資料とみることに誤りはない。

藤原顕長の各所への埋納経と富士上人末代の霊嶽富士山への埋納経との関係は、なお未詳の部分が多く今後の課題であるが、武家の世の開幕を告げる源頼朝の伊豆での旗揚げの前段階にあたる十二世紀中葉に東海を震源地とする大宗教運動が存在したことはもっとも知られてよいだろう。

2章

地域の武士社会と政権

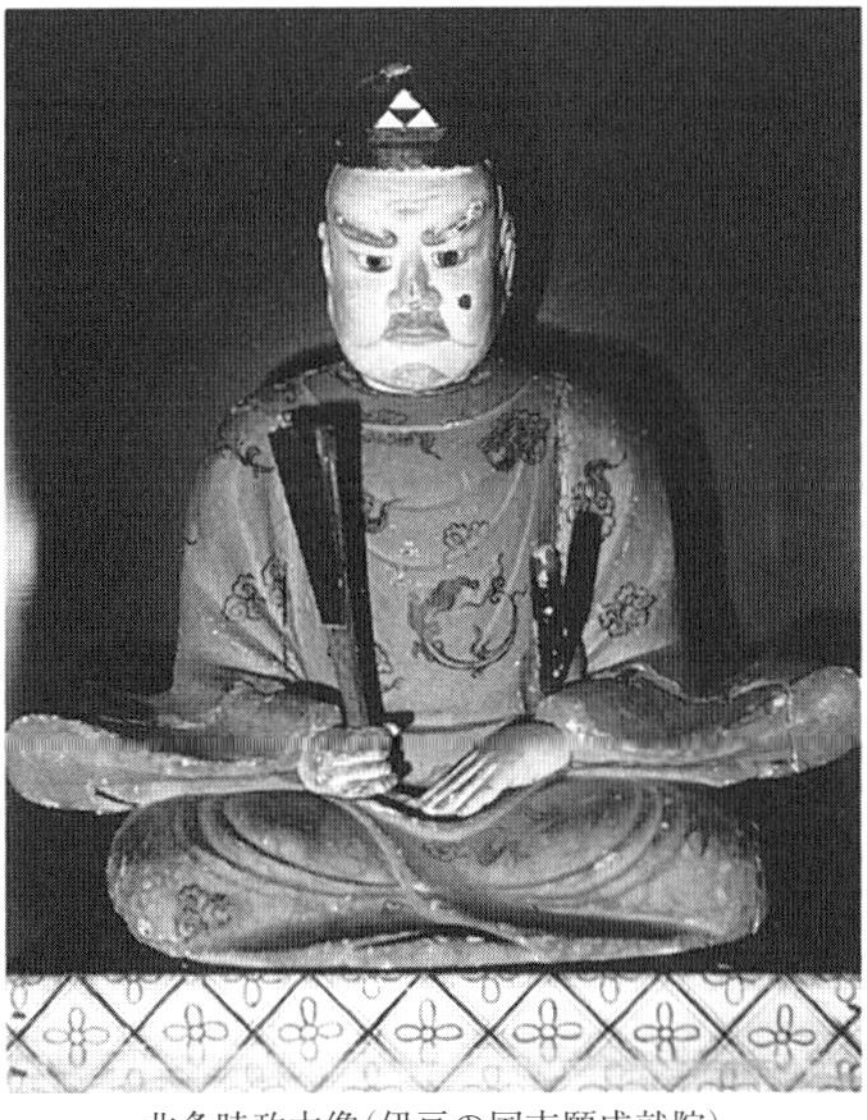

北条時政木像(伊豆の国市願成就院)

1　武士世界の序幕

武士の発生と牧

わが国中世の主役は、やはり武士《ぶし》だろう。伊豆《いず》で挙兵した源　頼朝《みなもとのよりとも》にしたがい、初の幕府《ばくふ》を鎌倉《かまくら》(神奈川県鎌倉市)に開く主勢力となった彼らとは、一体どのような存在だったのか。それを一言で表現すれば、弓矢と太刀をおもな武器とする乗馬の戦闘集団であり、発生の当初は狩猟民的性格を色濃くまとっていたが、やがて農村に根をおろして在地領主的性格を強め、鎌倉幕府においては、御家人《ごけにん》(将軍に奉公《ほうこう》する武士)＝領主として法的に規定されるようになった、といえる。

このような武士が組織化され、社会的身分として承認されるについては前提があった。すなわちそれは、九世紀の古代律令《りつりょう》国家が辺境の狩猟牧民集団を編制した騎兵隊を特殊な源流とし、さらに九世紀から十世紀の東国《とうごく》を中心に跳梁した群党(弓馬で武装した浮浪反逆集団)を鎮圧するために、地方の国衙《こくが》や中央の諸権門に国家的軍事力として編制された弓射騎兵軍が、直接の前提になったと考えられるのである。

およそ東国には、古くから多くの牧場が発達し、馬の生産において質・量ともに西国《さいごく》を凌駕《りょうが》した。狩猟牧民集団から弓射騎兵軍、そして中世武士団への展開過程において、牧《まき》の存在は密接不可分の関係にあったに違いない。遠江国《とおとうみ》には、律令制下に白羽官牧《しろわのかんまき》があり、やがて荘園《しょうえん》化して白羽荘《しょう》とも称し、笠原《かさはら》牧や相良《さがら》牧という私牧を分出させた。両私牧ともものちには荘とよばれた。白羽牧の故地は御前崎《おまえざき》西方の砂丘地帯から北方の牧之原《まきのはら》台地におよび、相良牧と笠原牧は、それぞれ榛原《はいばら》郡相良町(現牧之原市)と小笠《おがさ》郡浜岡《はまおか》町

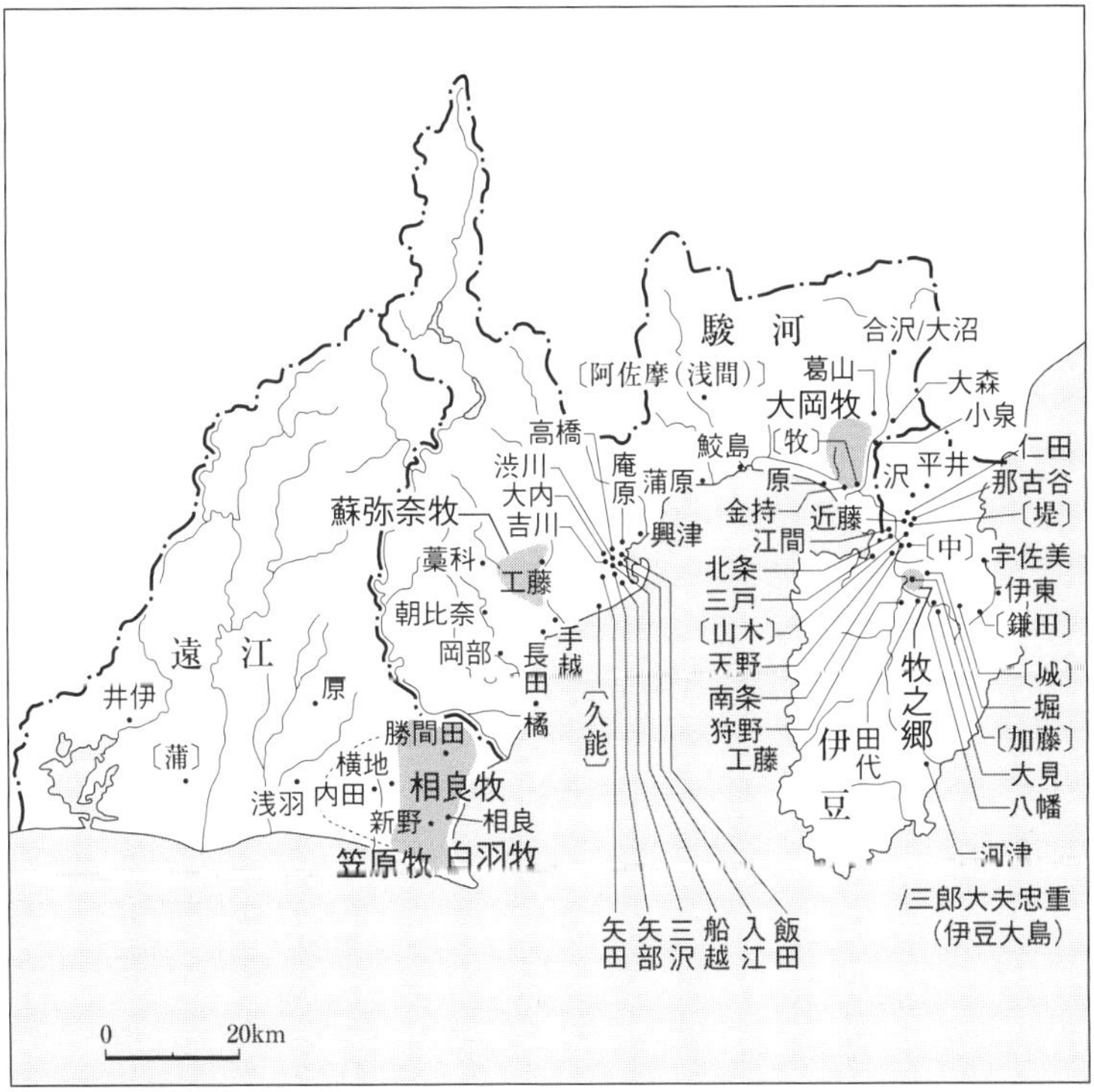

平安時代末期，県下武士団の本拠と牧の位置　図中の〔　〕は在地性または所在国について検討を要するもの。

（現御前崎《おまえざき》市）（～大須賀《おおすが》町〈現掛川市〉）付近とに措定《そてい》される。これらの牧の地域・周辺には、勝間田《かつまた》・相良・新野《にいの》・横地《よこち》・内田《うちだ》・浅羽《あさば》などの武士団が輩出した。

駿河《するが》国には、岡野《おかの》（大野《おおの》）・蘇弥奈《そみな》の二官牧があった。岡野官牧は愛鷹山《あしたかやま》の東南麓、現沼津《ぬまづ》市の大岡《おおおか》・金《かな》岡《おか》・愛鷹を中心とする地域に存在し、のちには大岡牧あるいは大岡荘とよばれる荘園になった。蘇弥奈牧の位置は明確ではないが、やはり、現静岡市街地の西北、安倍《あべ》川と藁科《わらしな》川とに囲まれた牧ケ谷《まきがや》から美和《みわ》の内牧に至る一帯の山地と理解するのが妥当だろう。大岡牧の周囲には、葛山《かつらやま》・大森《おおもり》・小泉《こいずみ》・金持《かなもち》・原《はら》氏などが発祥し、蘇弥奈牧の近辺では、岡部《おかべ》（辺）・朝比奈《あさひな》・藁科・工藤《くどう》・長田《おさだ》・手越《てごし》の各氏、今の清水《しみず》市域南部には、入江《いりえ》氏を始め多数の武士団が簇生《そうせい》した。

伊豆国では官牧の存在を検証しえないが、現伊豆市に牧之郷《まきのこう》という地名があり、この付近を根拠として伊豆各地に同族を分出した大武士団（狩野《かのう》・工藤・伊東《いとう》・河津《かわづ》氏など）の私牧の遺称地かと考えられる。牧の近隣には、八幡《やはた》・大見《おおみ》・田代《たしろ》・堀《ほり》氏が勃興し、駿河の大岡牧との中間地帯には三戸《みと》（津）・天野《あまの》・南条《なんじょう》・北条《ほうじょう》・江間《えま》・近藤《はつま》・那古谷《なごや》・仁《にっ》（新）田《た》・沢《さわ》などの諸氏が分布した。伊豆国においても駿河や遠江と同様に、牧と武士（団）との深い関わりを認めてよいであろう。

国司の「土着」と武士団の形成●

このようにして出現した武士たちが結集し、やがて在地領主化していく過程で、国司《こくし》とその末流が果たした役割は大きい。

まず天暦十（九五六）年、駿河国司は「弓箭を帯びざれば」前述の「群党」による犯行に対処できないとして、「国司幷郡司《ぐんじ》雑任《ぞうにん》帯剣」を太政官に申請し、勅許を得た（『朝野《ちょうや》群載《ぐんさい》』）。弓箭・剣など、武器の恒常携行を、国司はおろか郡司の雑任（四等官《しとうかん》にはいらない下級職員）にまで一挙に拡大・承認したことは、おそらく数百をくだらない規模の軍隊の創設を意味する。すなわち国司が指揮する国衙軍の設立であり、やがてそれは、国内武士団の結集母体となり、東国から全国に波及していったのである。

　こうして国司の指揮下に組み込まれた弓射騎兵集団は、農民支配のための強制執行武力に転用される場合もあった。また他方、弓射の集団のなかには、対する農民の傭兵《ようへい》的役割をになったりして、農村社会との結びつきを強めるものもあらわれた。武力を買われるにせよ、逆に暴力をもって支配し田畠の押領《おうりょう》におよぶにせよ、あるいは「平和」裡に狩猟と私出挙《しすいこ》などによる動産投下を行うにしても、彼らはさまざまなかたちで農村に立ちあらわれ、やがてその内部に食い込んで領主化への道を歩みはじめるのである。

　長元元（一〇二八）年におこった平忠常《たいらのただつね》の乱《らん》に際しては、東海《とうかい》・東山道《とうさんどう》諸国に追討官符《ついとうかんぷ》がくだされ、忠常は、追討使に起用された清和源氏流《せいわげんじりゅう》（当初は「陽成《ようぜい》」源氏を称していた）の甲斐守頼信《かいのかみよりのぶ》に降伏した。頼信の子頼義《よりよし》、その子義家《よしいえ》は、前九年《ぜんくねん》の役《えき》（一〇五一～六二）・後三年《ごさんねん》の役《えき》（一〇八三～八七）に出征し、坂東《ばんどう》・東国の武士たちを率いて奥州《おうしゅう》各地に転戦した。『尊卑分脈《そんぴぶんみゃく》』によれば、頼義の国守任国《こくしゅにんごく》のなかに伊豆が含まれ、また、北条時政《ほうじょうときまさ》の先祖が、奥州下向《げこう》の途中北条の館に立ちよった頼義に娘を配したという所伝もある（真名本《まなぼん》『曽我物語《そがものがたり》』）。多分、伊豆以下県下三国の武士たちの多くも、源氏三代と私的主従関係を結ぶようになっただろう。かくして義家の時代には、東国武士の棟梁《とうりょう》としての源氏の地位が固まった。

　確かにこのころになると、県下諸地域も中世的武士、すなわち在地領主としての性格をそなえた武士が広汎にみうけられるようになる。代表的な例の一つとして、また、信頼性の高い史料によって実在が検証されるものとして、現在の静岡市清水区入江町付近を本拠に発展した入江氏を取りあげてみよう。

諸系図類が伝えるところによれば、はじめて入江氏を名乗ったのは、藤原南家《ふじわらなんけ》の流に属する「入江（右《う》）馬允維清《まのじょうこれきよ》」だという。同人の実在性については、榛原郡相良町大沢《おおさわ》の般若寺《はんにゃじ》に所蔵されている『大般若波羅蜜多経《だいはんにゃはらみったきょう》』巻第三七三の奥書に、治暦二（一〇六六）年の銘で「願主正五位下藤原朝臣維清」とあることによって確証が得られる。

維清は、父の時信《ときのぶ》が駿河守に任じられたのにしたがって現地にくだったらしい。時信・維清父子は、当時の国司にあたえられた強大な権限を利用し、中央政府の方針である荘園整理を遂行する一方で、その権力をちらつかせながら、逆にみずからの私領を設定するための布石を行ったと考えられる。受領《ずりょう》が京都より多数の子弟・郎党《ろうとう》らを引率して任国に赴き、彼らを国内支配の尖兵《せんぺい》としていた事実や、国内に多くの私領・佃《つくだ》（直営田）を設けて郎従《ろうじゅう》・農民に耕作させていたことなどは、他国に類例が少なくない。

駿河守の任期が明けてのち、時信はあるいは帰京したかもしれないが、維清はとどまって清水区入江各

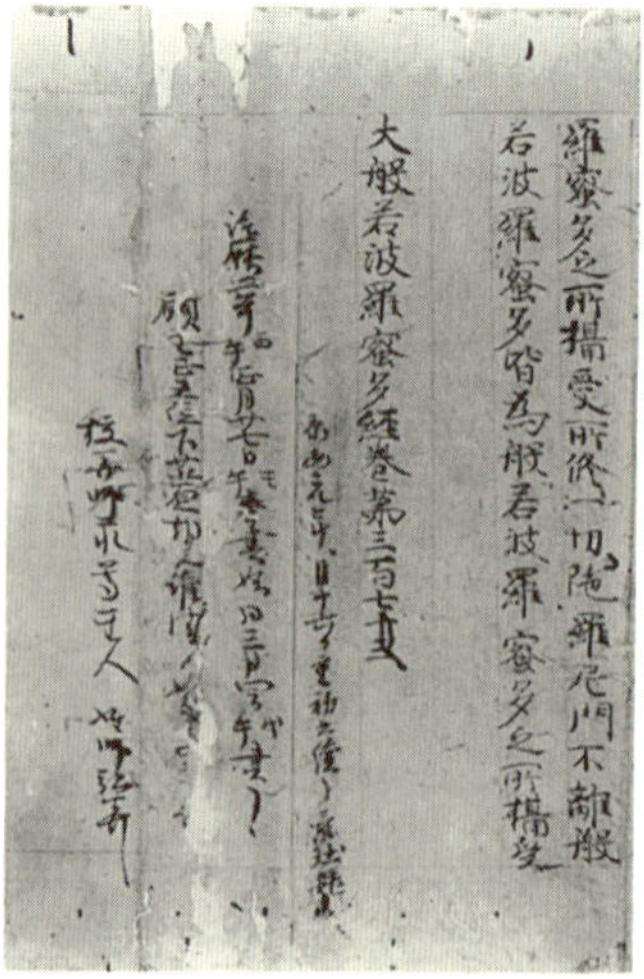

『大般若波羅蜜多経』巻第 373 奥書

町付近に「土着《どちゃく》」し、ここを「名（苗）字の地（＝本領をあらわすと同時に、その地名を家代々の名乗りとする）」として、有度山《うどさん》東北麓一帯の開発にのりだした。加えて維清には、本姓とは別に、右馬允というれっきとした中央武官の経歴があり、父の駿河守在任中はその強制執行力を構成し、国衙軍制の一翼をになったに相違ない。彼はこの間に組織した武装集団をしたがえたまま「土着」し、在地領主に変貌した。維清が開発した入江の地は、やがて立券《りっけん》・寄進されて入江荘とよばれ、平安《へいあん》時代の入江氏は荘官職《しょうかんしき》を相伝したらしい。また周辺には一族を分出させ、近隣の土豪《どごう》・弓射の武装集団を吸収し、駿河国有数の武士団に成長していった。維清の子孫からは、入江氏のほか、国内に工藤・原・久野《くのう》（能）・船越《ふなこし》・岡辺（部）・息《おき》（興）津《つ》・蒲原《かんばら》・渋川《しぶかわ》・吉香《きっか》（川《かわ》）、その他の諸氏がで、伊豆国には天野氏を輩出した。入江宗家は一族の中心にあって、鎌倉時代には入江荘地頭職《じとうしき》を相伝したのである。

保元の乱と駿・遠・豆武士団●

十一世紀の末は摂関《せっかん》政治から院政《いんせい》への転換期であった。かつて「武士の長者」と称された源義家の地位は、新興の院政政権と結びついた平正盛《まさもり》（伊賀《いが》・伊勢《いせ》地方を地盤とする「桓武《かんむ》」平氏《へいし》の裔《すえ》）に移り、義家の跡をついだ孫の為義《ためよし》は、まったくふるわなかった。

こうした頽勢《たいせい》を挽回すべく、はやくから坂東にくだり、相模《さがみ》国鎌倉を根拠地として東国武士の再組織にのりだしたのが、為義の嫡子義朝《よしとも》だ。義朝の子の母たちは、京都から相模までの東海道沿いに点々としていた。たとえば範頼《のりより》の母は、遠江国池田《いけだ》宿（磐田《いわた》市）の遊女で、範頼自身は同国蒲御厨《かばのみくりや》（浜松《はままつ》市）で成長したと伝えられるごとくである。これらはすなわち、義朝が京・鎌倉のあいだをつねに往還し、東海道の要所にしかるべき備えを維持していた事実を示している。

長いあいだ政界に君臨した鳥羽法皇《とばほうおう》の死を契機に勃発した保元の乱《ほうげんのらん》(一一五六年)は、わずか四時間ばかりの市街戦で、後白河《ごしらかわ》天皇・関白《かんぱく》藤原忠通《ただみち》側の勝利に帰した。平清盛《きよもり》とともにこの合戦の主力をになった義朝は、『兵範記《ひょうはんき》』によれば二〇〇余騎、『保元物語《ほうげんものがたり》』では近江《おうみ》から下野《しもつけ》・常陸《ひたち》に至る東国一七カ国、主要騎兵四〇〇余、合計一〇〇〇余騎を率いたと記し、異本によっては二〇〇〇~三〇〇〇騎としている。そして、義朝麾下《きか》の遠・駿・豆武士団としては、遠江国—横地長重《ながしげ》・勝間田成長《なりなが》・井伊《いい》八郎、駿河国—入江右馬允・藁科十郎・興津四郎・蒲原五郎、伊豆国—狩野工藤親光《ちかみつ》・同親成《ちかなり》の名を載せている。義朝の失地回復運動は、ある程度功を奏したと判断できよう。

しかし、義朝と父の為義とは年来不和であり、保元の乱でも為義は崇徳上皇《すとくじょうこう》・藤原頼長《よりなが》方に加わり、乱後斬首された。為義にしたがった義朝の弟たちのうちで、唯一死刑をまぬがれたのは為朝《ためとも》だけだった。弓

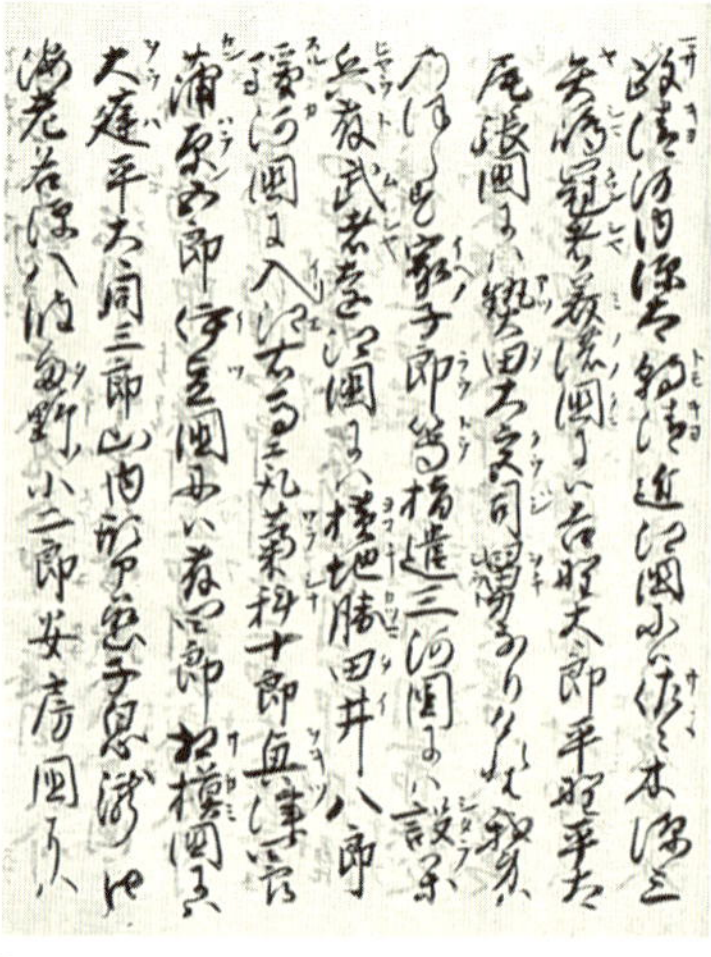

『保元物語』巻上　義朝麾下の兵として遠・駿・豆武士団の名が列挙されている。

矢の技をおしんで死一等を免ぜられたものの、二度と弓が引けぬように両腕の筋を切られたうえで、伊豆大島《おおしま》に流罪《るざい》となった。

護送はそれでも厳重をきわめ、為朝の意気もいっこうに衰えなかった。伊豆に下着してもわがもの顔にふるまい、「預《あずかり》伊豆国大介《おおすけ》狩野工藤茂光《しげみつ》もてあつかひ」かねるありさまだった(『保元物語』)。さらに彼は、大島の領主をかねる茂光の代官、三郎大夫忠重《ただしげ》の婿になって子までもうけ、忠重ともども茂光の支配をないがしろにするのみならず、近隣の島々をうちしたがえておおいに武威を広めたという。

このため茂光は、後白河法皇に追討の院宣《いんぜん》をこい、嘉応二(一一七〇)年四月下旬、伊東祐親《すけちか》・北条時政・宇佐美政光《うさみまさみつ》・同実政《さねまさ》・加藤光員《かとうみつかず》・同景廉《かげかど》・沢宗家《さわむねいえ》・仁田忠常《ただつね》・天野遠景《とおかげ》ら伊豆の軍兵を中核とする五〇〇余騎、兵船二〇余艘をもって大島に押しよせ、為朝を自刃《じじん》に追い込んだ(古活字本『保元物語』。ただし『尊卑分脈』は安元三〈治承元＝一一七七〉年三月六日討死とする)。このとき為朝が大島をのがれ、琉球《りゅうきゅう》王朝の始祖になったという伝説がうまれたのは、室町《むろまち》時代になってからのことである。

平治の乱と源頼朝の伊豆配流●

さて保元の乱後は、後白河天皇の親政《しんせい》、ついで院政となった。乱後の処遇に不満をいだく源義朝は、権臣《けんしん》信西入道《しんぜいにゅうどう》(藤原通憲《みちのり》)とその武力的後援者である平清盛をのぞこうとして、平治元(一一五九)年十二月挙兵した(平治の乱《へいじのらん》)。決戦にそなえて義朝が書きあげた指揮下の兵力は、『平治物語《へいじものがたり》』によれば、一族・郎党《ろうとう》および近江~常陸・上野に至る諸国の武士、おもだった兵二〇〇、総数二〇〇〇余騎だったという。

清盛との決戦にやぶれた義朝勢は、東国にのがれる途中、尾張国《おわり》(野間・内海荘《うつみ》(愛知県知多《ちた》郡美浜町・南知多町)で、乳母子《めのとご》鎌田正清《かまたまさきよ》の舅《しゅうと》にして源氏譜第《ふだい》の家人《けにん》長田忠致《おさだただむね》の手にかかり、正清もろともに謀殺された。正清の父通清《みちきよ》も為義につかえたもので、「北条時政の烏帽子親《えぼしおや》」をつとめ「駿河国に住」んだとされている（「山内首藤系図《やまのうちすどうけいず》」）。

義朝の三男ながら嫡子の頼朝は、父の一行に遅れをとり、不破《ふわ》の関《せき》（岐阜県不破郡関ケ原町《せきがはら》）手前の雪深い山中を彷徨《ほうこう》していたところを、平（池）頼盛《よりもり》の郎党平宗清《むねきよ》にとらえられた。頼朝と同腹（熱田大宮司季範《あつただいぐうじすえのり》の娘の所生）の弟希義《まれよし》は、駿河国香貫《かぬき》（沼津市）に潜伏していたところを、母方の伯父朝忠《ともただ》（正しくは範忠《のりただ》）に捕縛され、平氏に身柄を差し出された（古活字本・九条家旧蔵本『平家物語《へいけものがたり》』）。異腹の長兄義平《よしひら》が、逮捕後ただちに斬首されたのに対し、頼朝・希義兄弟は、永暦元（一一六〇）年三月、それぞれ

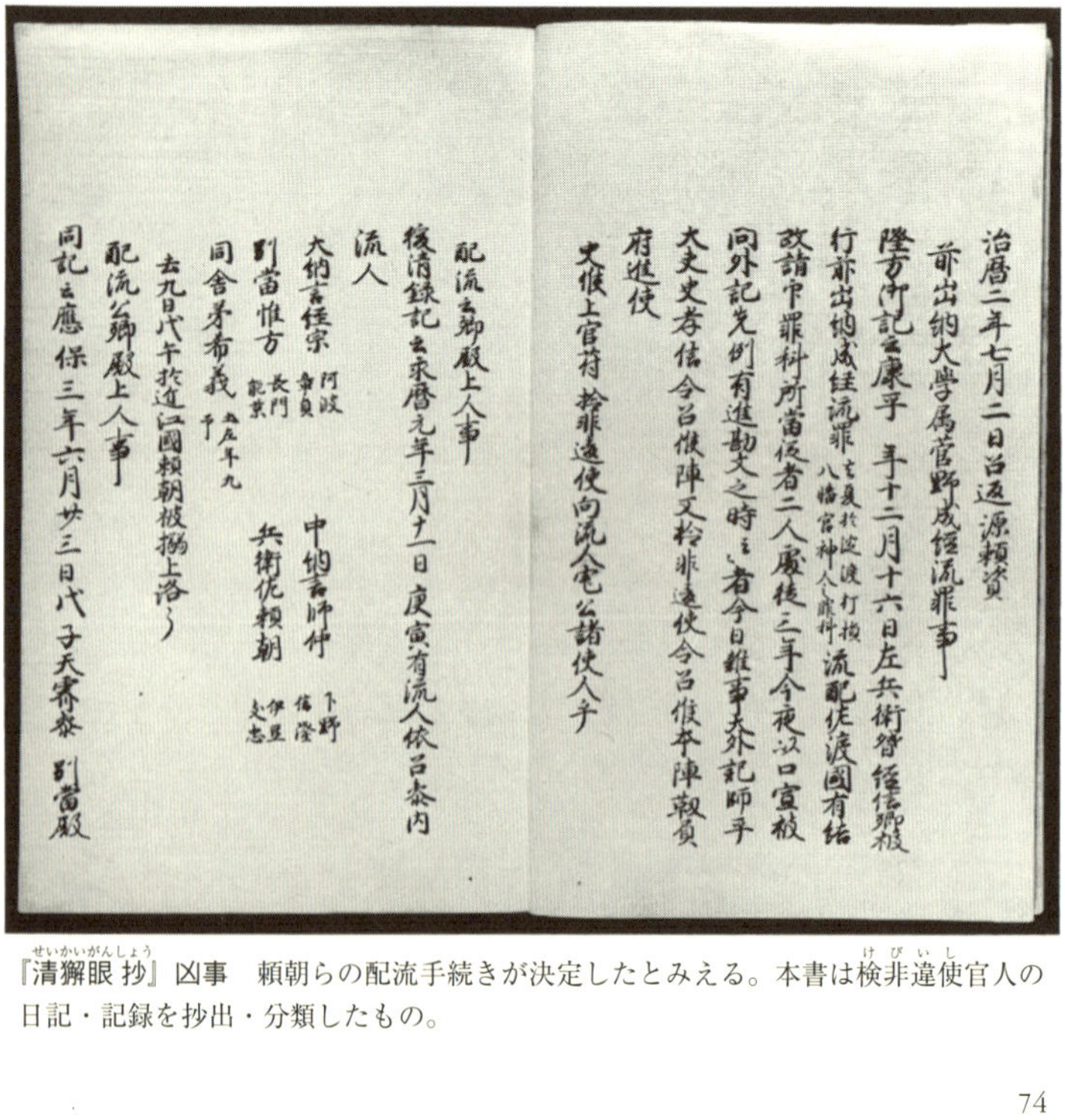

治暦二年七月二日召返源頼資
前出納大学属菅野成経流罪事
隆方朝臣記云康平　年十二月十六日左兵衛督経信卿被
行前出納成経流罪 云是於佐渡打擲八幡宮神人之罪科 流配佐渡国有結
政請申罪科所当従者二人廃徒三年今夜以口宣被
仰外記先例有進勘文之時云々者今日雖事大外記師平
大夫史孝信令召候陣又給非違使令召候本陣取貢
府進使
史候上官符給非違使向流人宅召諸使入手

配流公卿殿上人事
後清録記云永暦元年三月十一日庚寅有流人依召参内
流人
大納言経宗 阿波　中納言師仲 下野
別当惟方 長門　兵衛佐頼朝 伊豆
同舎弟希義 土左年十九
去九日戊午於近江国頼朝被搦上洛了
配流公卿殿上人事
同記云応保三年六月廿三日戊子天晴参 別当殿

『清獬眼抄《せいかいがんしょう》』凶事　頼朝らの配流手続きが決定したとみえる。本書は検非違使《けびいし》官人の日記・記録を抄出・分類したもの。

伊豆・土佐《とさ》に配流となった。

頼朝が「助命」されたのは、平清盛の継母池禅尼《いけのぜんに》が頼朝の身をあわれんで、清盛に嘆願した結果だとされる。しかし、単なる同情心だけで、敵方嫡子の救済懇願などという、大胆かつ危険なカケにでられるわけがない。真相はどうか。

もともと、平氏一門の総帥《そうすい》清盛と尼《あま》の実子頼盛とは微妙な関係にあり、こののち、禅尼が亡くなると両者の対立が表面化する。頼盛は清盛のために、一時解官《げかん》、全所領を没収されたし、やがてきたるべき平氏の都落《みやこお》ちに頼盛が同行を拒否した事実は周知に属する。また、頼朝を逮捕した頼盛の郎党宗清は、本来池禅尼の侍《さむらい》だったとも伝えられる。要するに尼と頼盛とは、当初から頼朝の身柄確保をねらっており、宗清は、平治の乱の勲功により尾張守を兼任した頼盛の代官として、東国をめざして落ちゆく源氏を包囲する作戦を展開する過程で、みごと捕獲に成功したとみることができよう。

一方、伊豆に流された頼朝の監視を命じられたのは、同国の在庁官人、伊東・北条の二氏だった。しかも北条時政の妻牧《まき》の方《かた》は、池禅尼の姪にあたる（八〇頁参照）。すなわちこれは、イトコ同士の一方（頼盛）がとらえ、他方（牧の方）があずかった結果になり、頼朝の身柄は、一貫して池（頼盛、尼）家の手中にあったと評される。おそらく池家としては、清盛との相剋《そうこく》をみすえたうえで、将来にわたる政治的カードとして、頼朝の身柄の温存をはかったのであろう。

とはいえ頼朝は、まさしく国家的謀叛人《むほんにん》の嫡子である。当然彼は国家の手によってさばかれなければならないが、当時の社会にあっては、それ以前に私的刑罰の世界が存在し、私戦の論理が介在しえた。されば、頼朝に対する第一次処分権は平氏に帰属し、ここに池禅尼が、当面の裁量権をもつ宗清の主人として、頼朝の助命を朝廷ならぬ清盛に嘆願し、可能ならしめる条件が存在したのである。

平氏政権下の在地武士団●

平治の乱により源氏主力が壊滅した結果、武力の頂点に立つ清盛の地位が固まった。清盛は乱の翌年に、武士としてはじめて公卿《くぎょう》となり、以来わずか七年後の仁安二（一一六七）年には、従一位《じゅいちい》太政大臣《だいじょうだいじん》にのぼって位人臣《くらいじんしん》をきわめた。

やがて治承二（一一七八）年十一月、娘の徳子《とくこ》（建礼門院《けんれいもんいん》）が高倉《たかくら》天皇の皇子言仁《ときひと》（安徳《あんとく》天皇）を生むと、嬉《うれ》しさあまった清盛が、富士《ふじ》の綿（駿河国富士郡所産の真綿《まわた》）二〇〇〇両・砂金一〇〇〇両という途方もない贈り物を後白河法皇に進上し、人びとのひんしゅくを買ったとする所伝がある（『平家物語』）。富士の綿にせよ砂金にせよ、駿河国や奥州など、平氏政権と東国諸国との深い関わりを抜きにしては考えられぬ話である。以下、平氏全盛時代の駿・遠・豆三国支配の状況を一瞥《いちべつ》しておく。

駿河国は治承三年正月以前に平宗盛《むねもり》の知行国《ちぎょうこく》になり、国守平維時《これとき》・目代《もくだい》（代官）橘遠茂《たちばなとおしげ》があった。また大岡荘（牧）や、蘇弥奈牧の故地と推定される服織《はとり》荘は、ともに平頼盛が領知する荘園であり、大岡牧は母方の叔父牧宗親《まきむねちか》があずかり知行していた。宗親の娘が前述の牧の方である。そのほか、益頭《ましず》荘（藤枝《ふじえだ》市・焼津《やいづ》市）・富士神領（旧富士郡一帯カ）に平氏の領有権がおよんだのは、ほぼ確実とみられる。

こうした、知行国・荘園制という原理を媒介にする支配の拡大方式のほかに、武家権門としての平氏は、国家の軍事警察権を専掌することによって、諸国の武士を支配下におく方策もあわせとった。遠江・伊豆や他の近隣諸国の場合と違って、駿河武士について平時における平氏との関係を直接に語る史料はみいだせないが、のち、頼朝の挙兵準備の報を、いちはやく平氏中枢に注進したのは、国府《こくふ》（静岡市）近くの武士長田入道某だった。また、岡部五郎・荻野《おぎの》五郎・阿佐摩《あさま》二郎（浅間三郎とも）は、頼朝に敵対した（駿河）武士として、物語文学に名をとどめている。彼らにかぎらず、多くの駿河武士が源平内乱（治承《じしょう》・寿永《じゅえい》の乱）の初期段階では、目代遠茂に率いられ、平氏方として参戦したこと自体は間違いない。

遠江国は保元三（一一五八）年以来、重盛《しげもり》・宗盛・基盛《もともり》・頼盛ら平氏一門が国司の任を重ねたところであり、平氏領となった荘園なども少なくなかったと思われる。とくに重盛に関しては、笠原荘（笠原牧〈六六頁参照〉を起源とする広大な荘園）の初代「地頭」とする、かなり信頼性の高い所伝がある。鎌倉幕府の地頭職に先行する平安時代の「地頭」の存在は、すでにいくつか知られているが、東国にその例は珍しく、しかも平氏「地頭」が直接鎌倉幕府の地頭職に転換したと主張する点で貴重である。また、当国の武士浅羽宗信《むねのぶ》・相良長頼《ながより》らの一族は多数が平氏に属し、あるいは遠江の出身と推定される橘公長《きみなが》、同子息公忠《きみただ》・公《きみ》成《なり》らは平知盛《とももり》の家人になっていた。公長の弟橘五《きつご》は、のちの一《いち》の谷《たに》合戦に平氏方として参戦した。

伊豆の国政については、頼朝挙兵の直前（治承四年六月）に平時忠《ときただ》（清盛の妻時子《ときこ》の弟）が知行国主、その猶子時兼《ときかね》が守《かみ》になり、伊勢平氏の分流山木兼隆《やまきかねたか》が目代に起用されるまで、平氏一門とのあいだにとくに深

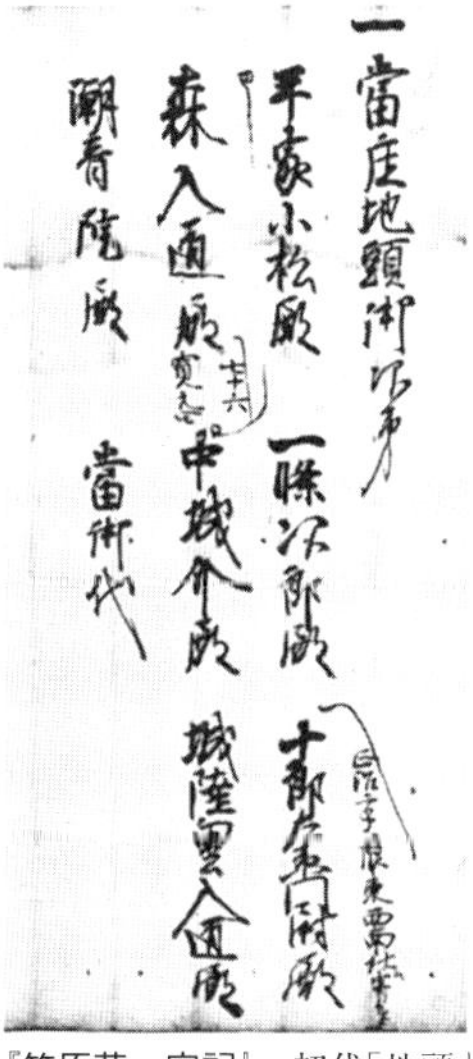

『笠原荘一宮記』　初代「地頭」として「平家小松殿（重盛）」とある。本記録の成立は鎌倉末期。

い関係は認められない。むしろそれ以前、平治の乱後は、摂津《せっつ》源氏の仲綱《なかつな》が何度も伊豆守になり、父の頼《より》政《まさ》が長年の知行国主だった。有力在庁の一族工藤四郎・五郎兄弟は仲綱の郎党となり、近藤国平《くにひら》も同様の存在かとみられるが、そもそも頼政は、平治の乱に義朝を裏切って清盛方につき、晩年、清盛にすがってようやく公卿の座を得た人物である。頼朝に先行して頼政が挙兵したのは確かにしても、頼政や仲綱がはやい段階から反平氏の立場をとり、その結果が在地におよんでいたとは、とうてい思われない。だから頼政父子の国政は、平氏の軍事支配が伊豆をおおうさいの妨げにはならなかった。

伊東祐親は源氏重代の家人でありながら平氏に鞍替えし、逆に「平家重恩の者」とさえ称されるようになった。祐親は平氏の政権下で京都大番役《おおばんやく》をつとめ、北条時政も一時上洛《じょうらく》していたようだし、工藤祐経《すけつね》もその所領久須美《くすみ》荘（八一頁コラム参照）の領家平重盛につかえていた。そして祐親は、のちの早河《はやかわ》合戦（石《いし》橋山《ばしやま》合戦）において、三〇〇騎を率いて頼朝を攻撃するなど、伊豆における平氏方武士団の中心勢力を形成した。なお、石橋山合戦のおり祐親の軍に属し、時政の男宗時《むねとき》をうちとった平井久重《ひらいひさしげ》も当国の武士かと考えられる。

2　源頼朝の挙兵と北条氏

北条時政と牧の方●

源頼朝の岳父《がくふ》として挙兵に参加、やがて鎌倉幕府の初代執権《しっけん》となった北条時政の出身については、不明な点が多い。平安時代末期の北条氏が、父祖代々北条介《ほうじょうのすけ》を名乗る伊豆国在庁官人の家柄であったのは事実として認められようが、同じ介クラスの有力在庁といっても、武士団・領主の規模としては狩野・工藤一族には遠くおよばず、伊豆国内でもせいぜい二線級の存在だったと考えざるをえない。

しかも時政には、北条氏本来の家督《かとく》ではなかったふしがある。彼が国衙に出仕していたのは確かだとしても、それは介などよりもっと下の、たぶん雑任《ぞうにん》の職としてであろう。たとえば挙兵直前、時政は四三歳の壮年に達しており、北条氏の家督であれば当然「北条介」と称しておかしくないのに、単に「北条四郎」とだけ史料にみえる。いまだ名乗るに価する官位《かんい》をおびていなかったからに相違ない。

加えて、鎌倉幕府の正史ともいうべき『吾妻鏡《あずまかがみ》』の本文は、時政の父親にはまったくふれるところがないのに、どういうわけか北条時定《ときさだ》なる人物については、その父を「北条介時兼《ときかね》」と明記している。時兼が北条介であれば、同時に彼は北条氏の惣領であったに違いない。子息の時定は、時政からみると七つ年下の、おそらくは従弟にあたるが、官位昇進において、はるかに時政に先行した。

結局、これらの事象から導かれる結論は、北条氏本来の家督は時兼―時定の系統に属し、時政は庶流の立場に甘んじていたということだ。この時期の彼に約束されていたのは、伊豆でも第一線級の武士団の、しかも家督の地位さえおぼつかない生涯にすぎなかった。ここに伊東祐親が、娘と頼朝との結婚を否定し、彼の殺害さえ企てたのに対し、時政が頼朝を婿として容認した分岐の淵源がある（次項参照）。すなわち、平氏政権下に順調に発展をとげるものとそうでないものとの差でもあった。時政は、流人《るにん》とはいえ「貴種《きしゅ》」頼朝を擁して、当面の家督争いを有利に導く方策を考えたであろうし、さらに進んで頼朝の挙兵に協力したのは、みずからの閉塞状況を一挙に打開し、東国に雄飛しようとする大博打《ばくち》だったと解される。

こうした一連の流れのなかで、時政の後妻牧の方が果たした役割は小さくなかった。従来、牧の方につ

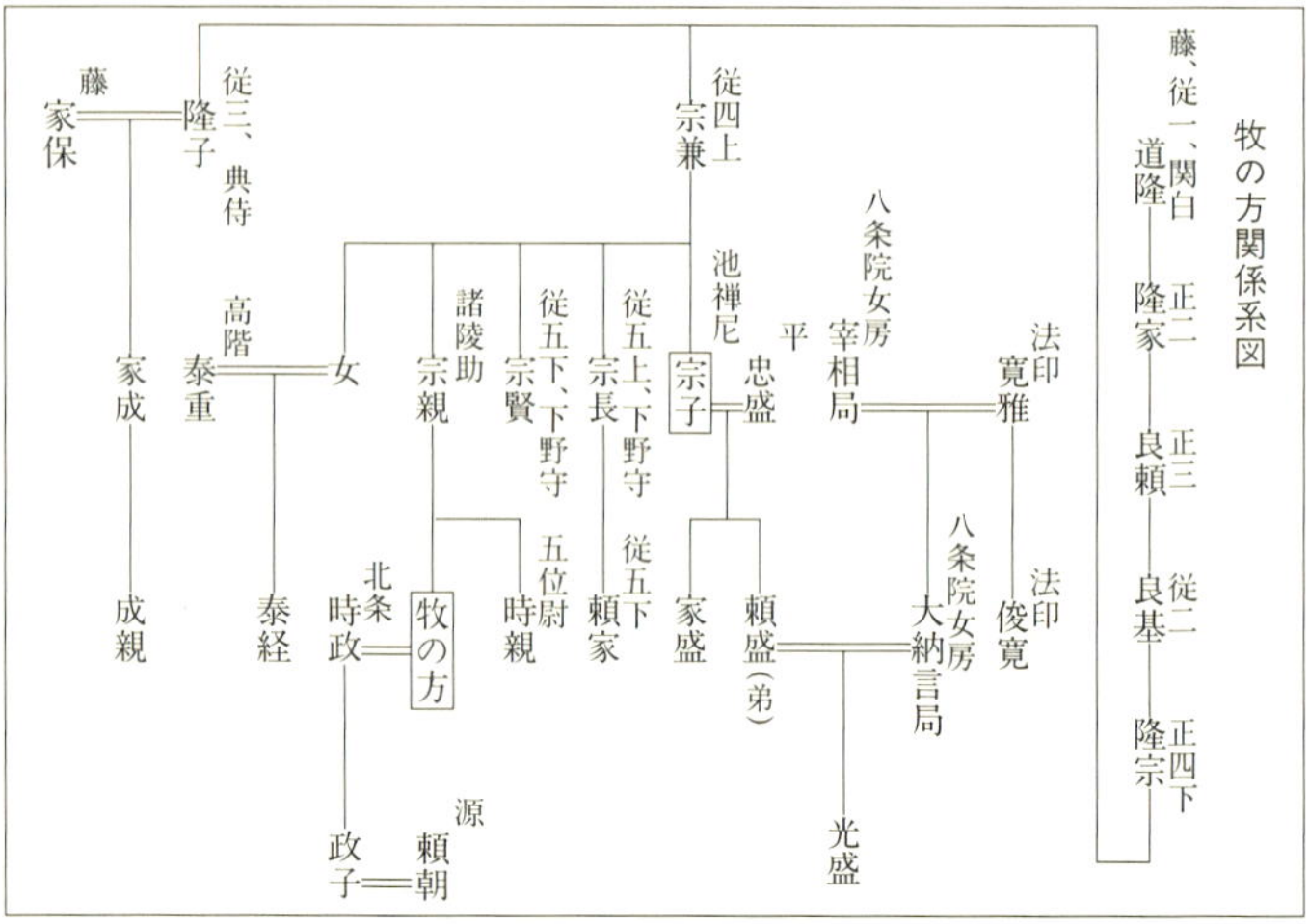

いては、駿河国の在地武士の娘と考えられてきたが、実は、れっきとした中央院近臣家《いんのきんしん》の出身であり、池禅尼の姪、平頼盛の従妹にあたる事実があきらかになった。上掲系図のように、この家の近親者には院と深い関係を有する人物が多い。牧の方の祖父宗兼《むねかね》は白河《しらかわ》法皇の侍臣であり、伯母の宗子《そうし》（池禅尼）は鳥羽《とば》天皇の中宮《ちゅうぐう》璋子《しょうし》（待賢門院《たいけんもんいん》）につかえて顕仁《あきひと》親王（崇徳天皇）の乳母になった。また姻戚・縁者には、鳥羽・後白河両法皇の寵臣《ちょうしん》藤原家成《いえなり》・成親《なりちか》父子、後白河側近の高階泰経《たかしなやすつね》などがみられ、尼や頼盛をつうじて鹿ケ谷《ししがたに》事件（一一七七年）の中心人物俊寛《しゅんかん》、そして八条院《はちじょういん》（鳥羽天皇の娘暲《しょう》子《し》内親王）の乳母・女房たちと結びつく。要するに牧の方の実家は、院近臣グループの有力な一角を構成していたのである。

　このように牧の方は、京都に政治的基盤を有する家柄の出身であり、伊豆下向後もその縁を維持しつづけたことは、「氏神奉幣」のために上洛したり、のちに将軍実朝《さねとも》暗殺未遂事件をおこしながら無事都に戻り、以

❖コラム

曽我の仇討ち事件の発端

日本三大敵討ちの一つとして著名な、曽我《そがの》十郎・五郎兄弟による復讐劇は、所領《しょりょう》争いが高じて、兄弟の父河津祐通《かわづすけみち》（祐泰《すけやす》とも、伊東祐親《いとうすけちか》の嫡男）が同族の工藤祐経《くどうすけつね》のために暗殺された事件から幕が開く。ときは安元二（一一七六）年十月、「伊豆の奥野」でもよおされた巻狩《まきがり》の帰路での惨劇だった。

この一統の直接の先祖は、兄弟の高祖父にあたる工藤祐隆《すけたか》であり、中伊豆《なかいず》の狩野荘《かのうのしょう》（田方《たかた》郡修善《しゅぜん》寺《じ》町・天城湯ケ島《あまぎゆがしま》町〈ともに伊豆市〉一帯）を本拠とする大豪族、狩野・工藤一族からでて、宇佐美《うさみ》（伊東市北部）・伊東（同中心部）・河津（賀茂《かも》郡河津町）の各荘を総称する久須美《くすみ》荘の開発領主になった。ところが祐隆の子息はみな若死にをし、複雑な後継問題が生じた。結局、伊東祐親と工藤祐経の争いに帰結し、祐経が久須美荘の領家《りょうけ》平 重盛《たいらのしげもり》や本家《ほんけ》の大宮《おおみや》（太皇太后藤原多子《ふじわらのたし》）につかえている間に、祐親は中央の要路に賄賂《わいろ》をばらまき、やがて荘園《しょうえん》全体を押領《おうりょう》してしまった。深い恨みを含んだ祐経は、古くからの郎従《ろうじゅう》である大見《おおみ》小藤太《ことうた》と八幡《やはた》三郎に、伊東父子殺害の密命をくだしたのだった。

祐通を射殺し、祐親に矢傷をおわせた大見と八幡《はつま》は狩野荘に潜伏した。それを知った祐親は、三〇〇余騎をもって生捕りにむかわせ、八幡をどうにか自殺に追い込んだものの、大見を取り逃がした。二人の強固な反撃の背後には、狩野・工藤一族の援護があったとみてよかろう。所領をめぐる一族同士の争いや武士団相互の紛争、伊東氏のように中央平氏に取りいってめきめきと頭角をあらわす新興勢力と、それを快く思わない本宗《ほんそう》狩野・工藤一族など、この事件には、平氏全盛時代に東国武士がおかれた状況が凝縮されている。

前にもましてはぶりのよい生活を送った事実からあきらかである（『吾妻鏡』『明月記《めいげつき》』）。牧の方の政治的辣腕《らつわん》ぶりは有名だが、それも「夫ノ忠盛ヲモモタヘタル（支えた）者ナリ」と評された（『愚管抄《ぐかんしょう》』）池禅尼の姪であってみれば、むべなるかなとうなずかれる。前述の伊東と北条との政治的立場の相異は、より具体的には、祐親が清盛の嫡男重盛につかえ（前頁コラム参照）、時政が牧の方を介して、清盛と対立する頼盛に密着したのに起因すると評されよう。

伊豆の頼朝●

伊豆における頼朝の配所は「蛭ヶ《ひるが》（小《こ》）島《じま》」と伝えられる。同所は、伊豆国府（三島《みしま》市）からそう遠くない北条氏の所領内に位置し（伊豆の国市韮山《にらやま》）、当時いくつかに分流していた狩野《かの》川の旧河道内の中洲《なかす》の一つではなかったかと思われる。もっとも、現在の伝承地に「蛭島碑《ひるがしまひ》」が建てられたのは寛政二（一七九〇）年であり、しかも場所を選定するさい、歴史的な考証結果よりも土地取得上の便宜が優先されたというから、もとより特定はしかねるも

蛭ヶ小島（伊豆の国市韮山）

のの、おおむねこの付近に措定することは可能である。

蛭ヶ小島での頼朝の生活は、当初「平家の権威を恐れ、国人一食を与えず」という状態であり（「吉見系《よしみけい》図《ず》」）、監視の目もそうとうきびしかったに違いない。しかしのちには、行動の自由がかなり認められたようだ。そうした状況下に生じた頼朝の結婚譚《たん》についても、少々ふれておきたい。

はじめ頼朝は、美人の聞えが高い、伊東祐親の三女にかよい、千鶴《せんずる》という男子をもうけた。おりから祐親は上京中であり、帰国してこの事実を知るや、三歳になる千鶴を松川の奥の淵に沈めて殺し、自分の娘は西伊豆の武士江馬《えま》（間）次郎に強引に嫁がせてしまった。そのうえ頼朝には夜討ちをしかけて殺害をはかったが、祐親の子息九郎祐清《すけきよ》（頼朝の乳母比企尼《ひきのあま》の娘婿）の機転により、からくも頼朝は伊東の地を脱出し、北条時政のもとにのがれた。この事件がおきたのは安元元（一一七五）年、頼朝二九歳の秋のことだった。

ついで頼朝は、時政の先妻（一説に伊東氏の女）の娘政子《まさこ》とちぎりを結んだ。またしても父親が京都の大番役をつとめていて、不在のあいだの出来事だった。時政も帰国の途中これを聞いておどろき、そしらぬていで娘を目代山木兼隆にやろうとした。だが政子は祐親の娘と違って、気丈《きじょう》で情熱的だ。父の処置を断固拒否し、暗夜を迷い篠突く雨にうたれながら、頼朝の避難先に走ってしまった。やがて時政もこの結婚を承認し、頼朝夫妻は北条の館に戻ったのである。両者の婚姻の成立は、ふつう治承元（一一七七）年、頼朝三一歳、政子二一歳のころと推定されている。

こうして伊豆に長年をすごすうち、頼朝の身辺につかえ、援助する人びとの数もしだいに増していった。そもそも、頼朝の親類・縁者のなかには、配流の当初から援助をおしまぬものが、わずかながらも存在した。母方の叔父祐範《ゆうはん》（園城寺《おんじょうじ》法橋《ほうきょう》）や、乳母の甥で京都にあった三善康信《みよしやすのぶ》は、頻繁に使者を配所につかわし続けた。同じく乳母の一人である比企尼の場合は、もっと徹底しており、頼朝の配流にあわせて武蔵《むさし》国比企郡（埼玉県）を請所《うけしょ》（年貢の上納を請けおうかわりに管理を委託された土地）となし、夫の掃部允《かもんのじょう》をともなって現地に下向、以来挙兵までの二〇年間、比企郡からの糧送をおこたらなかった。そのうえ、安達《あだち》（足立）盛長《もりなが》・河越重頼《かわごえしげより》、前述の伊東祐清ら三人の娘婿に頼朝の扶持《ふち》を命じたのである。

伊豆の武士では、祐清のほか、安元二年の晩秋、「伊豆の奥野」の狩場（伊東市西南部一帯の山地）にあらわれた頼朝に、南条・深堀《ふかほり》の二人がしたがっていたし、頼朝を婿に迎えた時政と子息たちが、奉仕するようになったのはいうまでもない。また宇佐美助《すけ》（祐）茂《しげ》や天野遠景、隣国相模の土肥実平《とひさねひら》・岡崎義実《おかざきよしざね》も、かなりはやくから随身していたようだ。

遠隔地から身をよせるものもいた。近江の佐々木《ささき》氏は、源義朝の家人として平治の乱に従軍しやぶれた結果、平氏のために本国を追われ、定綱《さだつな》・盛綱《もりつな》兄弟が長年頼朝に奉公した。加藤景廉も平氏の圧力に屈して伊勢国をで、流浪《るろう》の果てに工藤茂光をたよって伊豆に落ちつき、やがて頼朝につかえるようになった。大和《やまと》国住人土佐房昌俊《とさのぼうしょうしゅん》（昌春）も本国における対立勢力を恐れ、伊豆にきて頼朝に祗候《しこう》した。そのほか、他所にありながら密かに心をよせるものもふえてきた。彼らのほとんどは平氏の迫害をうけ、あるいは平氏が支配する現状に不満をいだく人びとであった。現状打破を願う気持は、しだいに現実的な希望を頼朝に託するようになる。その起爆剤の役割を果したのが、やはり伊豆の流人文覚《もんがく》だったのである。

頼朝の挙兵●

京都高尾《たかお》の文覚上人は、後白河院中に推参し、神護寺《じんごじ》復興のため荘園の寄進を強要した咎《とが》により、伊豆に流罪となった。『平家物語』などは、この文覚こそが頼朝に決起するよう煽動《せんどう》した張本人だとする。すなわち、奈古屋《なごや》（伊豆の国市奈古谷）の山中に庵《いおり》を結んだ文覚は、足繁く頼朝を訪れ、盛んに謀叛をそそのかすものの、相手は言を左右に応じない。ついに彼は、懐《ふところ》から義朝の髑髏《どくろ》なるものを取りだしてみせ、さらには平氏討伐を命じる後白河法皇の院宣《いんぜん》を手にいれ、とうとう頼朝の同意を取りつけた、というのがその筋書きだ。

これは多くの場合、物語上の創作だと考えられている。しかし一方、史料的信頼度が高いとされる『愚管抄』も、『吾妻鏡』も、髑髏や院宣の話は別にして、伊豆で文覚が頼朝に挙兵を説いた事実は認めており、その点までは疑えない。

もとより文覚とは、在俗のときは摂津《せっつ》渡辺党の武士で遠藤《えんどう》武者《むしゃ》盛遠《もりとお》と称し、後白河法皇の同母姉上西門《じょうさいもん》院《いん》（統子《とうし》内親王）の所衆《ところのしゅう》（御所詰めの侍）だった。頼朝もまた平治の乱以前、蔵人《くろうど》として上西門院につかえており、頼朝と文覚は旧知の間柄であった可能性が高い。他方源頼政は、文覚の同族渡辺党を郎従にしていたし、文覚自身は伊豆知行国主頼政にあずけられて同国に配流《はいる》された。以前の政治的立場はともかく、ついに治承四（一一八〇）年四・五月、以仁王《もちひとおう》に与《くみ》して頼政が平氏討滅の兵をあげたことは、頼政や子息伊豆守仲綱と深い交わりを結んだ伊豆国内の武士、そして文覚に強い衝撃をあたえたに違いない。平氏討伐を諸国源氏らに命じる以仁王令旨《りょうじ》は、ほかでもない前伊豆守仲綱を奉者《ほうじゃ》として発せられた。頼政・頼朝双方に面識があり、法皇とも浅からぬ因縁を有する文覚は、いよいよ反平氏の機が熟したのを察知し、関係諸方面に働きかけたのだと思われる。

一方『吾妻鏡』は、以仁王令旨が四月二十七日に伊豆の頼朝館にもたらされたところから筆をおこし、令旨をみた頼朝はただちに挙兵を決意したと述べている。だとすれば、実際に挙兵するまで三カ月以上を

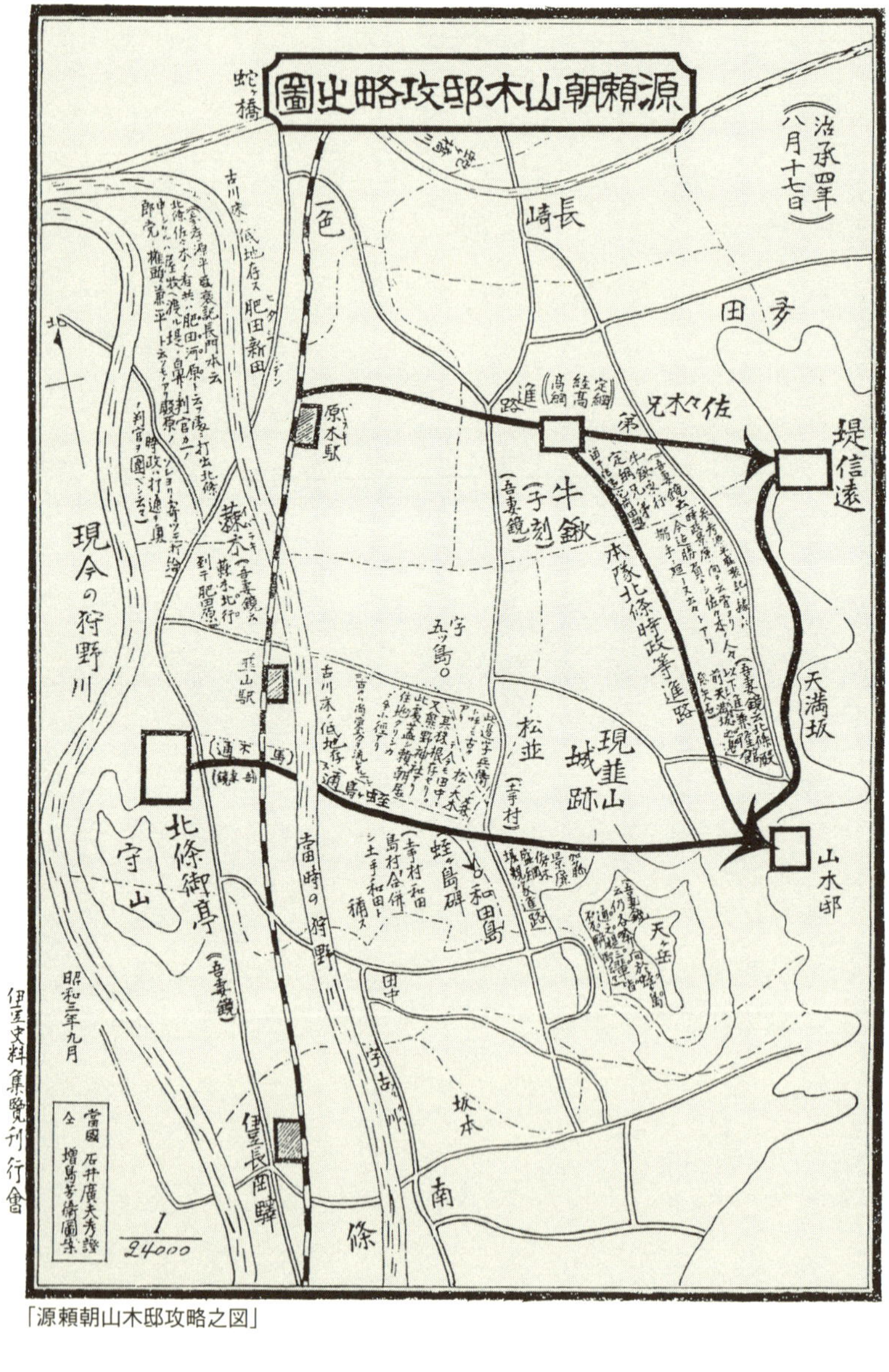

源頼朝山木邸攻略之圖
治承四年八月十七日
蛭ヶ橋
長崎
一色
多田
佐々木兄弟進路
定綱
経高
高綱
堤信遠
原木駅
肥田新田
牛鍬
（手刻）
（吾妻鏡）
本隊北條時政等進路
現今の狩野川
天満坂
韮山駅
字五ッ島
現韮山城跡
松並
山木邸
北條御亭
守山
蛭ヶ島碑
和田島
當時の狩野川
田中
天ヶ岳
坂本
南條
伊豆長岡驛
1/24000
當國 石井廣夫考證
仝 増島芳衛圖案
昭和三年九月
伊豆史料集覧刊行會

「源頼朝山木邸攻略之図」

無為《むい》にすごしたのは不自然である。幕府の公式記録たる立場をとる『吾妻鏡』としては、法皇が「密使」文覚に「密令」を託するなどという「裏面史」を、あからさまに語るわけにはいかなかったのだろう。

五月二十六日、王と頼政は宇治平等院《うじびょうどういん》のあたりであえなく戦死、反平氏の烽火《ほうか》はいったん鎮静したかにみえた。頼朝が挙兵にふみきれないでいるうちに、六月十九日、王の令旨をうけとった諸国源氏を平氏が追討しようとしているとの情報が、京都の三善康信から伝えられた。源氏の正嫡を自任する頼朝は、まっさきに攻撃されるに違いない。実際、相模の大庭景親《おおばかげちか》は、すでに頼朝追討の準備を進めていた。六月末、予想される攻撃にそなえるため、頼朝側では安達盛長・中原光家《なかはらみついえ》を使者として、源氏累代の家人を招集しはじめ、頼朝になにごとかを訴えに訪れる武士たちもあらわれた。文覚が法皇の内諾を取りつけたのも、このころであろうか。

頼朝も秋《とき》の到来をさとったらしい。七月五日、かねて帰依する走湯山《そうとうざん》(熱海《あたみ》市伊豆山)の覚淵《かくえん》を招いて「素願」をうちあけ、志《こころざし》をかためた。だがそうした動きは、いちはやく隣国駿河の長田入道に察知され、平氏に注進された。こうなると蹶起《けっき》を急がねばならない。七月末、戦時の祈禱を開始、八月初旬には第一の攻撃目標と定めた目代山木兼隆の館と付近の絵図を入手して時政と作戦を練り、襲撃の日を十七日と卜定《ぼくじょう》した。

治承四年八月十七日深夜、こうこうたる月影のもと、佐々木経高《つねたか》が放った第一矢を、「これ源家、平氏を征する最前の一箭《いっせん》なり」と『吾妻鏡』は記している。この日、中伊豆の夜空は、日本中世の幕明けを告げる烽火に赤々とそまったのである。

甲駿路の戦い●

ちょうどこの日は、伊豆国一宮《いちのみや》である三島社《みしましゃ》の祭礼の日にあたっており、手薄になった警備が、たかだか三、四十人程度の襲撃をささえきれず、未明、ついに兼隆の首があげられた。早速十九日、頼朝は蒲屋《かばや》御厨（下田《しもだ》市・賀茂郡南伊豆町）にあてて下文《くだしぶみ》を発し、以仁王の委任により、東国全体に対する支配権は自分にある旨を宣言した。『吾妻鏡』いわく「これ関東施行の始めなり」。

首尾よく緒戦に勝利をおさめたものの兵力に不安がある頼朝軍は、源氏累代の家人にして有勢者の三浦一族と合流するため、相模にむけて進発した。『吾妻鏡』には、このとき頼朝にしたがった武士四六人が列挙されているが、ほとんどが伊豆・相模の住人か縁者で占められている。駿河武士としては、鮫島《さめじま》四《し》郎宗《ろうむね》家《いえ》（富士郡出身カ）が唯一であろうか。

行軍中の参加者もあったと思われ、頼朝軍はまもなく総勢三〇〇騎に達したというが、相模における平氏方の有力武将大庭景親が率いる三〇〇〇余騎が行く手をはばみ、伊豆の伊東祐親の兵三〇〇余騎が後方を追尾した。多勢をたのむ大庭軍は、三浦の援軍が到着しないうちにと、八月二十三日夜、相模国石橋山（神奈川県小田原《おだわら》市）に頼朝勢を急襲。頼朝主従は四散し、風雨のなかをかろうじて箱根山系の椙山《すぎやま》にのがれた。大庭軍は包囲網を縮める一方、景親の弟俣野景久《またのかげひさ》が駿河国目代橘遠茂の軍勢と合流し、敗軍の頼朝勢がたよりとする武田《たけだ》・一条《いちじょう》など、甲斐《かい》源氏の攻撃に兵を進めた。

甲斐国の源氏諸族も以仁王令旨をうけとっていた。ひそかに挙兵の準備にかかっていたであろう彼らは、石橋山の合戦を伝え聞くや、ただちに一族の安田義定《やすだよしさだ》が工藤・市河《いちかわ》（川）ら同国武士団と合同し進軍を開始した。南下する安田らの軍と北上する景久・遠茂連合軍とは、八月二十五日に富士北麓の「波志太山《はしだやま》」で

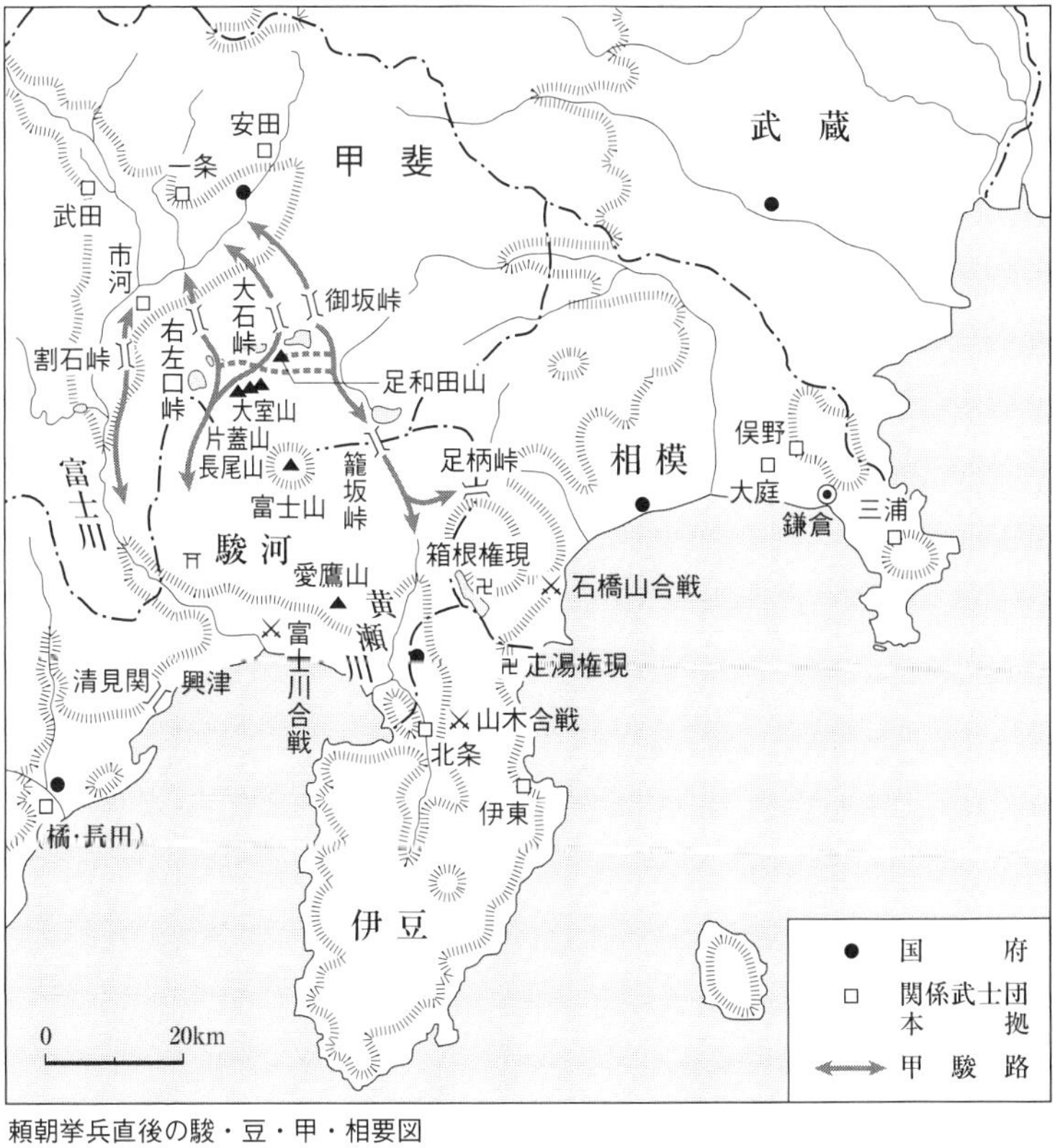

頼朝挙兵直後の駿・豆・甲・相要図

遭遇した（波志太山の位置については諸説があるが、当時の甲駿路のありようなどからみて、現山梨県足和田《あしわだ》・鳴沢《なるさわ》両村境にそびえる足和田山に比定するのが妥当だろう）。戦闘数刻、安田方の被害も大きかったが、結局景久は逃亡し遠茂も兵を戻した。甲斐勢の決定的勝利とはいえず、追撃はなかった。

同じ日、頼朝は箱根山中を脱出して海上を安房《あわ》国にのがれ、三浦氏一族と会同、勢力を挽回した。陸上戦に大勝したけれども、三浦氏らの水上兵力を取りにがしたのが大庭軍の不覚だった。九月十三日、頼朝は鎌倉にむけて進撃を開始した。

そのころ、武田信義《のぶよし》・一条忠頼《ただより》らの甲斐源氏は、信濃《しなの》国の平氏方武士の討伐にあたっていた。まず後方をかためてから、再度駿河進出をはかるように作戦を転じたらしい。信濃から凱旋《がいせん》の途上、頼朝の使者北条時政、ついで土屋宗遠《つちやむねとお》を迎え、ここに駿河進攻作戦が具体的に協議されることとなった。

甲斐源氏の来襲近しとの情報は、駿河国内にも聞こえていた。目代遠茂は、十月十日、駿河・遠江の軍兵を興津（静岡市清水区）のあたりに集結させ事態にそなえた。遠茂らがたのみとするのは中央平氏軍の東国下向だったが、平氏の反応はまことににぶかった。頼朝追討軍の派遣こそはやくに決定されたものの、平維盛《これもり》を総大将とする征東軍が、実際に京都をたったのは九月二十九日というありさまだった。

維盛軍の到着を待ちかねた遠茂は長田入道の進言をいれ、先制攻撃をしかけることにした。十月十四日、駿河・遠江連合軍と甲斐源氏の軍とが、ふたたび富士山麓で激突した。今回の衝突地点は『吾妻鏡』の記述から、駿河国内の「鉢田《はちだ》」と知られ、両軍の進軍ルートや速度を勘案すると、それは現富士宮《ふじのみや》市域北部のいずれかの場所と想定される。

とにかくこの一戦によって、駿河武士の多くが殺傷され、在地の平氏方勢力は壊滅した。その中心勢力であった「長田入道子息二人」は早々と梟首《きょうしゅ》され、橘遠茂は傷つきとらえられたのち斬殺された。鉢田の戦いは有名ではないが、数日後におこる富士川合戦の帰趨《きすう》を事前に決定づける、まことに重大な意味をもったのである。

富士川の合戦●

橘遠茂が待ちこがれた平氏の遠征軍は、十月十六日、高《たか》橋《はし》宿(静岡市清水区)にはいった。翌朝、鉢田の戦勝で意気のあがる甲斐源氏からは、不敵な挑戦状が送りつけられてきたが、目前で三〇〇〇余騎の現地軍を失った維盛勢の戦意は萎縮《いしゅく》するばかりだった。十八日、征東軍は富士川西岸に陣をかまえ、翌暁を攻撃の日時と定めたが、夜にはいって敵方への投降者があいついだ。一方、頼朝も入部してまもない鎌倉を大軍を率いて進発、足柄《あしがら》峠を越えて十八日晩、黄瀬川《きせがわ》宿(沼津市)に着いた。ここで甲斐源氏の一族と会見し、北条時政らと再会したとされる。

世にいう富士川の合戦が行われたのは、頼朝が富士川近くの賀島《かしま》(富士市)まで兵を西進させた二十日夜半であ

富士川河口(静岡市清水区蒲原・富士市)

る。この夜、武田信義が平氏の軍陣の背後をつこうとしたところ、おりから富士沼《ふじぬま》（富士川の東岸に広がる一大沼沢地帯《しょうたく》）に集まっていた数万羽の水鳥が、いっせいに舞いあがった。もとより浮足だっていた平氏軍は、水鳥の羽音を源氏の大軍の来襲と聞き違え、たちまち西を指して潰走《かいそう》していった。途中、手越宿（静岡市）で再結集しようとしたが、源氏に内応するものが放火するなど、さんざんなていで逃げ帰った。

こうして富士川の「合戦」は、その実、合戦らしい合戦もないまま、源氏側の圧倒的勝利におわった。中央平氏軍の敗走は、今まで「官軍」にはむかうことへの恐れから、意ならずも平氏についたり、向背をあきらかにしなかった東国武士をも、いっせいに源氏方に走らせた。「およそ遠江以東十五ケ国、（源氏に）与力し、草木に至るまで靡《なび》かざるなし」と評される状況を現出したのである（『玉葉《ぎょくよう》』）。

しかし、この合戦の主役は、なんといっても甲斐源氏の一族だ。事前に駿河目代を滅ぼして勝敗を方向づけたのも、宣戦布告をしたのも彼らであった。したがって戦後、駿河国に勢力を扶植したのは武田信義であり、遠江国を手にいれたのは安田義定だった。『吾妻鏡』は、甲斐源氏が初めから頼朝の命令で動き、このとき二人を駿河・遠江の「守護」に任命したように書いているが、それは、のちに頼朝の覇権が確立してからの事態にあわせて曲筆しているのであって、当時から、彼らが頼朝に臣従していたわけではないし、守護制度が正式に発足するのも、もう少しあとのことなのである。この時点で、駿・遠のあらたな支配者になったのは、武田・安田の両氏であり、頼朝とはゆるい同盟関係で結ばれていたにすぎない、とみるのが適当だろう。

頼朝は敗走する平氏軍を追って、一挙に上洛しようとしたが、結局思いとどまった。関東の有力武士たちがこぞって制止したからだが、彼自身もこのような状態に不安をいだいていた。頼朝はただちに鎌倉に引き返し、関東の地固めを急ぎ、軍政の組織をととのえ、都市の建設にはげんだ。そうして十二月十二日、かねて新築中の頼朝の屋敷（大倉《おおくら》幕府）が完成し、頼朝政権の誕生を祝うセレモニーが挙行されたのである。

3　鎌倉幕府と駿・遠・豆

鎌倉開府と三国武士団●

相模国鎌倉を本拠に着々と勢力を拡大した源頼朝は、当面のライバルとなった木曽義仲《きそよしなか》を倒し、文治元（一一八五）年三月には、長門壇《ながとだん》ノ浦《うら》（山口県下関《しものせき》市）に平氏一門を滅亡させた。治承・寿永の内乱（源平争乱）から鎌倉幕府の成立・確立過程で、県下武士団のなかでは、とくに伊豆国出身の武士の活躍がめだつ。北条時政の子義時《よしとき》を筆頭に、彼らは遠く西国《さいごく》・西海を転戦し、文治五年の奥州藤原氏征討戦にも出陣した。戦闘以外の分野でも、文治元年末に時政は、頼朝代官として上洛、朝廷と折衝して全国に守護《しゅご》・地頭《じとう》をおく権限を認めさせた。そして翌年帰東するまでの短期間ではあるが、初代の京都守護（六波羅探題《ろくはらたんだい》の前身）の任にあたった。天野遠景も最初の鎮西奉行《ちんぜいぶぎょう》（九州諸国を統括する職）になった。また近藤国平は「鎌倉殿《かまくらどの》御使」の一人として、畿内《きない》近国・西国諸国に頼朝の命令を伝え、実行させて歩いた。

　彼らの戦功、諸分野での奉仕に対しては、当然、主君である鎌倉殿からの御恩《ごおん》が期待される。鎌倉殿の御家人《ごけにん》として身分保証を得ることや、平安時代以来の本領《ほんりょう》を安堵《あんど》（公認）してもらうのも立派な御恩の一種だが、武士たちの最大の願いは、なんといっても新恩地の給付だろう。本領・新恩所領に関する権限は、大方は地頭職と表現された。

御家人たちの所領についても、伊豆国出身者のそれが幕初以来多数みいだされるのは、叙上の活躍に照らして当然の結果だ。駿河・遠江出身者の場合は数が極端に少なく、初見の時期もそうとう遅くなる事実が認められる。

さて、一国ごとの軍事・警察権を行使し、その面で管国内の御家人を指揮したのが守護だ。伊豆国では北条時政・義時父子がこの職権を行使した。富士川の合戦直後における駿河・遠江両国の処置については、九二頁に記したとおりだが、その後、源氏一門に対する頼朝の統制が強化されるにしたがって変化が生じた。木曽義仲が頼朝の弟範頼《のりより》・義経《よしつね》の軍に討たれて半年もたたない元暦元（一一八四）年の六月、まず駿河国守護武田信義《たけだのぶよし》の子一条忠頼《いちじょうただより》が鎌倉で謀殺され、信義自身も頼朝の勘気をこうむり、まもなく死んだ。守護信義にかわったのは、やはり時政・義時親子であったと考えられる。

遠江の安田義定《やすだよしさだ》は、かつて義仲入京のさいには独自の判断で東海道をせめのぼり、その功によって後白河法皇から直接遠江守に任じられた。守護・国守を兼帯した義定の威勢はいやがうえにも高まり、「遠江国ニハ彼の郎従充満」する状況で（「仁和寺《にんなじ》文書」）、それだけ頼朝との疎隔が深まった。建久四（一一九三）年十一月、義定の子息の義資《よしすけ》が幕府の女房に付文《つけぶみ》をしたという、ほとんどいいがかりに等しい理由で梟首《きょうしゅ》され、父義定の所領遠江国浅羽荘地頭職は翌月没収、義資の首を打った加藤景廉《かとうかげかど》にあたえられた。そして翌年八月には、反逆の志《こころざし》ありとして義定自身も斬首されてしまう。

こうして一〇年以上におよんだ義定の遠江支配はおわり、あらたな遠江国守護には、これまた北条時政が任じられたらしい。時政は、正治二（一二〇〇）年には遠江守にも就任している。叙上の過程は、一面、伊豆に加えて駿・遠両国が北条氏の勢力下に組み込まれていく道程でもあり、ことに伊豆・駿河は、あたかも北条得《とく》宗家《そうけ》（嫡流）の「分国《ぶんこく》」であるかのごとき観を呈するようになった。また駿河守や遠江守は、相模・武蔵両国司（おもに執権《しっけん》・連署《れんしょ》が任じられる）につぐ北条一門中の有力者が名乗る名跡として定着したのである。

なお参考のため、鎌倉時代前半期における駿・遠・豆三国御家人の名字と本拠地とを、下掲の地図上に示しておく。

富士の巻狩と曽我の仇討ち●

日本の狩猟史上に例をみない大規模な巻狩《まきがり》が挙行されたのは、建久四(一一九三)年のことだった。前年の七月に念願の征夷大将軍《せいいたいしょうぐん》に就任した頼朝は、後白

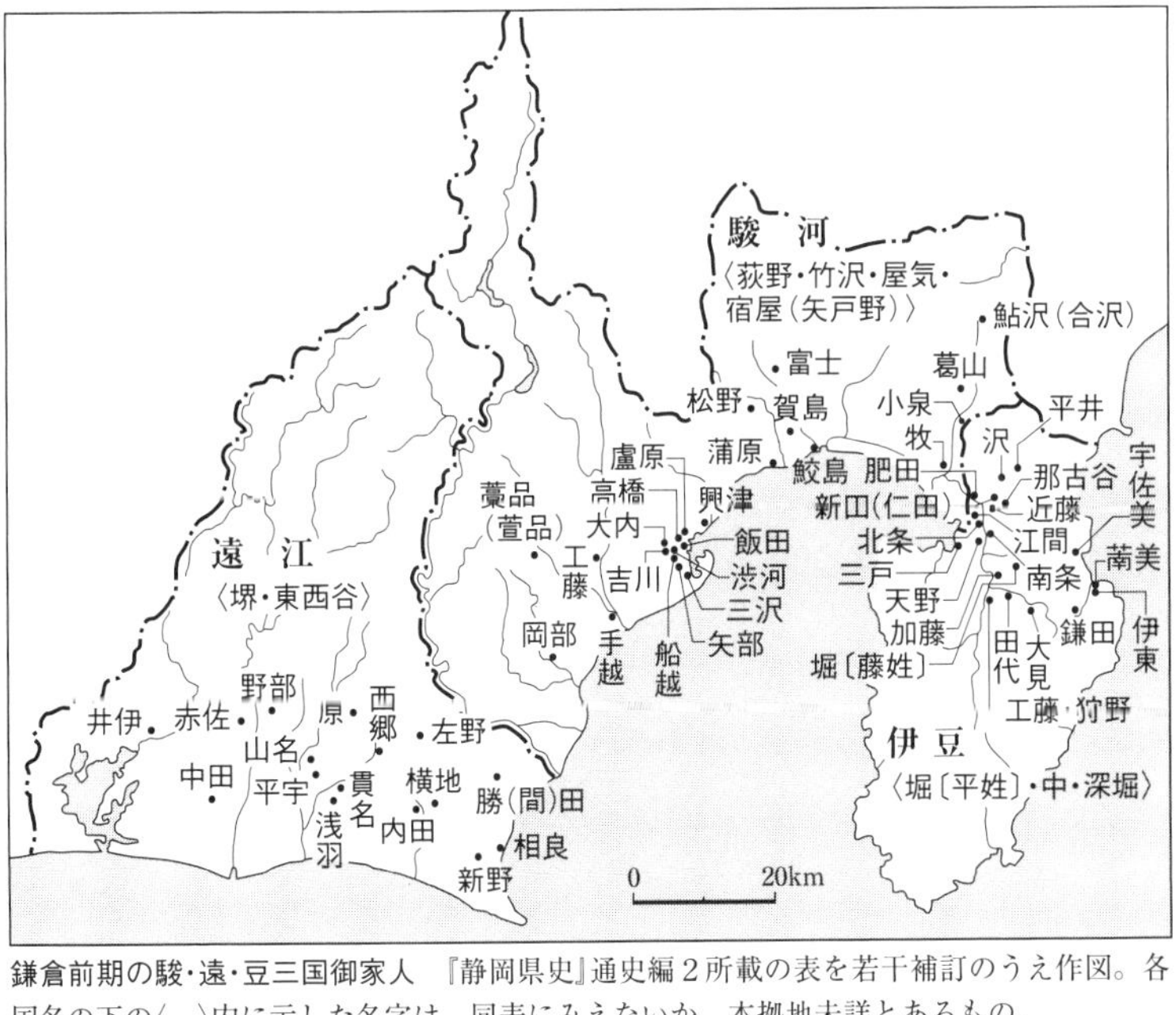

鎌倉前期の駿・遠・豆三国御家人　『静岡県史』通史編２所載の表を若干補訂のうえ作図。各国名の下の〈　〉内に示した名字は，同表にみえないか，本拠地未詳とあるもの。

河法皇の一周忌がすぎるのを待ちかねたかのように、三月・四月と、下野《しもつけ》国那須野《なすの》・上野《こうずけ》国三原《みはら》などで巻狩を行い、息つく暇もなく富士の裾野に進んだ。

当時の武士たちにとって、狩猟は単なるリクリエーションではなく、まさに戦闘訓練・軍事演習そのものであり、かつ神聖・重要な行事と意識されていた。今や全国的軍事政権の首長としてゆるぎない地位を確立した頼朝は、大々的な巻狩をもよおすことによって神をまつり、統率者としての自己の資格、および嫡男頼家の後継者たるべき資質を神に問うたのだといわれる。建久四年五月、富士山麓に展開した巻狩は、そういう意味がこめられた行事のクライマックスに位置していた。

富士の狩場の準備は北条時政・狩野宗茂《かのうむねしげ》に命じられ、二人は駿河・伊豆の御家人を率いて旅館以下の設営にあたった。まず富士の東麓藍沢《あいざわ》での狩りをおえた頼朝一行は、五月十五日、西麓神野《かみの》《こんの》の旅館(井出《いで》の館)にはいった。この宿館は南面五間《ま》(柱間が五つの意味)の規模を有し、現在の富士宮市上井出狩宿《かりやど》にあったと伝えられる。頼朝の宿所とそれを囲繞《いじょう》する諸国御家人の屋形《やかた》のありさまは、真名本『曽我物語』の記述にくわしい。次頁にその復元図を掲げておく。図中、人名の下に(駿)・(遠)・(豆)とあるのは、当該各国の住人ないしは所縁の御家人をあらわす。

狩りも終わりに近づいた五月二十八日深夜、ここ井出の館で一大事件が勃発した。世にいう曽我《そが》兄弟の仇討ちである。この一件の発端については、八一頁のコラムでふれたが、河津祐通《かわづすけみち》亡きあと、兄弟の母が曽我助信《すけのぶ》に再嫁したため、今は曽我十郎祐成《すけなり》・五郎時致《ときむね》と名乗る兄弟は、頼朝の寵臣工《く》(宮)藤祐経《どうすけつね》をかねて父の敵とつけねらい、ついに復讐をとげたのである。暗さは暗し雷雨のなか、多数の御家人が殺傷され、ようやく祐成が伊豆国の新《にっ》(仁)田《た》忠常《ただつね》にうちとられたのちも、時致はなお頼朝の館をめがけて突進すると

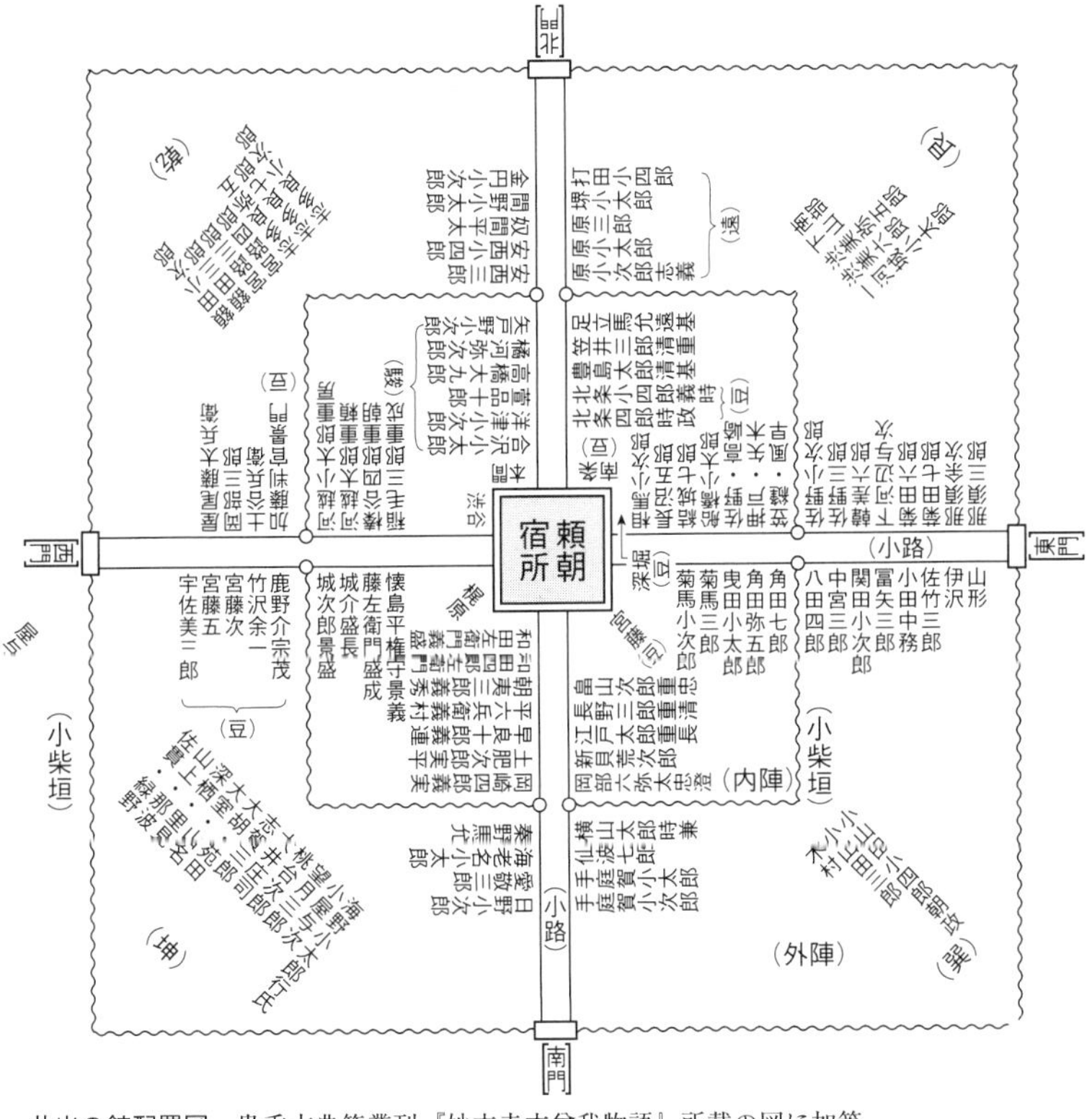

井出の館配置図　貴重古典籍叢刊『妙本寺本曾我物語』所載の図に加筆。

ころをいけどられた。

結局、時致は祐経の子犬房丸《いぬぼうまる》に引きわたされ梟首されたが、兄弟は祐経のみならず、頼朝の命までねったらしい。そしてその煽動者《せんどうしゃ》こそ、北条時政だとする説がある。たしかに曽我兄弟は、以前から時政の家に出入りをしており、ことに時致は時政の烏帽子子《えぼしご》だった。頼朝の舅《しゅうと》でありながら、幕政上にほとんど姿をあらわさない時政の存在は不気味ですらある。なにか複雑な事情が憶測され、その意味で時政黒幕説は、ことの一面をうがっているように思われる。

また、兄弟二人だけの働きにしては、死傷者の数が多すぎる。実は同時に相模と伊豆の武士団による大規模な衝突がおこったのだが、兄弟の仇討ちにことをよせ、真相が隠蔽《いんぺい》されたのだとする推理もある。いずれにせよ、仇討ち成功の報が伝わって諸国騒然となり、頼朝死去の誤報までが鎌倉にもたらされた。頼朝の弟範頼が謀叛の咎《とが》により伊豆の修禅寺（伊豆市）に幽閉、まもなく殺されたのも、この事件と無関係ではない。曽我兄弟の仇討ち事件の背後には、そうとう深刻で根深い事情がかくされていたとみてよかろう。

時政の不穏な動きの根底には、七九頁に述べたような彼の出身の脆弱《ぜいじゃく》さが伏在した。正治元（一一九九）年正月、源頼朝が歿した直後から、時政覇権への道が急速に顕在化する。四月には頼朝の跡をついだ頼家の親裁《しんさい》が停止《ちょうじ》され、北条時政・義時父子ら一三人の合議に訴訟の裁定がゆだねられた。そして翌年正月、鎌倉殿の側近中の側近梶原景時《かじわらかげとき》が失脚し、一族を率いて京都に急行する途中、駿河国狐ケ崎《きつねがさき》（静岡市清水区大内付近《おおうち》）で入江氏《いりえ》一統を主勢力とする駿河武士にうちとられた。これを操作したのも駿河国守護時政だと推測されている。

❖コラム

「悪女」牧の方と北条家の分裂

近代の文豪坪内逍遙《つぼうちしょうよう》は、北条時政《ほうじょうときまさ》の後妻牧《まき》の方《かた》を、シェークスピアの『マクベス』夫人になぞらえ、鎌倉三大罪悪史を描く循環劇（サイクリック・ドラマ）の第一作として史劇『牧の方』を書いた。夫を指嗾《しそう》して主《しゅう》殺しをはかる悪女の典型とする理解は、鎌倉時代以来ほぼ一貫して認められる。

牧の方は、源頼朝《みなもとのよりとも》の愛人の存在を正妻の政子《まさこ》（A＝時政の先妻の子）に密告して大騒動をしかけ、建仁三（一二〇三）年九月、新将軍実朝《さねとも》を自邸に迎えたものの、「咲《わらう》の中に害心を挿《さしはさ》むの間、傅母《ふぼ》と恃《たの》みがたし」と阿波局（A、実朝の乳母）から政子に通報され（『吾妻鏡《あずまかがみ》』）、実朝はわずか数日で政子の屋敷につれ戻された。

翌元久元（一二〇四）年秋、実朝の正室として政子が推す足利義兼《あしかがよしかね》（妻はA）の娘をおさえ、京都貴族の坊門信清《ぼうもんのぶきよ》（子忠清《ただきよ》の妻はB＝牧の方の子）の息女との婚儀がととのえられたのは、牧の方の奔走によるところが大きかった。娘婿の平賀朝雅《ひらがともまさ》（妻はB）と畠山重保《はたけやましげやす》（母はA）との口論を捉え、彼女は重忠《しげただ》・重保父子の討滅を強硬に主張して時政を誘導、諫止する義時《よしとき》（A）をおさえつけて我意を達した。

これらの事件のおもな関係者は、肉親・婚姻関係をつうじて、政子・義時を中心とするグループと時政・牧の方らの一派とに截然《せつぜん》と区別される。いわば先妻派と後妻派の対立であった。そして元久二年閏七月、将軍実朝を殺し朝雅にかえようとする時政夫妻の陰謀は、政子　義時に阻止されて失敗。時政は伊豆に幽閉、朝雅も京都でうたれた。牧の方は主犯とされたにもかかわらず、京都に送還された程度ですみ、なお権勢を維持した。

承久の乱と執権政治●

北条時政は正治二（一二〇〇）年四月、従五位下遠江守に任じられ、一般御家人の上にある立場をあきらかにし、将来、幕府の高い公職から政治を指導するための必要条件をととのえた。

建仁三（一二〇三）年五月、駿河国阿野郡《あの》（沼津市根小屋《ねごや》付近）に所領を有する阿野全成《ぜんじょう》（妻は阿波局《あわのつぼね》、前頁コラム参照）が、謀叛の咎でとらえられ殺害された。全成は頼朝の弟たちのうち、ただ一人生き残っていた人物であり、この事件は、権力掌握をあせる時政と将軍権力との抗争が、そうとう深刻化した状況をうかがわせる。はたして九月、時政・義時父子は頼家を廃立、伊豆修禅寺に幽閉《ゆうへい》して殺し、弟の実朝《さねとも》を新将軍に擁立した。翌月、時政は待望の初代執権職に就任し、元久二（一二〇五）年閏七月に彼が失脚してからは、義時がその地位をおそった。

この間、そして以後も、北条氏の所職・所領の拡大には著しいものがあった。まず守護職に関しては、以前からの駿・遠・豆三国に加えて信濃・大隅《おおすみ》を獲得、さらに武蔵《むさし》・越後《えちご》・美作《みまさか》各国をあわせ、承久の乱以前に計八カ国の守護を兼帯した。地頭職も当然増加し、北は陸奥《むつ》国から南は大隅国内まで全国的に分布した（次頁表参照）。

承久元（一二一九）年正月、実朝が暗殺され、源氏将軍は三代で途絶した。翌月、阿野全成の遺児時元《ときもと》が東国の支配をねらい、やはり駿河国阿野郡で挙兵したが、失敗して自殺した。こうした幕府の内紛は、後鳥羽上皇の目にはその弱体化を示すものとうつり、幕府への攻勢を強めた。

上皇は、実朝の後継者として幕府が奏請した宮将軍《みやしょうぐん》の東下を拒否する一方で、寵姫伊賀局《いがのつぼね》の所領摂津《せっつ》国長江荘《ながえのしょう》（大阪府豊中《とよなか》市）の地頭更迭を幕府に要求した。長江荘地頭とは執権義時その人であり、あらわな挑

北条氏の地頭職増加表

文治年間(1185〜90)	建久年間(1190〜99)	建仁年間(1201〜04)	建保年間(1213〜19)
伊豆国北条	遠江国蒲御厨	伊豆国三島社	相模国山内荘
〃　寺宮荘	〃　河村荘	相模国糟谷荘	〃　菖蒲
〃　江間	陸奥国平賀郡	信濃国塩田荘	上総国橘木社
駿河国益頭荘	〃　鼻和郡	日向国島津荘	〃　飯富荘
〃　富士郡	〃　田舎郡	大隅国島津荘	〃　畔蒜南荘
越前国大蔵荘	〃　山辺郡		信濃国小泉荘
	肥後国阿蘇社		陸奥国遠田郡
			尾張国富田荘

『静岡県史』通史編2により，若干補訂。

発といえる。執権政治が掲げてきた御家人所領の保護政策に照らしても、幕府に妥協の余地はなかった。

かくして承久三年五月十五日、上皇は執権北条義時追討の宣《せん》旨《じ》・院宣《いんぜん》を発した。幕府は、北条泰時《やすとき》・時房《ときふさ》を上級指揮官とする主力東海道軍一〇万余騎、その他東山道軍・北陸道軍をあわせて、総計一九万余騎の大軍をせめのぼらせ、すでに六月十五日には、京都は幕府軍の占領するところとなった。

はやくから北条氏の支配が浸透してきた県下三国の武士の大部分が東海道軍に加わり、戦功をあげたのはいうまでもない。わけても、宇治川の戦いにおける駿河国御家人の活躍はめざましかった。吉川経景《きっかわつねかげ》・義景《よしかげ》兄弟は川をわたって交戦し、負傷しながらも敵三人をうちとった。戦後の恩賞《おんしょう》には、経景に安芸《あき》国佐東《さとう》郡八木《やぎ》(広島市)の地頭職が、義景には同国山県《やまがた》郡戸谷《とや》(広島県山県郡北広島町)の地頭職が、それぞれあたえられたという。

乱後、幕府は後鳥羽以下三上皇を配流《はいる》し、京方の貴族・社寺・武士たちの所領三〇〇〇余カ所を没収、そこに東国武士を中心とする大量の新地頭を送り込んだ。前任者の得分が明確でない場合は、一一町に一町の給田《きゅうでん》と段別五升の加徴米《かちょうまい》を保証する新補率法《しんぽりっぽう》が適用された。

承久《じょうきゅう》新地頭として確実な史料で裏づけられるのは、没収地全体の約五%、一四〇カ所程度にすぎないが、うち一六カ所は県域出身の御家人にあたえられている。出身国は伊豆一一、駿河四、遠江一。個人では北条時房が六カ所と、圧倒的多数の地頭職を得ている。新地頭職の所在国は、河内《かわち》・和泉《いずみ》・伊勢《いせ》・伊豆・石見《いわみ》・安芸・紀伊《きい》・淡路《あわじ》に分布、畿内・西国が多いのは当然だが、なかに伊豆が含まれているのは、同国狩野荘内の牧郷《まきのこう》（伊豆市）の領主加藤光員《かとうみつかず》が京方についたので、弟の景廉が牧郷を拝領したためである。ほかに伊豆国出身者では、天野四郎左衛門尉《さえもんのじょう》が乱後、京方張本の一人として処刑されている。当然その所領も没収されたに違いないが、だれにあたえられたのかを示す史料上の明徴はない。

得宗政権と駿・遠・豆武士の西遷●

承久の乱における大勝利は、幕府内部に執権政治の確立を促した。さらに進んでは北条氏の嫡流（得宗《とくそう》）に権力が集中し、鎌倉時代後期には得宗専制とよばれる政治形態に移行した。北条氏の政権をささえたのがその所領であり、従者《じゅうしゃ》たち（とくに得宗のそれを得宗被官《ひかん》・御内人《みうちびと》などと称す）であった。

出身地の伊豆国に北条氏の所領や被官が多く出現したのは当然として、駿河国も国守・守護を北条氏が兼帯したので、伊豆とならんでその所領が濃密に分布した。次頁の地図を一見して気づくように、北条氏の所領（得宗・一門・被官領）は、主要道（東海道・甲駿路）にほぼ沿うかたちで展開している。北条氏が、全国の軍事・交通・流通上の要衝を掌握しようとしたことは、よく知られているが、駿河国においても同様の傾向が具体的に確認できるわけである。

また、得宗被官としてもっとも著名な安東《あんどう》氏は、どうやら駿河国安倍《あべ》郡安東荘（静岡市）を本貫《ほんがん》とする武

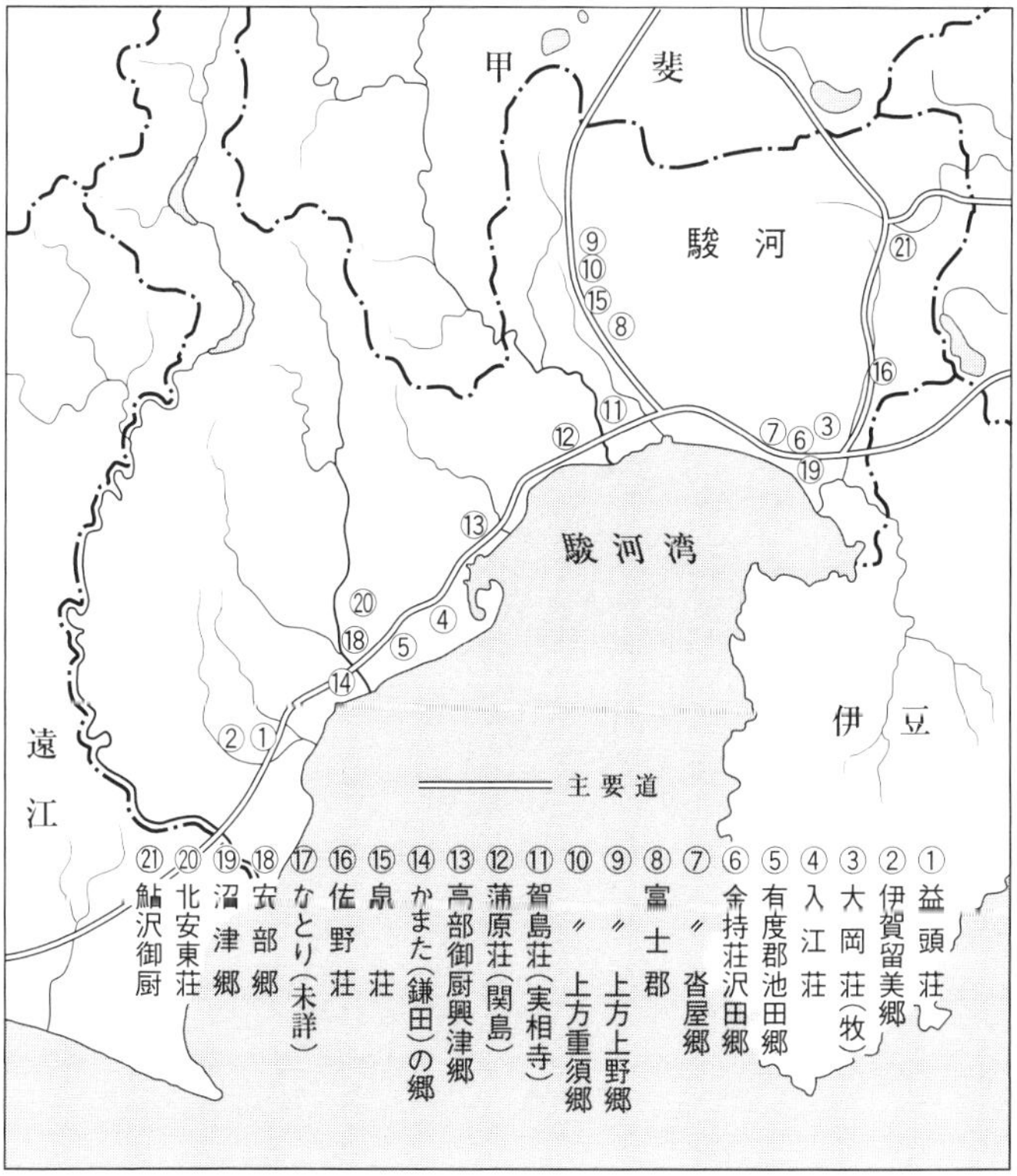

北条氏の所領分布地図(駿河国)

士だったらしい。というのは、北条義時の股肱《ここう》の臣であった安東忠家《ただいえ》は、あるとき主人の勘気《かんき》をこうむって駿河国に籠居《ろうきょ》していたが、承久の乱に際して義時の嫡男泰時の軍勢が駿河国にはいったところで、「駕を廻らして来たり加わ」った（『吾妻鏡』）。すなわち忠家が籠居していたのは、駿河国東部より西方にあたる。さらに鎌倉末期〜南北朝《なんぼくちょう》期、『米良《めら》文書』・浅羽本『佐原《さわら》系図』などの記載から、安東氏が同荘に所職を有していたことが知られる。これらを総合して考えれば、得宗被官安東氏の本領は駿河国安東荘だとしてさしつかえあるまい。

一方、県域の御家人たちにとって、先祖相伝の本領を拠点に勢力を拡大するのが望ましかったのであろうが、なかには畿内・西国に移住して名をあげたものも少なくない。その代表例が駿河の吉川氏だ。

吉川氏は入江氏の同族で、入江荘内の吉河郷（静岡市清水区）を本領とした。同地はもともと狭小であり、そのためもあってか吉川氏は、幕初以来たびたびの合戦に戦功をたて、梶原景時追討の賞として播磨《はりま》国福《ふく》井《い》荘（兵庫県姫路《ひめじ》市）を獲得、安芸国大朝本荘《おおあさほんしょう》（広島県山県郡北広島町）には承久新地頭職をあたえられた。しかし入江本宗家は、鎌倉末期に至り、本領の入江荘地頭職を得宗北条高時《たかとき》に奪われてしまった。そうなると、荘内の一領主にすぎない吉川氏の立場はきびしい。大朝本荘を相続した経高《つねたか》は同地に移住し、館を出身地にちなんで駿河丸《するがまる》と名づけた。安芸吉川氏は南北朝期に大きく発展し、戦国《せんごく》時代には吉川水軍の名を天下にとどろかせた。

遠江国相良《さがら》荘（牧之原市）を本貫とする相良氏が、肥後《ひご》国人吉《ひとよし》荘（熊本県人吉市）の地頭職に任じられたのは元久二（一二〇五）年だが、のちに同荘に本拠を移した。九州相良氏は、やがて戦国大名へと発展していく。

伊豆の田代《たしろ》氏は、工藤茂光《しげみつ》の娘が、平安末期に伊豆国司として来任した源為綱《ためつな》とのあいだに成した子信綱《のぶつな》を祖とし、同人が茂光の所領である狩野荘内の田代郷（伊豆市）に住したのに由来する。信綱も承久の乱に戦功があり、貞応三（一二二四）年、和泉《いずみ》国大鳥郷《おおとりごう》（大阪府堺《さかい》市・高石《たかいし》市）の新補率地頭に任命された。その子孫は大鳥郷に移って現地の支配を強め、周辺の領主と激しい抗争を続けながら、南北朝・室町の時代を生き抜いた。

聖一・大応国師と日蓮・日興●

源頼朝は幕府創設以後、積極的な寺社振興策をとり、関東独自の宗教圏の形勢につとめた。その中心に位置したのは鎌倉の鶴岡《つるがおか》八幡宮だが、彼が挙兵以前から信仰した伊豆走湯山《そうとうさん》（熱海市）もとくに手厚く保護された。箱根山（神奈川県足柄下郡箱根町）とあわせた二所詣《にしょもうで》（途次、三島社にも参詣）は、歴代将軍の正月恒例行事となった。

北条時政が出身の地に建立した願成就院《がんじょうじゅいん》（伊豆の国市）も、北条一門の氏寺《うじでら》にとどまらない機能を有し、幕府の援助があっただけでなく、やがては朝廷の御願寺《ごがんじ》にも列せられた。

鎌倉時代の県域三国における仏教宗派としては、天台《てんだい》宗と真言《しんごん》宗とが圧倒的優位をほこった。しかし他方、新仏教臨済《りんざい》宗の高僧、聖一《しょういち》国師と大応《だいおう》国師をうんだのが駿河国であったことも忘れてはならない。

聖一国師円爾《えんに》（弁円《べんえん》）は建仁二（一二〇二）年、安倍郡栃沢《とちざわ》（静岡市）に誕生した。はじめ園城寺《おんじょうじ》末の久能寺《くのうじ》（同）で学び、ついで園城寺にはいって天台僧となり、さらに東大寺《とうだいじ》で受戒《じゅかい》した。だが、これにあきたらない円爾は、上野国長楽寺《ちょうらくじ》（群馬県太田市）や鎌倉の寿福寺《じゅふくじ》に行き、栄西《ようさい》の高弟から臨済禅を学んだ。そして嘉禎元（一二三五）年、ついに入宋《にっそう》、中国随一の禅僧といわれた無準師範《ぶじゅんしげん》に参禅し、その印可《いんか》を得て仁治二（一二四一）年に帰国した。やがて九条道家《くじょうみちいえ》に招かれ京都に東福寺《とうふくじ》を開創、東福寺派あるいは聖一派とよばれる法流をおこした。円爾は皇室・公家社会に弘法《ぐほう》しただけでなく、鎌倉の執権北条時頼《ときより》との親交も深めた。

大応国師南浦紹明《なんぽじょうみん》も嘉禎元年、やはり安倍郡井宮《いのみや》（静岡市）で生まれ、天台宗の建穂寺《たきょうじ》（同）に入室、一五歳で剃髪した。その後、鎌倉建長寺《けんちょうじ》で臨済宗の蘭溪道隆《らんけいどうりゅう》に学んで入宋、南宋《なんそう》仏教界の最高峰とされる虚《き》堂知愚《どうちぐ》から印可をさずけられ、文永四（一二六七）年帰朝して建長寺に戻った。ところが三年ほどして、突然博多《はかた》に赴き、ことに崇福寺《すうふくじ》（福岡市）には、文永《ぶんえい》・弘安《こうあん》の役《えき》をはさんで三〇年以上も住んだ。この背景には、緊迫した国際情勢に対処するための幕府の方針があったとも考えられている。以後は京都で禅を説き、鎌倉にはいって建長寺の第一二世住持となった。この法系を大応派といい、臨済宗の主流を形成した。

聖一国師画像

県域諸国にはじめて広まった鎌倉新仏教は日蓮《にちれん》宗である。開祖日蓮が最初に駿河国にきたのは、文応元（一二六〇）年ごろ、実相寺《じっそうじ》（富士市）に『立正安国論《りっしょうあんこくろん》』執筆のためにこもったときだとする史料があるが、これを信じない立場もある。とすると、県下地域と関わりを生じたのは、その直後二年間ほどの伊豆国伊東流罪と、同地での布教《ふきょう》だったことになる。さらに佐渡《さど》流罪を経た文永十一（一二七四）年五月、日蓮は鎌倉をでて駿河国竹ノ下《たけのした》（駿東郡小山《おやま》町）にはいった。そこから車返《くるまがえし》（沼津市）・大宮《おおみや》（富士宮市）などをめぐり、途中信者と交流しながら甲斐国身延山《みのぶさん》にたどりついた。

弘安五（一二八二）年、日蓮は歿したが、日蓮の弟子たちのうちで、駿河・伊豆の門徒拡大にとりわけ強い影響をあたえたのが日興《にっこう》だ。日興は甲斐国鰍沢《かじかざわ》（山梨県南巨摩《みなみこま》郡富士川町）の生まれで、幼いころ実相寺にいたことがある。まだ日蓮が身延山に健在であった弘安二年、のちに「熱原《あつはら》の法難《ほうなん》」とよばれる事件がおこった。すなわち、日興の弟子日弁《にちべん》・日秀《にっしゅう》や富士郡熱原郷（富士市）の信徒が、同地の天台宗滝泉寺《りゅうせんじ》院主から訴えられ、鎌倉に連行された信徒らのうち三人が、日蓮らの助命嘆願にもかかわらず処刑されてしまったのである。しかしこの事件は、かえって信者の結束を強める結果になった。日興は弟子で得宗被官の南条時光《なんじょうときみつ》に招かれ、正応三（一二九〇）年に大石寺《たいせきじ》（富士宮市）を開き、また北山本門寺《きたやまほんもんじ》（富士市）以下の諸寺をつぎつぎと創建、岳南地域における宗勢の拡張と教団の形成に成功をおさめた。

4　南北朝動乱から今川治国へ

中先代の乱と足利尊氏の反抗●

元弘三（正慶二＝一三三三）年五月、得宗北条高時《ほうじょうたかとき》一門は鎌倉に自刃して果て、鎌倉幕府は滅亡した。一方、隠岐《おき》（島根県隠岐郡）を脱出した後醍醐天皇は翌月帰京、「建武《けんむ》の新政《しんせい》」が開始された。

後醍醐天皇の新政にかける意気込みは、あらゆる訴訟・申請の裁決をすべて綸旨《りんじ》で処理しようとした点によくあらわれている。しかも綸旨は、本来、蔵人《くろうど》などの臣下が天皇の命令を奉じて書くのが決まりであるにもかかわらず、後醍醐は臣下の署名まで自分で書くようなことさえした。県下諸地域においても、旧来の所領安堵が綸旨でなされた例が確認できるが、前代に北条氏の支配が強くおよんだ同地域であってみれば、逆に没収、他人に給与された土地も多い。たとえば、かつて日蓮宗の教線拡大に尽力した得宗被官南条時光《なんじょうときみつ》は、幕末動乱期に鎌倉に赴き、高時らと運命をともにしたと伝えられ、彼の本拠駿河国富士郡上方《かみかた》(富士宮市付近一帯)は、やはり後醍醐天皇の綸旨をもって同地の富士浅間宮《せんげんぐう》に寄進された。

建武政府の地方支配は、国司・守護を併置して行われた。駿・遠・豆三国では駿河・伊豆の(知行《ちぎょう》)国主《こくしゅ》が討幕に大功のあった足利尊氏《あしかがたかうじ》、遠江国主は弟の直義《ただよし》と推定され、国守《こくしゅ》《くにのかみ》や目代《もくだい》には、それぞれ足利氏

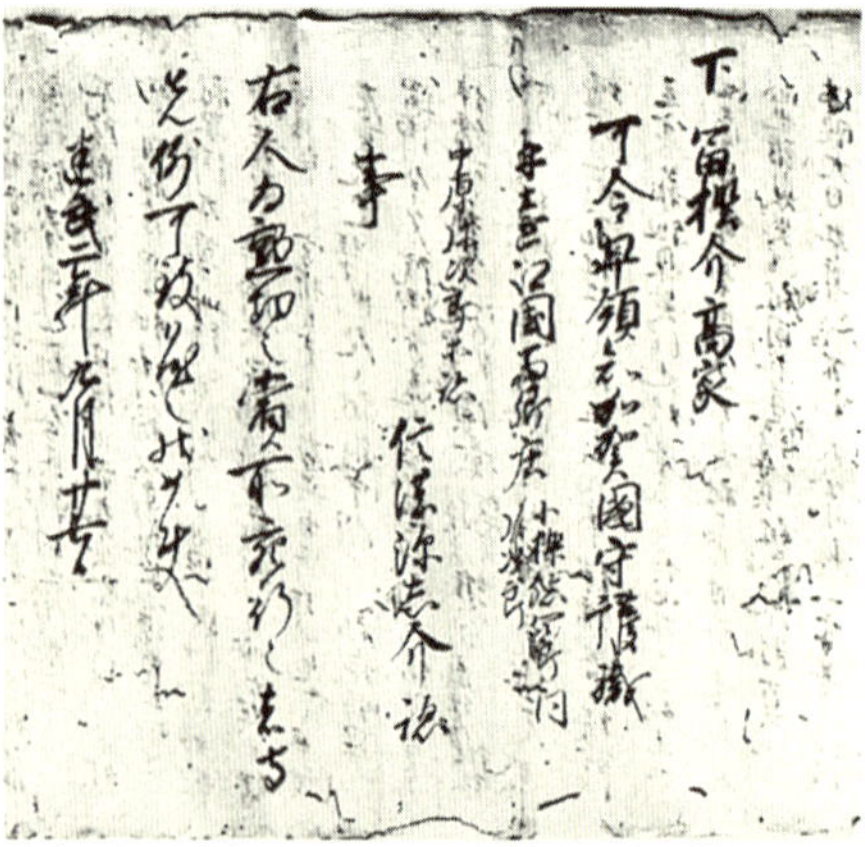

建武2(1335)年9月27日足利尊氏下文写(「如意宝珠御修法日記紙背文書」) 原本には尊氏の袖判《そではん》があったと思われる。

の一門や縁者が起用された。守護は駿河・伊豆を尊氏が兼帯したと思われ、遠江国守護は一族の今川範国《いまがわのりくに》であった。また所領としては、県域三国内に尊氏五カ所、直義四カ所、いずれも北条氏の旧領があたえられている。総じて尊氏兄弟は、鎌倉北条氏にかわるかたちで県下に進出したといえよう。

建武新政権を短命におわらせる契機となったのが中先代《なかせんだい》の乱《らん》だ。建武二（一三三五）年、信濃国に挙兵した北条時行《ときゆき》（高時の遺児）は、七月末に鎌倉を攻略、同所にあった足利直義を西走させた。尊氏は後醍醐天皇の制止を振り切って八月二日に出京、三河国矢作《やはぎ》（愛知県岡崎《おかざき》市）で直義軍と合体し、八月十九日には鎌倉を回復した。この間、県下の何カ所かで、時行方との合戦が行われた。

さて、鎌倉にはいった尊氏は、勅使を下向させてまでの京都召還をこばんで動かず、旧将軍御所跡に屋敷の新造を指示し、これを「柳営《りゅうえい》」（幕府の意味）とよばせるなど、政府にしたがわない態度を強めていった。同年九月二十七日、富樫高家《とがしたかいえ》に加賀《かが》国守護職や遠江国西郷荘（掛川市）などをあてがった足利尊氏下文《くだしぶみ》は、この段階における彼の政治姿勢を知るうえで、たいへん貴重な史料である。同じ日、尊氏は配下の諸将に行賞を専断し、三浦高継《みうらたかつぐ》を相模国大介《おおすけ》職に任命、その他の所職をあたえた。ライバル新田義貞《にったよしさだ》の上野《こうずけ》国守護職を奪い、上杉憲房《うえすぎのりふさ》を任じたのもこのころだ。

守護や国の介《すけ》という公職を勝手に配下の武将にあたえ、自己の所領でもない土地を配分するなどは、建武政府に対する公然たる挑戦と評するほかない。また、前の尊氏下文中の西郷荘については、同地を高家に付すよう遠江国守護所（今川範国）に命ずる高師直《こうのもろなお》（のちの幕府執事《しつじ》）の奉書が十一月五日付でだされており、軍政の組織も、かかる尊氏の立場に対応しつつ整えられたと思われる。

義貞軍の東下は以前から予想されていたが、ついに十月十九日、後醍醐天皇は尊氏を朝敵と断じ、義貞に追討を命じた。十二月五日の駿河国手越河原《てごしがわら》（静岡市）の合戦で直義はやぶれ箱根にしりぞいたが、尊氏みずから出陣した竹ノ下《たけのした》（駿東郡小山町）の決戦には義貞軍を撃破し、翌年正月にいったん入京をとげた。しかしまもなく、奥州から追尾してきた北畠顕家《きたばたけあきいえ》の軍に追われて九州におちのび、同地で勢力を挽回、六月に京都を奪還した。こうして同建武三（延元元＝一三三六）年十一月、建武式目を制定し足利の幕府を京都に樹立したのである。

宗良親王と今川範国●

だが同年暮れ、後醍醐天皇は京都を脱出して吉野《よしの》（奈良県吉野郡吉野町）に移り、みずからの正統性を宣言した。ここに、尊氏が擁する京都の北朝《ほくちょう》と吉野の南朝《なんちょう》との、六〇年におよぶ南北朝対立の時代となったのである。

　後醍醐天皇は吉野還幸にさきだち、皇子たちに武将をつけて各地に派遣した。前天台座主《ざす》尊澄《そんちょう》法親王《ほうしんのう》は、北畠親房《ちかふさ》に伴われて伊勢に赴き、翌延元二（建武四）年、還俗《げんぞく》して宗良《むねよし》と改名、やがて遠江国井伊谷《いいのや》（浜松市北区引佐町）の井伊《いい》城（三嶽《みたけ》城）にはいった。同地は遠江国守護今川範国と対立する井伊

三嶽城跡（浜松市北区引佐町三岳）

氏の本拠であり、井伊氏は内田《うちだ》・横地・三和《みわ》・八木《やぎ》氏など、範国の指揮下によせくる周辺の武士たちと、激しい攻防戦を繰り広げていた。

延元三（暦応元＝一三三八）年正月、南朝方が待望した奥州の北畠顕家軍が東海道を西上、これに合流した宗良親王は、ともに入京をめざしたものの、美濃国青野原《あおのがはら》（岐阜県不破《ふわ》郡垂井《たるい》町付近一帯）で幕府軍に行く手をはばまれて果たさず、結局吉野に逃げ戻った。退勢挽回を策した後醍醐は、同年九月、宗良親王・義良《のりよし》親王（のちの後村上《ごむらかみ》天皇）と親房らを、伊勢の港から海路を東国にむかわせたが、天竜灘で大嵐にあって四散、宗良の乗船は遠江国の「しろわの湊（浜松市南区白羽《しろわ》町カ）といふ所」にうちあげられ（『李花集《りかしゅう》』）、ふたたび井伊谷にはいった。

しかし井伊城周辺の支城は、尊氏方の軍勢につぎつぎと攻略され、ついに興国元（暦応三＝一三四〇）年正月、本城もおち、まもなく宗良は、駿河国における南朝方勢力として知られた狩野貞長《かのうさだなが》の安倍《あべ》城（静岡市）に移った。この間、前の青野原合戦の賞として駿河国守護職を（遠江にかえて？）拝領した今川範国の攻勢は熾烈《しれつ》で、そこにもいづらくなった。興国二（暦応四）年、駿河をはなれてからの宗良は、富士の南麓・東麓をめぐり甲斐を経て信濃国に至った。親王の漂泊はなおも続くが、遠・駿地方における南朝方勢力の組織的反抗は、このあたりで終息したといえる。

やがて信濃の山中での活動にも見切りをつけた宗良は、むなしく吉野に戻っていった。親王死歿の地も享年も、定かにはわからないが、井伊谷では、明治初年に井伊家によって井伊谷宮が建てられ、親王の墓所に比定された。

他の諸皇子のはなばなしい活躍にくらべると、宗良の場合は、軍事的にも政治的にも見劣りがする。むしろその家集《かしゅう》『李花集』に象徴されるように、流浪のなかによんだ歌の数々に心髄《しんずい》が示されている。歌道界の大御所二条為世《にじょうためよ》の娘を母とした出生と、幼時の環境ゆえであろうか。そして後醍醐天皇の皇子たちの多くが短命で、志なかばで倒れたのに対し、この親王は、七〇有余歳という抜群の天寿をまっとうしたのだった。遠・駿地域での南朝勢力の敗退は、一面、守護今川範国の成長の軌跡でもあり、のちに今川氏が、守護大名から戦国大名の雄に発展していく基礎がきずかれた時期でもあったと評しうる。

守護今川氏と駿河伊達氏●

足利氏の幕府では、当初尊氏と直義が任務を分担する両頭政治が行われた。しかし兄弟の関係は、しだいに破綻を生じ、対立は観応《かんおう》の擾乱《じょうらん》（一三五〇年〜）へと発展した。擾乱はあざなえる縄のごとく乱れ、尊氏自身も一時南朝に降ってその年号「正平《しょうへい》」を用いるなど（一一五頁の写真参照。ただしここでは、尊氏配下の今川範国が使用）、混沌たるありさまを呈したが、重要な合戦は、中先代の乱や続く尊氏の反抗のときと同様、駿・遠地方を舞台に繰り広げられた。そして正平七（文和元＝一三五二）年正月、直義が降伏、翌月鎌倉で毒殺され、幕府の内紛は一応おさまったものの、今度は南朝方が「和議《わぎ》」を破っていっせいに蜂起、内乱はあらたな段階に突入した。

この間、駿河伊達氏の当主景宗《かげむね》は終始尊氏方に属し、奮迅の活躍をした。「駿河伊達家文書」によって景宗の戦歴を復元すると一一三頁の図のようになり、尊氏の嫡子義詮《よしあきら》にしたがって美濃国垂井宿（岐阜県不破郡垂井町）から入京してもいる。文字どおり東奔西走の働きといってよい。入江荘《いりえ》（静岡市清水区）内の三沢小次郎《みさわこじろう》跡は、勲功の賞として早々と景宗にあたえられ、以後、伊達氏のもっとも重要な所領と意識されつつ子孫に相伝されていった。

伊達氏は実際の戦闘においては、駿河国守護今川範国の指揮下にあったが、正平七年二月に範国の嫡子範氏《のりうじ》が遠江国守護に任じられると、翌閏二月、景宗は、範氏の手に属して「遠江・駿河両国凶徒対治《たいじ》」に従事するよう、足利尊氏からの軍勢催促状をうけとっている（「駿河伊達家文書」）。

範氏の遠江守護職補任は、今川氏にとって大きな意味をもった。というのは、かの青野原合戦後、範国が駿河国守護に就任したためか（一一二頁参照）、遠江守護の方は範国の手を離れていたからで、ここに今川氏は、親子で駿・遠両国の守護を兼ねることとなった。伊豆国では、直義党の石塔義房《いしどうよしふさ》や同党重鎮の上杉重能《うえすぎしげよし》が守護をつとめたが、直義歿後は畠山国清《はたけやまくにきよ》が起用された。

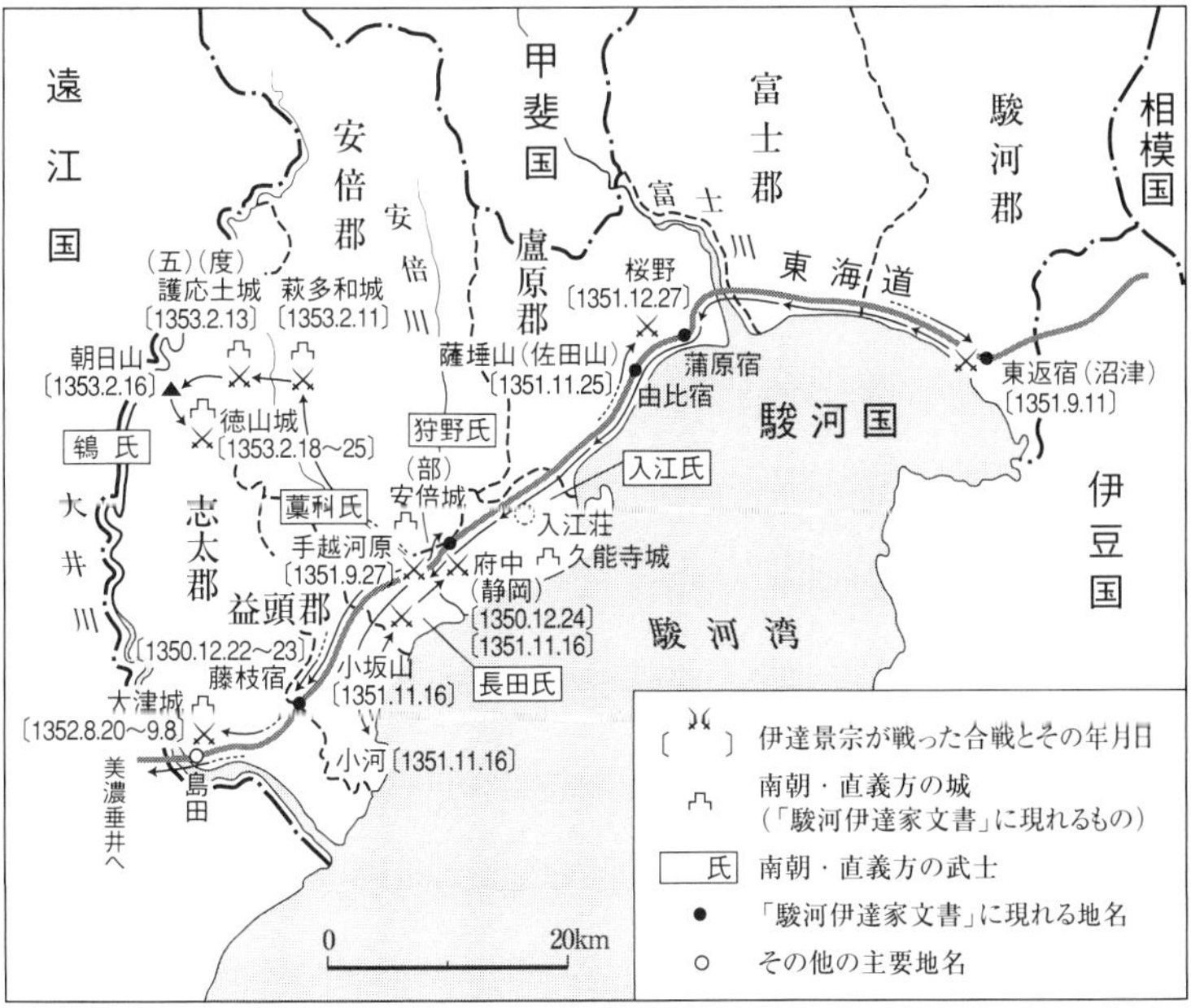

伊達景宗の戦歴（京都大学文学部『博物館の古文書』第５輯，今岡典和氏の作図による）

「内田家文書」「保賀家文書」と「駿河伊達家文書」

遠江国《とおとうみ》の御家人《ごけにん》内田氏《うちだ》は、鎌倉《かまくら》時代、内田荘の地頭《じとう》職を相伝し、同荘下郷《しもごう》(菊川《きくがわ》市下内田)の地頭であった一族の致茂《むねしげ》が、承久《じょうきゅう》の乱《らん》の恩賞として石見《いわみ》国貞松名《さだまつみょう》(島根県浜田《はまだ》市)・豊田《とよた》郷(同益《ます》田《だ》市)の地頭職を獲得した。これらの所領は、以後子孫に分割相続され、致茂から豊田郷内の保《また》賀《が》をゆずられた三男の致義《むねよし》に発する庶家が保賀氏だ。元弘《げんこう》・建武《けんむ》の動乱期、内田宗家《そうけ》と保賀氏は、それぞれ遠江・石見ではなばなしい活躍をしたが、やがて内田氏も石見に移った。

内田家に伝わった「内田家文書」九六点が、今日写本としてのこり、保賀氏に伝来した「保賀家文書」は一二〇点の原本が、日本大学総合図書館や花園大学情報センター(図書館)ほかに分蔵されている。内田氏の遠江における居館、高田大屋敷《たかだおおやしき》遺跡とかかる文書群とは、遺跡と鎌

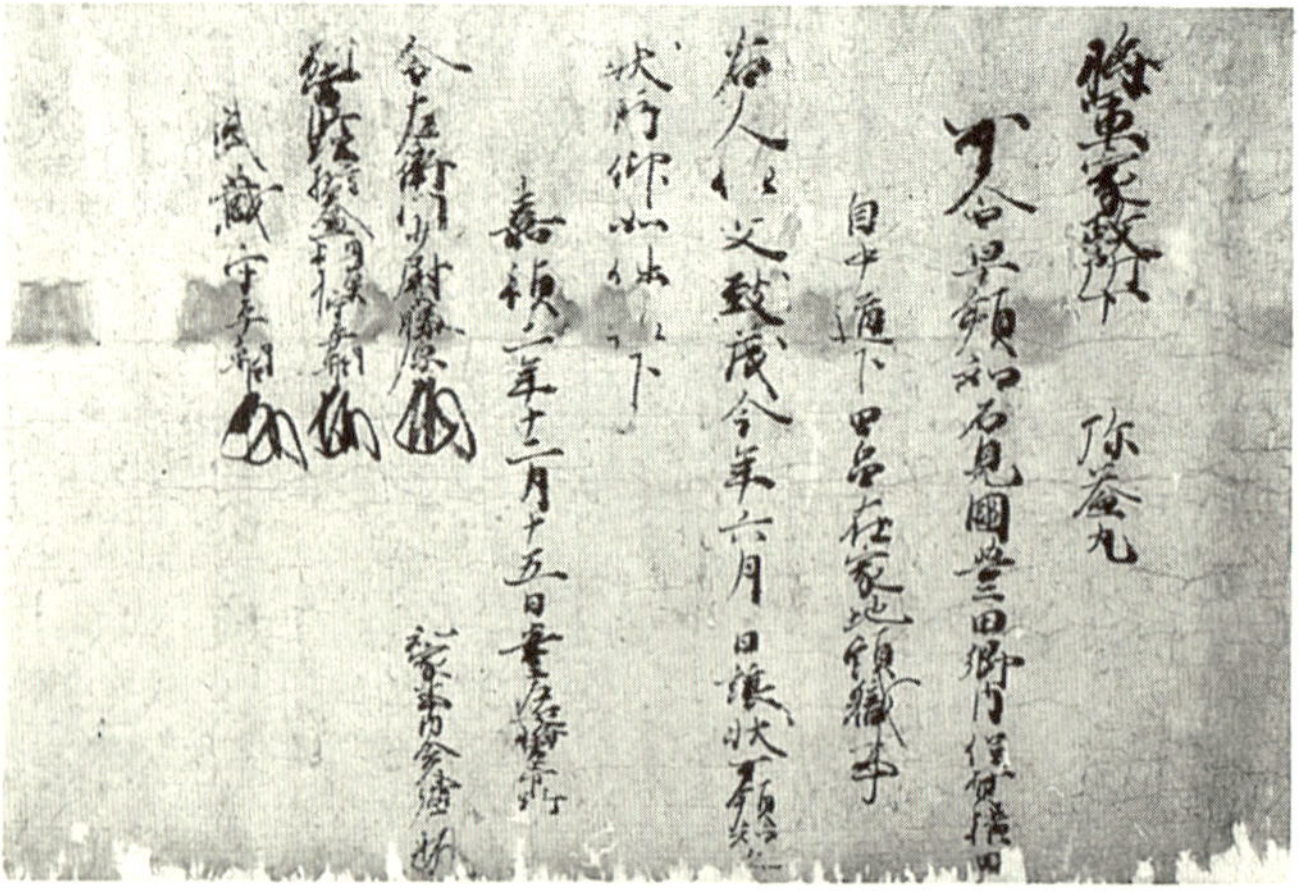

嘉禎2(1236)年12月15日将軍藤原頼経家政所《まんどころ》下文(花園大学蔵「保賀家文書」)

❖コラム

倉期以来の文献史料とが照応する希有な例だといえる。

　駿河伊達《するがだて》氏はかの独眼竜《どくがんりゅう》政宗をうんだ奥州《おうしゅう》の伊達氏と同族で、中世には駿河の国人、近世には美作《みまさか》国津山《つやま》藩（藩庁は岡山県津山市に所在）の藩士であった。

　駿河伊達氏伝来の古文書群「駿河伊達家文書」一一八点は、黒漆塗りのりっぱな箱におさめられ、京都大学総合博物館に架蔵されている。こちらの方には、在地領主としての実態を示す内容の文書は少ないが、南北朝《なんぼくちょう》・室町《むろまち》期、将軍や守護今川《いまがわ》氏からの発給文書《はっきゅうもんじょ》、伊達氏自身が提出し承認を得て返された軍忠状《ぐんちゅうじょう》など、上級権力との関係や戦闘の様相・軍事編制のありようなどが具体的に読みとれる史料を数多く含み、貴重な学術的価値を有している。

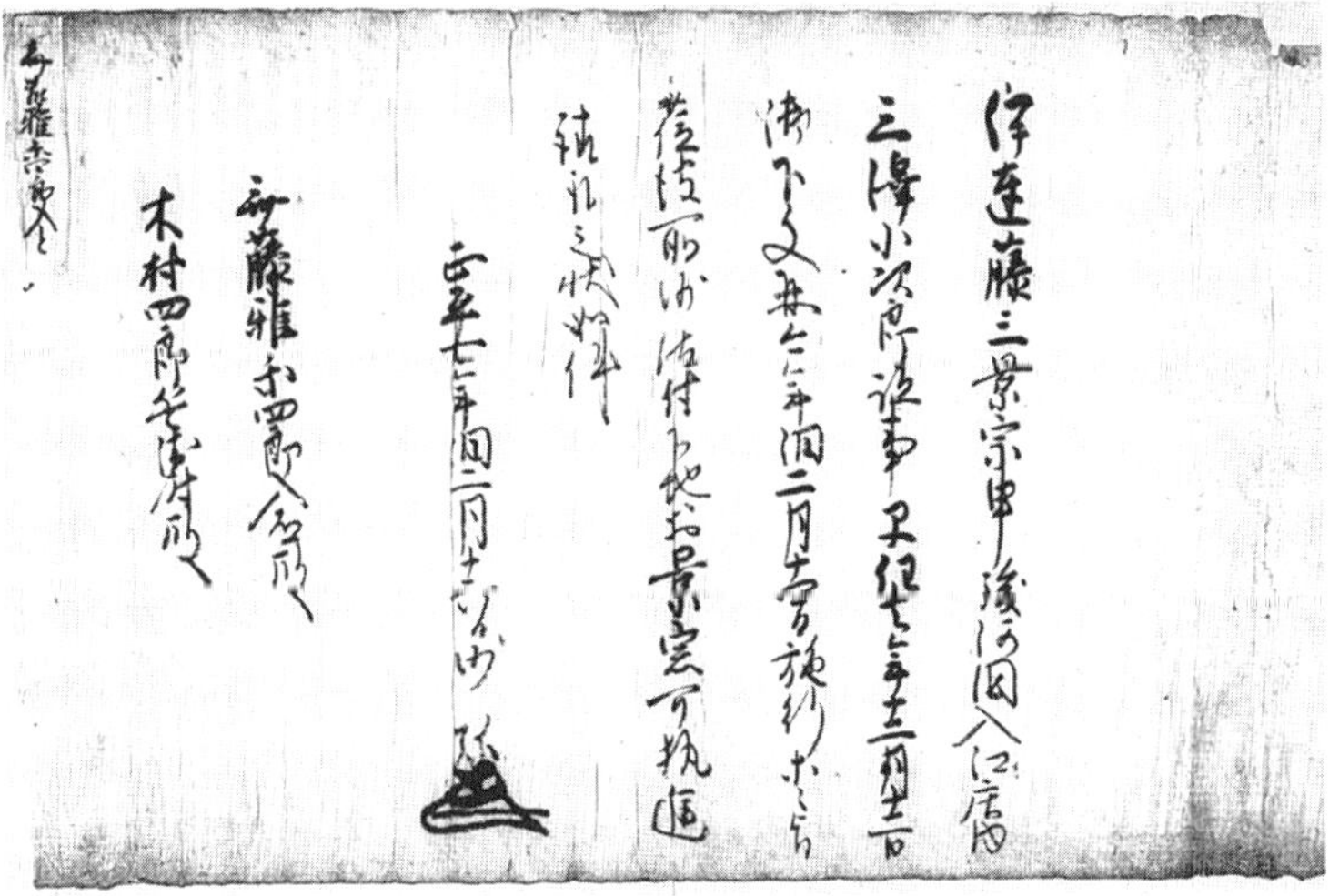

正平7(1352)年閏2月16日今川範国遵行状《じゅんぎょうじょう》（「駿河伊達家文書」）

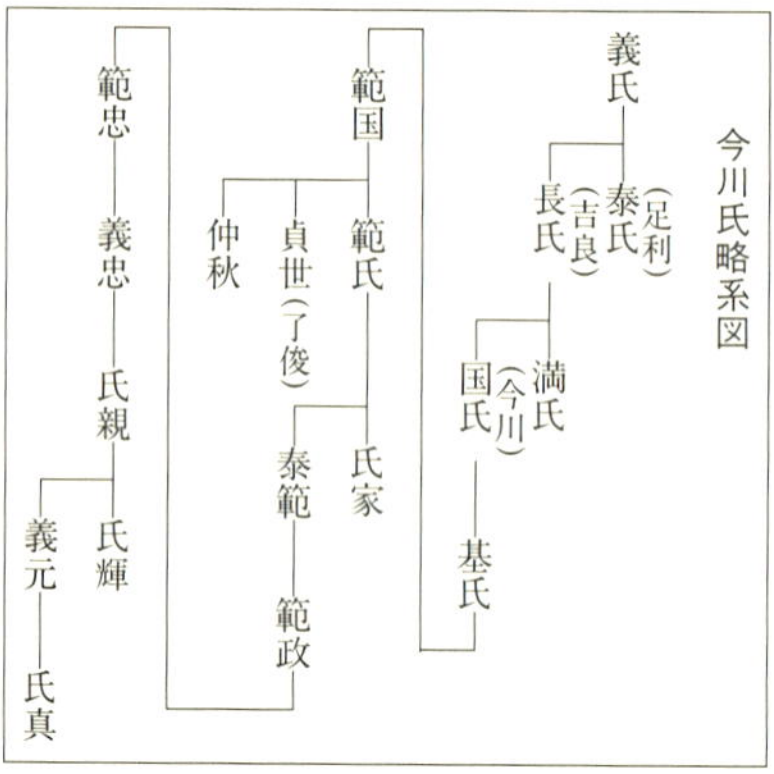

そもそも今川氏は足利の同族で、鎌倉時代中期、足利義氏《よしうじ》は執権北条泰時の娘とのあいだにもうけた子泰氏《やすうじ》を嫡子とし、長男の長氏《ながうじ》には三河国吉良荘《きら》（愛知県西尾市《にしお》）を譲った。そして長氏の子国氏《くにうじ》が、吉良荘今川《いまがわ》（西尾市今川町）を名字の地としたのが今川氏の起こりだ。

今川範国は、得宗高時の出家に殉じて一三歳で出家し、法名心《しん》省《しょう》を名乗り、五郎入道を通称としていた。範国の家督《かとく》はすでに確立しており、範氏の遠江守護職とはいっても、実権は範国の掌中にあったものと思われる。遠江の守護は半年ほどで範国に交代し、逆にまた駿河の守護が範国から範氏に移るなど、そうとう複雑な動きをみせているが、要するに範国の意向にそった布石であろう。ともかく、以後南北朝内乱期をつうじて駿・遠守護は今川一門の手をはなれず、あまつさえ駿河では国務（国司権）をも兼帯した。範国の活躍は駿・遠地方にとどまらず、一時期鎌倉で軍政にたずさわり、延文三（正平十三＝一三五八）年、尊氏の死後は二代将軍義詮を擁護し、京都で訴訟を担当する引付頭《ひきつけとう》人《にん》にも任命されている。

範国は嫡男の範氏よりも、その弟の貞世《さだよ》（了俊《りょうしゅん》）の方を愛していた。だから範氏の駿河国守護就任のさいも、範氏が貞治四(正平二十＝一三六五)年に早世したときも、加えて以後も、再三再四駿河の守護権を貞世にあたえようとしたという。貞世は固辞し、結局、範氏の嫡子氏家《うじいえ》へ、ついで泰範《やすのり》へと継承された。貞世はむしろ幕府中央に活動の場を求め、侍所《さむらいどころ》頭人・引付頭人を歴任し、応安四(建徳二＝一三七一)年には、九州探題《きゅうしゅうたんだい》に任じられた。そして至徳元(元中元＝一三八四)年五月、いよいよ範国が歿すると、遠江国守護は遠く九州にあった了俊が継ぎ、本領今川の地を相続した。

足利将軍の富士「遊覧」と今川氏●

嘉慶二(元中五＝一三八八)年秋、三代将軍足利義満《あしかがよしみつ》は富士山見物のため、駿河国に遊んだ。守護の今川泰範が饗応《きょうおう》にはげんだであろうことは想像にかたくないし、了俊に対する宗主権の主張にこれを利用する必要があった。義満にとっても今回の「遊覧」は、もちろん単なる遊びではなく、将軍家に対抗心をいだく鎌倉公方足利氏満を威圧する目的がこめられていたと考えられる。

明徳三(元中九＝一三九二)年には、義満の手によりついに南北朝の合一《ごういつ》がなり、義満の権威はいやがうえにも高まった。応永二(一三九五)年、今川了俊は九州探題を罷免され、京都に召還された。突然の解任劇は、四半世紀にもおよぶ了俊の存在がもたらす権限の強大化をこころよくおもわぬ、前将軍

今川貞世花押(左)と今川泰範花押

義満の意向によるとされる。実は了俊は、遠江守護を四年ほどで弟の仲秋《なかあき》にかえられており、それも不満だった。幕府は、探題解任後、了俊に駿河・遠江各半国の守護職をあたえたが、長年の労にむくいるにはあまりにも少なく、駿河では泰範の守護権と軋轢《あつれき》を生じた。

応永六年におこった応永の乱は、六カ国の守護を兼ねる大内義弘《おおうちよしひろ》を義満が挑発して滅ぼした事件だ。今川泰範は駿・遠の兵を率いて義弘がこもる堺城《さかい》（大阪府堺市）攻撃に参加、戦功により駿・遠全体の守護職を獲得した。一方、了俊は義弘とつうじた疑いにより失脚、余生を和歌《わか》・連歌《れんが》の指導と述作にすごした。

ところで伊豆国守護は、かつて上杉重能が在任したことがあったが、応安二（正平二十四＝一三六九）年に至り、重能の養子でもあった関東管領《かんとうかんれい》山内《やまのうち》上杉能憲《よしのり》（憲顕《のりあき》の実子）にあたえられ、以後山内上杉氏の家督が代々世襲した。

義満の富士「遊覧」を先例として踏襲した将軍に、六代義教《よしのり》がいる。将軍空位の果てにくじ引きで選ばれた還俗の将軍とあって、後継を期待した鎌倉公方《かまくらくぼう》持氏《もちうじ》には、はなはだ不本意だった。持氏は将軍襲位を慶賀する使いを送らず、永享《えいきょう》の改元（一四二九年）も無視して旧来の年号、正長《しょうちょう》を用い続け、自立の姿勢を示した。

これは義教のコンプレックスを逆撫《さかな》でした。永享四年、義教は相手を威圧し出方をさぐるため、富士山見物を名目に駿河国に赴いた。九月十日、公家・武家大勢を率いて京都をたち、十八日駿府到着、守護今川範政《のりまさ》は将軍の歓待に心をくだいた。すぐさま富士見の亭にあがった義教の和歌、

見ずばいかに　思い知るべき　言《こと》の葉《は》も　及ばぬ富士と　かねて聞きしを

範政の返歌、

君が見む　今日のためにや　昔より　積もりは染めし　不二（富士）の白雪

（『富士御覧日記』）

一行は二十一日に帰還の途につき、二十八日には京都に戻った。この間持氏は、病と称して出仕しなかった。義教の心中に青白い報復の炎が灯《とも》ったのは、帰路を旅する途中のことであろう。

今川氏の内訌と堀越公方の誕生●

そのころ今川範政は、自分の後継問題に頭を悩ましていた。範政には、嫡男彦五郎《ひこごろう》（のちの範忠《のりただ》）・次男弥五郎《やごろう》・末子千代秋丸《ちよあきまる》があったが、彦五郎をしりぞけ、正室（扇谷《おおぎがやつ》上杉氏定《うじさだ》の娘）が生んだ千代秋丸に相続させたい意向をもち、将軍義教の駿河来臨以前から、その旨を幕府に願いでていた。しかし義教は、駿河国が鎌倉府管轄の伊豆《いず》・相模《さがみ》・甲斐《かい》と接する幕府側の重要拠点であることに鑑み、鎌倉府所縁のものが今川の家督となるのを嫌い、許可をあたえなかった。

相続人が決まらないまま永享五（一四三三）年を迎え、四月、範政が重体におちいると、地元では、国人《こくじん》矢部《やべ》・朝比奈《あさひな》氏らに支持された弥五郎と、狩野・富士・興津《おきつ》氏らに擁された千代秋丸との二派の対立が激化し、それぞれがまた幕府管領細川持之《ほそかわもちゆき》と宿老山名時熙《やまなときひろ》とに結びつき、問題はにわかに重大化した。この間、幕府の対応には一貫しないところもあり、それが混乱を助長したが、結局義教は、六月、彦五郎を正式に相続人と決定、京都にいた彦五郎範忠は駿河国守護（遠江守護は今川泰範のあとは斯波《しば》氏が相伝）に任じられ、国元《くにもと》にむかった。しかし現地では、鎌倉公方持氏の支援をうけた千代秋丸派の狩野・富士氏などが反乱をおこした。戦闘は義教に援護された範忠方に有利に展開し、九月に狩野氏の湯島《ゆしま》城（静岡市）が陥落、範忠の勝利が確定した。一連の抗争を永享《えいきょう》の内訌《ないこう》という。

かくして将軍に支持された範忠が勝利し、鎌倉公方が後援する勢力が敗退したことは、爾後《じご》の今川氏の親幕府的方向を決定づけ、安定した領国経営をもたらす契機となった。のち、さらに今川氏は、義忠《よしただ》の後継問題から文明《ぶんめい》の内訌(一四七六年)を経験するが、そこでも堀越公方《ほりごえくぼう》や扇谷上杉氏ら関東勢の介入を排除して、幕府を背景とした氏親が勝利をおさめる。親幕・国境の重鎮たる立場は、今川氏の発展とともに強化され、存立の基盤となったのである。

さて、将軍義教と鎌倉公方持氏との確執は、もはや抜きさしならぬ状況にせまっていた。永享十年八月、それまで持氏の強硬策をいさめてきた穏健派の関東管領山内上杉憲実《のりざね》が、持氏との不和から鎌倉をでて領国の上野にむかった。持氏はこれを追って出陣、憲実は幕府に救援を求めた。報に接した将軍義教は、ただちに持氏討伐を決意、諸方面に下命した。今川憲忠は足柄路《あしがらみち》から進軍した。部下の寝返りにより鎌倉を占拠された持氏は進退きわまり、出家・謹慎したが義教は許さず、翌年二月、憲実に命じて鎌倉の永安《ようあん》寺《じ》を攻めさせ、持氏主従を自殺においこんだ(以上、永享の

堀越御所跡(伊豆の国市寺家《じけ》) 中央守山《もりやま》の手前左。

乱）。こうして鎌倉公方四代九〇年におよんだ関東支配はおわった。

それから約二〇年後の長禄元（一四五七）年、京都では八代将軍義政《よしまさ》の世になっていたが、関東では持氏の遺児成氏《しげうじ》が下総《しもうさ》国古河《こが》（茨城県古河市）に拠って古河公方《こがくぼう》を称し、東関東の豪族にささえられながら幕府に対抗していた。年号も従来からの享徳《きょうとく》を使い続け、父と同じく改元を無視した。義政は同年、大規模な古河攻めを計画し、庶兄を還俗させて政知《まさとも》と名乗らせ、これを総大将、あらたな鎌倉府の主として下向させた。しかし政知は、古河はおろか鎌倉までも進出できず、旧鎌倉府所管の国々のなかでは西端の国、伊豆の堀越（伊豆の国市）にとどまらざるをえなかった（享徳の乱）。

以後、政知は堀越公方の名でよばれ、古河公方とあわせて二人の公方が併存することとなった。堀越公方は鎌倉公方を継承したのだから、建前としては伊豆・相模・甲斐以東の一二カ国を管轄したはずだが、実効支配圏はそれに遠くおよばず、伊豆・相模を中心に武蔵《むさし》・上野を含む程度にすぎなかったようである。

3章

戦国動乱と天下統一

今川氏親木像(静岡市葵区慈悲尾増善寺)

1　戦国大名今川氏の台頭

今川氏親の遠州平定●

南北朝《なんぼくちょう》内乱期の範国《のりくに》以降、駿河《するが》・遠江《とおとうみ》の守護《しゅご》として活躍してきた今川《いまがわ》氏が、戦国大名《せんごくだいみょう》へと発展したのは、七代氏親《うじちか》のときであった。しかし、それは決して順調に行われたのではなく、幾多の困難を経てのものであった。

そもそも、氏親の家督継承自体が、父義忠《よしただ》が遠州《えんしゅう》の反今川勢力掃討の帰路、不慮の戦死をとげたことでもたらされたものであった。幼少の竜王丸《りゅうおうまる》（氏親の幼名）はすぐには家督をつげず、内紛がらみで一族の小《お》鹿範満《しかのりみつ》が家督を代行することになり、竜王丸は危険を感じて、一時母北川殿と駿府をはなれるということさえあった。やがて、母の兄にあたる伊勢盛時《いせもりとき》（のちの北条早雲《ほうじょうそううん》）の助力を得て、範満を討つことによってやっと駿府に戻ったのである。長享元（一四八七）年のことといわれている。

伊勢盛時はこの功により、富士下方《ふじしもかた》一二郷をあてがわれ、善得寺《ぜんとくじ》城（富士市）にはいった。やがて明応二（一四九三）年になると、盛時は伊豆《いず》の堀越公方足利政知《ほりごえくぼうあしかがまさとも》の死後、これをついだ茶々丸《ちゃちゃまる》のもとで混乱が続いているのを好機に、伊豆国に侵攻した。そして、韮山《にらやま》城（伊豆の国市）にはいることによって、こののち関東に雄飛する小田原北条《ほうじょう》氏の基礎をきずいたのである。

ところで、今川氏の家督をついだ氏親は、明応三年以降遠江への侵攻を開始した。これが本格的になるのは文亀元（一五〇一）年のことであり、室町《むろまち》期には遠江の守護は斯波《しば》氏であったため、これ以後遠江の支配をめぐる斯波氏との抗争となった。そのおもなものは三次におよぶが（秋本太二「今川氏親の遠江経略」『信濃』二六巻一号）、以下、遠州平定に至る主要な過程を追ってみよう。

まず第一次の抗争は文亀元年で、当時の遠江守護斯波義寛《よしひろ》、その弟義雄《よしお》・寛元《ひろもと》らとの対決となった。このとき、斯波氏側は信濃《しなの》の小笠原《おがさわら》氏に対して合力《ごうりき》を要請し、府中《ふちゅう》（長野県松本《まつもと》市）系の小笠原貞朝《さだとも》の援軍は七月の書状で「当国御逗留の儀」（『静岡県史』資料編7）とあるので、それまでには遠州に到着していたことが知られる。八月十二日付けで斯波義雄が松尾《まつお》（長野県飯田《いいだ》市）系の小笠原定基《さだもと》・貞忠《さだただ》父子にあてたほぼ同内容の書状では、「右馬助方《うまのすけかた》二俣《ふたまた》に在庄す。まことに以て祝着《しゅうちゃく》に候。よって、この時別して合力に預かるべき事、本望に候」（同前）と、右馬助貞朝の軍勢が二俣《ふたまた》（浜松市天竜《てんりゅう》区）までやってきていることを伝え、重ねて合力を要請している。

この文亀年間（一五〇一～〇四）の攻防戦はかなり激しかったようで、今川方の本間宗季《ほんまむねすえ》の軍忠状《ぐんちゅうじょう》によれば、中遠《ちゅうえん》地方の座王御《ざおうご》城＝久野《くの》城（袋井《ふくろい》市）・天方《あまかた》城（周智《しゅうち》郡森《もり》町）・馬伏塚《まむしづか》城（袋井市）などでも激戦があった。このように、斯波方は信濃小笠原氏の加勢を得て善戦したが、やがて小笠原氏が帰国するにおよび、戦況はしだいに今川方優位に推移していったのである。

その後、永正元（一五〇四）年には、氏親は、すでに早雲庵宗瑞《そううんあんそうずい》と名乗っていた早雲らと関東に出陣するというようなこともあったが、永正三年には一転して三河《みかわ》に出陣し、今橋《いまはし》城（愛知県豊橋《とよはし》市）を攻撃した。これにもまた早雲が加わっており、これがいわば第二次の抗争で、この間、遠州の諸氏で今川方に降り、所領の安堵《あんど》・宛行《あてがい》をうけるものも多かった。また、氏親は永正五年には遠江の守護に任ぜられて、遠州支配の公的な権限を取得したのである。

こうして、今川氏は遠州一帯をほぼ制圧することになるが、なお斯波氏や隣国三河の吉良《きら》氏の勢力も残されていた。それらの勢力を一掃するには、永正七年以降の第三次抗争を経なければならなかった。氏親が最終的に遠州を平定したのは、吉良氏の代官大河内《おおこうち》氏を引間《ひきま》城（浜松《はままつ》市）に破り、斯波義寛の息義達《よしみち》を尾《お》張《わり》に追放した永正十四年のことであった。

今川義元の活躍●

氏親が大永六（一五二六）年六月に没すると、嫡子氏輝《うじてる》がこれをついだ。しかし、氏輝は一〇年後の天文五（一五三六）年三月に、わずか二四歳の若さで、嗣子もなく没した。しかも、弟彦五郎《ひこごろう》と同日の死去ということで、氏輝の死には疑惑ももたれている。

このため、今川氏の家督をめぐって、氏親のさいと同じく、ふたたび内紛がおこった。すなわち、いずれも出家していた氏輝の弟であるが、氏親の正室寿桂尼《じゅけいに》を母とする梅岳承芳《せんがくじょうほう》（義元《よしもと》）と、側室福島《くしま》氏の娘を母とする玄広恵探《げんこうえたん》（良真《よしまさ》）との争いとなった。一カ月あまりの抗争の結果、六月八日に承芳方の勝利となり、承芳は還俗《げんぞく》して義元と名乗り、九代目の当主となったのである（次頁系図参照）。なお、義元の出家名はこれまで「梅岳《ばいがく》」とされてきたが、最近では「梅岳」であったといわれている（今枝愛真「禅宗史料の活用について」『仏教史学研究』三七巻一号）。

この両者の抗争は、恵探＝花蔵殿《はなくらどの》（藤枝市《ふじえだ》花倉の遍照光院《へんじょうこういん》にいたため）の反乱ということで、最近では「花蔵の乱」とよばれている（前田利久「〝花蔵の乱〟の再評価」『地方史静岡』一九号）。そして花倉地域の局地的な合戦ではなく、承芳派と恵探派に分かれて、駿府《すんぷ》をはさんだ駿河の東西に展開しており、かなりの規模でたたかわれたことがあきらかにされている。また、『高白斎記』で「氏照（輝）の老母、福嶋越前守宿所へ行く。

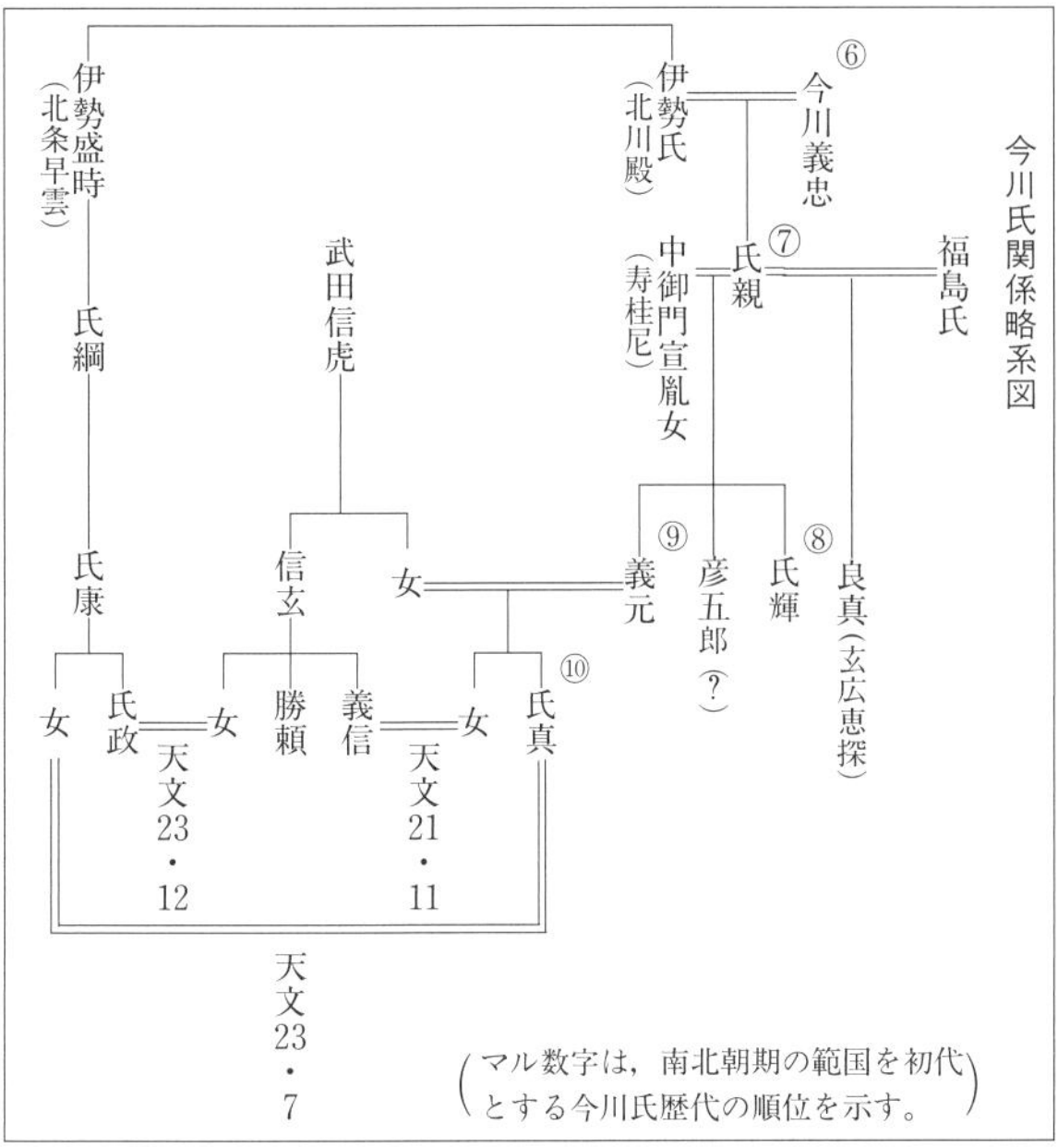

今川氏関係略系図

花蔵と同心して、翌廿五日未明より駿府において戦い、夜中福嶋党久能へ引き籠もる」とあるところから、寿桂尼がどういうわけか花蔵＝恵探に荷担していたことが注目されている（有光友学「今川義元の生涯」『静岡県史研究』九号）。

このように、義元の家督継承もなかなか苦難に満ちたものであったが、翌天文六年にはまた、駿河東部を北条氏綱《うじつな》に侵攻されるという試練をうけた。今川氏は、氏親・早雲との関係もあり、小田原北条氏と同盟関係にあった。ところが、この年二月に義元が、北条氏と対立関係にあった甲斐《かい》の武田《たけだ》信虎《のぶとら》の娘を娶《めと》ったため、これに反発した北条氏綱が駿河に出陣したのである。そして、翌月には今川軍を破り、富士《ふじ》川以東の駿河国は氏綱に押さえられてしまった。これは「河東《かとう》一乱」とよばれており、こののち河東をめぐる今川・北条両氏の抗争が続いた。天文十四年には、義元は河東に進出して氏綱とたたかい、吉原《よしはら》から三島《みしま》、さらに長久保城《ながくぼ》（駿東郡長泉町《すんとうながいずみ》）にまで至った。しかし、今川方が最終的にこの地を回復するには、のちに再度同盟を結ぶ時期まで待たなければならなかった。

　このころから、義元は他方で三河への侵攻をはかっていた。そのような義元の活躍の陰に、太原崇孚雪《たいげんそうふせっ》斎《さい》の存在があったことを忘れてはならない。雪斎は庵原《いはら》氏の出身で、臨済寺《りんざいじ》（静岡市）の事実上の開祖であり、義元は幼少のおり、この雪斎（九英承菊《きゅうえいじょうぎく》）について善得寺（富士市）で得度している。そのため義元の信頼は厚く、とくに三河の経略におおいに力を発揮した（平野明夫「太原崇孚雪斎の地位と権限」『駿河の今川氏』第一〇集）。

　今川義元による三河侵攻は、天文十年代から本格的になった。天文十一年八月には、安祥城《あんじょう》（愛知県安《あん》城《じょう》市）を押さえて西三河に侵攻してきた尾張の織田信秀《おだのぶひで》に対抗し、第一次小豆坂《あずきざか》（愛知県岡崎市《おかざき》）合戦となるが、これは織田方優位でおわった。天文十五年になると、今川方は十一月に今橋城《いまはし》を攻略した。

　この間、岡崎城主松平広忠《まつだいらひろただ》は、織田勢と対決して今川方と行動をともにしていた。そして、翌天文十六年織田軍が岡崎に来攻すると聞き、今川氏に援助を求めたところ、義元は人質として嫡子竹千代《たけちよ》（のちの徳《とく》川家康《がわいえやす》）を差し出すよう要求した。広忠はやむなくこれに応じ、竹千代を駿府に送ったところ、途中田原《たわら》の戸田《とだ》氏にあざむかれ、織田信秀のもとに送られてしまった。織田方はこれを好機として、さっそく織田方への帰順をうながしたが、広忠は竹千代を人質にとられながらも、これには応じなかった。

　戸田氏の行動は今川方からみればまさに反逆であり、義元はさっそく同年九月に太原雪斎を派遣し、田原城を落として戸田氏を滅亡させた。そして翌天文十七年三月には、義元は太原雪斎を将として大軍を送り、織田信秀の軍勢といわゆる第二次小豆坂合戦となり、織田軍を破ったのである。

天文十八年は、今川氏の領国《りょうごく》支配にとっては、画期的な年となった。この年三月に広忠が家臣《かしん》に斬殺されるという悲運に見舞われた。義元はさっそく雪斎らを派遣して岡崎城を接収した。ついで十一月には織田方の西三河の拠点安祥城を落とし、守将織田信広《のぶひろ》をとらえて、これと竹千代との交換が成立した。竹千代は駿府に送られて、改めて今川氏のもとで人質の身になったのである。こうして、義元は西三河をも支配下におさめ、駿河・遠江・三河の三国を領有することになったのである。

他方、武田氏や北条氏との関係でも、それぞれの利害が一致して、あらたな同盟関係が成立した。まず、天文二十一年十一月に、義元の娘が信玄《しんげん》の嫡子義信《よしのぶ》に嫁いだ。ついで天文二十三年には、七月に北条氏康《うじやす》の娘が義元の嫡子氏真《うじざね》に、十二月に信玄の娘が氏康の嫡子氏政《うじまさ》に嫁ぐことによって、いわゆる駿・甲・相の三国同盟が成立したのである（一二七頁系図参照）。こうして、今川氏は天文末年から、永禄三（一五六〇）年五月に義元が桶狭間《おけはざま》で討たれる一〇年足らずのあいだに、最盛期を迎えることになった。

今川氏の領国支配●

今川氏が氏親の代に戦国大名へと発展したといわれるのは、単に領土が拡大したというだけではなく、領国支配にあらたな方式がもちこまれたからである。ここでは、氏親から氏真に至る戦国大名今川氏をつうじて、その主要な点をみておこう。

その代表的な事例としては、まず検地《けんち》があげられる。現在知られている今川検地の初見例は、遠州平定の翌年、永正十五（一五一八）年に相良《さがら》庄般若寺《はんにゃじ》領で行われたものである。それ以後、今川氏が滅亡するまでの三国にわたる検地事例は、八一件にのぼるといわれている。もとより、今川氏の検地はのちの太閤《たいこう》検地などのように厳密なものではなく、紛争や隠田《おんでん》摘発などを契機として訴人があらわれ、局地的に検地が行われるケースが多いとして、有光友学氏はこれを公事《くじ》検地と名付けられた（有光友学『戦国大名今川氏の研究』）。

もっとも、筆者は義元の代になると、征服地三河などに対しては、郡規模にもわたる政策的な意味をもった検地が行われた可能性もあると考えている。また、検地によって部分的ではあれ加地子得分《かじしとくぶん》（農民的剰余・地主得分）が把握された意義も大きい。さらに、最近発見された史料によれば、天文十二（一五四三）年の孕石《はらみいし》氏の知行《ちぎょう》目録で、「遠州知行社《やしろやま》山田畠年貢足留帳」の孕石氏の所領九町一反に、「壱反五百文代ニ、公方より御検地の時相定めらる」といわれていて、反別五〇〇文の年貢がかけられ、その収益は四五貫五〇〇文であった。つまり、今川検地で反別五〇〇文という、統一した反別貫文高の設定がみられたことが注目されるのである。

つぎに家臣団編成ということであるが、典型的な事例として、二俣城主松井氏の場合をあげておこう。永禄三（一五六〇）年十二月九日付けで、氏真から松井宗恒《まついむねつね》に対して二通の文書がだされている。一通は父宗信《むねのぶ》が五月の桶狭間の合戦で抜群の働きをして討ち死にしたため、嫡子宗恒に遠州所々の知行を安堵したものである。もう一通は「松井八郎奏者人数」として、若干の例をのぞいて、一三二頁表のように個人名で二八氏五〇人が書きあげられている。

これらの侍《さむらい》は、「奏者《そうじゃ》」である松井氏に付属せしめられた「同心《どうしん》」であり、このような関係は一般に寄親《よりおや》寄子《よりこ》制とよばれている。すなわち、寄子（同心）は寄親（奏者）の家臣ではなく、ともに今川氏の家臣であった。しかし、寄子は合戦に際して特定の寄親の軍事指揮権のもとにはいるものとされており、あるいは、

❖コラム

今川仮名目録

今川氏親《いまがわうじちか》が定めた「今川仮名目録《いまがわかなもくろく》」三三カ条と、義元《よしもと》が定めた「仮名目録追加」二一カ条とは、戦国大名《せんごくだいみょう》の分国法《ぶんこくほう》の代表的な事例である。武田《たけだ》氏の「甲州法度之次第《こうしゅうはっとのしだい》」のかなりの条文が仮名目録を参考にして作られているように、のちの時代の分国法に大きな影響をあたえている。

仮名目録の第一条が、年貢増をめぐる本百姓・新百姓問題であることにもあらわれているように、在地の新しい状況に積極的に対応しようとしており、まさに生きた法典として機能しているのである。以下、その内容は田畠・山野の堺相論《さかいそうろん》、相論なかばでの手出しの禁止、被官人《ひかんにん》問題、知行《ちぎょう》地《ち》の売却、用水問題、借米・借銭、不入地問題など、文字どおり多岐にわたっている。また第八条で、喧嘩《けんか》を行ったものは両方共に死罪とされていて、いわゆる喧嘩両成敗法《りょうせいばいほう》であることも注目される。

義元段階の仮名目録追加になると、似かよった条文もあるが、いっそう内容がくわしくなっている。あらたなものとしては、寄親《よりおや》と与力《よりき》・同心《どうしん》の問題、嫡子・庶子の知行相続問題など、広く家臣《かしん》団《だん》統制にかかわるものがみられる。その他、分国中諸商売の役のこと、奴婢《ぬひ》・雑人《ぞうにん》の子どもの所有権問題などが注目される。

そしてなによりも、第二〇条の不入地の項で、「只今《ただいま》はおしなべて、自分の力量をもって国の法度《はっと》を申し付け、静謐《せいひつ》することとなれば」といっていることは、義元の領国支配にかける並々ならぬ自信を示しているといえよう。

松井氏の同心衆

姓	名前
①蔭山	尾張守，右京亮
②繁田	藤六
③常葉	又六
④三和	善三郎，修理亮，源三郎，彦三郎
⑤篠瀬	藤三郎，源太郎
⑥安井	彦三郎
⑦瀬上	帯刀左衛門尉，藤六
⑧中原	甚七郎
⑨安田	与四郎
⑩別所	源太郎
⑪岡本	四郎次郎
⑫鷲山	又三郎
⑬小栗	弥三
⑭坂口	藤兵衛尉
⑮今村	民部丞，弥六郎
⑯金原	源左衛門尉
⑰大隅	善四郎
⑱和田	八郎次郎，三郎左衛門尉
⑲山下	弥十郎
⑳榎谷	弥九郎
㉑東西谷	六郎次郎
㉒浅羽	新三郎
㉓太田	又三郎
㉔蒜田	孫二郎，彦七郎
㉕向笠	助七
㉖深井	彦六
㉗石野	助九郎
㉘松井	彦三郎，惣兵衛尉，又七郎，右京亮，孫二郎，与右衛門尉，与五郎，彦九郎，助八，小三郎，又次郎，善三郎，弥三郎，助次郎

なにか問題がおこって今川氏に訴えるときは、寄親をつうじて行うというような関係にあった（菊池武雄「戦国大名の権力構造」『歴史学研究』一六六号）。

このため、いざ合戦となると、寄子（同心）は寄親の軍団に属して出陣したのであり、桶狭間の合戦で「同心・親類・被官《ひかん》数人、宗信一所に討ち死に」とある同心は、まさに寄親宗信に付属した侍たちであった。また、親類とは松井氏の一族であり、被官とは松井氏のいわゆる家臣であった。松井氏の戦時における家臣団は、このように親類・被官を中心にしながらも、その周囲に同心を擁して構成されていた。しかも、右表にみられる姓からすれば、中遠地方の在地領主のみならず、土豪《どごう》・小領主とみられるものも多い。今川氏の家臣団は、その末端には有力農民で武士化したものをも取りこんでいたのである。

戦国大名はみずからの領国内で公権力としての立場を確立し、新しい状況に対応した独自の法と裁判基準を定立しようとした。いわゆる分国法《ぶんこくほう》とよばれるもので、今川氏の場合は氏親の晩年大永六（一五二六）

年に、「今川仮名《かな》目録」三三カ条が制定された。のちの義元段階での「仮名目録追加」二一カ条、訴訟条目である「定」一三カ条も含めて、他の東国《とうごく》の戦国大名にあたえた影響は大きい。その内容については、コラム（一三一頁参照）にゆずることとしよう。

そのほか、たとえば交通制度の面では、今川氏も武田氏や北条氏と同様に、いわゆる伝馬《てんま》制度を確立していた。とくに、三河一国を押さえた天文二十年ごろから整備が進んだようで、領国の拡大とともに情報の伝達や公用荷物のすみやかな搬送が必要になったからであろう。三河の「御油《ごゆ》二郎兵衛尉」や駿河の「丸子《まりこ》宿中」宛の文書も残されていて、領国内各宿に求められた伝馬の内容の一端を具体的に知ることができる。

また、領国内の流通経済に関しては、今川氏の場合は松木《まつき》・友野《ともの》などの御用商人に種々の特権をあたえて育成し、彼らをつうじて統制しようとした。友野は駿府今宿《いまじゅく》の商人頭として友野座を結成しており、天文二十二年に義元から五カ条にわたる掟書をくだされている。松木の場合も「度々《たびたび》京都を上下致し、奉公せしむるの間」（『静岡県史』資料編7）ということで、永禄四年に氏真より蔵役《くらやく》・酒役《さかやく》・諸商売の役を免除するとの特権をあたえられているのである。

このような諸施策をつうじて、今川氏はまさに戦国大名として、領国内の支配・経営をはかっていったのであった。

今川文化の開花

駿河の今川氏は、周防《すおう》の大内《おおうち》氏や越前《えちぜん》の朝倉《あさくら》氏とともに、とくに文化面で力をいれていた戦国大名として知られている。応仁《おうにん》・文明《ぶんめい》の乱《らん》以降、戦火に見舞われることの多かった京都をさけ、有力な大名をたよって地方に下向《げこう》する公家《くげ》たちも多かった。今川氏の場合は、氏親の正室寿桂尼が中御門宣胤《なかみかどのぶたね》の娘だったこともあり、早くから公家たちが下向していた。また、義元自身もまだ栴岳承芳と名乗っていたころ、一時期京都の建仁寺《けんにんじ》にはいって修行し、京文化・五山《ござん》文化につうじていたのである。

このため、氏親から義元期に駿河に下向した公家は一〇人を超えていて、いわゆる今川文化は、まずはこのような公家たちによってささえられたものであった。なかには、氏親の姉を妻としていた正親町三条実望《おおぎまちさんじょうさねもち》のように、長期間下向したままで、享禄三（一五三〇）年に駿府で没したものもいた。ただ、実望の場合も、永正五（一五〇八）年に下向し、永正十一年末から二年間は上洛していたというように、他の公家についても上り下りはかなりあった。

これら公家たちの役割として大きかったのは、冷泉為和《れいぜいためかず》に代表されるように、和歌の指導があった。年始の歌会、各所の月次《つきなみ》歌会など、たびたび歌会が開かれている。また、連歌《れんが》も盛んで、今川氏との関係でとくに活躍したのは、連歌師宗長《そうちょう》であった。宗長は駿河島田《しまだ》の鍛冶職に生まれ、今川義忠《よしただ》につかえたが、その死後上洛して宗祇《そうぎ》に師事し、やがて氏親の庇護を得るようになった。永正元年には、今川氏の家臣斎藤安元《さいとうやすもと》の援助により、丸

柴屋寺（静岡市駿河区丸子）

子の里に柴屋軒《さいおくけん》という草庵を結んでおり、現在の吐月峯柴屋寺《とげっぽうさいおくじ》（静岡市駿河区丸子）はこれをうけついでいる。宗長はここを本拠としながらも、その後も各地への旅を続けたのであった。

駿府へ下向した公家のなかでも、山科言継《やましなときつぐ》の場合は『言継卿記《きょうき》』とよばれる詳細な日記を残しているので、当時の駿府のようすがあきらかにされていて貴重である。弘治二（一五五六）年九月二十四日に駿府の新光明寺《しんこうみょうじ》に到着してから、翌年三月一日に駿府を出発するまで、わずか五カ月あまりであったとはいえ、まさに今川氏の全盛期であり、当時の今川文化がうかがわれるのである。

すなわち、この時期もまた、歌会が盛んであった。義元邸に言継が招かれたり、氏真邸の歌会には、義元も出席したりしている。言継が主催したものとしては、とくに十炷香《じゅっしゅこう》とよばれた香が注目される。また、言継は囲碁《いご》や音曲《おんぎょく》・楊弓《ようきゅう》（遊戯用の小弓）を楽しんでおり、将棋《しょうぎ》を見物したりした。二月十二・十三日の新光明寺の女房狂言《にょうぼうきょうげん》には、一五〇〇人ほどの見物衆が集まり、十四・十五日の狂言にはそれ以上の群衆が押しかけたという。言継は二月十八日には建穂寺《たきょうじ》で舞楽《ぶがく》を、二十二日には雨で延期された駿府浅間社《せんげんしゃ》の廿日会祭《はつかえさい》をそれぞれ観賞している。さらに、この間の十四・十五日には、義元の世話で名所見物にでかけ、久能観音《くのうかんのん》・羽衣松《はごろものまつ》・三浦大明神《みうらだいみょうじん》・貝嶋《かいしま》・清見寺《せいけんじ》・清見関《きよみがせき》・江尻《えじり》などをまわった。

先年駿府城跡内の発掘調査で、今川氏の居館とみられる遺構が発見されたため、今川氏の城下町《じょうかまち》もその後の駿府城を中心とする城下町とくらべ、規模は小さくても同様の広がりをもっていた可能性が高まった。三条西実隆《さんじょうにしさねたか》の『実隆公記《こうき》』によると、享禄三年に駿府で火災があり、二〇〇〇余軒が焼失したといわれている。正確な軒数はともかく、すでに氏輝のころにかなり城下町が繁栄していたことが知られるのである。

言継が滞在したころはそれから三〇年近くたっており、しかも今川氏のまさに全盛期であったため、城下町の整備もかなり進んでいたであろう。いつの時代でも、またどの国においても、国力が充実しているときに文化も花開くものである。『言継卿記』には、ここではその一端をみたにすぎないが、今川氏の繁栄と今川文化の充実ぶりをみてとることができるのである。

2　武田氏と徳川氏

今川氏の滅亡●

氏親以来、戦国大名として順調に発展してきた今川氏は、永禄三（一五六〇）年五月の桶狭間の合戦で義元が討たれたことにより、滅亡への道をたどりはじめることになった。それに対して、あらたに台頭してきたのが、松平元康《もとやす》（徳川家康）であった。

義元が討たれたとき、今川方の一武将として参戦していた元康は、わずか四キロほどはなれた大高《おおたか》城でこの知らせをうけとった。元康はその夜三河大樹寺《だいじゅじ》へとむかい、やがて今川勢が引きあげるのを待って、岡崎城へはいった。父広忠が非業《ひごう》の最期をとげ、岡崎城が今川氏に接収されてから、実に一一年目の帰城であった。

その後、元康はいわゆる三河一向一揆《いっこういっき》などの危機に直面しながらも、これを鎮圧して西三河を押さえた。その間に、今川氏と断交し、義元からもらった「元」の字をすて、家康と改名するというようなこともあった。ついで、当時なお今川氏の勢力下にあった東三河の制圧にむかい、永禄八年に吉田《よしだ》城（愛知県豊橋市）と田原城（同田原市）とを攻略することにより、一応三河一国を平定したのである。翌年十二月には、朝廷に奏請して従五位下《じゅごいのげ》・三河守に叙任され、徳川に改姓する勅許をも得て、名実ともに三河の新興大名としての地位を固めたのであった。

この間、今川氏はほとんどなすすべもないままに、三河を押さえられてしまった。それは氏真の無能ぶりもさることながら、永禄六年末ごろから、「遠州忩劇《そうげき》」「遠州錯乱」などとよばれるような反乱事件が勃発していたからである。反乱の中心人物は引間城（浜松市）主飯尾《いのお》氏で、これに犬居《いぬい》城（浜松市天竜区春野《はるの》町）主天野《あまの》氏や、二俣城（浜松市天竜区）主松井氏などが荷担したものであった。そして、この反乱は永禄八年末に飯尾氏が駿府で成敗されて、やっとおさまったのである。

このような状態であったから、今川氏の勢力は急速に衰えていった。それが決定的になったのは、永禄十一年のことであった。この年九月に織田信長《のぶなが》が足利義昭《あしかがよしあき》を奉じて上洛したことが、戦国諸大名に大きな衝撃をあたえ、まず甲斐の武田信玄が立ちあがったからである。

すなわち、信玄は同年十二月に軍勢を率いて駿河侵攻を開始し、たちまちのうちに駿府を押さえて、氏真を遠州掛川《かけがわ》城へと追いやった。家康もこれに呼応して遠州に攻め入り、井伊谷《いいのや》（浜松市北区引佐《いなさ》町）を押さえるとともに引間城にはいった。そのさい、武田・徳川両氏のあいだでは、信玄からの申し入れで、大《おお》井《い》川を境として、信玄は駿河、家康は遠江との約束があったといわれている。

この家康の遠州侵攻にいち早く呼応して、その先導役をつとめたのが、菅沼《すがぬま》・近藤《こんどう》・鈴木《すずき》のいわゆる井伊谷三人衆であった。家康は十二月十二日付けで「今度遠州入りについて、最前両三人忠節を以て井伊谷筋を案内せしめ、引き出すべきのよし感悦の至りなり。その上彼の忠節について、出し置く知行の事」として、遠州の諸所二五〇〇貫文をあてがっている。ほかにもこの時期今川氏を見限って家康にしたがった遠州の諸氏は多く、久野城（袋井市）の久野宗能《くのむねよし》を始め、匂坂《さきさか》・中山《なかやま》・大村《おおむら》・加々爪《かがつめ》・小笠原《おがさわら》・江馬《えま》・松下《まつした》・都筑《つづき》氏などが、翌年初めにかけて家康から所領を安堵されている。

掛川城にはいった氏真は、このような状況にもかかわらず、当初はよくささえて、一進一退の攻防戦が続いた。しかしながら、勢いの違いはおおいがたく、今川方はしだいに追いつめられ、五月になって和議が成立した。氏真は掛川城を家康に明けわたし、小田原《おだわら》の北条氏をたよって、掛塚湊《かけづかみなと》から駿東郡大平《おおひら》城（沼津市）へと去っていった。こうして、一時は駿河・遠江・三河の三国を押さえた今川氏も、義元亡き後わずか一〇年足らずで事実上滅亡したのである。

家康は、氏真退去後の掛川城を石川家成《いしかわいえなり》にまもらせるとともに、引きつづき遠州の平定を進めていった。そして、翌元亀元（一五七〇）年六月には、祖父清康《きよやす》以来の居城岡崎を去り、引間を浜松と改め、修築なった浜松城にはいったのである。

三方ヶ原の合戦●

こうして、家康の遠州平定は順調に進むかにみえたが、決してそうではなかった。その行く手に大きく立ちはだかったのは、武田信玄であり、その死後は勝頼《かつより》であった。武田氏は、今川氏滅亡後の駿河をいち早く押さえ、永禄十二（一五六九）年末には、蒲原《かんばら》城（静岡市清水区蒲原）を攻略して、小田原北条氏の勢力を東に追いやった。駿河については、主として一族の穴山信君《あなやまのぶきみ》（梅雪《ばいせつ》）が支配にあたった。信君は天正三（一五七五）年には、江尻城（静岡市清水区）にはいっている。

ところが、他方では大井川を境としてとの約束があったといわれているにもかかわらず、武田氏は当初から遠江へも介入していった。そのため、遠州の諸氏のなかには、犬居城主天野氏、二俣城主松井氏、あるいは孕石氏など、信玄の軍門にくだるものもかなりあり、これ以後武田・徳川両氏の抗争が、天正十年の武田氏の滅亡まで続くことになったのである。

元亀二（一五七一）年になると、信玄は遠州侵攻の兵をおこした。二月に駿河の田中《たなか》城（藤枝《ふじえだ》市）に至り、大井川を越えて能満寺《のうまんじ》城（榛原《はいばら》郡吉田町）をきずいた。ついで三月には高天神《たかてんじん》城（掛川市）を攻めたが、これは小笠原氏助《うじすけ》らがよくささえたため、信玄は攻略をあきらめて天竜川沿いに信州伊那《いな》方面へ去っていった。家康は「高天神において甲斐方人数寄せ来る所、各々加勢比類なき故、敵相違なく追い出し、感じせしめ候」と、小笠原氏らの戦功を賞している。信玄は四月から五月にかけて、さらに三河の各地に侵入したが、やがて甲州へと引きあげていった。

信玄の本格的な軍事行動は、翌元亀三年十月からはじまった。前年末に、北条氏康をついだ氏政が、上杉謙信《うえすぎけんしん》と絶ち信玄と同盟を結んだことは、信玄にとって背後の脅威がのぞかれたことを意味した。かくし

徳川家康画像

て、一切の準備をととのえた信玄は、大軍を率いて西上の途についたのである。信玄が率いる本隊は、信州伊那より天竜川をくだって遠州周智郡にはいり、山県昌景《やまがたまさかげ》の別働隊は東三河にむかい、浜松にいる家康の背後をおびやかした。

他方、家康は三・遠の兵を集めてこれを迎え撃つ態勢をとり、十一月下旬には信長からの援軍も浜松に着いた。信玄は十二月十九日に二俣城（天竜市）を攻略し、久野城（袋井市）にせまった。そして、二十二日に三方ヶ原《みかたがはら》（浜松市）で両軍主力が激突するが、衆寡《しゅうか》敵せず、かつ信玄の巧みな戦法もあり、家康はまさに一蹴され、かろうじて浜松城に逃げ帰ったのである。信玄はさっそく越前の朝倉義景《よしかげ》に、「よって去る廿(廿二)、遠州見方原において一戦を遂げ、三・遠両国の凶徒並びに岐阜の加勢の衆悉く《ことごと》討ち捕り、存分の如く本意を達し候」と戦勝を報じている。

きたえぬかれた騎馬隊を中心とする武田氏の軍団は、円熟した信玄の指揮のもと、おそらく野戦では当時最強であったといってよい。家康にとっては生涯に二度とない大敗北ではあったが、この敗戦から学ぶことは多かったであろう。また、やぶれたとはいえ、敢然として信玄にいどんだ家康の名は高まり、「海道一番の弓取り」といわれるようになるのも、このころからのことであった。

ところで、信玄はその後東三河にはいり、菅沼定盈《さだみつ》が守備する野田城《のだ》（愛知県新城市《しんしろ》）を攻めたが、陣中で持病の肺患がおこったという。そして、三月にふたたび行動を開始したところ病状が悪化し、やむなく帰国する途中、四月に信州伊那《いな》郡駒場《こまば》で没してしまった。享年五三歳であった。

高天神城の攻防●

この武田信玄の死は、各方面に大きな影響をあたえたが、とりわけ将軍足利義昭や本願寺光佐《ほんがんじこうさ》、朝倉義景・

浅井長政《あさいながまさ》など、畿内《きない》を中心とする反信長勢力を落胆させた。逆に信長にとっては、当面する最大の脅威がのぞかれたということであり、これ以後その統一事業は急速に進んだ。七月に改元があって天正元（一五七三）年となるが、同月に、将軍義昭が宇治槇島《うじまきしま》に挙兵し、信長に追放されて室町幕府は名実ともに滅亡した。翌八月には、朝倉・浅井の両氏も滅ぼされてしまった。

他方、家康は三方ヶ原の敗戦にもかかわらず、信玄の死を知るとただちに行動を開始し、五月には駿河に侵攻し、駿府城外にまでせまったという。六月以降は北遠から三河にむかい、七月になると長篠《ながしの》城への攻撃を開始した。そして、作手《つくで》城の奥平《おくだいら》氏が帰服してきたこともあり、九月には長篠城を落としたのである。長篠は東三河北辺の要衝であり、これを攻略したことは家康にとって大きな収穫であった。

ところが、信玄の跡をついだ勝頼はなかなかの勇将で、翌天正二年になると、遠州への攻勢が激しくなった。五月には高天神城を囲み、一カ月でこれをくだしたのである。高天神城の守将は小笠原与《よ》八郎《はちろう》氏助《うじすけ》（のち弾正少弼《だんじょうしょうひつ》信興《のぶおき》）であったが、家康の援軍を待ちきれずに、武田方にくだったのであった。家康を支援するた

高天神城跡（掛川市）

高天神《たかてんじん》城は中遠《ちゅうえん》地方の戦略上の要地であり、標高一三二メートルの鶴翁山《かくおうざん》とよばれる山を中心にして、いくつかの尾根や急斜面を巧みに利用して構築された山城《やまじろ》である。この高天神城址は、現在の掛川市にあり、昭和五十（一九七五）年に国指定史跡となり、近年整備が進んでおり、あらたな発掘調査も始まっている。

比高は一〇四メートル、東西五五〇メートル・南北三六〇メートルといわれ、東の峰に本郭・二の曲輪《くるわ》・三の丸、西の峰に西の丸・二の丸を配した連郭式の山城であった。東の峰は本郭北から南にかけて険しい渓谷が連なり、とくに本郭東側は絶壁となっていた。的場《まとば》曲輪は搦手《からめて》から侵入する敵にそなえたものであった。西の丸を主郭とする西の峰は、東の峰よりやや高く、高天神社がまつられている。ここでも堂《どう》の尾《お》曲輪の東側は絶壁となり、天然の要害であった。ただ、全体としてみると西の峰が弱く、二度にわたる攻防戦で、西の丸の敗退が落城につながったといわれている（『日本城郭大系』9）。

本文でも述べたように、高天神城は天正年間（一五七三～九二）に、遠州の支配をめぐる徳川《とくがわ》・武《たけ》田《だ》両氏の攻防の象徴ともなった。まず天正二（一五七四）年に武田勝頼《かつより》がこれを囲んで猛攻し、守将小笠原《おがさわら》与《よ》八郎《はちろう》氏助《うじすけ》（のち弾正《だんじょう》少弼《しょうひつ》信興《のぶおき》）は家康《いえやす》の援軍が遅れたため降伏してしまった。小笠原氏助はそのまま勝頼から高天神城をあずけられたが、やがて横田《よこた》尹松《ただまつ》に変わり、さらに岡部《おかべ》丹波守《たんばのかみ》長教《ながのり》となった。

❖コラム

ところで、浜松《はままつ》に居城をおく徳川氏に対抗して、遠く甲斐《かい》に本拠をおく武田氏が、どうして七年ものあいだ敵地にある高天神城をもちこたえたのであろうか。高天神城自体は、天然の要害ともいわれているが、さして高い山城でもなく、広大な城域をもっていたわけでもなかった。それはひとえに、甲州からの支援、それもたびたびにわたる勝頼自身の遠州出陣があったからこそである。

天正九年には、勝頼は北条氏と対決していて、その頼みの援軍は来なかった。まさに孤立無援の状況になり、守将岡部長教始め城兵らがいっせいに討ってでて、七〇〇人あまりが討たれて落城したのであった。

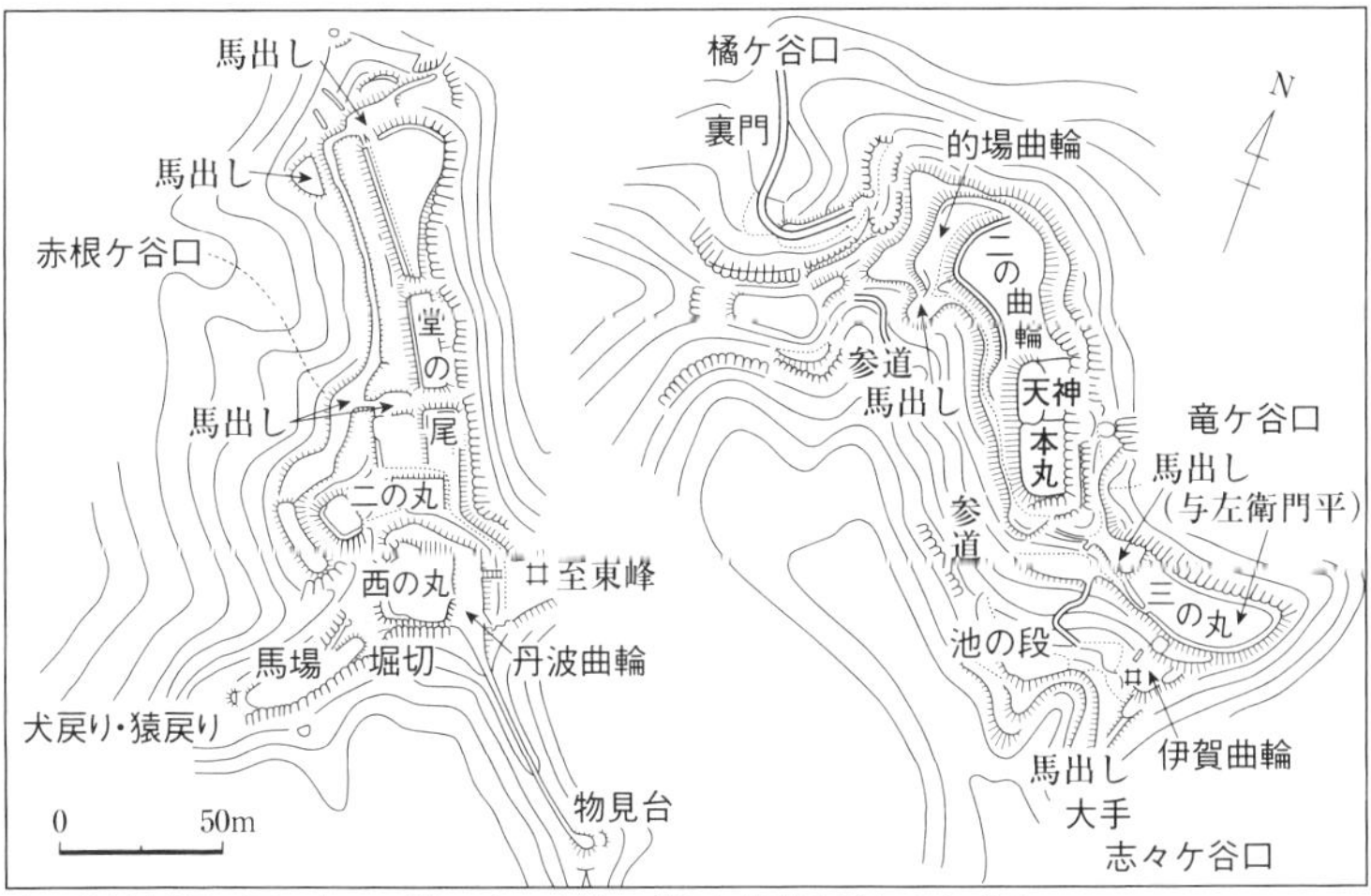

高天神城縄張り図　左＝西峰，右＝東峰。『日本城郭大系』9による。

め六月十七日に吉田城まで来ていた信長・信忠父子も帰陣を余儀なくされ、信忠は某氏に、「高天神城今少し相抱えざるによりて、行及《てだて》ばす候、無念に候」と伝えている。

高天神城は中遠地方の戦略上の要地であり、家康にとっては、遠州経略の障害になったというだけでなく、浜松をおびやかされる拠点をきずかれたに等しい結果となった。はたせるかな、勝頼は同年九月に浜松城をせめるべく、二万の軍勢を率いて天竜川にまで至った。家康もこれに対峙《たいじ》したが、連日の大雨で水かさが増していたこともあり、勝頼がそれ以上の進撃をあきらめたので、やっと愁眉《しゅうび》を開くことができた。

明けて天正三年は、家康と勝頼とのまさに明暗を分ける年となった。この年五月、勝頼は一万五〇〇〇の軍勢をもって、長篠城を奪還すべく三河にはいった。家康は八〇〇〇の兵を率いて救援にむかい、信長も三万の大軍をもって来援した。そして、六月二十一日に長篠城の西方約四キロにある設楽原《したらがはら》で、織田・徳川両軍と武田勢との決戦、いわゆる長篠の合戦が行われたのである。よく知られているように、この合戦では三〇〇〇挺ともいわれた鉄砲隊の威力がめざましく、突撃を繰り返す武田の騎馬隊を圧倒した。武田勢は山県昌景・馬場《ばば》信春《のぶはる》ら歴戦の勇将多数が討ち死にし、信玄以来勇名を馳《は》せた武田軍団は、まさに壊滅的な打撃をうけたのである。

勝頼はこの大敗にもかかわらずなおよくささえたが、家康方の優位はしだいに決定的となっていった。同年八月に諏訪原《すわはら》城(島田市)を落として、これを牧野《まきの》城と改称した。十二月には二俣城、翌天正四年には天野氏の犬居城も攻略し、遠州における武田氏の主要な拠点は高天神城のみとなった。

高天神城をめぐる両者の攻防はこのあとも続いたが、天正九年三月になって、孤立無援の状況の下でついに陥落した。そして翌天正十年三月には、織田・徳川連合軍の甲斐への侵攻により、武田氏も滅亡した。

徳川氏の五カ国支配●

天正十（一五八二）年は、家康にとっては後年の飛躍につながる大きな画期になった年であった。三月に長年の宿敵武田氏を滅亡させ、家康は信長からあらたに駿河一国をあたえられた。ついで六月にはいわゆる本能寺《ほんのうじ》の変《へん》で信長が明智光秀《あけちみつひで》に討たれ、当時泉州堺《せんしゅうさかい》にあった家康は急遽伊賀《いが》越えで岡崎城に戻り、その後は甲斐・信濃両国の平定にむかった。

こうして天正十年には、家康の領国はそれまでの三河・遠江に加えて、駿河・甲斐・南信濃へと大きく拡大し、五カ国を領有する有力大名にのしあがったのである。そして、それは単に領土が拡大したという以上に、家臣団の再編・充実という面でも意義が大きかった。すなわち、徳川氏の家臣団は三河以来の譜《ふ》代《だい》衆に加えて、遠州侵攻と今川氏の滅亡をつうじて今川旧臣が多数吸収された。そして今回は、甲斐の武田旧臣が多数組み込まれたのである。

この武田旧臣を吸収したことの意義は、第一に、武田旧臣の多くが井伊直政《いいなおまさ》に付属させられたように、徳川氏の旗本軍団に編成されることによって、直轄軍事力の強化をもたらしたことである。第二に、武田旧臣のなかには武田蔵前衆《くらまえしゅう》もかなり含まれていて、これらいわゆる地方《じかた》巧者は甲州系代官として、こののち近世をつうじて地方支配の面で重要な役割を果たすことになったのである。

他方、秀吉《ひでよし》は天正十一年四月に柴田勝家《しばたかついえ》を討つことによって、名実ともに信長の後継者としての地位を確立した。そして大坂城をきずいてこれを居城とし、天下統一の事業にのりだしたのである。家康と秀吉とは、当初は一応の友好関係を保っていたが、秀吉と織田信雄《のぶかつ》との対立から、翌天正十二年三月に秀吉と信雄・家康連合軍とが尾張平野で対決する、いわゆる小牧《こまき》・長久手《ながくて》の合戦となった。これは両軍主力の激突には至らず、秀吉・信雄間に和議が成立して、年末にはそれぞれ兵をおさめた。

その後は秀吉の政治力によって、両者の力関係はしだいに秀吉優位へと変わっていった。秀吉は天正十三年七月に従一位《じゅいちい》関白《かんぱく》に叙任され、天下人《てんかびと》としての地位を固めていった。天正十四年になると、秀吉は家康に妹の朝日姫《あさひひめ》をすすめ、五月に浜松で祝言《しゅうげん》をあげた。それでもなお家康が服しなかったので、十月には朝日姫を見舞うという名目で、生母大政所《おおまんどころ》を岡崎に送った。ここに至って家康もついに折れ、二十七日に大坂城で対面し、臣従することになったのである。

ところで、五カ国を領有することになった家康は、みずからの領国内でどのような支配を行っていたのであろうか。ここで二、三の点についてみておきたい。

第一に、交通政策であるが、家康は戦国大名の伝馬制度を踏襲し、とくに駿府から岡崎に至る街道沿

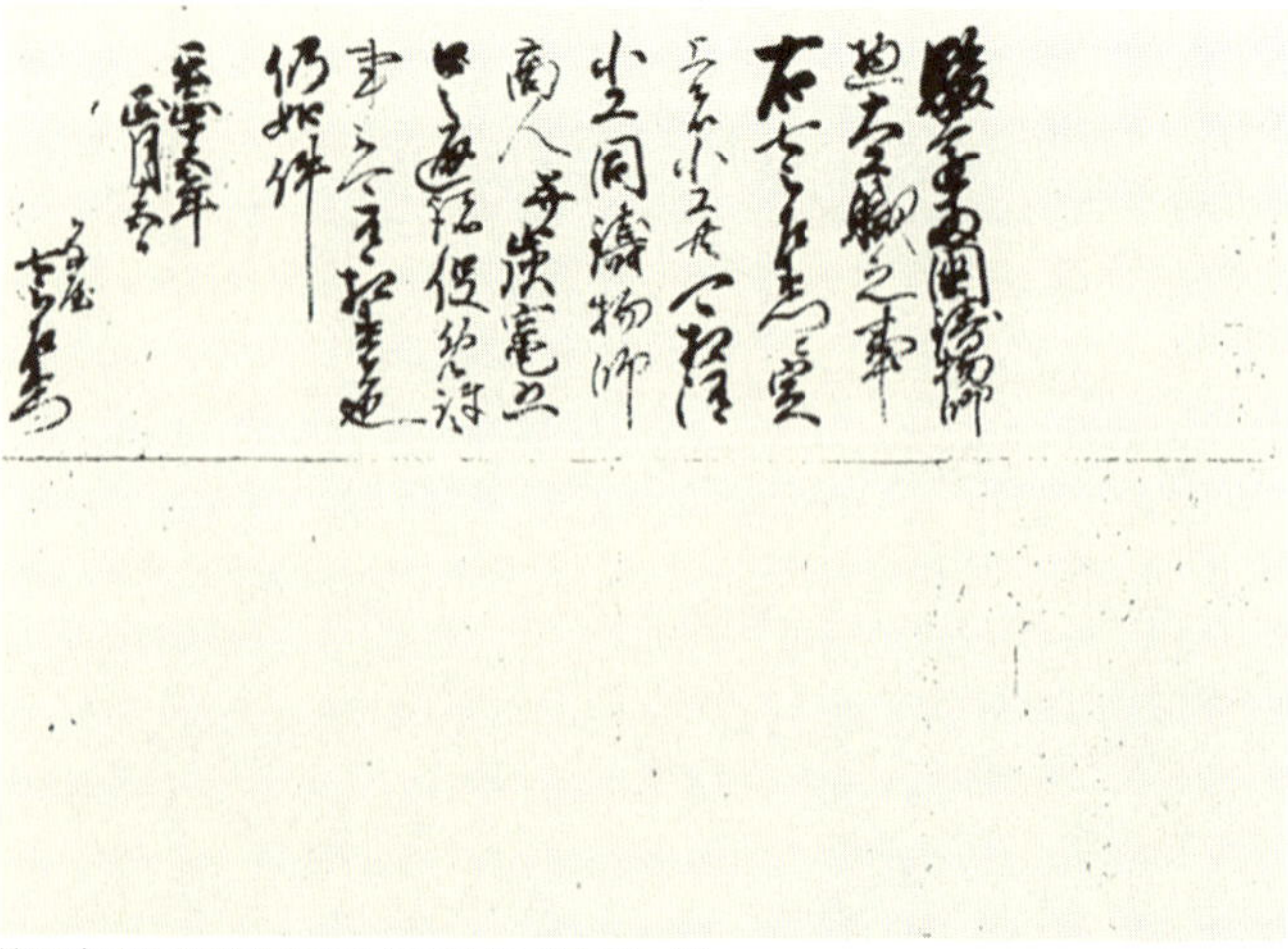

徳川家康朱印状（天正15〈1587〉年正月15日付）

いの宿中《しゅくちゅう》や問屋《といや》に対して、伝馬や人足を整備するよう命じている。

第二に、領国内の諸職人については、特権をあたえて保護しながら、統制を強めていった。石切市右衛門《いしきりいちえもん》に対しては、天正十一年に屋敷などを安堵しながら、「駿国中石切大工たるべく候」として、駿河の石切を統轄させている。天正十五年には遠州森《もり》の七郎左衛門《しちろうざえもん》を、「駿・遠両国鋳物師《いもじ》惣大工職」に任命し、諸役を免除しながら、両国鋳物師を統轄させている。

第三に、寺社の支配としては、可睡斎《かすいさい》（袋井市）の事例のみをあげておこう。家康は天正十一年に、「三河・遠江・駿河幷伊豆国、右四箇国の僧録たるの上は、曹洞《そうとう》の寺院支配いたすべきものなり」（『静岡県史』資料編8）として、可睡斎の鳳山等膳《ほうざんとうぜん》を四カ国の僧録《そうろく》に任命したのである。この特権付与によって、可睡斎はこののち近世をつうじて、四カ国の曹洞宗寺院を統轄することになったのである。

五カ国総検地の施行●

徳川氏の領国支配で最大の施策は、天正十七（一五八九）年から翌年にかけて行われた五カ国総検地であった。これは臣従したとはいえ豊臣《とよとみ》政権と緊張関係にあるという状況の下で、また小田原北条氏の動静をにらみながら、徳川氏がみずからの領国内の土地と人との全面的な掌握をはかろうとしたものであった（本多隆成『近世初期社会の基礎構造』）。

この総検地と密接にかかわって、天正十七年七月七日から領国支配の統一基準として交布されたのが、「七カ条定書」であった。家康の「福徳」という朱印が捺《お》され、二〇人におよぶ奉者《ほうじゃ》によって各郷村に交布されたのである。『静岡県史』資料編8には、遠江・駿河にだされたものが一五八点収録されているが、それ以外のものも含めて、これを奉者別に集計したのが次頁表である。そのほかでは、三河が二五点、甲斐が一四点で、信濃からはいまだ一点も発見されていないので、交布されなかった可能性が高い。

　内容についてみると、年貢に関するものが第一条・第六条、夫役《ぶやく》に関するものが第二条・第四条・第五条となっており、小田原攻めという非常事態を迎える可能性が強まるなかで、夫役にかかわる条項の比重が高い。第二条では、「陣夫は、弐百俵に壱疋一人充これを出すべし」とあり、端的に陣夫《じんぶ》の規定がみられるのである。

　さて、五カ国総検地であるが、第一に、この総検地はともかくも五カ国にわたる徳川氏の領国検地であ

遠江・駿河の「七カ条定書」奉者別内訳

奉者名	文書数	遠江	駿河	七月	八月	九月	十一月	十二月	二月
①伊奈忠次	31	23	8	18		10	2		1
②天野景能	14	4	10	5			6	3	
③原田種雄	13	13		13					
④渡辺光	13	7	6	10				3	
⑤丹羽氏久	10	7	3	10					
⑥阿部正次	8	5	3	8					
⑦神谷重勝	8	6	2	6			2		
⑧倉橋昌次	8	8			3	5			
⑨嶋田重次	8	8		8					
⑩酒井重勝	7	5	2	6			1		
⑪彦坂元正	7	7		5			2		
⑫水野秀忠	7	7		7					
⑬大久保忠左	6	5	1	6					
⑭小栗吉忠	6	5	1	6					
⑮大久保忠利	4	2	2	3				1	
⑯森河秀勝	4	3	1	4					
⑰加藤正次	3	1	2	3					
⑱寺田泰吉	3	2	1	2				1	
⑲渡辺守綱	3	1	2	3					
⑳芝田康忠	2	2		2					
総計	165	121	44	125	3	15	13	8	1

宛所を欠く場合も,所蔵者によっていずれかの国に含めた。

三岳村検地帳別・名請人別内訳

帳	名請人	田	畠	計	屋敷	分付主
				筆数 反 歩	坪	
鈴木平兵衛方	九郎衛門	(15) 5.276	(13) 1.105	(28) 7.021	16	上衛門
	右近七	(2) 1.085	(10) 328	(12) 2.053	24	同
	慶蔵庵	(1) 118	(2) 115	(3) 233	(68)	(一部同)
	出羽	—	(1) 12	(1) 12	—	上衛門
	計	(18) 7.119	(26) 2.200	(44) 9.319		
近藤平衛門方	左衛門太郎	(16) 5.312	(12) 2.100	(28) 8.052	32	左衛門太郎
	慶蔵庵	(1) 118	(2) 115	(3) 233	(68)	(一部同)
	ちやうてい	—	(1) 181	(1) 181	—	左衛門太郎
	出羽	—	(1) 12	(1) 12	—	同
	計	(17) 6.070	(16) 3.048	(33) 9.118		
菅沼二郎右衛門方	左衛門五郎	(9) 4.266	(14) 1.261	(23) 6.167	27	金七
	多宝	(7) 3.204	(4) 1.246	(11) 5.090	—	井平
	左衛門六	(11) 3.328	(7) 1.089	(18) 5.057	20	金七
	左衛門太郎	(1) 1.070	—	(1) 1.070	—	井平
	慶蔵庵	(2) 250	(3) 177	(5) 1.067	(68)	(一部金七)
	ひこさく	(1) 140	—	(1) 140	—	金七
	金七	—	(1) 20	(1) 20	—	同
	出羽	—	(1) 12	(1) 12	—	同
	六郎左近	—	(1) 12	(1) 12	—	同
	計	(31) 14.178	(31) 5.097	(62) 19.275		
	総計	(66) 28.007	(73) 10.345	(139) 38.352	187	

1. 田畠総計3町8反352歩には，検地帳末尾の集計からはのぞかれている「年不作分」8筆1反141歩を含めてある。
2. 菅沼方の「左衛門五郎」には，五郎左衛門の分も含めて集計した。

郷村別年貢目録内訳

矢作郷	桜井寺領	亀山村	橋本郷	深良郷
272,305歩	7町4反47歩	19,708歩	71,159歩	64町8反23歩
12,933坪	1,485坪	(1,646坪)	10,182坪	6,756坪
中田畑8,165歩	中田2反79歩	294坪	957坪	中田1町9反小48歩
(11,217歩)	屋敷517坪	450歩	(7,180歩)	屋敷150坪
12貫858文	1貫258文	931文	4貫763文	11貫16文
1石・―・5	9･8･4	―	(6･6･5)	9･8･7
1貫200・700・500	7･6･3	―	7･6･5	5･3半・1半
245,575歩	6町8反110歩	19,200歩	68,139歩	(59町1反大71歩)
2,103俵08524	146俵28047	35俵03651	361俵1698	1,047俵00504

に記載されたとおりとし，筆者の計算によるものは(　)をつけた。
の俵以下の単位は，斗升合夕才である。

ったことが評価される。しかも、それは原則として、「七カ条定書」の奉者でもあった徳川氏の直属奉行《ぶぎょう》衆によって、郷村単位で行われたものであった。たとえば、遠州三岳《みたけ》村（浜松市北区引佐町）の場合、前頁表によれば、鈴木・近藤・菅沼の三給人《きゅうにん》の給地ごとに検地が行われたようにみえるが、実際は原田種雄《はらだたねお》が検地奉行となり、三岳村の一村検地として実施されたと考えられる。

第二に、この総検地では、村単位で一筆ごとに品位・地積・田畑の別・名請人（耕作者）が確定されたのであるから、給人知行地・寺社領を始め、領国内の全所領・諸得分の把握が格段に進んだ。また、知行制の統一基準として俵高《ひょうだか》制が採用され、それに基づいて、改めて知行地や寺社領の安堵・宛行・寄進が行われた。さらに、各郷村に対しては、総検地をふまえて年貢目録が交付され、年貢目録の内訳を示した上表の各郷村の末尾にある「此取俵合」にみられるように、俵高による年貢高が確定された。

第三に、名請人の性格についていえば、彼らはみずからの屋敷地の周辺に集中して耕地を保有していて、基本的にこれを直

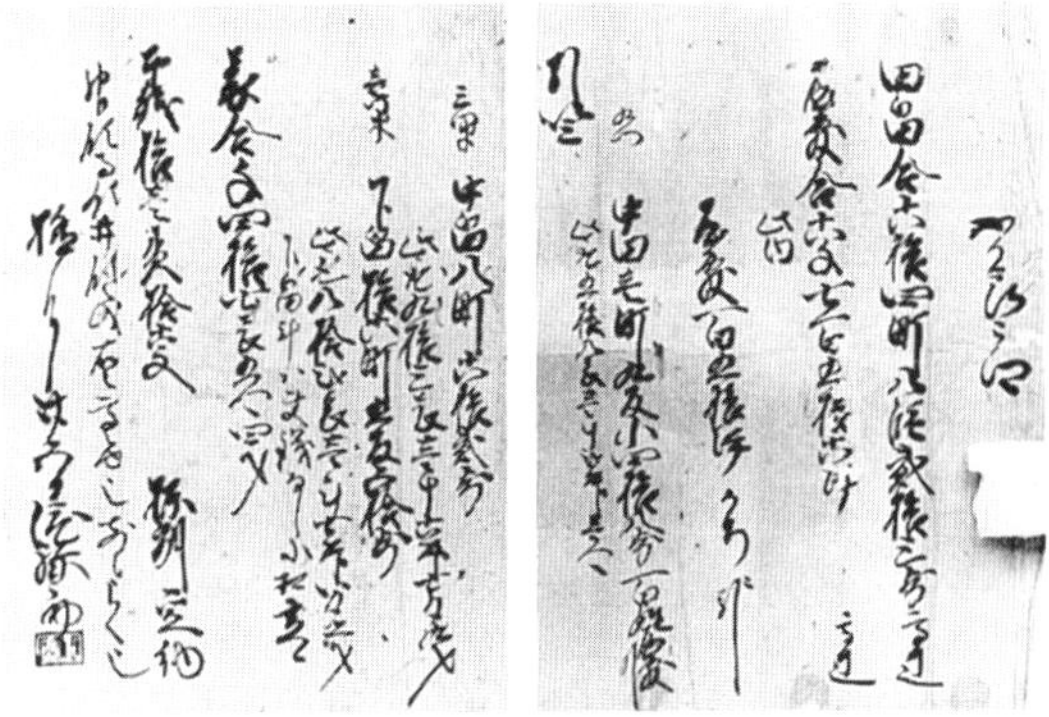

深良郷宛年貢目録(天正 17〈1589〉年12月25日付)

五カ国総検地の

郷村名
田畠高辻
屋敷高辻
百姓屋敷引
その他の引
棟別本銭定納
上中下田の取
上中下畠の取
田畠寄合
此取俵合

1. 数字は文書
2. 「此取俵合」

接耕作農民としてとらえることが可能である。他方、給人についてみると、経営の実態がとぼしく、三岳村では一四九頁表のようにその給地は一対一対二などとなっていて、検地後に得分関係がしかるべく配分されたものと考えられる。また、有力農民を被官化するようなことはみられず、いずれにしても、給人層の在地からの離脱が確実に進行していた。

以上のような諸特質からすれば、この総検地は、丈量単位が一反＝三六〇歩(太閤検地で三〇〇歩となる)、小割もなお大・半・小制(太閤検地では町反畝歩制の畝)の旧制であり、石高制が採用されていないという面はあるが、内容的には太閤検地に近いものといえよう。その意味で、この五カ国総検地は、三河・遠江・駿河などの諸国では、近世社会への転換の大きな画期になったと考えられるのである。

3 豊臣系大名の時代

小田原攻め●

豊臣政権による四国平定以降のいわゆる天下統一政策について、藤木久志氏はあらたな見方を提唱された。すなわち、その統一事業は、戦国大名の交戦権を否定し、戦争の原因となった領土紛争は、豊臣政権の裁判権によって平和的に解決することを基調として進められたとし、そのような政策基調・私戦禁止令を「惣《そう》無事《ぶじ》」令《れい》と概念化されたのである（藤木久志『豊臣平和令と戦国社会』）。

この「惣無事」令の執行過程をもう少しわかりやすく述べると、⑴まず紛争の当事者に対して停戦令がだされる、⑵ついで双方がそれを受諾すれば、豊臣政権による国分けの裁定がくだされる、⑶それを当事者双方がうけいれればその時点で決着をみることになるが、もし裁定にしたがわなかった場合は、平和侵害の罪により誅伐《ちゅうばつ》・成敗《せいばい》の対象にする、というものであった。

天正十五（一五八七）年に島津《しまづ》氏を屈服させて九州を平定した秀吉は、引きつづき関東・奥羽《おうう》の平定を本格的に進めることになった。その「関東惣無事」令の主たる対象は、小田原の北条氏であった。当初は「家康成敗」を想定した関東出馬計画もあったが、天正十四年に家康との関係が改善されるにつれて局面は大きく変わり、家康を中心に「関東惣無事」令を執行する体制へと転換したのである。

すなわち、天正十四年十月に家康が上洛して秀吉に臣従したのをうけて、十一月初めに「関東惣無事」令がだされたと考えられる。そして、北条氏と信州上田《うえだ》の真田《さなだ》氏とのあいだに、上野沼田《こうずけぬまた》領をめぐる紛争があったが、「惣無事」令が発せられたことでこれは私戦とみなされることになったのである。

家康は十一月十五日付けで北条氏政にあてて書状をだし、「関東惣無事の儀につきて、羽柴方(秀吉)よりかくの如く申し来たり候。その趣《おもむき》先書に申し入れ候の間、只今《ただいま》朝比奈弥太郎に持たせ、御披見のためこれを進め候。よくよく御勘弁を遂げられ、御報示し預かるべく候」と伝えている。家康の次女督姫《とくひめ》は北条氏政の息氏直に嫁していて、両氏は縁戚関係にあったため、こののち家康は氏政・氏直父子に対してたびたび上洛するよう説得したが、氏政らは応じようとしなかった。

それでも天正十六年八月になって、やっと氏政の弟氏規《うじのり》が上洛したため、秀吉は北条氏が「惣無事」令を受諾したものとみなした。こうして、「惣無事」令はつぎの段階にはいり、豊臣政権による裁定がくだされることになったのである。その基本的な内容は、(1)真田氏が押さえている沼田領の三分の二は、沼田城とともに北条方に割譲すること、(2)残る三分の一は、そのなかにある城も含めて真田方に安堵すること、(3)真田方が失った割譲分の替地は、徳川氏が補償すること、以上であった。

北条氏はこの三分の二という裁定に不服であったが、天正十七年六月になってやむなくこれをうけいれ、半年後には隠居の氏政を上洛させると約束した。これをうけて、豊臣方は翌七月に裁定の執行を行い、北条・真田両氏間の紛争は決着をみたかと思われた。ところが、十一月三日に家康のもとに、北条方が沼田領真田方の名胡桃《なぐるみ》城を奪取したとの連絡がはいった。これはあきらかに豊臣裁定に対する侵害であり、秀吉の怒りは激しく、加えて、氏政が上洛しなかったこともあり、ついに北条氏の誅伐にふみきることになったのである。

家康は隣国であり、九州攻めでは従軍をまぬがれたこともあり、今回は他国にくらべてもっとも重い軍

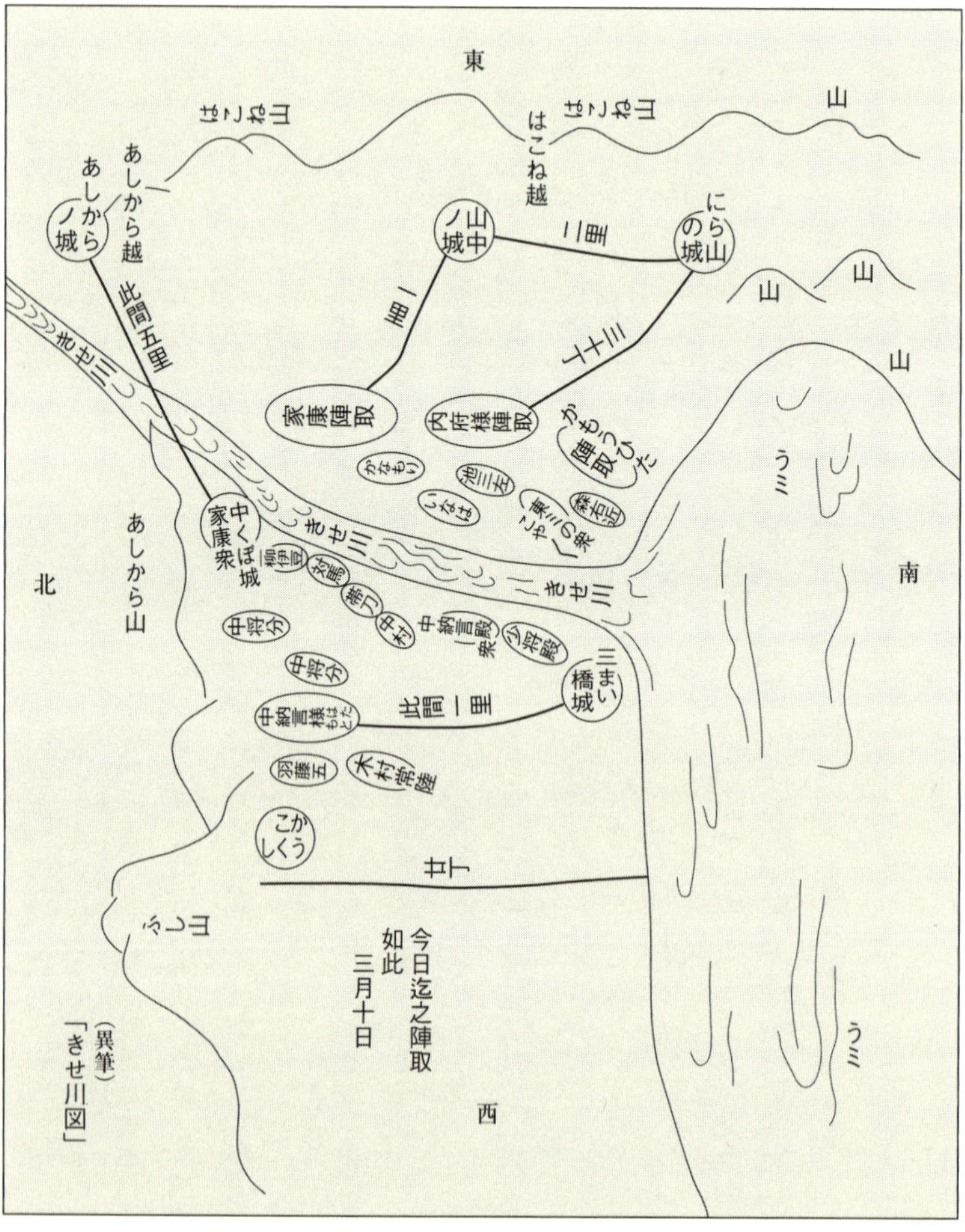

豊臣方の黄瀬川布陣図(毛利家文庫「小田原陣之時黄瀬川陣取図」)　北条方の山中城・韮山城をにらんで黄瀬川の東に徳川家康，西に中納言様(豊臣秀次)らが布陣している。

役を負担し、およそ三万人の軍勢で二月十日に出陣した。秀吉も三月一日に進発し、十九日に駿府、二十七日には沼津に着いた。そして、二十九日に北条方の西の前衛線である山中城と韮山城とに対する攻撃を開始した。山中城はあっけなく即日落城し、豊臣軍は小田原にむけて順調に進軍した。

小田原に籠城した北条軍は、豊臣軍の実力をまったく見誤っていたといわなければならない。小田原攻めの総勢は二〇万ともいわれており、そのような大軍が、しかも豊富な補給物資をもって攻め込んできたのである。四月から六月にかけて北条方の諸城はあいついで落城し、七月五日に至って氏直もついに開城した。秀吉は氏直を高野山に追放し、氏政・氏照と老臣二人に自決を命じ、これによって早雲以来五代にわたって関東に雄飛した北条氏も滅亡したのである。

豊臣系大名の入部●

小田原の北条氏が滅亡すると、その旧領は秀吉の命により家康にあたえられた。そして、家康の旧領には、当初尾張・伊勢の領主であった織田信雄が封ぜられるはずであった。ところが、信雄は父祖以来の地をそのまま領有したいとのぞんだため、秀吉の怒りをかって改易《かいえき》されてしまった。そのため、三河・遠江・駿河などの家康旧領には、豊臣系大名がいっせいに配置されることになったのである。

このとき遠江・駿河の両国に配置された大名は、次頁表にみられるごとくである。これらの諸大名は、松下《まつした》氏はやや性格を異にするが、ほかはいずれも早くから秀吉につかえた武将たちであり、豊臣政権に臣従していたとはいえ、関東の家康への備えという意味もあったのである。

ところで、これら東海地域に配された諸大名の多くは、秀吉の甥《おい》で関白となった秀次《ひでつぐ》付きであった。そのため、朝鮮出兵のさいにも渡海することなく、秀次に属して主として畿内の警護などに動員されたので

遠江・駿河の豊臣系大名

居城	城主	入封・襲封年月	前封地・入封石高	備考
浜松城	堀尾吉晴	天正18(1590).	近江佐和山より，12万石	慶長4(1599)年，隠居
	〃 忠氏	慶長4(1599).11	襲封	慶長5(1600)年，出雲富田へ転封
横須賀城	渡瀬繁詮	天正18(1590).	新封，3万石，のち加増	文禄4(1595)年，秀次事件に連座して改易
	有馬豊氏	文禄4(1595).8	新封，3万石	慶長5(1600)年，丹波福知山へ転封
久野城	松下之綱	天正18(1590).10	新封，1万6000石	慶長3(1598)年，没
	〃 重綱	慶長3(1598).	襲封	慶長8(1603)年，常陸小張へ転封
掛川城	山内一豊	天正18(1590).9	近江長浜より，5万石，のち加増	慶長5(1600)年，土佐浦戸へ転封
府中城	中村一氏	天正18(1590).	和泉岸和田より，14万5000石	慶長5(1600)年，没
	〃 忠一	慶長5(1600).	襲封	慶長5(1600)年，伯耆米子へ転封

あった。ただ、のちに秀次事件がおこったときには、渡瀬《わたらせ》氏のようにこれに連座《れんざ》して改易されるようなこともあった。

これまで、東海地域の豊臣系大名支配の時期の研究が遅れていたのは、関係史料がはなはだとぼしかったからである。その原因としては、これらの諸大名は関《せき》ケ原《がはら》の合戦後いずれも遠隔地へ転封させられ、支配の期間がわずか一〇年間と短かったことがあげられる。しかも、堀尾《ほりお》氏や中村《なかむら》氏などは、二、三代のあいだに無嗣《むし》断絶（跡継ぎがいなかったために取りつぶされること）とされたため、いっそう史料が残らなくなったのである。

さいわい山内《やまのうち》氏の場合は幕末まで続き、戦前に家史の編纂も行われたため、掛川在城時代の史料も比較的残されることになった。現在これらの史料は、山内家史料『第一代《だいいちだい》一豊《かずとよ》公紀《こうき》』として刊行されている。また中村氏の場合は、断絶したとはいえ駿河領国内に発給した史料がある程度残されていて、これまた戦前に編集された『静岡県史料』におさめられている。これに、平成十（一九九八）年三月に終了する静岡県史編纂事業の過程であらたに発見された若干の史料が加わる。そのため、以下に述べる豊臣系大名治下の問題は、山内氏と中村氏の領国を中心とせざるをえないのである。

　山内一豊は、越前朝倉攻めの功ではじめて近江《おうみ》で四〇〇石をあたえられ、以後戦功によりしだいに加増され、天正十三（一五八五）年には二万石で近江長浜《ながはま》城主となった。同十五年には、正五位下《しょうごいのげ》・対馬守《つしまのかみ》に叙任されている。同十八年の掛川入城に際しては、九月二十日付けの豊臣秀吉領知朱印状《りょうちしゅいんじょう》によって、相良《さがら》・榛原《はいばら》で三万石、佐野《さの》郡内で二万石、あわせて五万石があてがわれた。また十月には、隣接する周智郡一宮《いちのみや》付近の豊臣氏蔵入地《くらいりち》一万石余の管理も命ぜられた。そののち伊勢国鈴鹿《すずか》郡内で一〇〇〇石、秀次事件後右

山内一豊画像

の蔵入地から八〇〇〇石と二度加増があり、最終的には都合五万九〇〇〇石を領有したのである。

中村一氏《かずうじ》も早くから秀吉につかえ、天正十二年には和泉岸和田《いずみきしわだ》城主となっている。これは根来《ねごろ》・雑賀《さいか》などの紀州一揆にそなえるためであったといわれていて、武将としての力量を評価されてのことであった。小田原攻めではとくに山中城攻略で戦功をあげ、駿河一国をあてがわれて府中城にはいった。秀吉の領知朱印状が残されていないので、その正確な月日ははっきりしないが、入部後まもなく、一氏は領国内の要衝に一族や重臣を配して、支配体制をととのえた。すなわち、東では三枚橋《さんまいばし》城（沼津市）に弟の中村氏次《うじつぐ》、興国寺《こうこくじ》城（同）に河毛重次《かわげしげつぐ》を、西では田中城（藤枝市）に横田内膳正村詮《よこたないぜんのしょうむらあきら》をおいたのである。

太閤検地の施行●

近世社会成立期の諸検地は、日本前近代の土地制度のうえで重要な役割を果たしたのであるが、なかでも、太閤検地はもっとも著名な施策の一つであった。遠江や駿河においても、豊臣系大名であったため、それぞれの領国単位で基本的に太閤検地の原則に基づく検地が実施された（本多隆成『近世初期社会の基礎構造』）。

すなわち、遠江では山内氏が文禄二（一五九三）年、有馬氏は慶長四（一五九九）年、堀尾氏は文禄四年と慶長四年、駿河の中村氏は天正十八（一五九〇）年と慶長四年であった。そして、これまでに確認されている両国の太閤検地帳は、『静岡県史』資料編10解説の第2表にみられるように五一点にものぼっているのである。ここでは、以下山内氏の掛川領検地と、中村氏の駿河領国検地を中心に、その基本的な性格についてみてみることとしたい。

文禄二年に山内氏の領国内で行われた太閤検地については、現在検地帳が確認されるのは五カ村分にと

仁田村の文禄2(1593)年検地田畠内訳

品 位	地 積	分 米	石盛
	町 反 畝 歩	石	
上 田	11. 3. 1. 20	147.11668	13
中 田	5. 9. 7. 13	71.692	12
下 田	10. 6. 0. 26	106.08667	10
田 計	27. 8. 9. 29	324.89535	
上 畠	4. 2. 28	3.4347	8
中 畠	1. 3. 9. 26	9.79067	7
下 畠	1. 1. 4. 01	5.70167	5
屋 敷	8. 8. 26	11.55266	13
畠 計	3. 8. 5. 21	30.4797	
総 計	31. 7. 5. 20	355.37505	

どまる。しかしながら、さいわい『一豊公紀』のなかに「検地高目録」が残されていて、この太閤検地によって把握された山内氏の領知村々全村の村高を知ることができる。それによると、村名不明の三カ村分の高をのぞくと、総計一六九カ村、五万八一三二石余となっていて、検地結果の総村高＝内高は、秀吉からあてがわれた朱印石高＝表高をかなり上まわっている。

ところで、山内氏検地の検地帳について、たとえば仁田村《にった》(牧之原市)検地帳の記載内容をみると、いわゆる太閤検地帳の原則とはやや違った特色がみられる。すなわち、基本的に一筆ごとの間数《けんすう》や分米《ぶんまい》記載がみられないこと、逆にかなりの筆に分付《ぶんづけ》記載がみられることである。また、仁田村の検地帳を集計した上表にみられるように、田畠の品位は三等級であり、さらに石盛《こくもり》も相対的に低いことである。そのような特色があるとはいえ、この山内氏検地は、やはり近世社会成立期の太閤検地として、重要な意義をもつ。その点をもっとも明確に示すのは、山内氏の領国下の村々では、この文禄二年の太閤検地によって、基本的に近世の村高が確定されたと考えられるからである。

たとえば、仁田村についてみると、上表より検地結果の分米

山内領国の村高の変遷

郡	村名	検地高目録	勘定免目録・初期年貢割付状		正保郷帳	元禄郷帳
		石		石	石	石
佐野	平野村	129.28	慶長2(1597)年	129.289	118.017	118.017
	領家村	785.74	同	785.7472	979.988	884.563
	結縁寺村	74.96	寛永3(1626)年	78.896	80.396	80.396
	千羽村	219.96	寛永4(1627)年	299.678	299.678	299.678
榛原	海老郷村	223.63	慶長2(1597)年	236.193	295.483	314.305
	平田村	513.65	同	520.3575	523.299	549.798
	藤守村	1,246.049	元和7(1621)年	1,246.05	1,246.5	1,343.457
	飯淵新田	341.87	寛永元(1624)年	168.355	49.983	144.685
			寛永20(1643)年	45.483		
	橋柄村	170.01	寛永13(1636)年	169.58	183.274	
				170.015		

承源寺村検地帳の田畑状況

天正18(1590)年					慶長4(1599)年				
田畑内訳	筆数	地積	分米	石盛	田畑内訳	筆数	地積	分米	石盛
		町反畝歩	石				町反畝歩	石	
					上々田	64	3.3.6.06半	50.433	15
上田	37	1.9.6.22	25.664	13	上田	16	5.6.11半	7.330	13
中田	21	1.0.1.15	12.298	12	中田	7	8.25半	1.064	12
下田	14	2.2.00	2.198	10	下田	5	6.08	.627	10
小計	72	3.2.0.07	40.160		小計	92	4.0.7.21半	59.452	
					上々畑	96	6.0.2.12	62.240	10
上畑	41	2.8.9.15	20.252	7	上畑	57	1.5.3.04	12.251	8
中畑	59	3.5.9.25	21.724	6	中畑	20	6.7.18	4.732	7
下畑	41	1.0.5.05	5.418	5	下畑	16	2.4.22半	1.237	5
小計	141	7.5.4.15	47.394		小計	189	8.4.7.26半	80.460	
居屋敷	12	5.0.10	6.040	12	居屋敷	19	9.7.26	9.790	10
総計	225	11.2.5.02	93.594		総計	300	13.5.3.14	149.702	

総計は三五五石三斗七升五合五才であるが、これは「検地高目録」の仁田村の村高「三百五拾弐石五斗一升」と、ほぼ一致している。しかもこの村高は、のちの「正保郷帳」の「高三百五拾弐石五斗弐升」や「元禄郷帳」の「高三百五拾石八斗三升」ともほぼ一致していることである。

この点をさらに明確にするために、慶長二年の年貢納入状況を示す「勘定免目録」や近世初期の年貢割付状が残されている村々について、「正保郷帳」や「元禄郷帳」の村高をもあわせてまとめたのが前頁上表である。これによると、佐野郡平野《ひらの》村・領家《りょうけ》村（掛川市）では、「検地高目録」の村高は、慶長二年の「勘定免目録」の高と完全に一致しているのであるから、文禄二年の山内検地で把握された村高は、慶長二年の年貢収納にあたって、年貢賦課基準として現実に機能していたことを示している。

他方、初期の年貢割付状との関連でみると、慶長九年に遠州総検地があったにもかかわらず、榛原郡藤《ふじ》守《もり》村（焼津《やいづ》市）・橋柄《はしがら》村（牧之原市）などでは、「検地高目録」の村高が、元和・寛永期（一六一五〜四四）の年貢割付状から「正保郷帳」まで、ほぼ一致していることが注目される。このような意味で、山内氏の領国下の村々では、この太閤検地によって基本的に近世の村高が確定されたといえるのである。

なお、飯淵新田《はぶちしんでん》（焼津市）の村高が寛永年間に激減しているのは、洪水の影響によるものである。同村は大井川左岸の最下流域に位置しているため、この間二度の大洪水で、壊滅的な打撃をうけたことを示している。

つぎに中村氏の駿河領国検地についてであるが、天正十八年と慶長四年の二度実施された。しかし前者は入部まもない新領主に指出《さしだ》されたもので、はたして独自の検地が施行されたかどうか疑わしい。これに対して後者は、領国内の一斉検地であり、内容的にもまさに太閤検地であった。ここでは、両度の検地帳がともに残されている庵原郡清見寺領承源寺村《しょうげんじ》（静岡市清水区）の検地について、その内容の比較・検討を行うこととしたい。

まず、両度の検地帳の田畑の内訳を示すと、一六〇頁下表のごとくである。これより、第一に、筆数・地積がともに増加しており、隠田《おんでん》の摘発や新開発地の把握など、慶長四年検地の方がより厳密になっていることがあきらかである。

第二に、田畑の品位についてみると、慶長四年には上々田・上々畑が出現するとともに、上畑・中畑の石盛が、それぞれ一斗ずつ引きあげられていることである。しかも、上々田は八二％、上々畑は七一％となっており、田畑の格付けが格段に高くなっているのである。居屋敷のみは逆にさがっているが、その事情は不明である。

第三に、このように、慶長四年検地では、田畑ともに位があがって高斗代になったため、地積は約一・二倍の増加であったにもかかわらず、分米《ぶんまい》は約一・六倍となり、大幅な石高の打出し、収奪の強化が行われているのである。

このような慶長四年検地をふまえて、清見寺は八月に横田村詮から「所付之覚」という寺領目録をくだされ、改めて寺領の安堵を行われたのであった。ほかの寺社についても同様で、その意味でも太閤検地の意義は大きかったのである。

領国支配の展開●

東海地域における豊臣系大名の支配は、わずか一〇年間にすぎなかったとはいえ、すでに述べた太閤検地を始め、幕藩制下にもつながる重要な施策がいくつかみられた。ここではそれらのすべてについて述べるわけにはいかないので、とくに重要な二、三の点についてみておくこととしよう。

まず、寺社領の寄進・安堵ということであるが、いうまでもなく、各地の寺社はそれぞれの地域で領主の帰依や住民の信仰の対象として、長年にわたり在地に根付いてきたものである。そのため、いつの時代にあっても、各種領主の保護と統制をうけることが多かった。遠江・駿河では、天正十八（一五九〇）年八月に家康が関東に転封したのち、当初、秀吉から直接寺社領寄進の朱印状が下付された。そのおもなものをまとめると、次頁表のごとくである。

この表からあきらかなように、秀吉の寺社領寄進・安堵は十二月二十六日、とくに二十八日にいっせいに行われたものであった。ただこれら一連の寄進は、まったくあらたな寄進ということではなく、それ以前から各種領主によって保障されてきた寺社領が、改めて石高制の原理に基づいて安堵されたという性格が強かった。その領主とは、五カ国領有時代の徳川氏であり、さらにさかのぼれば戦国大名今川氏や武田氏であった。

秀吉段階での新しさは、石高制による寄進であり、しかも、太閤検地によって確認を行うというところにあった。さらに、この秀吉朱印状による各寺社領の石高が、基本的にそのまま幕藩制下にうけつがれたことが重要である。たとえば、遠州法多山《はったさん》領についてみると、秀吉朱印状の寺領二〇五石が、慶長七年十二月十日付けで内大臣《ないだいじん》（家康）の朱印状で寄進され、以後歴代の将軍によってそのまま安堵されているのである。なお、遠江・駿河では、この後は基本的に直接秀吉朱印状によることはなく、各大名の寄進・安堵が行われた。

つぎに、職人の支配・統制についてみてみよう。戦乱の世にあっては、領内の日常生活のみならず、武

天正18(1590)年12月豊臣秀吉寺社領寄進朱印状

国	発給日		宛先	寄進内容
遠江	①	26	龍禅寺	鴨江外合100石
	②	26	龍潭寺	合96石7斗5升
	③	26	大福寺	寺中廻外合70石
	④	26	摩訶耶寺	寺領門前廻70石
	⑤	26	金剛寺	中郷外合50石
	⑥	26	方広寺	合49石5斗
	⑦	26	常楽寺	浅田外合45石
	⑧	26	神明領	中郷津々崎42石
	⑨	26	学園寺・大宝寺	合13石9斗
	⑩	28	蒲惣検校	蒲廿四郷260石
	⑪	28	鴨江寺	四カ所合215石
	⑫	28	遠江国法多山	四カ所合205石
	⑬	28	頭陀寺	河匂庄内200石
	⑭	28	西楽寺	二カ郷合170石
	⑮	28	二諦坊	二カ所合45石
駿河	⑯	28	大宮司	三カ郷合412石
	⑰	28	富士大宮司	四カ郷合380石
	⑱	28	神主三郎左衛門尉	四カ所合228石
	⑲	28	惣別当東泉院	下方郷内190石
	⑳	28	別当宝幢院	三カ郷合122石
	㉑	28	富士公文宮内少輔	二カ所合77石
	㉒	28	辻　坊	村山郷内75石
	㉓	28	本門寺	北山郷内50石
	㉔	28	富士段所与八郎	大宮郷内45石
	㉕	28	富士案主民部丞	杉田郷内34石
	㉖	28	草薙社人民部大輔	草薙郷内18石
	㉗	28	先照寺	青見郷内16石
	㉘	28	大悟庵	星山郷内9石
	㉙	28	永明寺	原田郷内8石
	㉚	28	安養寺	杉田郷内7石

『静岡県史料』第2～第5輯および『静岡県史』資料編9より作成。

具の製作や築城技術の面などでも、諸職人の果たす役割は大きかった。そのため、すでに戦国大名が支配した職人の職種はまことに多様であり、五〇種類を優に超えていた。当時とくに多かった職人は、番匠《ばんじょう》（大工）と鍛冶《かじ》であり、それにつぐのが石切や大鋸《おが》（木挽・製材）であったといわれている。

遠江の事例は必ずしも多くはないが、それでも山内領国下では、天正十九年に森（周智郡森町）の鋳物師大工三人が、重臣福岡忠勝《ふくおかただかつ》から毎年金屋役銭三貫文を上納することを条件に、その屋敷五一八坪については従来どおり負担を免除するとされているのである。

駿河の中村氏の領国では事例がやや多く、天正十九年には「駿州鍛冶衆中」にあてて、国役をつとめる鍛冶衆には諸役が免除され、文禄二（一五九三）年には、「大工与右衛門」が知行三〇石をあたえられ、また「石切市右衛門」が屋敷を安堵されるとともに、領国内の石切を統轄するよう命じられている。さらに、慶長四（一五九九）年には、志都呂《しとろ》（島田市）の焼物師に対し、居屋敷と畠を検地後にも安堵し、かわりに焼き物の上納と同所での居住を義務づけているのである。

その他、東海道《とうかいどう》や河川・海上交通などについてもみるべきものはあるが、ここでは一点だけ指摘しておこう。すなわち、慶長五年二月に横田村詮が岡部宿（藤枝市）の問屋仁藤にあてて、三カ条の定書を下している。そこでは、⑴岡部宿の伝馬を使用するには手形が必要であること、⑵岡部宿より東の丸子宿、西の藤枝宿への駄賃馬は、いずれも岡部宿でつぎ替えること、⑶岡部宿に常備すべき伝馬数は二一疋であること、などとされていて、のちの幕藩制下の宿駅制度に直接つながる整備が進んでいたのである。

最後に慶長四年の六月から九月にかけて、駿河の各郷村百姓中にあててだされたいわゆる横田内膳正村

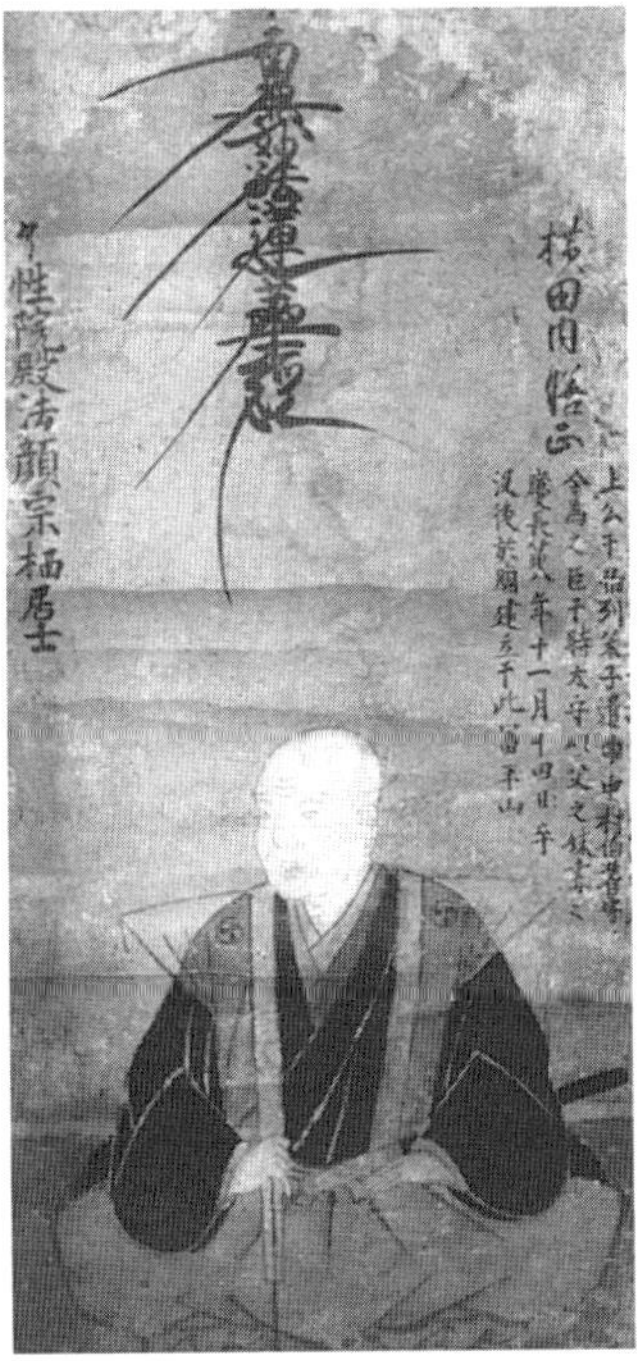

横田村詮画像

詮の法度《はっと》を取りあげたい。これまでに発見されている村詮法度は四一点で、西より志太郡九点・益津《ましづ》郡二点・安倍郡八点・有渡《うど》郡一点・庵原郡五点・富士郡七点・駿東郡九点と、まさに駿河全域におよんでいる。

内容は五カ条にわたるが、第一に、太閤検地の結果をふまえた村ごとの免合《めんあい》(年貢率)など、年貢関係の問題は主として第一条・第三条にみられる。第二に、夫役関係の問題が重要で、第二・三・四条など、給人《きゅうにん》＝地頭《じとう》の横暴がいましめられ、百姓の身分や耕作権が保障されていることが注目される。第三に、第四条では米と大豆の交換比率や蜜柑《みかん》・油の木など、流通経済や商品作物に関する規定がある。そして最後に、近世的法度の特色としてとくに注目されるのは、第三条・第五条で、紛争などに際して私的な成敗がきびしく否定され、公儀・公方＝大名権力の裁きによるべきものとされていることである。

横田村詮法度にみられる以上のような特色は、中村氏が豊臣政権の諸政策をほぼ忠実に実行しようとしていたことを示している。それは他の豊臣系大名の場合も、基本的に同様であったと考えてよい。それゆえ、豊臣系大名の支配はわずか一〇年間であったとはいえ、近世社会の成立に果たした意義は大きかったのである。

4章

幕藩制の成立と駿・遠・豆

東海道五十三次之内「由井」

1　徳川支配体制の確立

近世大名の配置

慶長三（一五九八）年八月に豊臣秀吉《とよとみひでよし》が死去したあとも、しばらくのあいだは五大老《ごたいろう》・五奉行《ごぶぎょう》を中心とする豊臣政権の権力の枠組みは維持された。しかしながら、しだいに五大老の筆頭徳川家康《とくがわいえやす》の権限が強まってきた。その流れは、翌年閏三月に五大老の一人で家康とならぶ信望を得ていた前田利家《まえだとしいえ》の死と、それに伴う五奉行の中心人物石田三成《いしだみつなり》の近江佐和山城《おうみさわやま》への退去とにより、決定的になっていった。五大老・五奉行という合議体制から、主要な二人が欠けることにより、それ以後、家康は事実上一人で政局の運営にあたることになったのである。

やがて、慶長五年九月にいわゆる関ヶ原《せきがはら》の合戦《かっせん》となり、家康の覇権が確立したのであった。全国の諸大名が東西に分かれ、まさに「天下分け目」の合戦とよぶにふさわしい構図で展開されたが、小早川秀秋《こばやかわひであき》が東軍に寝返ったこともあり、合戦自体は九月十五日の一日でおわった。

合戦後の論功行賞はきびしく、藤野保氏の研究によれば、除封（所領の没収）されたものは八八家で四一六万石余、減封されたものは五家で二一六万石余であった。除封された大名《だいみょう》の過半数は近畿・中部のものであり、この地域が豊臣政権の権力基盤であったことを物語っている。ただ、中部地方に属する駿河《するが》・遠江《とおとうみ》の場合は、豊臣系大名であったにもかかわらず東軍についたため、いずれも戦後大幅な加増をうけている。しかし、さきの表（一五六頁）にみられるように、久野《くの》城の松下《まつした》氏を例外として、それぞれ遠隔地へと

駿河・遠江の慶長～寛永期の諸大名

居　城	藩　主	入封・襲封年月，石高	転封年月など
沼　津	大久保忠佐	慶長6(1601). 2，入封　2万石	慶長18. 9，廃絶
興国寺	天野康景	慶長6(1601). 2，入封　1万石	慶長12. 3，廃絶
駿　府	内藤信成	慶長6(1601). 2，入封　4万石	慶長11. 4，近江長浜
	徳川頼宣	慶長14(1609). 12，入封50万石	元和5. 7，紀伊和歌山
	徳川忠長	寛永元(1624). 8，入封50万石	寛永9. 10，廃絶
田　中	酒井忠利	慶長6(1601). 3，入封　1万石	慶長14. 9，武蔵川越
	松平(桜)忠重	寛永10(1633). 8，入封2.5万石	寛永12. 8，遠江掛川
	水野忠善	寛永12(1635). 8，入封4.5万石	寛永19. 7，三河吉田
	松平(藤)忠晴	寛永19(1642). 9，入封2.5万石	寛永21. 3，遠江掛川
	北条氏重	寛永21(1644). 3，入封2.5万石	慶安元. 閏1，遠江掛川
掛　川	松平(久)定勝	慶長6(1601). 2，入封　3万石	慶長12. 閏4，伏見城代
	松平(久)定行	慶長12(1607). 閏4，襲封　3万石	元和3. 7，伊勢桑名
	安藤直次	元和3(1617). ，入封　2万石	元和5. ，紀伊田辺
	松平(久)定綱	元和5(1619). ，入封　3万石	元和9. ，山城淀
	朝倉宣正	寛永2(1625). 9，入封2.6万石	寛永9. ，廃絶
	青山幸成	寛永10(1633). 2，入封2.6万石	寛永12. 7，摂津尼崎
	松平(桜)忠重	寛永12(1635). 8，入封　4万石	寛永16. 2，没
	本多忠義	寛永16(1639). 3，入封　7万石	寛永21. 3，越後村上
	松平(藤)忠晴	寛永21(1644). 3，入封　3万石	慶安元. 閏1，丹波亀山
横須賀	大須賀忠政	慶長6(1601). 2，入封5.5万石	慶長12. ，没
	大須賀忠次	慶長12(1607). ，襲封5.5万石	元和元. 12，榊原継承
	松平(能)重勝	元和5(1619). 10，入封2.6万石	元和6. 12，没
	松平(能)重忠	元和6(1620). 12，襲封2.6万石	元和8. ，出羽上山
	井上正就	元和8(1622). ，入封5.25万石	寛永5. 8，没
	井上正利	寛永5(1628). 10，襲封4.75万石	正保2. 6，常陸笠間
久　野	松下重綱	慶長3(1598). ，襲封1.6万石	慶長8. ，常陸小張
	北条氏重	元和5(1619). ，入封　1万石	寛永17. 9，下総関宿
掛　塚	加々爪直澄	寛永18(1641). ，入封　1万石	延宝7. 6，隠居
浜　松	松平(桜)忠頼	慶長6(1601). 2，入封　5万石	慶長14. 9，没・廃絶
	水野重央	慶長14(1609). 12，入封2.5万石	元和5. 7，紀伊新宮
	高力忠房	元和5(1619). 9，入封　3万石	寛永15. 4，肥前島原
	松平(大)乗寿	寛永15(1638). 4，入封3.5万石	寛永21. 2，上野館林
	太田資宗	寛永21(1644). 2，入封3.5万石	寛文11. 12，隠居
井伊谷	近藤秀用	元和5(1619). 9，入封　1万石	元和6. ，旗本

転封されてしまった。
そのうえで、駿河・遠江など東海地域には、翌慶長六年の二月から三月にかけて、前頁表のごとく、徳川氏の一門《いちもん》や譜代《ふだい》大名がいっせいに配置された。没収された六〇〇万石余のうち、大部分は関ヶ原の合戦で東軍についた豊臣系大名、つまり外様《とざま》大名の加増分にあてられたが、石高は少ないとはいえ、慶長七年までにあらたに取りたてられて大名になったものは二八家におよび、それ以前からの四〇家を加えると、六八家もの一門・譜代大名が配置されたのである。

とくに、関東から東海・近畿にかけての地域が重視され、家康の子松平忠吉《まつだいらただよし》が尾張《おわり》に、同じく結城秀康《ゆうきひでやす》が越前《えちぜん》に配置された。また、徳川四天王《してんのう》とよばれる譜代重臣のうち、井伊直政《いいなおまさ》が石田三成の居城であった近江佐和山に、本多忠勝《ほんだただかつ》が伊勢桑名《いせくわな》に配置されたように、豊臣系大名の勢力が根強い畿内《きない》から西国への押さえを意識したものであった。豊臣秀頼《ひでより》は摂河泉《せっかせん》六五万石の一大名にすぎなくなったとはいえ、なお豊臣恩顧の諸大名に隠然たる影響力をもっていたのである。東海地域の場合も、そのような徳川氏による一門・譜代・外様という大名政策の一環として譜代大名の配置をみたのであり、これによって幕藩体制の大枠ができあがったといえよう。

慶長八年二月十二日、六二歳になった家康は伏見《ふしみ》城において待望の将軍宣下《しょうぐんせんげ》をうけた。三月二十五日には参内《さんだい》して将軍拝賀《はいが》の礼を行い、二十七日には二条《にじょう》城に勅使以下を迎えて将軍宣下の賀儀が執り行われた。こうして、家康は征夷大将軍《せいいたいしょうぐん》として江戸《えど》に幕府《ばくふ》を開くことになり、豊臣家から独立したあらたな権威を手中にすることによって、名実ともに幕藩体制の成立をみたのである。

ところが、家康はわずか二年あまりで、この将軍職を子息秀忠《ひでただ》にゆずってしまった。他方、豊臣氏との関係では、この間秀吉の遺言をまもり、孫の千姫《せんひめ》を秀頼に嫁がせたりしている。しかし、将軍職については世襲することで、政権はあくまで徳川氏が握り続けることを天下に示したのである。秀頼成人後に政権の移譲を、という豊臣家のわずかな期待は、これによって完全に打ち砕かれてしまった。

家康は慶長十年二月に上洛して伏見城にはいり、秀忠も三月には一六万ともいわれる大軍を率いて、将軍宣下をうけるために上洛した。これは源頼朝《みなもとのよりとも》の上洛の先例にならったものといわれるが、秀頼とそれを支持する西国諸大名に対する露骨な示威行動であったことはいうまでもない。そのうえで朝廷に奏請し、四月十六日に家康の将軍職辞任と、秀忠へのその補任とが勅許されたのである。

駿府政権の時代●

家康は将軍職を秀忠にゆずると、みずからは大御所《おおごしょ》として朝廷の官職体系からは自由な立場になり、実権は相変わらず掌握したままで政治を行った。しばらくは秀忠とともに江戸城にあり、また伏見城にでかけたりすることも多かったが、やがて駿府《すんぷ》城を居所とすることにした。江戸と上方《かみがた》との位置、温暖な気候、それに今川氏の人質時代と五カ国領有時代の二度にわたるなじみの地であったことも、駿府を選ばせたのであろう。

慶長十一(一六〇六)年四月には、駿府城にあった内藤信成《ないとうのぶなり》を近江長浜《ながはま》へ転封させ、大御所の居城にふさわしい城郭へと、築城普請《ちくじょうふしん》・改築工事が行われた。これに動員されたのは、越前・美濃《みの》・尾張・三河《みかわ》・遠江の諸大名であった。この前後、伏見城・彦根《ひこね》城・江戸城・名古屋《なごや》城など、諸大名を動員した大規模な築城・改築普請があいついだ。とくに西国の外様大名の負担が大きかったが、諸大名は幕府への忠誠心を示す必要もあり、きそって普請にはげんだのであった。

翌慶長十二年三月に、家康は修築途中の駿府城にはいった。ところがその年の暮れに、築造まもない駿府城天守閣《てんしゅかく》は、失火のため焼失してしまった。天守閣はただちに再建に着手され、翌十三年八月には五層七重といわれる広壮な天守閣の上棟式が行われたのである。ただ、大御所家康の在城時に偉容を誇ったこの天守閣も、その後寛永十二（一六三五）年の駿府城下の火災で焼失してしまい、以後再建されることはなかった。

この家康の駿府入城に伴って、駿府城下町《じょうかまち》も大幅な改造が行われた。いわゆる薩摩土手《さつまどて》がきずかれて安倍《あべ》川の流路が西に替えられ、慶長十四年には彦坂光正《ひこさかみつまさ》らが奉行になって町割が行われたといわれている。そして家康の在城時をつうじて、近世駿府城下町の武家地《ぶけち》・寺社地《じしゃち》・町方《まちかた》（いわゆる駿府九十六カ町）の区分がととのっていったのである。

ところで、大御所家康が駿府で政治を行うようになると、江戸の将軍秀忠とのあいだで、いわゆる二元政治の形をとることになった。しかも、それぞれ独立した政治機構とスタッフを擁していたのであり、それを簡単にまとめると、次頁図のごとくであった。家康が政治家としてもっとも信頼していた本多正信《ほんだまさのぶ》を秀忠に付け、その子で同じく政治力にすぐれた正純《まさずみ》をみずからに付属させた。つまり、大御所家康は軍事権・外交権などの実権をにぎるだけでなく、本多正信・正純父子をつうじて駿府・江戸両方の政情を掌握していたのである。そのため、大御所家康が在城する駿府は、当時の日本の政治のまさに中枢に位置したのであり、駿府政権の時代とよぶにふさわしい賑わいをみせていたのである。そのころ駿府に立ち寄った外国人の記録によると、当時の駿府の人口は、一〇万人とも、一二万人ともいわれている。

秀忠の江戸政権が幕府固有の問題以外は、その支配が地域的には関東・奥羽方面にかぎられていたのに対し、家康の駿府政権は東海以西を中心に、いわば全国支配を担当していた。とくに、慶長年間（一五九六〜一六一五）の後半には、本多正純・安藤直《あんどうなお》次《つぐ》・成瀬正成《なるせまさなり》・村越直吉《むらこしなおよし》・大久保長安《おおくぼながやす》ら駿府奉行《ぶぎょう》衆《しゅう》の連署による発給文書が増加し、その支配は給人への知行宛行《ちぎょうあてがい》、灰吹銀《はいふきぎん》などの貨幣政策、東海道各宿の伝馬賃・宿賃の改訂などの交通政策、城普請や畿内・近国の訴訟問題など、まさに広範な分野にわたっているのである。また駿府政権下で、駿府町奉行兼駿河・遠江・三河三国の代官でもあった彦坂光正などの活動も注目されるところである（本多隆成「幕藩制成立期の代官と奉行人」『地方史静岡』二五号）。

　駿府政権の諸政策について、ここでは紙数の関係でそのすべてについて述べるわけにはいかないが、つぎの二点についてはみておこう。一つは、外交・貿易関係の問題である。家康はリーフデ号で漂着したイギリス人ウイリアム＝アダムス（三《み》

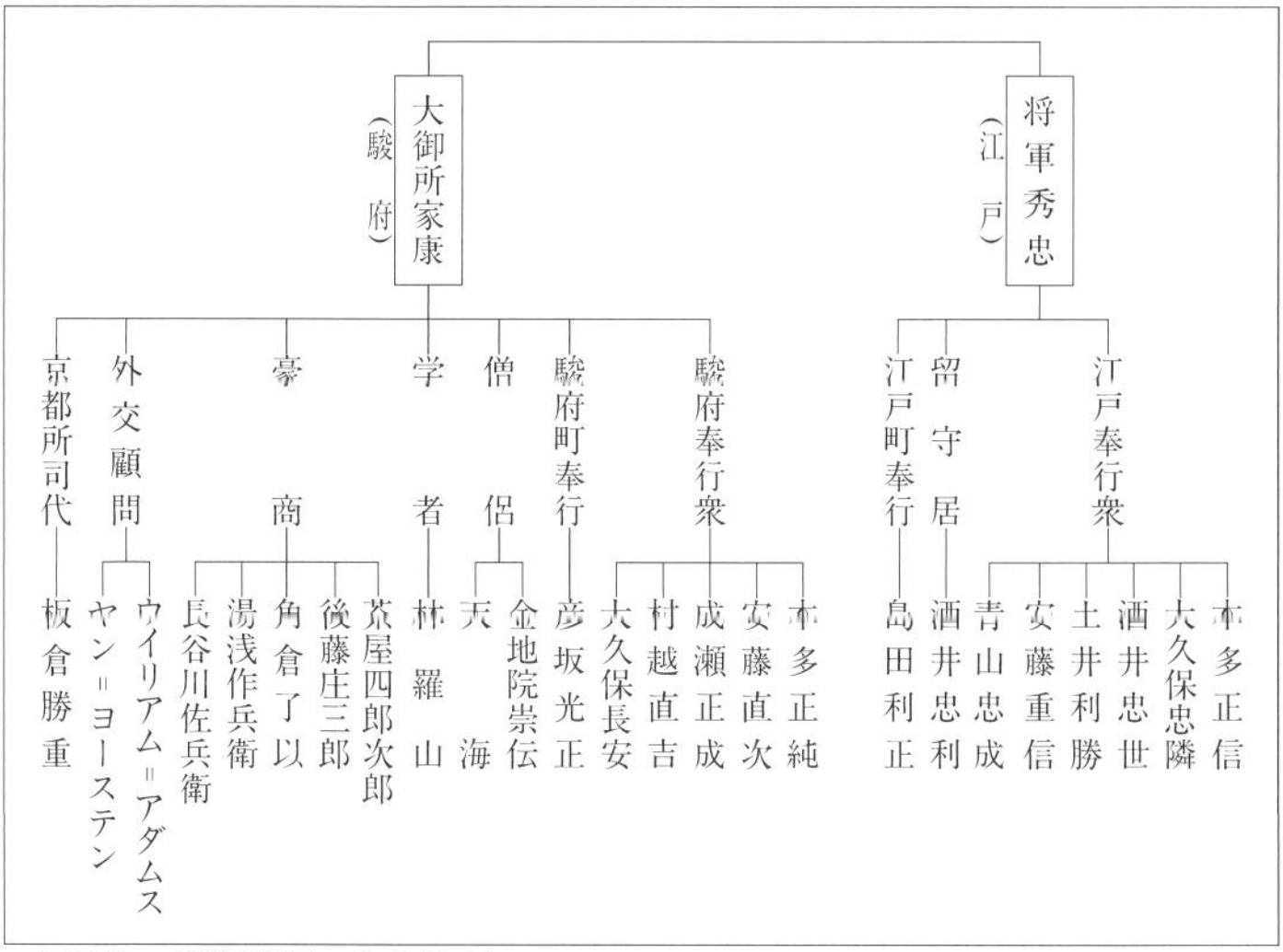

二元政治の構造（慶長10年代後半）

浦按針《うらあんじん》）とオランダ人ヤン＝ヨーステン（耶楊子《やようす》）を日本にとどめ、海外事情を聞くとともに、外交・貿易関係のいわば顧問にしたのである。駿府政権とヨーロッパや東南アジア諸国との交流はなかなか盛んで、お互いの国書や来航許可証など、中村孝也氏の『徳川家康文書の研究』に収録されたものだけでも今日かなりの数のものが知られている。国書の起草などは金地院崇《こんちいんすう》伝《でん》らがあたったとはいえ、アダムスたちの果たした役割も大きかったのである。

今一つは文化事業である。家康は学問好きで駿府に文庫を建てて金沢文庫の蔵書を移したり、各地から儒書・史書・兵書などを集めさせた。この任にあたったのは、朱子学者林羅山《はやしらざん》であった。そして、これら駿河文庫の収集資料は、家康の死後御三家にも分けられたが、江戸城内の紅葉山《もみじやま》文庫にもおさめられ、今日に伝えられているのである。また、駿河版と称される活字印刷も価値が高い。家康は古典の刊行にも力をいれたが、その大半は上方で行われ、しかも木活字であった。ところが、晩年になって駿河で銅活字を使った『大蔵一覧集《だいぞういちらんしゅう》』を刊行したのである。これも林羅山の手になるものであったが、続いて『群書《ぐんしょ》

駿府城天守閣（『東照社縁起』）

❖コラム

彦坂九兵衛光正

大御所《おおごしょ》家康《いえやす》の駿府《すんぷ》政権時代には、一七三頁の図にみられるように多数の人材を擁していたが、そのなかのひとりに、これまであまりなじみのない彦坂九兵衛光正《ひこさかくへえみつまさ》がいた。父八兵衛光成《はちべえみつなり》は今川《いまがわ》氏の家臣《かしん》であったが、その後家康《いえやす》につかえることになり、光正も当初は長久手《ながくて》合戦の戦功など、武将として活躍したようである。

やがてもっぱら地方《じかた》支配にかかわるようになったが、これは父の従兄弟である代官頭彦坂小刑部《こぎょうぶ》元正《もとまさ》の引立てによるもので、元正が総奉行《そうぶぎょう》となった伊豆《いず》の総検地《そうけんち》では、光正は文禄三（一五九四）年の湯ケ野《ゆがの》村・佐我野《さがの》村（賀茂《かも》郡河津《かわづ》町）などの検地を行っている。その後、近江《おうみ》・三河《みかわ》・尾張《おわり》の総検地に関与し、慶長十四（一六〇九）年の駿河総検地では、有渡《うど》郡・庵原《いはら》郡を担当したのであった。

この慶長十四年は、彦坂光正にとって大きな転機となった年であった。この年二月に駿府町奉行で駿河の代官でもあった井出正次《いでまさつぐ》が死去して、その職務を引きつぐことになったからである。駿府町奉行としては、駿府とその周辺の百姓の事件、武士たちの喧嘩刃傷《けんかにんじょう》事件などの検断《けんだん》を行い、さらに有馬修理《ありましゅり》の改易《かいえき》につながる岡本大八《おかもとだいはち》事件や大坂の陣の口実となった東福寺清韓《とうふくじせいかん》事件などの国家的大事件にも関与した。代官としては駿河・遠江・三河の民政を担当し、開発の奨励、用水・入会山・交通問題、商人・職人の統制、金山の経営など、その支配はまことに多方面におよんでいる。

このように駿府政権で重要な役割を果たした彦坂光正は、家康の死後はその遺命により徳川頼宣《よりのぶ》の付家老《つけがろう》となり、元和五（一六一九）年の和歌山転封にもしたがったのである。

治要《ちよう》』五〇巻の刊行を命ぜられ、羅山と崇伝がこれにあたったが、完成は家康の死後になってしまった。いずれにしても、大御所家康の駿府在城時代は、政治的にはもとより、文化的な面においても、駿府はひときわ輝いていたのであった。

藩政の確立●

駿府政権の時代は、元和二(一六一六)年四月に家康が死去することによって終焉《しゅうえん》を迎えた。二元政治は解消され、江戸の将軍秀忠のもとに幕府のすべての権限が一元化されたのである。ただ、駿府あるいは駿府城下町が、それによって一挙にさびれたというわけではなかった。というのは、家康が駿府城にはいった二年後の慶長十四(一六〇九)年十二月に、十男の徳川頼宣《よりのぶ》が駿河・遠江五〇万石の大名として入部していたからである。頼宣は家康とともに駿府城にあり、家康の死後も五〇万石の大名として残ったため、駿府政権の時代ほどではないとはいえ、駿府城下町はそれなりの繁栄を示していたのである。

頼宣はその後まもなく、元和五年七月に紀伊《きい》和歌山に五五万石で転封し、いわゆる御三家《ごさんけ》の一つ紀州徳川家の祖となった。ところが、寛永元(一六二四)年八月に、将軍家光《いえみつ》の弟徳川忠長《ただなが》が駿河・遠江など五〇万石の大名として駿府城にはいったため、なおしばらくのあいだは城下町も活気があった。しかし、寛永九年十月に忠長が改易《かいえき》されると、以後駿府城には大名がおかれることはなく番城となり、駿府の人口は急減していったのである。武家地の多くは明屋敷《あけやしき》となってしまい、駿府政権下で一〇万とも、一二万ともいわれた人口も、二万人を超えることはなくなってしまった。

ところで、さきに一六九頁の表でみたように、駿河・遠江では関ヶ原の合戦の翌年、いっせいに譜代大名が配置されて藩政が開始された。しかし、その後頼宣・忠長の入封により、藩政が中断したところもでてきた。浜松《はままつ》藩の水野《みずの》重央《しげなか》は頼宣の付家老《つけがろう》であり、掛川《かけがわ》藩でも、安藤直次《あんどうなおつぐ》は頼宣の、朝倉宣正《あさくらのぶまさ》は忠長の、それぞれ同じく付家老であった。そのため、この両国における藩政の本格的な確立は、忠長改易以後であったといってよいだろう。

表は寛永期までの諸藩の状況であるが、一〇藩にのぼっている。その後立藩したものは、駿河では元禄二（一六八九）年の小島《おじま》藩と安政四（一八五七）年の川成島《かわなりじま》藩、遠江では宝永七（一七一〇）年の相良《さがら》藩がある。伊豆《いず》の韮山《にらやま》藩を数える場合もあるが、内藤信成は天正十八（一五九〇）年に豊臣政権下の一大名家康から一万石をあてがわれて韮山城にはいったものであり、厳密な意味では幕藩体制下の藩とはいいがたい。そして、信成が慶長六年に駿府へ転封して以降は韮山は幕領となり、伊豆には藩が設置されなかったのである。同じく、幕府滅亡後の明治元（一八六八）年に立藩された徳川家達《いえさと》の駿府藩と大沢基寿《おおさわもとひさ》の堀江《ほりえ》藩も、除外して考えるほうがよいだろう。

こうして、静岡県内の幕藩制下の藩は、駿河で六藩、遠江で七藩、あわせて一三藩になるのである。それにしても、表からもあきらかなように、譜代の小藩が多いとはいえ、藩主の変遷がめまぐるしい。同一の家でこれらの藩を転封した場合を一家として数えても、家数は四〇家を超えるのである。これらの諸藩において、同一の家系で藩政が行われることが多くなるのは、次章の冒頭で述べるように、ほぼ近世もなかば以降のことであった。

代官支配の展開●

他方、幕領（幕府の直轄領）の支配は、いうまでもなく代官によって行われた。伊豆・駿河・遠江でも、各地に代官所（陣屋）がおかれていた。そのおもなものについては、『静岡県史』資料編9解説の各「代官一覧」でその実態と変遷とがあきらかにされているので、ここでは三国について、要点だけをみておくこととしよう。

まず伊豆の場合は、三島《みしま》代官と韮山代官が問題になる。さきに述べたように、伊豆では幕藩制の当初から藩がおかれなかったため、代官の役割は大きかった。井出正次《いでまさつぐ》が初代三島代官であったが、当初は伊奈忠次《いなただつぐ》らの代官頭もかかわり、複数の小代官たちもいた。それらが整理され、三島代官による包括的支配へと変わっていったのは、伊奈忠公《ただきみ》が就任した寛永十九（一六四二）年のことであったといわれている。

韮山代官は幕末まで江川《えがわ》氏がつとめたが、途中、享保八（一七二三）年に一時罷免され、宝暦八（一七五八）年にまた復活するのである。そして、この宝暦八年の江川氏の韮山代官就任とともに、三島代官所が廃止されたのであった（仲田正之「韮山代官確立過程の諸問題」『近世静岡の研究』）。これには、元禄十（一六九七）年の「地《じ》方直《かたなお》し」もかかわるようであるが、この点はつぎの旗本領のところで取りあげよう。

駿河の場合は、駿府紺屋《こうや》町に代官所があった駿府代官が重要である。駿河・遠江は、幕藩制の成立期には徳川頼宣ついで同忠長

韮山代官江川邸（東面，昭和35〈1960〉年解体前）

の領国《りょうごく》であったため、本格的に代官支配がはじまったのは、忠長が改易された翌寛永十年からであった。各地に代官所がおかれ、駿府代官以外では、東から沼津《ぬまづ》代官・加嶋《かしま》代官・大宮《おおみや》代官・蒲原《かんばら》代官・島田《しまだ》代官などがあった。しかし、前四者は伊豆と同じく元禄の「地方直し」で廃止され、駿府代官と島田代官に統合されてしまった。そして、寛政六（一七九四）年には島田代官も、駿府代官に統合されたのである（関根省治『近世初期幕領支配の研究』）。

最後に遠江の場合であるが、ここでは初期には代官頭伊奈忠次が中泉《なかいずみ》を拠点として遠州支配を担当し、忠次配下の下代が中泉代官として活躍した。彼らは同一時期に重複して在職しており、かなりの部分が頼宣の領国になってからもそれは変わらなかった。やがて元和五（一六一九）年に頼宣の紀州和歌山への転封により幕領に復すると、中泉代官には中野七蔵《なかのしちぞう》が就任し、以後複数の代官がおかれることはなくなった。また同年に、遠州幕領の一部は信州伊那《しんしゅういな》の代官宮崎《みやざき》氏の支配をうけることになり、寛永九年には山名《やまな》郡川《かわ》井村《い》（袋井市《ふくろい》）に陣屋《じんや》が設けられた。さらに元禄期には、遠州幕領の一部は三河赤坂《あかさか》代官の支配をもうけたのである（佐藤孝之『近世前期の幕領支配と村落』）。

旗本領の設定●

旗本とは将軍の直属家臣団であるから、幕領に準ずる性格をもつとはいえ、やはり個別に知行地をあたえられるのであるから、大名領・幕領とならぶ領地であった。この旗本領の設定では、とりわけ寛永十（一六三三）年と元禄十（一六九七）年の「地方直《じかたなお》し」の意味が大きかった。

「地方直し」とは、蔵米《くらまい》取りの旗本に対して地方を知行としてあたえることをいうのである。元禄の「地方直し」では、元禄十年七月に五〇〇俵以上の蔵米取りの旗本に対して知行地をあたえるという法令をだし、翌年からそれを実施したのである。それによって、幕領と旗本知行地が大幅に入れ替えられたり、関東の所領が東海地域に移されたりした。

伊豆・駿河・遠江では、とくにこの元禄「地方直し」の影響が大きく、さきに伊豆や駿河で指摘したように、代官の廃止・統合もその一つの現れである。すなわち、伊豆の場合でみると、伊豆で「地方直し」をうけた旗本は六三人にものぼり、対象となった村は七九カ村、石高では二万四〇〇〇石余となっており、この村数・石高はそれぞれ伊豆全体の二九％にあたっている（橋本敬之「伊豆国における『元禄地方直し』の特質」『近世静岡の研究』）。このように、元禄「地方直し」で旗本知行地が大幅にふえると、その分だけ幕領が減ることになる。元禄期（一六八八～一七〇四）の駿河、やや遅れて宝暦八（一七五八）年の伊豆での代官の廃止・統合は、このような幕領の変化が背景にあったのである。

遠江でも事情は同様で、たとえば、周智《しゅうち》郡森《もり》町の村々で具体的にみると、元禄の「地方直し」を経た元禄・享保期の領主は、次頁表のごとくであった。近世をつうじて基本的に山間部（北部）の旧三倉村一四カ村は幕領、旧天方《あまかた》村七カ村は掛川藩領であったが、平野部の旧森町・飯田《いいだ》村・園田《そのだ》村・一宮《いちのみや》村に属する村々では、それ以前は大半が幕領ないし大名領であったにもかかわらず、旗本領に転化している村々が多いことが知られる。遠州でも享保年間（一七一六～三六）に川井代官所が廃止され、代官所は中泉のみとなったといわれているのも、まさにこのような状況をうけてのものであったといえよう。

他方で、知行高が相対的に少ない旗本領がふえたことは、結果的に複数の領主を擁するいわゆる相給《あいきゅう》の村々を多数出現させた。次頁表でも二給ないし三給がみられるが、ときには五、六給にもおよぶことがあり、地方知行とはいえ、たとえば年貢収納一つとってみても、村方への依存が強まっていった。領主支配の面でも、相給に伴うさまざまな問題が生じていて、元禄期以降の豆駿遠の三国は、この面でも豊富な事例を提供しているのである。

森地域近世村々の領主

村名（石高）	元禄郷帳(1702年)	享保郷帳(1724年ごろ)
森町村（石 609.637）	旗本・土屋主税	旗本・土屋平八郎
天宮村（505.687）	旗本・土屋主税	旗本・土屋平八郎
天宮村新町（4.597）	旗本・土屋主税	(村名なし)
城下村（102.781）	掛川藩・井伊兵部少輔	掛州藩・小笠原佐渡守
向天方村（100.995）	掛川藩・井伊兵部少輔	掛川藩・小笠原佐渡守
橘村（58.665）	幕領，旗本・大沢，土屋	旗本・皆川，土屋
鴨岡村（137.511）	旗本・高木九助	旗本・高木酒之丞
上福田地村（100.044）	幕領・長谷川藤兵衛	掛川藩・小笠原佐渡守
戸綿村（623.316）	旗本・高木九助	旗本・高木酒之丞
飯田村（1414.299）	旗本・松平登之助	旗本・松平駿河守
下鴨岡村（51.325）	旗本・鍋島内匠	旗本・鍋島内匠
下福田地村（44.800）	幕領・野田三郎左衛門	旗本・松平駿河守
天方村（335.096）	旗本・花房右近	旗本・花房右近
草ケ谷村（483.830）	旗本・土屋主税	旗本・土屋平八郎
粟倉村（754.370）	旗本・土屋主税	旗本・土屋平八郎
上河原村（296.355）	旗本・土屋主税	旗本・土屋平八郎
谷川村（429.260）	掛川藩・井伊兵部少輔	掛川藩・小笠原佐渡守
田中村（125.814）	幕領・野田三郎左衛門	旗本・松平駿河守
中田村（542.952）	幕領・万年，高木，土屋	旗本・高木，土屋
石川村（325.359）	旗本・土屋主税	旗本・土屋平八郎
牛飼村（226.016）	幕領・長谷川藤兵衛	旗本・秋元隼人正
出目村（75.739）	幕領・野田三郎左衛門	旗本・松平駿河守
赤根村（139.412）	幕領・万年，一ノ宮領	旗本・皆川左京
大久保村（317.308）	大沢友太郎，一ノ宮領	旗本・皆川左京
片瀬村（602.493）	幕領・万年，一ノ宮領	旗本・松平志摩守
谷崎村（334.521）	花房右近，一ノ宮領	旗本・花房右近
宮代村（487.357）	花房右近，一ノ宮領	旗本・花房右近
米倉村（311.672）	旗本・大沢友太郎	旗本・皆川左京
旧天方村7カ村	掛川藩・井伊兵部少輔	掛川藩・小笠原佐渡守
旧三倉村14カ村	幕領・万年三左衛門	幕領・小笠原佐渡守預所

1．村名・石高は，「元禄郷帳」を基本とした。
2．「元禄郷帳」は『静岡県史』資料編9の付録，「享保郷帳」は『金谷町史』資料編二による。

2　幕藩制下の村と生活

慶長の総検地●

検地《けんち》は領国内の村々について、耕地の一筆ごとにその地積を把握し、名請人《なうけにん》（耕作者・年貢負担者）を確定するのであるから、領主と農民との双方にとって、もっとも基本的な施策であった。すでに駿河・遠江では、初期徳川氏の五カ国総検地、豊臣系大名の太閤《たいこう》検地という重要な検地が実施されていたが、両者とも検地施行後まもなくして領主が交代してしまったため、その成果が定着するまでにはいかなかった。

ところが、慶長九（一六〇四）年の遠州総検地、慶長九年・十四年の駿州総検地は、幕藩制成立まもない時期の総検地で、しかも幕府はその後二五〇年以上にわたって続いたため、近世をつうじて大きな影響をあたえた検地となった。伊豆の場合は、家康が関東転封した直後の天正十八（一五九〇）年から慶長三年にかけて総検地が行われ、そのまま引きつづき徳川氏の覇権が確立したこともあって、幕藩制成立後に改めて総検地が行われるということはなかった。

このため、これら三国の総検地帳は比較的よく残されていて、伊豆で七一カ村分、駿河で六六カ村分、遠江では八八カ村分がこれまでに確認されている（『静岡県史』資料編10解説参照）。ここではそれらの成果に基づいて、三国の総検地の意義についてみておこう。

伊豆の場合、天正十八年検地は関東入部まもない徳川氏の検地で、伊奈忠次が検地奉行として実施された。文禄三（一五九四）年と慶長三年検地は、両者あわせて伊豆の総検地となっており、彦坂元正《ひこさかもとまさ》によって実施された。このうち、伊奈検地では、一反＝三〇〇歩制が採用されたとはいえ、大・半・小の小割、広範な分《ぶん》付《づけ》記載、田畑等級の不統一、六尺五寸竿の使用など、なおいわゆる旧制が残存していた。ところが、後者の彦坂検地では、畝の使用、分付記載の減少、田畑等級の統一、六尺二寸竿の使用などにより、伊豆における近世的な社会体制確立への画期になったと評価されている（高橋廣明「伊豆における近世初期徳川検地に関するノート」『田文協』五集）。

駿河の慶長九年・同十四年の検地は、主としてつぎのような特色をもっていた（関根省治『近世初期幕領支配の研究』）。

第一に、両年度あわせて駿河一国の総検地ということであるが、地域的にみると若干の重複があるとはいえ、慶長九年検地は志太《しだ》郡・益津《ましづ》郡・安倍《あべ》郡など駿河西部が中心で、また、駿東《すんとう》郡のものは沼津藩の私領検地であった。これに対して、慶長十四年検地は有度《うど》郡・庵原《いはら》郡・富士《ふじ》郡・駿東郡というように、駿河東部が中心であった。

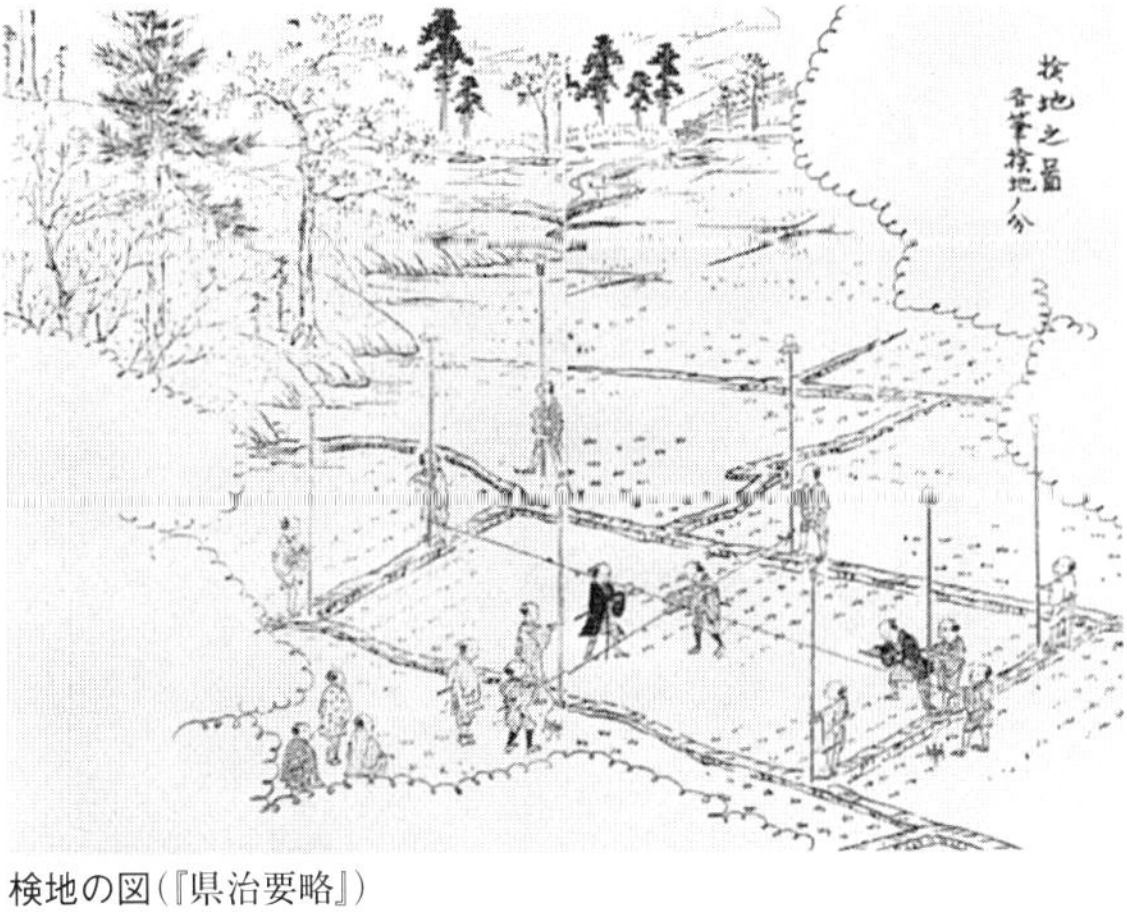

検地の図（『県治要略』）

第二に、検地奉行についてみると、慶長九年の志太郡は主として彦坂元正で、一部を同光正が担当し、遠州に近い北部は伊奈忠次であった。益津郡は彦坂光正のようで、安倍郡は同じく光正のほか、井出正次も加わっていた。同十四年検地では、主として富士川以西は彦坂光正、以東は伊奈忠次であった。

第三に、検地帳記載内容の特色としては、慶長九年では、彦坂光正の志太郡谷稲葉《やいなば》村（藤枝《ふじえだ》市）検地では、徳川検地にしては珍しく一筆ごとの分米記載をもっていること、伊奈検地は北遠《ほくえん》と同じ永高《えいだか》制（永楽銭の高表示）で、南遠地方の検地帳と違い、分付記載がほとんどみられないこと、などがあげられる。これに対して、慶長十四年検地では、山間部を含めて永高制がみられなくなるが、最大の特色は、彦坂光正奉行の検地帳末尾に、いわゆる夫免《ふめん》（陣夫などをつとめるかわりに、年貢の一部が免除されること）引記載がみられることである。

同じく、慶長九年の遠州総検地は、主としてつぎのような特色を有していた（本多隆成『近世初期社会の基礎構造』）。第一に、総検地とはいえ、北遠地方の西手《にして》領・奥山《おくやま》領（ほぼ旧龍山《たつやま》村・佐久間《さくま》町・水窪《みさくぼ》町〈現浜松市天竜区〉）の総検地は元和九（一六二三）年であったため、慶長九年には実施されなかった。また、横須《よこす》賀《か》藩領（ほぼ旧小笠《おがさ》郡〈現掛川《かけがわ》市・御前崎《おまえざき》市・菊川《きくがわ》市〉）も、慶長四年に有馬《ありま》氏による太閤検地が全域で実施されたためか、空白地域となっている。

第二に、総検地施行の奉行人と検地役人の問題がある。幕領では大部分伊奈忠次が奉行人となり（一部中野七蔵）、その配下の検地役人が原則として四人一組で検地を行っている。他方、私領については各藩の責任で検地が実施されており、たとえば、掛川藩の場合は松平定勝《さだかつ》の領国検地で、検地役人は三人一組となっている。

第三に、南遠《なんえん》と北遠とでは検地帳の記載方式や内容において、顕著な違いがみられることである。すなわち、南遠では田地が圧倒的に多く、年貢は米納の石高《こくだか》制であった。ところが、北遠では畑作が優位で、年貢は原則として金納の永高制となっている。

いずれにしても、これらの総検地をつうじて、領主と農民の土地所有・保有の関係、年貢・夫役の賦課基準ともなる村高の確定などが行われたのであった。

年貢・諸役と村請制●

幕藩制下の貢租としては、山野や漁業・商業に課せられる小物成《こものなり》・運上《うんじょう》・冥加《みょうが》などもあったが、圧倒的な部分は、検地に基づいて田畑・屋敷にかけられる年貢（本年貢・本途物成《ほんともの なり》）であった。さらに、広い意味での貢租としては、城郭普請、河川の修築、宿《しゅく》や助郷《すけごう》の人馬役など、各種の課役があった。

ここでは年貢を中心にみていくが、幕藩制下ではこれらの年貢収取は、検地による村切《むらぎり》（村ごとに耕地を集中すること）を経て成立した村を単位に行われた。年貢・諸役は村役人をつうじて村の責任で納入されたのであり、そのような仕組みを村請《むらうけ》制とよび、一般に十七世紀なかばごろまでには確立したとみられている。

ところで、幕藩制下の年貢については、これまで幾多の研究が行われてきて、ほぼ共通の認識になっているような問題も多い。たとえば、年貢賦課の方法としては、基本的に石盛《こくもり》から石高に対して租率を乗じて年貢高を決める厘取《りんどり》法と、面積に租率を乗じて決める反取《たんどり》法とがあったことである。また、実際の年貢徴収に際しては、毎年の豊凶に応じて年貢を算定する検見《けみ》法と、過去数カ年の収穫量を平均して、それを基礎にその後一定期間の租率を定め、特別の場合をのぞき凶年でも変更しない定免《じょうめん》法とがあること、この

慶長9(1604)年年貢割付状の斗代

品　　位	鵜代村	篠原村	馬ケ谷村	上山梨村	松本村
上　　田	7斗	8斗	8斗5升	8斗5升	8斗
中　　田	6斗	7斗	7斗5升	6斗	7斗5升
下　　田	4斗5升	5斗	6斗	4斗5升	4斗
下田(当発)	1斗	—	1斗	1斗	—
上　　畠	6斗	6斗	6斗	6斗	4斗
中　　畠	5斗	5斗	5斗	5斗	3斗
下　　畠	4斗	4斗	4斗	4斗	2斗5升
下畠(当発)	—	—	5升	5升	—
屋　　敷	7斗	7斗	7斗	7斗	7斗

定免法は、私領で先行して行われていたところもあったが、一般には享保改革《きょうほうのかいかく》で年貢増徴策として採用されたことによって、幕領を始めしだいに普及していったこと、などである。

これらの点では、豆駿遠三国もほぼ同様の傾向を示しているとはいえ、年貢賦課の問題は地域的な差異もあり、ここでは特徴的な二、三の点についてみておくこととしよう。

伊豆では、村高といわゆる夫免引処理の問題がある。慶長期以降の年貢割付状を検討すると、寛永期に大きな変化がみられることである。すなわち、第一に、夫免引が消滅し、その高が年貢賦課対象の村高に組み込まれる方針が確定した時期は、寛永二(一六二五)年であった。第二に、徴租法が厘取法から反取法へと転換することで、内浦《うちうら》・西浦《にしうら》一帯では、寛永十年がその画期になっていることである。

徳川氏入部後の関東の徴租法は、当初石高制とともに厘取法で行われたが、寛永中期ごろから反取法がはじまり、とくに寛文・延宝の総検地を契機に反取法に転換する村が多くなったといわれている(川鍋定男「近世前期関東における検地と徴租法」『神奈川県史研究』四二号)。伊豆では、まさにこの指摘と同様の傾向を示してい

「領」別小物成賦課一覧

小物成	阿多古	西手	奥山	犬居	三倉
立物(売物)二割出	○	○	○	○	—
鹿皮代(鉄炮役)	○	○	○	○	—
熊皮代	—	—	○	—	—
請留山銭	○	—	—	—	—
山札銭	○	—	—	—	—
炭釜代	○	—	—	—	—
駒狩銭(駒役)	○	—	—	○	—
麴役	—	—	—	○	—
鮎網役	—	—	—	○	—

1．熊皮代は，奥山領のうち領家村，鮎網役は，犬居領のうち小川村のみに賦課された。炭釜代は正保2(1645)年以降賦課されなくなる。
2．佐藤孝之『近世前期の幕領支配と村落』による。

たといえよう。

ところが遠江・駿河では、基本的にそのような反取法への転換というような事態はみられなかった。ただし、この問題は、遠州では石高制である南遠地方にかかわってくる。すなわち、まず遠州総検地直後に発給された伊奈忠次の一連の年貢割付状が注目される。現在五カ村分が確認されており、その田畠の品位別斗代をまとめると前頁表のごとくである。この年貢割付状の年貢賦課方式は、それぞれ反別斗代＝年貢高が示されていることからもあきらかなように、反取法であった。しかし、この伊奈忠次の年貢割付状は、いわば年貢日録とでもいうべき性格のもので、同じ慶長年間の年貢割付状一般についてみると、南遠地方では当初から厘取法であり、しかも近世をつうじて厘取法が一般的であった。

他方、北遠地方では永高制の検地が行われ、年貢の面でも山間部の特色が明瞭にあらわれている。第一に、永高制下にあっても、実際の年貢収取は鐚《びた》銭に換算して行われたため、永対鐚の換算比が問題となった。当初地域によっても変遷があったが、寛文・延宝の総検地以降は、すべて一対四に統一された。第二に、年貢として、茶・綿・紬《つむぎ》・桑・楮《こうぞ》など、部分的に現物納が認められることもあった。しかし、実際には換金上納を要求されることが多く、換金のための在方市として、二俣《ふたまた》（浜松市天竜《てんりゅう》区）・森（森町）・山梨《やまなし》（袋井市）・笠井《かさい》（浜松市東区）などがあった。第三に、山野の領有にかかわって、各種の小物成が「領」単位に賦課された。その種類は、前頁表にみられるごとくである。

駿河についてはもはやくわしく述べる余地はないが、平野部は駿東郡などの一部をのぞいて基本的に厘取法であり、山間部は銭納となっている。また、伊豆と同じく夫免引問題があり、駿河でも、遅くとも寛永三年には夫免引高が村高に取り込まれ、夫免引が消滅しているのである。

近世村落の構成●

およそ二六〇年余にわたって続いた幕藩制下にあって、近世的な村落体制が確立したのは、一般的に十七世紀後半の寛文・延宝年間（一六六一～八一）であったといわれている。なぜなら、寛文期には関東幕領において、また延宝期には畿内幕領においてそれぞれ総検地が行われ、検地帳の分付記載はなくなり、近世小農民（本百姓）が名請人として広範に登録され、それによって各村落は彼らを中心とする比較的平等な構成をもつ村落体制が確立したと考えられているからである。

この近世的な村落体制は、領主支配の末端業務をになう村役人たち、いわゆる村方三役によってささえられていた。名主《なぬし》（庄屋《しょうや》）・組頭《くみがしら》・百姓代《ひゃくしょうだい》であるが、このうち中心となる名主は、年貢の納入などをはじめ、村政全般に責任を負っており、就任には領主の認可が必要であった。普通は一村一人であったが、相給《あいきゅう》の村々では領主ごとにおかれたり、そうでなくても複数おかれることもあった。名称は東国では「名主」、西国では「庄屋」といわれたが、伊豆は「名主」が圧倒的に多く、駿河は「名主」が優位で、逆に遠江では「庄屋」が優位となっており、東西の接点にあった三国の状況をよくあらわしている。

近世の村落体制を考える場合、支配の仕組みとして大きな役割を果たした五人組と宗門改《しゅうもんあらため》の制度に触れないわけにはいかない。

五人組制は、寛永十年代（ほぼ一六三〇年代）に全国的規模で確立をみた。その意義は、この時期に一般的に成立する本百姓を中心に構成される近世村落を機構的に掌握し、支配と収奪とを円滑にしようとするところにあった。また、当時の農民たちの不穏・蜂起・強訴・逃散など、あるいは、「不審」者などの反体制的抵抗を抑圧するためのものでもあった。

他方、宗門改制度と宗門改帳・人別改帳の作成は、キリシタンのみの摘発・発見をめざす段階から、しだいに民衆の宗旨を人別に登録させる段階へと発展していった。とくに、寛文四（一六六四）年に、幕府が諸藩に対して宗門改の専任の役人をおくこと、宗門改を毎年実施することを命じ、旗本知行地などについては、名主・年寄が厳重にこれにあたり、五人組手形をとるように命じた。これ以後、宗門改帳が毎年作られるようになり、記載内容なども整備されていったのである。そして、そのような宗門改帳は、民衆の信仰調査としての意味だけではなく、いわば戸籍原簿ともなったのであった（藤井学「江戸幕府の宗教統制」旧『岩波講座日本歴史』近世３）。

豆駿遠三国においても、特色ある五人組帳・宗門改帳がみられるが、その一端は『静岡県史』資料編10に収録されている。

二、三の点についてのみふれると、まず、宗門改帳自体は、村方《むらかた》文書のなかでは比較的よく残されているものである。しかし、同一年度の関係資料がほとんどすべて残っている例は意外と少ない。その点で、時代はやや降るが、城東郡《きとう》西方村《にしかた》(菊川市《きくがわ》)の文化十五(一八一八)年の資料は貴重である。

すなわち、宗門改帳としては、本家分が宗旨ごとに作成され、禅宗《ぜん》(五〇軒)と浄土真宗《じょうどしん》(三軒)が各一冊、他に柄在家《からざいけ》分(四軒)一冊となっている。この別帳とされた柄在家とは、主として掛川藩領でみられるもので、この段階では水呑百姓(無高)が家格として固定されたものと考えられている(松本稔章「掛川藩領における本家と柄在家」『静岡県史研究』八号)。さらに関連する帳面としては、過去一年間の出入りを記した「増減帳」、数年前より奉公などにでているものを書きあげた「他国行証文」のほか、「五人組帳」が含まれている。一通文書では、「家数書上覚」を始め三点あり、これらによって、この年の西方村における宗門改のほぼ全容を知ることができるのである。

伊豆では、比較的初期の万治三(一六六〇)年「狩野山中五人組帳」がおもしろい。前書の条文は四二カ条で、狩野《かの》組(伊豆市)内の村々の五人組の編成がすべて書きあげられていて、かなり広域的にその実態を知ることができる。また、安政六(一八五九)年の「三嶋御神領社家幷役人宗門人別改帳」によると、社家《しゃけ》であっても浄土宗(男七二人・女六九人)・禅宗(男一三人・女一六人)・時宗《じ》(男一四人・女一五人)・法華宗《ほっけ》(女三人)などの寺院の旦那になっていて、檀家《だんか》制度に組み込まれていたことを示している。

駿河では、とくに牛馬帳《ぎゅうばちょう》が注目される。いずれも貞享四(一六八七)年四月の調査によるもので、御厨《みくりや》領(御殿場市《ごてんば》)の「長塚村《ながつか》牛馬帳」と「塚原村《つかはら》馬帳」である。前者は馬五八疋・牛一一疋、後者は馬五六疋についていて、それぞれ毛色・馬齢・雄雌・馬主などが書きあげられているのである。また、元禄十五(一七〇二)年の駿東郡本宿村《ほんじゅく》(駿東郡長泉町《ながいずみ》)の「馬犬御改帳」では、いわゆる「生類憐みの令《しょうるいあわれみのれい》」がだされていた時世を反映してか、犬についても書きあげられている。

村落の四季●

ところで、農業が生産活動の中心であった社会においては、いつの時代でもそうであったように、四季の流れに沿った経営と生活とがみられた。ここでは、近世前期の東海地域の農業生産状況を伝える『百姓伝記《ひゃくしょうでんき》』(古島敏雄校訂、岩波文庫版)によりながら、当時の村落生活の一端をみてみよう。

『百姓伝記』は、日本の農書のうちでは『清良記《せいりょうき》』についで古いもので、天和年間(一六八一〜八四)に成立した。著者は不明ながら、正保二(一六四五)年に三河岡崎《みかわおかざき》藩から遠江横須賀藩五万石の藩主になった本多家を御当家とよんでいるので、本多家ゆかりの武士か村役人層のいずれかと考えられる。そのため、三河から遠江にかけての記事、とりわけ横須賀藩にかかわる記事が詳細である。その冒頭巻一は「四季集」となっていて、農村の四季が簡潔に述べられている。

まず「抑《そもそも》春夏秋冬を四季と云。一季七十二日宛《ずつ》なり。一

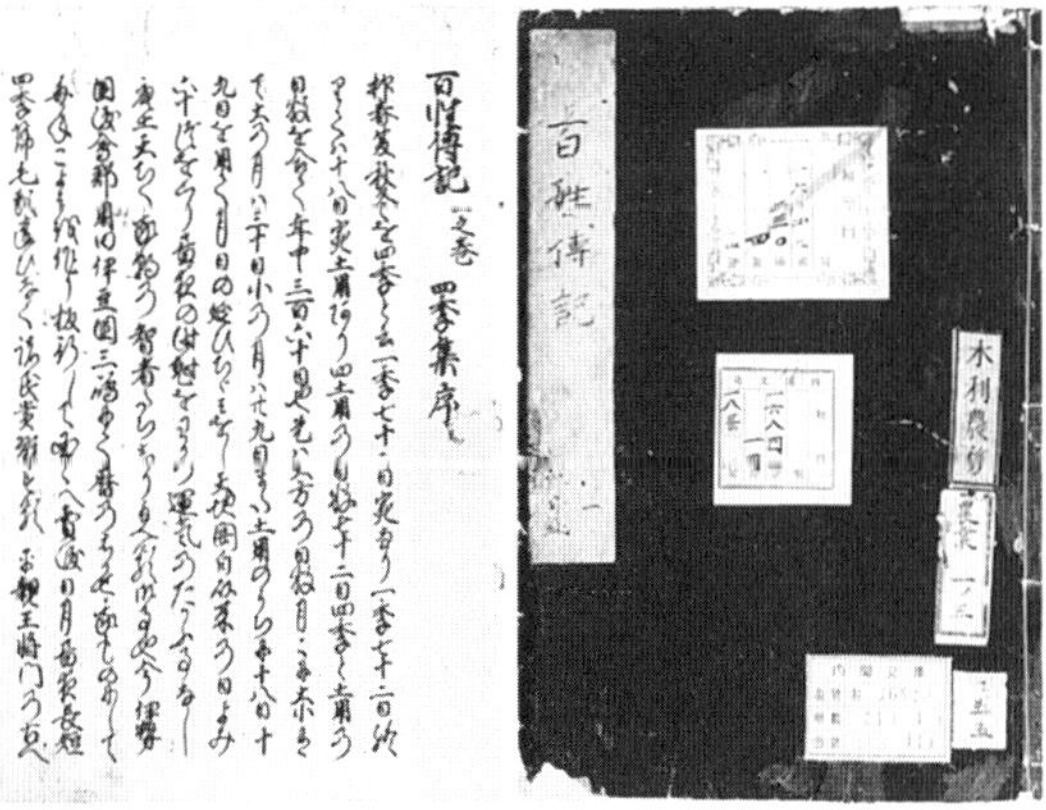

『百姓伝記』写本

季七十二日終りては、十八日宛土用《どよう》あり。四土用の日数七十二日。四季と土用の日数を合て年中三百六十日也」ではじまり、最初に伊勢神宮や伊豆の三島神社などで発行された暦《こよみ》について記している。当時の農民たちは、長年の経験を農事暦によって確かめながら、農作業が遅れることのないように一年を送るのであった。

正月から二月にかけて、春の訪れは早く、立春後、山里に鶯《うぐいす》がはじめて鳴き、土中の虫たちも動きはじめる。二月になると椿が咲き、やがて桃の花も開く。ツバメもやって来て、山野辺のヒバリが舞いあがる。二月も末になると苗代の準備を急ぎ、田を返すことが急になる。こうして、いよいよ耕作が開始されるのである。

三月は山も里も花の季節で、こぶし・やまぶき・つつじなどが咲き乱れる。水中には浮草が生えはじめ、桑の葉が開くころには蚕《かいこ》も孵化《ふか》する。四月立夏。ほととぎすが鳴きわたり、草木の若葉が開いて、野山が青くみえるようになる。卯《う》の花・かきつばた・ぼたん・しゃくやく・いちごなどの花が咲き、麦は収穫期にはいる。山里にセミが鳴くころになると日も長くなり、もう四月も終わりとなる。いよいよ早稲《わせ》の田植えがはじまるのである。

田植えは五月が最盛期で、早苗取りを急ぎ、田植え歌をうたいあいながら苗を植えるのである。五月雨《さみだれ》といって雨がしきりに降り、いわゆる梅雨の季節を迎える。栗やざくろの花が咲き、若竹に葉がでる。このころ田植えは真っ最中である。水辺にはくいながたたき、蛍《ほたる》や蚊《か》もでてくる。くちなし・ゆり・あじさいなどの花が開き、びわの実が赤らむころ、五月も終わりとなる。

六月は大暑となるが、また冷風がはじめて吹く。なすび・ささげが盛りとなり、セミがやかましく鳴く。

この間水田では、草取りが繰り返される。土用にはいって秋が近くなり、しばしば夕立が降る。七月、立秋となる。七日は七夕で、またお盆の行事も行われる。はぎ・かるかやの穂がでるころ、あわ・きび・ひえ、あるいは早稲大豆・小豆などの収穫がはじまる。七月も終わりになるころ、早稲の刈入れを急ぐ。

八月中秋。大鴻・小雁がはじめて北よりわたり、ツバメは南へ帰る。モズの鳴く声が高くなる。朝顔・むくげの花が盛りとなり、彼岸花も咲く。里々にはそばの花が咲き、菜や大根の除草が忙しい。稲刈りが盛んになり、なお早稲を刈るところもあるが、晩稲《おくて》まで含めると、稲刈りは十月まで続く。

九月、草木の葉が色づき、水がかれ、諸虫は土中にはいる。霜がおり、寒風が吹きはじめる。菊の花に続いて山茶花《さざんか》が盛りとなり、初冬が近くなり麦まきを急ぐ。十月、時雨《しぐれ》ること多く、十一月、冬至で日が短い。あられ・みぞれが降ることも多く、ときに大雪となる。十二月、大寒に至る。霜柱多く立つが、節分が近くなると、十二月もおわる。

東海地域の平野部の四季は、およそ以上のような流れで繰り返されたのであった。

3　東海道交通の整備

東海道五十三宿の成立●

東海道《とうかいどう》にいっせいに近世の宿場が設置されたのは、関ヶ原の合戦がおわった翌慶長六（一六〇一）年正月のことであった。近世東海道の宿場は、一般に「東海道五十三次」とよばれたが、この「五十三次」とは、江戸日本橋を起点として京都へのぼる場合、第一番目の宿が品川で、最後の大津宿が五三番目にあたるため、五三の宿場があったことを意味している。これを「五十三宿」といわず「五十三次」というのは、街道の物資輸送は原則として宿場ごとに継ぎ送る方式をとっていたため、「五十三継＝次」とよばれたのである。豆駿遠の三国には、このうち実に四割を超える二二宿が存在した。各宿の町並・家数・人別の概要は、次頁表にみられるごとくである。

ところで、これらの宿場は慶長六年にすべて設置されたというわけではなかった。宿場の設置は、「この御朱印なくして、伝馬出すべからざるもの也、よって件《くだん》の如《ごと》し」として、駒曳きの「伝馬朱印」で各宿に伝えられた。ただ、この伝馬朱印状が残されていなくても、同年月の徳川家奉行衆の連署による伝馬定書によっても、上り下りの次宿の記載があって確認できる。

それらの資料によって、二二宿中一九宿がこの年に設置されたことが確実である。残る三宿のうち、白《しら》須賀《すが》宿は同年の可能性もあり、また岡部《おかべ》宿は翌年には設置されていた。袋井宿のみはやや遅く、元和二（一六一六）年となっている。東海道の宿間平均距離は二里（約八キロ）余であったが、掛川・見附《みつけ》間は四里弱と長かったため、継ぎ送りの負担も大きく、そのほぼ中間地点に袋井宿の開設をみたのであった。なお、この袋井宿開設文書は、その当時、駿河・遠江五〇万石の大名であった徳川頼宣の重臣たちの連署状によって命ぜられている。

各宿場は、開設以前の歴史的背景や地理的状況もあって、まさに大小さまざまであった。次頁表は幕末に近い天保期の状況であるが、さすがに駿河府中が大御所家康以来の伝統もあり、ひときわぬきんでていた。そのほか、沼津・藤枝・掛川・浜松《はままつ》など、やはり城下町はそもそも町としての規模が大きく、人口も多かった。そのため、宿の機能は都市的要素の一部を占めているにすぎなかった。嶋田宿・金谷《かなや》宿が比較的大きいのは、いうまでもなく大井川《おおいがわ》徒渉《としょう》の任務をおっていたからである。

これに対して、駿河では由比《ゆい》宿・丸子《まりこ》宿、遠江では日坂《にっさか》宿・袋井宿などは規模が小さい。規模の小さい宿場では、相対的に宿場の生活は宿の機能におうところが多くなる。たとえば、総家数に対する宿泊施設の割合についてみると、府中の場合はわずか一%余にすぎなかった。ところが、袋井宿では二〇%を超えていて、宿場の生活は、まさに旅客の休泊によってささえられていたのである。

豆・駿・遠22宿の家数・人別

宿名	宿内町並	総家数(本陣・脇本陣・旅籠)	人別
三嶋	10町	軒 1,025(2・3・74)	人 4,048
沼津	14町	1,234(3・1・55)	5,346
原	南北平均18町	398(1・1・25)	1,939
吉原	12町10間	653(2・3・60)	1,832
蒲原	14町33間半	509(1・3・42)	2,480
由比	5町半	160(1・1・32)	713
興津	10町55間	316(2・2・34)	1,668
江尻	13町	1,340(2・3・50)	6,498
府中	28町	3,673(2・2・43)	14,071
丸子	7町	211(1・2・24)	795
岡部	13町50間	487(2・2・27)	2,322
藤枝	9町	1,061(2・0・37)	4,425
嶋田	6町40間	1,461(3・0・48)	6,727
金谷	16町24間	1,004(3・1・51)	4,271
日坂	6町半	168(1・1・33)	750
掛川	8町	960(2・0・30)	3,443
袋井	5町15間	195(3・0・50)	843
見附	11町40間	1,029(2・1・56)	3,935
浜松	23町15間	1,622(6・0・94)	5,964
舞坂	6町	541(2・1・28)	2,475
新居	6町55間	3,474(3・0・26)	797
白須賀	14町19間	613(1・1・27)	2,704

1．天保14(1843)年の調査で,『東海道宿村大概帳』による。
2．吉原・江尻・岡部・金谷・舞坂・新居・白須賀は, 加宿を含む。

近世宿場の宿泊施設のなかで、その役割をもっともよく示すものは、いうまでもなく本陣《ほんじん》であった。本陣は一般旅行者を休泊させることはなく、大名《だいみょう》や公家《くげ》の休泊に責任をおったのである。東海道《とうかい どう》においても、いわゆる参勤交代《さんきんこうたい》が制度化されてしだいに整備され、箱根《はこね》宿と浜松《はままつ》宿の六軒を最高に、各宿ほぼ二、三軒設置されていた。

本陣の構造上の特色は、門構えと玄関を有し、内部では「上段の間《じょうだんのま》」が設けられていたことである。また、外見上も脇《わき》本陣や、とくに旅籠《はたご》屋とはあきらかに違っており、ふつう建坪は二〇〇坪前後あり、宿内ではひときわ広壮な建物であった。

ところで、大名などが本陣に休泊する場合、それ相当の手続きを必要とした。まず本陣に対して休泊の意向を伝え、差しつかえないときは本陣は請書を提出する。ついで先触れを発し、家人《けにん》は大名の発駕にさきだって現地にでむいて宿割を行い、ほかとの差合《さしあい》(休泊の予定が競合すること)をさけるため関札を掲げたのである。

参勤交代などの休泊に際しては、大名側と本陣とのあいだで周到な注意を払って準備を進めたが、それでも差合が生ずることはさけられなかった。それをいかに調整するかは、本陣にとってもなかなかたいへんなことであったが、一応の基準として、第一に公的性格の軽重、第二に契約の順位、が問題とされたようである。すなわち、第一の点でいえば、日光例幣使《にっこうれいへいし》など勅使は最優先とされ、ついで御三家《ごさんけ》が重く、さらに二条《にじょう》・大坂の番衆、最後に一般大名ということであった。

❖コラム

本陣の経営がたいへんであったのは、建坪二〇〇坪前後という大建造物をいかに維持するのかという問題があった。月に数回の利用のために、つねに十分な態勢で休泊に応じられるよう要求されたのである。畳の表替えやささやかな修繕でもかなりの経費がかかり、ましてや屋根の葺替えや大規模な修繕となると多額の出費を要した。

本陣の収入の基本は、諸大名の休泊料であったが、時代がくだるにつれ諸大名の財政が窮迫していき、本陣への休泊料も減少していった。また、昼休みや小休などでは本陣を使用せず、体面を捨てて宿はずれの茶店などを利用するようなことさえあった。そのため、本陣は兼務することも多かった宿の問屋業や、農・商業による副業をいとなんだりもした。しかし、幕末になって参勤交代制が緩和され、諸大名の休泊が激減すると、本陣の窮乏化は決定的になったのである。

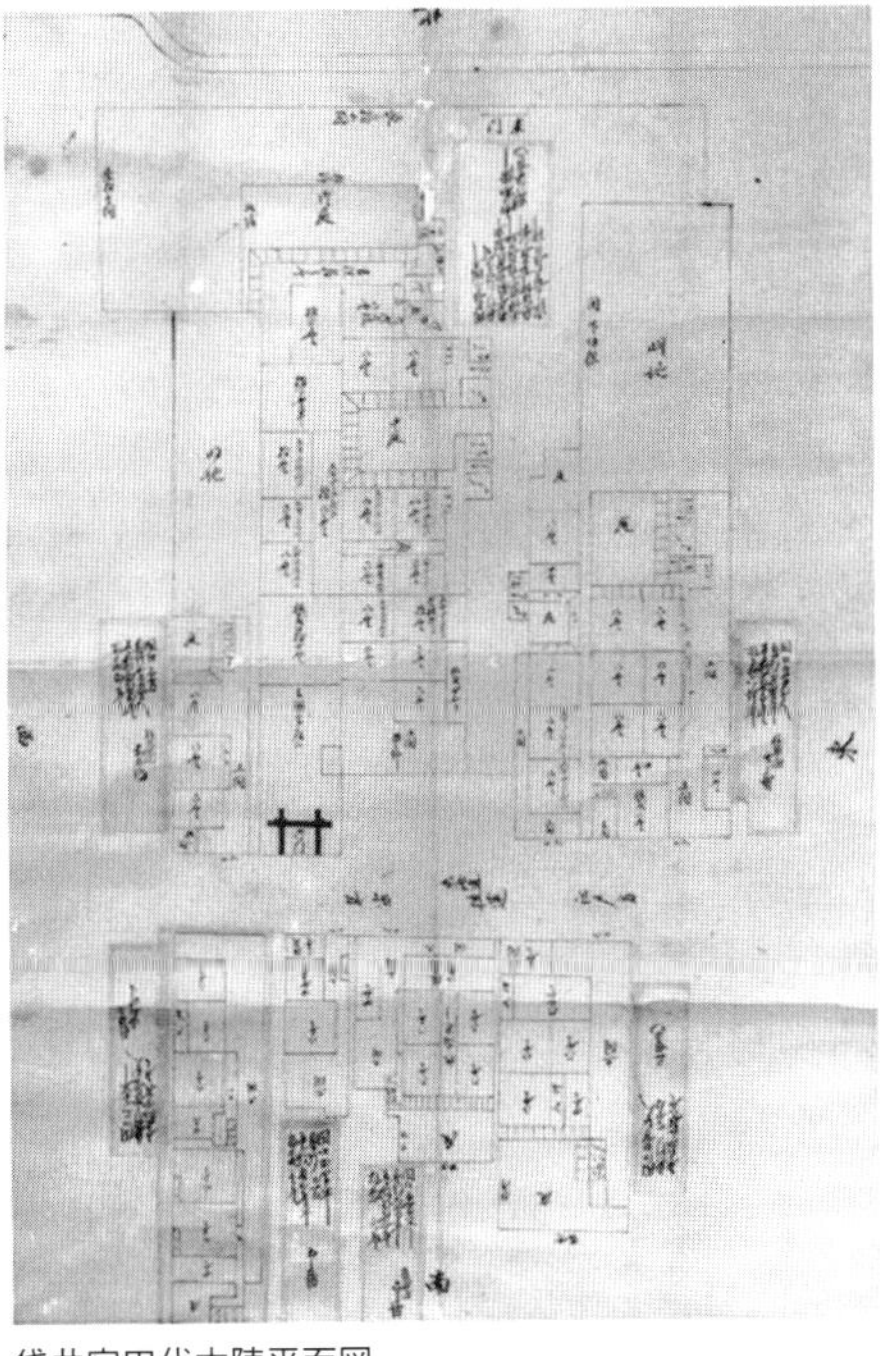

袋井宿田代本陣平面図

城下町以外の宿場の景観は、一般にきわめて単純な町並みであった。東海道の場合、ふつうは東西に町並みが広がり、その東西の宿場の出入口の左右には、枡形《ますがた》とよばれる方形の区画があった。東西の枡形のあいだが宿場の町並みで、街道をはさんで家屋が続いていた。たいていはそのなかほどに、間口が広く、奥行きも十分な本陣・脇本陣などの、広壮な建物がみられた。法度《はっと》・触書《ふれがき》などを掲げた高札場《こうさつば》も、必ず設けられていた。

参勤交代と朝鮮通信使

ところで、幕府の交通政策を考えると、東海道ではとくに三代将軍家光《いえみつ》の寛永年間（一六二四〜四四）が重要な画期となっている。その二、三の点をみておくと、第一に、寛永三（一六二六）年の秀忠・家光の上洛、とりわけ寛永十一年の家光の大上洛の影響が大きかった。このときの随行者は三〇万人ともいわれており、まさに空前絶後の大行列であった。これにさきだって、幕府は各宿に継飛脚《つぎびきゃく》給米を支給するが、これは宿場財政の補塡策として以後恒常的になった。寛永十四年には島原の乱がおこり、幕府は一二万余の大軍を送ることになったが、これも将軍上洛などと同様の影響をあたえた。

第二に、寛永十二年の武家諸法度改正により、諸大名の参勤交代《さんきんこうたい》が制度化されたことである。すなわち、その後の細目によると、外様大名は東西両地域に分け、在府・在国を毎年四月に交代させ、また譜代大名の交代は大半は六月、そして八月にも分け、とくに関八州《かんはっしゅう》に本拠をおくものは、在府・在国半年ずつで二月・八月の交代であった。これによって、諸大名は江戸への参勤か国元への下向か、いずれにしても毎年一度は必ず街道筋をとおることになった。とりわけ東海道は東海・西国諸大名の通行が多く、以後幕末に至るまで、この参勤交代が近世交通の主要な要素を占めることになったのである。

第三に、このような交通量の大幅な増大をうけ、寛永十五年にはそれまで三六人・三六疋であった東海道各宿の常備人馬が、一〇〇人・一〇〇疋へと大幅に強化されたのである。もとより、幕府も各宿に一方的に負担増を強いたわけではなく、寛永十四年には助郷制の前身である助馬令《すけうまれい》をだしたり、寛永十七年には伝馬屋敷の地子《ちし》免除を一〇〇疋分に拡大するなど、負担軽減のための施策も行った。また、寛永十九年には凶作だったこともあって、伝馬一疋について二俵ずつの宿助成米《じょせいまい》貸与も行っている。

こうして、寛永年間には交通制度の拡充・整備がはかられたが、それはまた同時に、宿財政の窮乏化、宿継制度の矛盾拡大の第一歩ともなったのである。

近世の大通行としては、参勤交代ほど頻繁ではなかったが、朝鮮通信使や琉球使節の来朝があった。前者は将軍の代替わりなどに朝鮮王から派遣された慶賀使《けいがし》であり、一二回におよんでいる。ただ、このうち通信使が実際に東海道を江戸までくだったのは一〇回であった。後者は慶賀使が一一回、謝恩使《しゃおんし》が一〇回となっている。朝鮮通信使の場合、五〇〇人ほどの大通行になることも多かったが、幕府は国威を誇示する意味からもこれをうけいれ、丁重に遇したのである。通信使の日本滞在は二カ月ほどであったが、その準備と往復の接待、後始末まで含めると、相当の時間と経費を要した。沿道の各宿の負担も大きかったが、他方では異文化に接するよい機会ともなったのである（渡辺和敏「朝鮮通信使の通行」『静岡県史研究』九号）。また、食事の面でもさまざまなものが供せられていて、食文化の交流という点でも興味深い（市毛弘子「朝鮮通信使の東海道通行」『東海道交通史の研究』）。

今切関所と大井川●

東海道の通行を取りあげた場合、欠かせない問題として、今切《いまぎれ》関所と大井川徒渉がある。今切関所は一般には「新居《あらい》関所」として知られており、近世の関所のなかでは箱根関所とならんで重要な位置を占めている。しかし、近世の資料ではほとんど「今切関所」とあるので、ここでもそれにならうこととした。

今切関所（湖西《こさい》市）は、慶長五（一六〇〇）年の関ヶ原合戦後、西軍の残党取り締まりなどの必要から設置されたといわれている。そして、徳川頼宣の和歌山転封後の元和五（一六一九）年九月に、服部政信《はっとりまさのぶ》・政重《まさしげ》兄弟が関所奉行に就任することによってあらたな管理体制が成立した。この関所奉行制は、元禄十五（一七〇二）年閏八月に、関所の管理が三河吉田《よしだ》藩に移管されるまで続いたのである（切池融「今切関所の機能」『東海道交通史の研究』）。

さきに交通制度上の寛永期の意義について述べたが、関所制度の面でも寛永期は画期となった。すなわち、寛永二（一六二五）年八月に、各地の関所の通関規定三カ条が定められたことである。(1)番所の前で笠《かさ》・頭巾《ずきん》を脱がせること、(2)乗物の場合は戸を開かせること、(3)大名・公家《くげ》などで前もって連絡がある場合は改めるにおよばないこと、である。そして、この文言は今切関所をのぞいて、幕末まで基本的に変化はなかったのである。

今切関所（湖西市）

ところが今切関所では、いわゆる由《ゆ》井正雪《いしょうせつ》事件直後の慶安五（一六五二）年六月に、関所高札の書換えが行われた。すなわち、証文のない鉄砲の通過を認めないとする、鉄砲条項が追加されたのである。さらに、正徳元（一七一一）年五月には、往来の女性は、厳重に証文を点検して通行させるとしたのである。こうして、今切関所では「入鉄砲《いりでっぽう》・出女《でおんな》」といわれるように、鉄砲改めと女改めがきびしかったが、女改めでは実際は「出女」だけでなく、江戸へくだる女性も厳重な取調べをうけたのであった。

つぎに、大井川徒渉についてみてみることとしよう。近世東海道で徒渉制度をとっていた河川は九カ所あり、東より酒匂《さかわ》川・興《おき》津《つ》川・庵原川・安倍川・朝比奈《あさひな》川・瀬戸《せと》川・大井川・松野尾《まつのお》川・長沢《ながさわ》川であった。そのなかでは大井川が一番の難所であったため、川越《かわごえ》といえば大井川との認識が広がっていったのである。「箱根八《はこねはち》里《り》は馬でも越すが、越すに越されぬ大井川」という歌は、実は本歌は「越すに越されぬ大晦日《おおみそか》」であったようだが、それがいつのまにか「大井川」と転じて流布されるほど、大井川は難所だったということであろう。

この大井川の川越業務を担当したのが、嶋田宿（島田市）と金谷

大井川会所復原家屋（島田市）

宿の河原町《かわら》（同）とであった。川越人足はすでに近世初頭にいたようであるが、川越業務が制度として確立するのはかなりあとになった。道中奉行が川越の統制にのりだしたのは寛文五（一六六五）年のことで、川越賃銭などは宿の問屋が定めるものとされた。さらに、あらたに川庄屋が任命され、川越業務が川会所で取り仕切られ、徒渉制度が整備されたのは元禄九年のことであった（大塚勲「大井川における川越制度の確立過程」『東海道交通史の研究』）。

川留め・川明けや川越賃銭などは、水深の状況によってそれぞれ段階があった。常水二尺五寸（約七五センチ）を基準として、増水一尺五寸までは馬越、二尺までは歩行越、二尺五寸、つまり水深五尺までは幕府の公用《こうよう》飛脚《びきゃく》である御状箱《ごじょうばこ》のみはなお通行を許された。しかし、五尺を超えると「無通路」となり、まったくの川留めとなった。梅雨時などは一〇日間以上も川留めされることがあり、まさに「越すに越されぬ大井川」という状態になったのである。

助郷制の成立●

近世の交通・運輸制度は、すでに述べたように各宿場の責任で、つぎの宿場へと荷物を継ぎ送る方式によって運営された。しかし、交通量の増大に伴い、これを各宿場に常備された人馬のみでまかなうことは不可能になった。そのために、これを補完したのがいわゆる助郷《すけごう》制であった。

助郷とは、特定の宿場に対して不足の人馬を提供することを義務づけられた村々のことである。この助郷役は無償ではなかったとはいえ、宿近在の村々に強制的に賦課されたものであり、農民たちにとっては大きな負担となった。

この助郷制成立のきっかけも、東海道についていえばやはり寛永年間（一六二四〜四四）であった。寛永十四（一六三七）年三月にだされた助馬令が、府中宿と浜松宿に残されている。浜松宿宛《あし》のものは八カ条よりなり、助馬村の高役免除、助馬村の出役や助馬の継立作法などが規定されているのである。その意味で、この助馬令はのちの助郷制の直接の出発点になったのである。

第二の画期は寛文年間（一六六一〜七三）で、定助《じょうすけ》（恒常的に助馬を負担する村）・大助《おおすけ》（臨時的に補充する村）の区分があるとはいえ、幕府権力による定助郷の設定が行われた。五街道の主要宿駅では、助郷村にささえられてはじめて機能できる状況がうまれていたのである。

助郷制は、第三段階ともいうべき元禄七（一六九四）年のいわゆる助郷改革によって明確に成立した。この年幕府は、東海道・中山道《なかせんどう》などの各宿場に助郷帳を下付し、幕領・私領にかかわらず、宿近在という地理的基準によって、統一的に定助郷・大助郷の設定を行ったのである。たとえば、「東海道原町助郷帳」によれば、定助郷一〇カ村、大助郷二〇カ村、あわせて三〇カ村・一万二八六八石が原宿の助郷村とされ、「右の通り原町へ助郷申し付け候間、相触れ次第、人馬滞りなく村々よりこれを出すべし」とされているのである。

この元禄の助郷改革は、交通量の増大に伴う人馬継送りの渋滞や宿場の負担過重を緩和しようとするものであった。しかし、元禄期以降の社会発展で交通量はさらに増加し、定助郷の負担増は著しくなっていった。このため、幕府は享保十（一七二五）年に至り、再度助郷改革を行い、その再編・強化をはかったのである。

具体的な内容としては、従来の定助郷と大助郷との区別を廃止し、これをすべて定助郷に一本化したのである。「東海道原宿助郷帳」によれば、まったくこの方針どおりにさきの三〇カ村が指定され、「右は、只今までは定助郷・大助郷と相分かり、人馬差し出し候得ども、向後右名目相止め候間、書面の助郷村々甲乙なく割合、人馬滞りなくこれを出すべし」とされたのであった。こうして、この享保の助郷改革で助郷制は最終的に確立し、これら定助郷とされた村々は、基本的に幕末まで変わらなかった。

しかしながら、大通行のときは定助郷だけでは間に合わず、またその後も交通量の増加が続いたため、代《だい》助郷・増《まし》助郷・加《か》助郷・当分《とうぶん》助郷など、さまざまな名称の助郷が設定され、定助郷以外の村々に助郷の拡大がはかられた。遠州では増助郷に類似の余荷《よない》助郷があり、たとえば袋井宿では、幕末安政期に定助郷三七カ村・余荷助郷五七カ村が設定されていた。

定助郷の村々はもとより、そのほかの助郷であっても、指定された村々の負担は大きかった。そのため、こののちしばしば助郷役の減免要求が繰り返され、ときには宿と助郷村々との対立、あるいは定助郷の村々と他の村々との対立を引きおこすこともあった。

4 諸産業の発達

稲作と畑作物●

近世にはいると諸産業の発達は著しく、産物についても品種の多様化・品種改良が進んだ。また、肥料の工夫や農具の改良など、農耕技術の面でも大きな進歩がみられた。

豆駿遠三国でも豊かな産物がみられたが、さいわい伊豆と遠江の一部に享保期の「産物帳」が残されていて、その時代の産物を網羅的に知ることができる。すなわち、『静岡県史』資料編11にみられるように、

「伊豆国産物帳」と「遠江国掛川領産物帳」であり、関連するその他の「産物帳」とあわせて、容易に検討することができるようになった。

これら「産物帳」は、享保十九（一七三四）年三月に、幕府が丹羽正伯《にわせいはく》に『庶物類纂《しょもつるいさん》』の編集を命じたことにはじまり、ついで翌年、諸藩の江戸留守居がよばれてその調査を指示され、統一的に作成されたものであった。伊豆・遠江の分は、いずれも享保二十一年に提出されているのである。

その内容・構成について一言ふれておくと、伊豆の場合、君沢《きみさわ》・田方・賀茂《かも》の各郡単位で作成されており、田方郡について主要項目をみると、つぎのようなことであった。まず植物は、穀類・茶・たばこ・木綿・かぞ・菜類・菌《きのこ》類・瓜類・菓類・木類・草類・竹類に分けられ、それぞれについてさらにくわしく書きあげられている。ついで動物が、魚類・貝類・鳥類・虫類・蛇類となっている。その他の「産物帳」も、ほぼ同様の分類にしたがって調査されているのである。

ところで、近世農業の基本となったのは、やはり稲作であった。近世にはいると、大河川下流域の新田開発も進むなど、水田耕作の規模は急速に拡大していった。早稲・中稲《なかて》・晩稲の区別はすでに中世からみられたが、近世初頭の農書『清良記』では、早・中・晩稲、餅米、畑稲、太米に分けて多様な品種が掲げられ、水稲粳《うるち》米六〇種・糯《もち》一六種・陸稲一二種・大唐米八種となっている。

三国の稲の品種もまことに多様であり、すでに「産物帳」や各地の「村差出明細帳」などによりながら、その実態が解明されている（川崎文昭「近世駿遠豆の稲の品種について」『静岡県史研究』六号）。これら多様な品種は、自然淘汰がなされ、改良が重ねられ、またそれぞれの地域の気候や地質によって、実際に使用されるのは十数種類に限られるとはいえ、それにしてもその多様さにはおどろかされるのである。

早・中・晩稲についてみると、早稲よりも晩稲の方が収穫量が多いため、晩稲の方の作付面積を多くするのが一般的であった。ただ、早稲は冷害や天候の不順に比較的強く、収穫が早いため台風などの被害にあう比率が低く、また端境期《はざかい》の夫食の助けになるなどの利点があった。そのため、早・中・晩稲のいずれも作付を行うのが慣わしで、山名《やまな》郡松袋井《まつぶくろい》村(袋井市)の弘化三(一八四六)年の記録によれば、早稲一分・中稲三分・晩稲六分という割合になっていた。

近世の農業経営にあっては、稲作が基本になるとしても、雑穀や野菜類などの畑作物も重要であった。米は大部分年貢として収奪されたため、日常の食生活ではこれら畑作物の占める比重が大きかった。一九一頁でみた近世前期の農書『百姓伝記』によれば、具体的につぎのようなものがあげられている。

まず五穀・雑穀類についてみると、「大豆・小豆《あずき》・小角豆《ささげ》・あわ・きび・ひえ・ごま・荏《えごま》・とうきび・そば・唐あづき・ゐんげんまめ・つばくら豆・そらまめ・ゑんどう・ぶんどう・けし・なんばんきび・なたまめ・さるまめ・麻・紅花・あい・紫根・いちび・青苧《あおそ》・きわた」、以上があげられている。

つぎに野菜類はさらに多様であり、「大根・かぶら・からし・くゝたち・ちさ・ほうれんさう・にんじん・ごぼう・里いも・うり・なすび・夕がを・とをぐは・きふり・すいくわ・ぼうふら・山のいも・こんにゃく・ところ・にんにく・かりぎ・ねぶか・わけぎ・あさつき・らっきょ・にら・めうが・ふき・しそ・うど・たばこ・はじかみ・たで・とうがらし・はゝきゞ・あざみ・あかざ・みつばせり・たんぽゝ・ひうず・たま・けいとう・ほうづき・しゅんぎく・とうのごま・もぐさ・山ごぼう・はこべ」、などである。

もとより、これら多種・多様な雑穀・野菜類も、すべてが作付されるわけではなく、なかには食用となる野草も含まれている。また、それぞれに適した耕地で栽培されるので、一村についてみると、たとえば差出明細帳にみられる種類はそれほど多くはない。ただ、今日につながる野菜類も多く、先人の努力の跡がしのばれるのである。

三国の特産物●

近世社会では、全国各地でその地域特有の生産物、いわゆる特産物がうみだされた。それは地域的に自然発生的な面もあるが、諸藩が領国内の産業振興の観点から、特色ある物品の生産を奨励したことにもよっていた。

ところで、豆駿遠三国の場合は、特産物としてどのようなものがあげられるであろうか。『静岡県史』資料編11には、その主要な関係資料が収録されているが、そこでは茶と茶一件、修善寺紙と駿遠《すんえん》の和紙、椎茸・わさびの栽培、そして山方の諸産物として蜜柑《みかん》・毒荏《どくえ》などが、それぞれ節を立てて取りあげられている。ここでは紙数の関係もあり、とくに茶・椎茸・わさびについてみておこう。

お茶は現在でも、静岡県有数の特産品である。近世では、主として駿河・遠江の山間部を中心に生産された。志太郡地《じ》名《な》村（榛原郡川《かわ》根《ね》本《ほん》町）では、慶長七、八（一六〇二、〇三）年

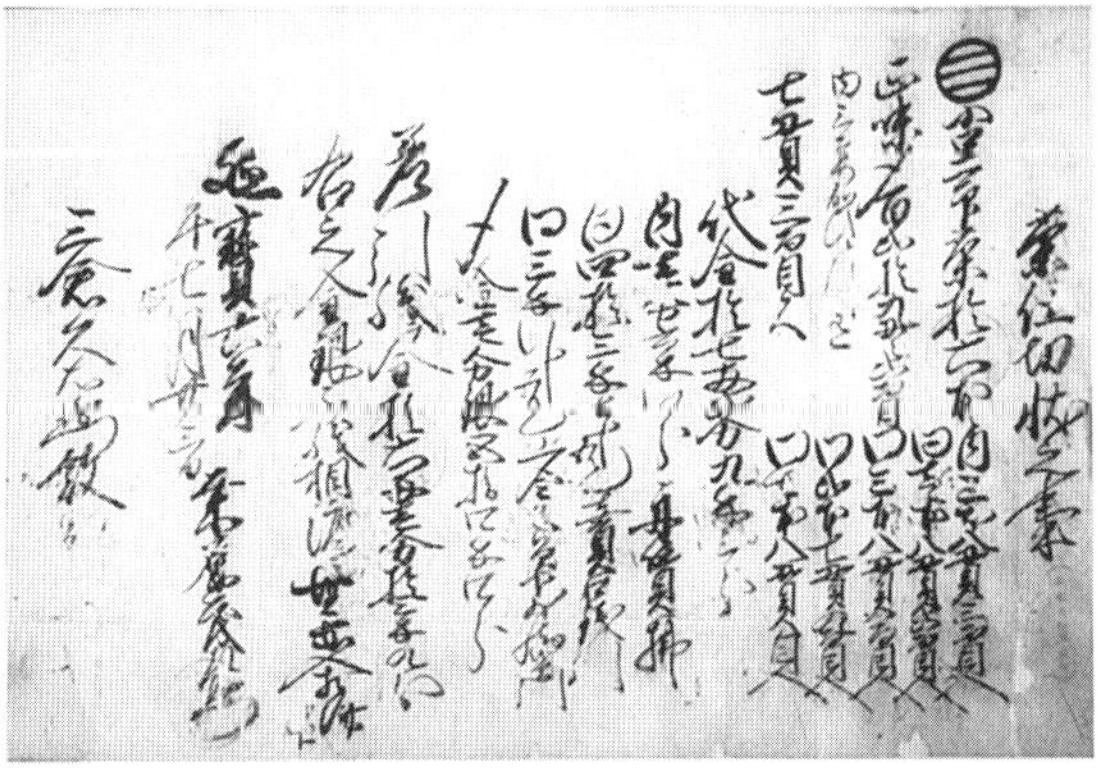
茶仕入仕切状（延宝6〈1678〉年7月23日付）

の年貢が茶と紙で納入されていた。北遠地方でも同様で、茶は綿・紙・漆などとともに早くから上納され、延宝三（一六七五）年の検地では、茶畑が等級をつけて把握されたのである。

このように、茶は早くから領主権力によって掌握されていたが、他方で商品作物として売買も行われていた。近世もなかばすぎにもなると、茶の生産者・在地の茶商人・駿府の茶問屋・江戸の問屋のからみも複雑になり、やがて駿遠一〇〇カ村を超える生産者が立ちあがった文政期（一八一八〜三〇）と嘉永・安政期（一八四八〜六〇）の二度にわたるいわゆる茶一件が勃発した（宮本勉「駿遠茶一件の歴史的特質」『近世静岡の研究』）。茶の生産者たちは、江戸への茶の直売りを要求し、文政期にはやぶれたものの、嘉永・安政期の二度目の訴訟によって、それを実現したのであった。

つぎに椎茸であるが、伊豆の天城山は早くから林業が盛んで、幕府の御林《おはやし》も設けられていた。そのような条件のもとで、椎茸栽培も盛んとなり、十七世紀の後半には年貢として納入されたり、江戸への販売などの商取引も活発になっていった。延宝年間（一六七〇年代）の田方郡湯ケ島村（伊豆市）の文書は、その一端を示している。

ところが、十八世紀の後半ごろから、伊豆では椎茸栽培用のシデの木が不足がちとなり、伊豆の椎茸師たちは駿河・遠江の山間部などへ進出していった。伊豆の住人への椎茸山やシデ林の売渡証文が、そのような状況を語ってくれる。より端的には、たとえば文政二（一八一九）年に賀茂《かも》郡沢田《さわだ》村（河津町）の住人五人の場合は、「右の者共渡世のため、三州・遠州辺りへ椎茸山へ稼ぎに罷り出申したく、願い上げ奉り候」と嘆願している。おそらく、当時一般的にみられた状況なのであろう。

茶・椎茸にくらべると、わさびの出現はやや遅かったようである。『静岡県史』編纂のための調査資料のなかで、わさびについてふれたもっとも古い文書は、享保三（一七一八）年のものとされている。そこでは、「かやの木畑壱枚」を代金一両三分で売ったさい、「此内わさび田除き置き、売り中し候」とみえている。これは安倍川中流のことであり、元文五（一七四〇）年のわさび沢などの売渡証文が久能尾《きゅうのお》（静岡市）と藁科《わらしな》川上流であるので、椎茸とは逆に、伊豆よりもむしろ駿河が先行していたのであろう。

しかし、伊豆天城山でも十九世紀にはいるころにはわさび栽培が急速に広がったようで、田方郡湯ケ島村の大滝・宿・西平・長野・金山などの「山葵《わさび》仲間」は、文化六（一八〇九）年一六五軒、文政七年一七四軒、天保二（一八三一）年一八一軒と増加していった。また、同村には「山葵植付場所」に関する間数・作人名を記した詳細な絵図も作成されていて、わさび生産の広がりを示している。

鉱山と林業●

全国各地の金銀山を主体とする鉱山は、豊臣政権下ですでに直轄化され、徳川幕府においてもその方針は継続された。それは単に幕府を財政的にささえたというだけではなく、鉱産物の輸出や貨幣制度などともかかわって、幕府の経済政策の重要な基礎となっていたのである。

三国についてみると、伊豆の金銀山と、駿河の金山とがとくに注目される。まず伊豆については、天正期（一五七三〜九二）に開発されたといわれる土肥《とい》金山（伊豆市）に加えて、慶長期（一五九六〜一六一五）には縄地（賀茂郡河津《かわづ》町）・毛倉野（同南伊豆町）・湯ケ島（伊豆市）・瓜生野《うりうの》（同）・修善寺（同）が開かれたといわれ、当初伊豆の文禄・慶長検地の奉行人であった代官頭彦坂元正が、これら金銀山の支配も行っていた。その後、慶長十一（一六〇六）年に彦坂が改易されると、同じく代官頭大久保長安が伊豆代官として赴任してきた。長安は駿府政権の奉行衆の一人でもあり、またその支配地域は鉱山支配を中心に全国各地におよんでいた。

この長安が代官だった時期に、伊豆金銀山の発掘量は飛躍的に増大し、諸国から金掘たちが押し寄せてきたという。正徳三（一七一三）年の「瓜生野金山由緒聞書」によれば、往時には「大分に金銀出申す由、町屋三千五百軒相立ち候。大久保石見守様駿河御城様へ、金銀百駄も御上納成され候由」（『静岡県史』資料編11）といわれているように、はなはだ盛況であったようすがうかがわれる。

つぎに駿河では、麓《ふもと》（富士宮市）・安倍・井川《いかわ》（静岡市）の金山が知られる。なかでも、安倍金山については関の沢の秋山家に、現在も金山関係だけでも五〇〇点近い資料が残されていて、その実態・変遷を知る

梅ケ島金坑図（『駿河志料』）

ことができる。

享保九（一七二四）年の「由緒書」によれば、延喜二（九〇二）年に黄金を献上したところからはじまるとするのはともかくとして、戦国期の享禄年中（一五三〇年ごろ）に金山が繁盛し、これを「元栄《もとさかえ》」といっている。つぎの繁栄は伊豆と同じく慶長期で、「慶長年中は繁昌おびた、しく御座候由、その節の出砂金をもって、駿府町にて小判仰せ付けられ、出来候御金を駿河判と申し候由申し伝え候」といい、この時期は「中栄」といわれている。山中に遊女町もでき、その跡は「けわひ坂（化粧）」と称したという。

その後はしばらく金山としては中絶し、百姓が小間歩で稼ぎ、堀間役金二分を上納してきた。貞享元（一六八四）年に至り御運上山となり年に銀一〇〇枚、元禄二（一六八九）年からは運上金一五両で堀間役金二分は免除、元禄十四年からは金八両、正徳元年からは七両二分、そして享保三年には新金で三両三分と、しだいに減少していった。それでも、天保九（一八三八）年の「年々砂金御上納寄帳」によると、宝暦九（一七五九）年〜天保二年までの砂金量と代金が書きあげられていて、なお実態を有していたことがわかる。

林業については、三国それぞれで発達しており、いずれも幕府の御林が設定されていたが、ここでは伊豆を中心にみておこう。

伊豆の御林は天城山で、東西一三里・南北六里といわれる広大な林地であった。幕府が御林として設定した時期は不明のようであるが、元禄十一年になると、幕府は三島代官に命じて、この広範囲な御林を河津・仁科・狩野（のちの湯ケ島）・大見の四口に区画し、それぞれに御林守《おはやしもり》を一人ずつおき、とくに松・杉・檜・槻・柏・樫・楠・栂・樅の九木を御制木とし、御林の管理・保護に当たらせたのであった。この時点で設定された御林地付村は五四カ村であったが、幕府が周辺の地続山を御林山に組み込んでいった結果、天保五年には一二〇カ村と、倍増したといわれている（浅井潤子「幕府御林山における林業生産」『史料館研究紀要』三号）。

木材の需要は、江戸を中心に高まる一方であった。文政三（一八二〇）年でも、「江戸廻」とされた本数は一万五〇〇〇本を超えていた。また、薪炭需要の増大に対応することも天城御林の重要な役割で、天城炭は宝暦九年より御用炭として、年季請負制炭されるようになったのであった。

駿河では、安倍奥梅ケ島《うめがしま》村（静岡市）に御林があり、初期には駿府代官井出正次・彦坂光正らの支配をうけていた。また遠江では、榛原郡千頭《せんず》村（川根本町）・大代《おおじろ》村（島田市）の御林もあったが、やはり天竜林業、つまり天竜川上流の遠・信国境の北遠の山々が森林資源の宝庫であった。木材の大量需要とそれに伴う奥地林の開発は、伐木・運材技術の発達を促し、流送過程の諸施設の整備と運材労働力の組織化をもたらした。天竜川ではとくに榑木《くれき》（檜・杉などから製した上材）の搬送が問題で、「管流《くだなが》し」されたものが日明《ひあり》・船明《ふなぎら》（浜松市天竜区）間でいったん水揚げされ、船明からは筏《いかだ》組で掛塚港（磐田《いわた》市）まで運ばれ、そこから船積されて江戸や各地に運ばれたのであった（飯岡正毅「遠州舟明における幕府の榑木処分」徳川林政史研究所『研究紀要』昭和五十年度）。

5章

幕藩制社会の成熟と解体

内山真竜自画讃像(浜松市立内山真竜資料館寄託内山昌彦家文書)

1　藩政の定着

諸藩の動向●駿河《するが》・遠江《とおとうみ》の諸藩には譜代大名《ふだいだいみょう》が配置されたため、とくに近世前期にはその交代が激しかった。浜松《はままつ》藩のように、そのような状態が幕末まで続いたところもあったが、しだいに同一の大名家で定着していく傾向が強まっていった。ちなみに、幕末までほぼ一〇〇年以上続いたところをあげてみると、次頁表のごとくである。

もっとも早く定着したのは横須賀《よこすか》藩の西尾《にしお》氏で、天和二（一六八二）年に忠成《ただなり》が信濃小諸《しなのこもろ》から二万五〇〇〇石で入封し、以後幕末まで一八〇年余続いたのである。忠成は小諸に転封する前は駿河田中《たなか》藩主であり、再度東海筋へでてきたことになる。

西尾氏は、老中《ろうじゅう》にもなったつぎの忠尚《ただなお》の代にかなり発展した。すなわち、「西尾家譜《にしおかふ》」によると、忠尚は元禄二（一六八九）年に横須賀（掛川市）でうまれ、同十六年十二月に従五位下播磨守《じゅごいのげはりまのかみ》に叙任された。ついで正徳三（一七一三）年七月に父忠成が病気で致仕《ちし》（官職を辞して隠居すること）したため家督をつぎ、八月には隠岐守《おきのかみ》と改めた。享保十九（一七三四）年九月若年寄《わかどしより》、延享二（一七四五）年九月には西丸《にしのまる》老中に進み、遠州《えんしゅう》各地で五〇〇〇石の加増となった。さらに、翌三年五月に老中となり、「加判の列、御本丸勤」をおおせつけられ、九月には従四位下侍従《じゅしいのげじじゅう》に叙任された。同四年二月には、大御所吉宗《おおごしょよしむね》付きとなり、寛延二（一七四九）年には長年の功を賞され、遠州でさらに五〇〇〇石の加増となった。宝暦二（一七五二）年四月に

幕末まで長く続いた諸大名

居城	藩主	入封・襲封年月，石高	転封年月など
沼津	水野忠友	安永6(1777).11，入封2万石	享和2.9，没
	忠成	享和2(1802).11，襲封3万石	天保5.2，致仕
	忠義	天保5(1834).4，襲封5万石	天保13.1，没
	以後5万石で，忠武—忠良—忠寛－忠誠		
	忠敬	慶応2(1866).10，襲封5万石	慶応4.7，上総菊間
小島	松平信治	元禄17(1704).1，陣屋開設1万石	享保9.3，没
	以後1万石で，信崇—昌信—信義—信圭—信友—信賢—信進—信書		
	信敏	元治元(1864).8，襲封1万石	慶応4.7，上総桜井
田中	本多正矩	享保15(1730).7，入封4万石	享保20.8，没
	以後4万石で，正珍—正供—正温—正寛		
	正訥	万延元(1860).閏3，襲封4万石	慶応4.7，安房長尾
掛川	太田資俊	延享3(1746).9，入封5万石	宝暦13.12，没
	以後5万石で，資愛—資順—資言—資始—資功		
	資美	文久2(1862).3，襲封5万石	慶応4.7，上総芝山
横須賀	西尾忠成	天和2(1682).3，入封2.5万石	正徳3.7，致仕
	忠尚	正徳3(1713).7，襲封2.5万石	宝暦10.3，没
	忠需	宝暦10(1760).4，襲封3.5万石	天明2.9，致仕
	以後3.5万石で，忠移—忠善—忠固—忠受		
	忠篤	文久元(1861).10，襲封3.5万石	慶応4.9，安房花房

老中に再任されるが、同十年三月に七二歳で死去した。

　このように、忠尚は老中にまでなり、二度の加増であわせて三万五〇〇〇石の大名になったのである。つぎの忠需《ただみつ》は京極《きょうごく》家からはいった養子であったが、以後この三万五〇〇〇石は代々保証されたのであった。

　ついで小島《おじま》藩であるが、松平《まつだいら》(滝脇《たきわき》)信孝《のぶなり》が元禄二年五月に若年寄となり、それまでの六〇〇〇石に四〇〇〇石が加増され、大名に列したところからはじまる。ただし、「万石封土ノ朱印」を賜ったのはかなり遅れて、翌三年十二月に襲封した養子信治《のぶはる》の代になり、同十二年のことであった。そして、この信治が元禄十七年正月に庵原《いはら》郡小島村（静岡市清水《しみず》区）に陣屋《じんや》をかまえることにより、小島藩として立藩したのである。まさに典型的な譜代極小藩であるが、その陣屋跡は現在も小島に残っている。

藩政が定着した大名としては、田中藩の本多《ほんだ》氏がこれについでいる。享保十五年七月に正矩《まさのり》が、四万石で上野《こうずけ》沼田《ぬまた》から入封したのである。本多氏もいろいろな系統があるが、もっとも有名なものが、徳川《とくがわ》四天《してん》王《のう》の一人で武将型家臣の代表である定通《さだみち》系の忠勝《ただかつ》と、大御所《おおごしょ》政治をささえた吏僚型家臣《かしん》の筆頭である定正《さだまさ》系の正信《まさのぶ》・正純《まさずみ》父子であった。田中藩本多氏の祖は、この後者の正信の弟正重《まさしげ》からはじまっている。

このように、本多氏は幕藩制の成立期に重要な政治的役割を果たしたのであったが、元和八（一六二二）年に正純が改易《かいえき》されて以降は、幕閣《ばっかく》の中心となって活躍するものはあらわれなかった。それでも、田中藩本多氏の場合、正珍《まさよし》が延享三年から老中になるということはあった。

つぎの掛川《かけがわ》藩太田《おおた》氏については項を改めることとし、最後に沼津《ぬまづ》藩水野《みずの》氏についてふれておこう。沼津藩は、関ヶ原合戦《せきがはらかっせん》後の慶長六（一六〇一）年に大久保忠佐《おおくぼただすけ》が入封して立藩したが、同十八年に廃絶されて以降は幕領となっていた。それが、安永六（一七七七）年十一月に水野忠友《みずのただとも》が二万石で入封することにより、再度立藩したものであった。忠友は寛保二（一七四二）年に七〇〇〇石の家督をつぎ、明和二（一七六五）年に一〇〇〇石加増、同五年十一月に若年寄となってまた五〇〇〇石加増、あわせて一万三〇〇〇石の大名となった。安永六年四月に側用人《そばようにん》に転じてさらに七〇〇〇石加増され、同年十一月に二万石の大名として沼津に城地を拝領し、入封したのであった。

この忠友はその後さらに出世し、天明元（一七八一）年九月に老中格になるとまた五〇〇〇石加増され、同五年正月に老中に任ぜられるとさらに五〇〇〇石加増されて三万石となった。その養子忠成《ただあきら》は引きつづき幕閣で活躍し、文政元（一八一八）年八月には老中首《しゅ》座《ざ》にまでなっている。その後二度の加増で五万石となり、そのまま幕末まで維持されたのである。

以下、掛川藩太田氏と、幕政において重要な役割を果たした藩主をだした相良《さがら》藩田沼《たぬま》氏と浜松藩水野氏について、それぞれ主要な事績についてみておこう。

掛川藩太田氏●

太田氏は掛川入封以前から駿・遠両国とは関わりが深く、資宗《すけむね》・資次《すけつぐ》の代の寛永十九（一六四二）年二月から延宝六（一六七八）年六月までは浜松藩主、資直《すけなお》・資晴《すけはる》の代の貞享元（一六八四）年七月から宝永二（一七〇五）年四月までは田中藩主であった。やがて、資俊《すけとし》が延享三（一七四六）年九月に上野館林《たてばやし》より掛川に入封することにより、以後幕末まで二一五頁表のごとく、掛川藩主として定着したのである。

このうち、幕政の面で活躍したのは、資愛《すけよし》と資始《すけもと》であった。資愛は若年寄・京都所司代《しょしだい》を経て、寛政五（一七九三）年三月から八年間にわたり老中をつとめた。ま

掛川城(掛川市)

た、資始は堀田正穀《ほったまさたけ》の三男としてうまれ、資言《すけとき》の養子となって家督をついだのである。そして、大坂城代・京都所司代を経て、天保五（一八三四）年四月西丸老中、同七年本丸《ほんまる》老中となるが、同十二年六月に当時の老中首座水野忠邦《ただくに》と対立し、辞任・隠居したのである。しかし、その後も幕政にかかわり、安政五（一八五八）年六月老中に再任したが、翌年七月大老《たいろう》井伊《いい》直弼《なおすけ》と対立して辞任した。さらに、文久三（一八六三）年四月には老中に三任するが、これは耳が遠いことなどを理由にしてまもなく辞任した。いずれにしても、水野忠邦や井伊直弼と対立して辞任しているように、清廉で気骨のある老中であった（奈倉有子「幕末の掛川藩と太田資始」『地方史静岡』一二号）。

　太田氏が掛川に入封した当時の藩領は、遠江国佐野《さの》郡・榛原《はいばら》郡・周智《しゅうち》郡・山名《やまな》郡・城東《きとう》郡・豊田《とよだ》郡、伊《い》豆《ず》国賀茂《かも》郡・那賀《なか》郡、常陸《ひたち》国真壁《まかべ》郡・筑波《つくば》郡の一〇郡におよんでいた。その後、幕末までのあいだにたびたび変遷があり、駿河国や三河国のみならず、たとえば資始が大坂城代に就任したときには、遠江国内の所領一万石余が上地《あげち》され、河内《かわち》国や摂津《せっつ》国内に所領をあたえられるということさえあった。ただし、これも資始が老中になるにおよんで、遠江国の旧領と引き替えられたのである。いずれにしても、太田氏の所領は佐野郡を中心とする遠江数郡と、伊豆二郡の飛地とが基本となっていた。

　藩体制を維持する家臣団は、幕末には徒士《かち》以上のものが三四〇人、足軽《あしがる》・中間《ちゅうげん》が三〇五人で、あわせて六四五人であった。職制としては、城代《じょうだい》家老を筆頭に、年寄《としより》・家老《かろう》・用人《ようにん》らを中心に、さまざまな役職があった。また、町方《まちかた》の支配は町奉行、村方《むらかた》の支配は郡奉行がそれぞれあたった。

　文化的な面では、藩校《はんこう》が注目される。太田資愛は儒学を尊崇し、享和二（一八〇二）年に掛川城内の北門側に藩校徳造書院《とくぞうしょいん》（初め北門書院）を創設した。そして、藩校教授として松崎慊堂《まつざきこうどう》を招聘したのである。慊堂は肥後国の農家の出身であったが、一〇歳で僧となり、一五歳で江戸へ出奔《しゅっぽん》し、昌平黌《しょうへいこう》で儒学をおさめた。さらに林述斎《はやしじゅっさい》の家塾で学び、しだいにその名を高めた。掛川藩では資愛にはじまり、資順《すけのぶ》・資言・資始につかえ、単に学問のみならず、藩政にもかかわったのであった。

相良藩田沼氏●

相良藩の成立はやや遅かった。宝永七（一七一〇）年閏九月に本多忠晴《ただはる》が一万五〇〇〇石で入封したのにはじまる。しかしながら、相良藩の名を高からしめたのは、やはり一時期の幕政を主導した田沼意次《おきつぐ》の居城となったことによる。意次の父意行《もとゆき》は紀州《きしゅう》藩の足軽であったが、藩主吉宗《よしむね》が将軍になったさいに江戸へ伴われ、幕臣《ばくしん》となったものである。意次は享保四（一七一九）年の生まれで、同十九年に家重《いえしげ》の小姓《こしょう》となり、二十年三月に遺跡をついだ。家重が将軍になるとしだいに出世し、宝暦八（一七五八）午九月に遠江国榛原郡で五〇〇〇石を加増され、一万石となって大名に列したのである。これによって遠江との関わりができ、

田沼意次画像

同十二年にまた遠江で五〇〇〇石加増、さらに明和四（一七六七）年七月に側用人《そばようにん》となり、遠江で五〇〇〇石を加増されるとともに、相良に居城をきずいたのであった。その後も加増は続き、最高時には五万七〇〇〇石にまでなっている。

意次は明和九年正月に老中となり、しかも側用人役もかねて幕政を主導し、いわゆる「田沼時代」をもたらした。しかし、天明四（一七八四）年三月に若年寄であった嫡子意知《おきとも》が江戸城中で刺され、翌月死去するにおよび、意次の権勢は急速に衰えていった。同六年八月に失脚すると、所領のうち四万七〇〇〇石と居城を没収され、同八年七月に失意のうちに死去したのであった。相良城は、意次の失脚とともに破却されてしまった。

田沼父子の政治については、いわゆる賄賂《わいろ》政治ということでその腐敗性がよく指摘されたが、近年はむしろ積極的経済政策をとったことを評価する傾向が強い。すなわち、新田《しんでん》開発や商業重視の専売制度で株《かぶ》仲間《なかま》などに特権をあたえ、その代償として運上《うんじょう》金・冥加《みょうが》金《きん》を幕府におさめさせ、幕府財政の建直しをはかろうとしたことなどである。ただ、本書では幕政は主題ではないためこれ以上は立ちいらず、相良領支配についてみておこう。

相良藩領の支配にあたったのは、家老・用人・物頭《ものがしら》を始め、郡奉行・番士《ばんし》・徒士《かち》目付《めつけ》・地方《じかた》書役《かきやく》・同心《どうしん》・足軽・中間などであった。意次は相良を領知すると、領内に殖産興業や農業出精・倹約などの「申渡」を発し、各村からは請書を徴してその徹底をはかった。

また、明和四年に築城を許されると、同六年から翌年にかけてまず堀石垣が竣工し、以下、大手橋《おおてばし》・大手門外《もんがい》御番所《ごばんしょ》・城石垣《しろいしがき》・大手冠木門《かむりきもん》・大手櫓門《やぐらもん》・三重櫓《さんじゅうやぐら》・川端《かわばた》櫓・本丸二重櫓の順に整備され、本丸御殿の棟上《むねあげ》は安永九（一七八〇）年のことであった。築城とともに城下町《じょうかまち》の整備も進み、相良新町・前浜《まえはま》町・市場《いちば》町・福岡《ふくおか》町・横《よこ》町の城下五町は、町役人足《にんそく》を負担するかわりに地子《ちし》免除となった。

この間、安永八年には相良城を見分《けんぶん》するということで、意次の最初で最後のお国入りが行われた。相良入城は四月十三日であり、帰路は田沼街道（相良街道）を進行したといわれる。田沼街道は相良町と東海道藤枝《ふじえだ》宿を結ぶ全長七里（約二六キロ）の街道であったが、意次が整備させたということで、そのようによばれたのであった。

浜松藩水野氏●

豆駿遠三国の諸藩は譜代大名で占められ、転封も多かったが、幕政に関与する藩主もかなりでた。老中に任じたものも一〇人を超え、なかでも浜松藩の場合は、松平（大給《おぎゅう》）乗寿《のりなが》・松平（大河内《おおこうち》）信祝《のぶとき》・井上正経《いのうえまさつね》・水野忠邦・井上正直《まさなお》の五人を数え、「出世城」とまでいわれているのである。

そのなかでも、とくに水野忠邦は天保十（一八三九）年十二月に老中首座となり、同十二年から十四年にかけて、いわゆる天保改革《てんぽうのかいかく》を推進したことで知られている。忠邦は寛政六（一七九四）年六月に、肥前唐《ひぜんから》津《つ》藩主忠光《ただみつ》の次男としてうまれたが、兄の死により世子となり、文化九（一八一二）年八月に家督をついだ。忠邦は出世意欲が旺盛で、同十二年十一月奏者番《そうじゃばん》、同十四年九月寺社《じしゃ》奉行をかねるとともに、六万石で浜松藩に転封となった。さらに、大坂城代・京都所司代《しょしだい》を経て、文政十一年十一月に西丸老中となり、天保五年本丸老中、そして同十年に老中首座にのぼりつめたのである。同年にはまた、西丸普請の功により一万石を加増された。

ただ、老中首座になったからといって、ただちに手腕を発揮できたわけではなかった。五〇年にわたって在位した十一代将軍家斉《いえなり》が、なお大御所として君臨していたからである。そして、天保十二年閏正月に家斉が死去したことにより、同年四月に家斉のもとで権勢をふるっていた水野忠篤《ただあつ》らを排除し、翌五月に享保・寛政の政治にならって幕政改革を断行するとの宣言がだされたのである。

こうして、天保改革は質素倹約・綱紀粛正・風俗統制などからはじまったが、主要な施策は忠邦の意に反して、いずれも挫折してしまった。すなわち、物価高騰の原因であるとして株仲間を解散したが、流通経済の混乱を招いてしまった。江戸人口の減少と農村復興を目的にだされた人返し令も、ほとんど効果はあがらなかった。対外的危機にそなえて、江戸城・大坂城周辺を幕府直轄領にしようとした上知令《あげちれい》は、大名・旗本《はたもと》らの猛反発を招いて、忠邦失脚の直接の原因となった、などである。

なお、弘化二（一八四五）年九月には忠邦は致仕し、嫡子忠精《ただきよ》がついだが、同年十一月に出羽《でわ》山形に転封になった。その翌年浜松藩領では、第三節でみるように、水野氏の悪政に対する打ちこわしがおこった。

水野忠邦画像

2　町や村の文化

国学の発達●

『万葉集《まんようしゅう》』や『古事記《こじき》』などの古典をつうじて、儒教や仏教の影響をうける以前の日本人の精神をあきらかにしようとした国学《こくがく》は、契沖《けいちゅう》・荷田春満《かだのあずままろ》にはじまり、賀茂真淵《かものまぶち》によって学問的方法が確立され、本居宣長《もとおりのりなが》によって大成された。その後、国粋主義の学風の強い平田篤胤《ひらたあつたね》がでて、幕末の尊攘《そんじょう》運動や明治期の神道《しんとう》国教化に大きな影響をあたえた。このうち、荷田春満や賀茂真淵との関わりから、豆駿遠三国ではとくに遠州国学の発達がめざましかった。

遠州に国学が広まったきっかけは、元禄十六（一七〇三）年五月に、浜松諏訪神社大祝《おおはふり》杉浦国頭《すぎうらくにあきら》が江戸の荷田春満に入門したことであった。国頭は春満の信頼を得、翌宝永元(一七〇四)年には春満の姪真子《まさこ》（の

賀茂真淵画像（内山真竜筆）

ち真崎《まさき》）と結婚したのである。このことによって、春満は上方《かみがた》と江戸とを往復するたびに浜松に逗留することになった。そしてその折の古典の講義や歌会などを通して、国学を中心とする文化の形成をもたらすことになった。

国頭の門人は遠江から三河にかけて二八人におよぶが、いずれも神官であった。そのなかの一人が、浜松宿に近い伊場《いば》村（浜松市中区）の農民で、賀茂明神の神官でもある岡部《おかべ》家出身の賀茂真淵であった。真淵は宝永四年に一一歳で入門し、国頭の妻真崎から手習いを、五社《ごしゃ》神社の森暉昌《もりてるまさ》や古文辞学派《こぶんじがくは》の渡辺蒙庵《わたなべもうあん》らの教えをもうけた。享保八（一七二三）年に結婚するが翌年妻をなくし、同十年に浜松宿本陣梅谷《うめや》家に入婿した。やがて、同十八年に京にのぼり、伏見にあった春満に入門したのである。

京での真淵は、歌会にでたり、春満の代講をつとめるなど、学問にはげんだ。しかし、元文元（一七三六）年七月に春満が死去すると一時浜松に帰り、翌年には家を家族にまかせて江戸へくだった。そして、生活に苦労しながらも学問にはげみ、門人もしだいにふえ、やがて寛保二（一七四二）年に八代将軍吉宗の子田《た》安宗武《やすむねたけ》にめしだされることになったのである。真淵の学問形成にとってこれは大きな契機となり、延享三（一七四六）年二月には田安家の和学御用係《わがくごようがかり》となって、以後命をうけて多くの著作をまとめていった。とくに隠居後の『歌意考《かいこう》』『国意考《こくいこう》』『万葉考《まんようこう》』などをつうじて、国学の方法を確立していったのである。本居宣長と出会ったのは晩年のことで、宝暦十三（一七六三）年に大和《やまと》に旅した帰路、伊勢松坂《いせまつさか》の旅館においてであった。そこで真淵の激励をうけた宣長は、『古事記』の研究を進めることになったのである。

真淵の門人で遠州国学をになったのは、内山真竜《うちやままたつ》と栗田土満《くりたひじまろ》であった。真淵は明和六（一七六九）年十月に七三歳で死去しているので、いずれも晩年の門人で、真竜は宝暦十二年、土満は明和四年の入門であっ

❖コラム

『遠江国風土記伝』

遠州《えんしゅう》の国学者《こくがくしゃ》内山真竜《うちやままたつ》には三〇を超える著作があるが（岩崎鐵志『内山真龍』）、なかでも『遠江国《とおとうみのくに》風土記伝《ふどきでん》』は今日でもなお利用価値の高い名著である。寛政元（一七八九）年七月にまず浜名《はまな》郡・敷《ふ》智《ち》郡をまとめ、同三年に山香《やまか》郡・豊田《とよた》郡、同四年に磐田《いわた》郡・山名《やまな》郡・麁玉《あらたま》郡・長上《ながのかみ》郡、同五年に南《みなみ》周智《しゅうち》郡、同七年に引佐《いなさ》郡、同十年に城飼《きこう》郡・榛原《はいばら》郡、最後は同十一年六月に佐野《さの》郡ということで、遠江国全一三郡の執筆完了までに一〇年余を要している。

この著述にあたり、真竜は一〇〇点ほどの諸書を読破し、遠江関係の記事を書き抜いたといわれている。さらに、門人・知友から提供された資料を参考にし、しかも実地調査を心がけたことが、本書の価値を高からしめているのである。

記載内容は各郡ほぼ共通で、まず郡の(1)「総説」があり、郡の概要・郡名の由来・延喜式内社《えんぎしきないしゃ》・『倭名抄《わみょうしょう》』の郷名《ごうめい》・当時の郷名などがあげられる。ついで(2)「郷村」が主要な記述となり、近世の村と元禄郷帳《げんろくごうちょう》の村高・村の概要・村内のおもな寺社などが書きあげられている。(3)は「寺社」で、郡内のおもな寺社の朱印高・由緒を記し、(4)「山水其他」では、同じく郡内のおもな山・川・旧跡が取りあげられ、(5)は「通道」となっている。

本書が完成すると、短期間のうちにかなりの写本が作成されていて、当時から広く参照されたことが知られる。また本書は、『駿河国新風土記』『駿河記』『掛川誌稿』など、その後の地誌編纂にも大きな影響をあたえたのであった。

た。

真竜は豊田郡大谷《おおや》村（浜松市天竜《てんりゅう》区）で代々庄屋をつとめる内山家の長男としてうまれた。自身も宝暦十二年の二三歳のときから、五〇年あまり庄屋役をつとめた。真淵から直接歌文の指導をうけながら、他方で浜松の古文辞学派の儒者渡辺蒙庵から熱心に漢文を学んで、真淵から批判されるようなこともあった。真竜の著作では、とくに『出雲風土記解《いずもふどきげ》』『遠江国風土記伝《とおとうみのくにふどきでん》』などが、のちの地誌編纂に大きな影響をあたえた。なお、真竜の門人としては、小国重年《おぐにしげとし》・石塚竜麿《いしづかたつまろ》・夏目甕麿《なつめみかまろ》・高林方朗《たかばやしみちあきら》が有名である（岩崎鐵志『内山真龍』）。

真竜の門流が中遠《ちゅうえん》から西遠《せいえん》にかけて広がったのに対して、土満の影響は中遠から駿河にかけて東にのびていった。土満は城飼《きこう》郡平尾《ひらお》村（菊川《きくがわ》市）平尾八幡宮の神主であった。真淵最晩年の門人で、その死後に帰郷し、天明五（一七八五）年に至り同門の本居宣長に入門した。著作に『神代紀葦牙《しんだいきあしかび》』などがあり、門人としては石川依平《いしかわよりひら》が有名で、依平には多数の門人があった。

駿河・伊豆について一言すれば、春満はもとより、真淵・宣長の門人もほとんどみられない。駿州国学の展開についていえば、土満・依平以降ということになる。伊豆では宣長門下がただ一人、田方《たがた》郡熊坂《くまさか》村（伊豆市）の竹村茂雄《たけむらしげお》であった。ただ、平田篤胤およびその没後の門人数は遠江と遜色なくなるので、両国の国学は比較的遅れて、幕末・維新期に発達したといえよう。

『東海道人物志』の世界●

近世後期には、寛政改革《かんせいのかいかく》や天保改革のように全般的に取り締まりがきびしい時期もあったが、田沼時代やとくに文化・文政期のように、庶民文化が花開いた時代もあった。『東海道人物志《とうかいどうじんぶつし》』は文化・文政期の直前、享和三（一八〇三）年に大須賀《おおすが》鬼卵《きらん》が京都で出版したものである。数ある人名録のなかでも、街道の宿別の編集はこの『東海道人物志』以外はみあたらないといわれており、鬼卵の卓抜な編集感覚が評価されている。

　すなわち、『東海道人物志』は東海道を上下する旅人への情報提供を目的に編集されたものであり、いわゆる東海道五十三次《ごじゅうさんつぎ》の宿場とその周辺に居住する人物について、その雅号とともに、得意とする学問・文芸・技芸を紹介したものである。たとえば内山真竜の場合は、見附《みつけ》の駅《えき》の項で「国学・和歌、名真龍《またつ》、大谷《おおや》、内山弥兵衛《うちやまやへえ》」とされている。城下町や宿場をつなぐ街道は、情報・文化の伝播も早く、この『人物志』によって当時の庶民文化の状況がみてとれるのである。とくに静岡県下は二二宿を有しており、多彩な人物の多様な活躍ぶりがうかがわれる。

　ところで、編者の大須賀鬼卵とはどのような人物であったのだろうか。文政六（一八二三）年に八〇歳で死去したとすれば、延享元（一七四四）年ごろの生まれというこ

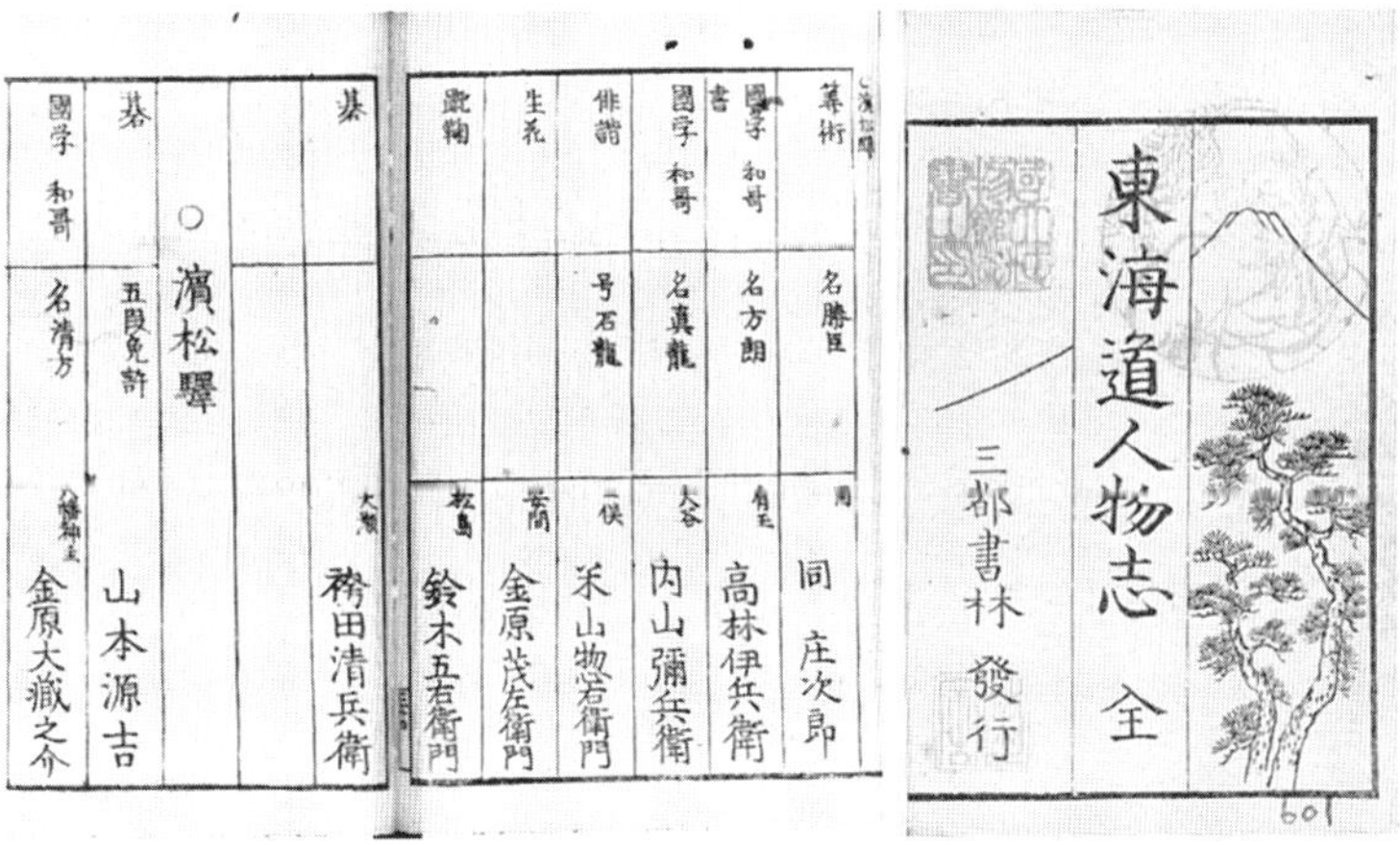

『東海道人物志』

とになる。若いころから絵画・和歌・連歌《れんが》・狂歌《きょうか》・俳諧《はいかい》など、多芸多才であったといわれている。確実な事歴としては安永三（一七七四）年三一歳のときに、河内国茨田《まんだ》郡の佐太《さた》八幡宮に奉納した『佐太のわたり』の編者としてあらわれており、当初は大坂方面で活躍した。その後、同八年には妻を伴って三河《みかわ》国吉田《よしだ》城下にあらわれ、俳人五束斎木朶《ごそくさいもくだ》の俳壇と関わりをもった。妻は号を夜燕《やえん》といい、和歌と画をよくしたようであるが、吉田へきて三年後の天明二（一七八二）年に二六歳で病死してしまった。

ついで寛政年間（一七八九〜一八〇一）にはいると、鬼卵は伊豆国三島《みしま》で韮山《にらやま》代官江川《えがわ》家の英征《ひでまさ》・英毅《ひでたけ》二代につかえ、三島陣屋（三島市）に出仕した。そして、やがて仕官を絶って駿府に移ったようで、寛政九年刊行の『東海道名所図会《とうかいどうめいしょずえ》』では挿絵を担当している。さらに、寛政末年は大井《おおい》川を越えて日坂《にっさか》（掛川市）にはいり、文政六年に死去するまで日坂宿でくらしたのである。このようにみてくると、鬼卵は上方から三島までの各宿を中心とする各階層の人びとと、幅広い交友関係を結ぶ機会があったことがわかる。まさに、各宿をめぐる『人物志』の編者としては、うってつけの人物であったといえよう（岸得蔵「栗杖亭鬼卵の生涯」静岡女子短期大学『紀要』八号）。

さて、『東海道人物志』の内容であるが、その編集方針については、鬼卵自身が凡例のなかで四点にわたって述べている。

第一に、各宿場からほぼ二里以内の人びとを対象にしていることである。たとい高名な人物であっても、それを越えると街道筋からはなれすぎるということであろう。ただ、この原則からして解せないのは、中《なか》ノ町《のまち》・貴平《きへい》・笠井《かさい》・有玉《ありたま》・松島《まつしま》・大瀬《おおせ》など、天竜川より西で、現在浜松市域に属する村の人びとが、どういうわけか浜松駅ではなく見附駅の項にみえることである。

第二に、武士身分のものは、名高い人があったとしても、いっさいはぶいていることである。一般庶民は、城内や武士の居住区にははいれないからである。しかしここにも例外があり、三嶋《みしま》駅の項に「聞人、漢学・詩文章・算学・印章・書画、韮山、中隠堂主人」とみえる。この中隠堂主人とは韮山代官江川英毅のことであり、間違いなく武士である。さすがに実名ではなく、また「聞人」とあり、名声が知れわたっている人とされてはいるが、旧主人への敬意と配慮からか、あきらかに原則からはずれているのである。

第三に、「武術は、公を恐れて、もらし侍る」としている。当時は庶民のあいだにも弓術や剣術などがかなり普及していたのであるが、本来封建的身分秩序の下では、軍事力にかかわることは支配身分＝武士階級に独占されていたので、これをさけたのである。

第四に、著名人であっても、この人物志から洩れたものがある理由を記している。それは旅人の面会要求をこばむ人びとであり、また編集過程で、病とか他出しているとかいって面談できなかったものも、不本意ながら掲載できなかったと述べている。

それでは、このような原則に基づいて、どのような学問・文芸・技芸を有した人びとが掲載されているのであろうか。凡例に続いて、目録ではつぎのような多様なものがあげられている。すなわち、「皇学・歌人・漢学・詩人・仏学・医学・外科・暦学・天文・算学・連歌・狂歌・俳諧・音楽・琴・箏・碁・書画・香・茶道・立花・生花・印章・蹴鞠・将棋・双六・猿楽・浄瑠璃・三弦・小唄・古書・古画・古銭・石品・扇面」の三五例である。ところが、実際に『人物志』で各人が標榜している表現はもっと多様であり、県下二二宿では五四例にものぼっているのである。

これらのうちでとくに多かったものは、俳諧八一人、和歌四〇人、詩と書が各三七人、国学二一人、画一九人などである。国学・和歌が比較的に多いのはこの地域の特色で、さきにみた国学者についていえば、竹村平右衛門《たけむらへいえもん》（茂雄）は三嶋駅、栗田民部《くりたみんぶ》（土満）は日阪（日坂）駅、高林伊兵衛《たかばやしいへえ》（方朗）と内山弥兵衛《うちやまやへえ》（真竜）は見附駅、石塚安右衛門《いしづかやすえもん》（竜麿）は浜松駅、夏目嘉右衛門《きえもん》（甕麿）は白須賀《しらすが》駅にそれぞれ名前があげられている。なお、日阪駅の石川為蔵《いしかわためぞう》（依平《よりひら》）は、「冷泉家御門人、五才ヨリ詠歌」とされている。また、鬼卵は絵師でもあったため、画についてはさらに専門的な区分が行われており、単に画とされたもののほか、一家画・漢画・唐画・倭画・梅画・狩野家・雪家画などとされたものがみられて興味深い。

いずれにしても、『東海道人物志』には宿場を中心にまことに多彩な人物が掲載されていて、当時の庶民文化の広がりを実感させられるのである。

庶民の教育●

日本の近世社会は、よく「文書の時代」であるといわれる。実際、現在残されている近世文書は、膨大な数にのぼっている。それは村方についてだけみても、幕藩制下の領主支配にかかわる検地帳《けんちちょう》や年貢割付状《ねんぐわりつけじょう》・年貢皆済目録《ねんぐかいさいもくろく》を始め、村差出明細帳《むらさしだしめいさいちょう》・宗門改帳《しゅうもんあらためちょう》・五人組帳《ごにんぐみちょう》などから、もっと庶民の生活に密着した祝《しゅう》儀《ぎ》帳・香典《こうでん》帳やいわゆる借用証文などに至るまで、まさに生活の隅々にまでおよんでいるのである。

そして、そのような文書をとおした支配は、それを可能にするような態勢が、庶民の側にそなわっていたことを意味していた。すなわち、一般に「読み・書き・算盤《そろばん》」といわれるような、読書き能力・計算能力の拡大が必要であった。町場の商家などでは、いっそうそのような能力が必要とされたのである。

そのような読書き能力は、村落内に手習塾＝寺子屋《てらこや》が定着することによって、時代がくだるにつれて下層農民にまで広がっていった。たとえば、具体的な事例として、北駿地方（御殿場《ごてんば》市・駿東《すんとう》郡小山《おやま》町方面）では筆子塚《ふでこづか》の分布を手がかりにして、大きな成果があげられている（高橋敏『日本民衆教育史の研究』）。

すなわち、北駿地方には筆子塚と総称される、民衆教育をになった師匠の墓碑群がある。教えをうけた筆子たちが、師匠の菩提をとむらうために建立したものである。それまでに発見されたものは、高橋氏によると駿東郡下で四五基あり、とりわけ北駿地方ではそのうちの三八基が数えられ、民衆教育の一大文化圏となっていた。

四五基にのぼる筆子塚の主の出自・身分は、名主一二・農民一二・医師八・僧侶五・武士三・俳諧師二、座頭・神官・不明各一となっている。すなわち、上層農民が中心で、それに医師や僧侶などが多かった。それらの師匠の没年は、天明五（一七八五）年から幕末までが二五人、明治四十二（一九〇九）年までが二〇人となっていて、十八世紀の後半以降に民衆教育の広がりがみられたことになる。

湯山文右衛門筆子塚(駿東郡小山町)

他方、筆子についてみると、湯山家には二冊の「入学帳」が残されていて、文化五（一八〇八）年から弘化三（一八四六）年まで寺子屋を開業した湯山文右衛門《ゆやまぶんえもん》の寺子は一八九人にのぼっている。そのうち、自宅があった菅沼《すがぬま》村大脇《おおわき》（駿東郡小山町）のものが一二一人あったが、長らく寺子屋を開業していた隣村吉久保《よしくぼ》村（同）が二六人ともっとも多かった。この吉久保村の筆子で出自のわかるもの一三一人について検討すると、一軒で二人の筆子をだした家が三軒あるため、筆子をだした家は二〇軒ということになる。これは吉久保村の総家数五〇軒の四割にあたっており、民衆教育の普及率はかなり高かったといえよう。

さらに、持高についてみると富農とばかりとはいえず、一石未満の零細な農家が一二軒と、実に六〇％を占めているのである。このように、筆子たちの家の階層についてみると、下層農民の子弟も多かったのであり、まさに文字文化の深い広がりを知ることができるのである。駿東郡の筆子塚や筆子の実態は、そのような「文書の時代」の一側面を、みごとに示しているのである。

3 百姓一揆と打ちこわし

天明・天保の飢饉●

近世社会では、たびたび災害や飢饉《ききん》にみまわれたが、なかでも享保・天明・天保のそれは、数年にわたり大きな被害をもたらしたため、三大飢饉ともよばれている。それは時代がくだるにつれて、幕藩制の矛盾が激化していったこともあり、より深刻な事態を招いたのであった。

そして、そのような飢饉に対して、領主や村の指導者たちの救済対策が十分でない場合は、農村や都市の下層民を中心に、穀物の払底や米価の高騰への不満、あるいは収奪の軽減などを求めて、一揆《いっき》・打ちこわしが発生したのである。もとより、百姓一揆などの場合は領主の不正や収奪の強化などによって発生したものも多かったが、近世の一揆・打ちこわしの発生件数についてみると、とくに天明期・天保期に大きな山があり、飢饉の影響が大きかったことを示している。

天明の大飢饉は、天明三（一七八三）年から同七年ごろまで続き、幕藩制が成立して以来、最大の被害をもたらした。そもそも、日本列島自体が十八世紀なかばごろから寒冷期にはいったといわれていて、冷害にみまわれることが多くなっていた。とくに奥羽地方の各地では、冷害による飢饉の被害がすさまじく、餓死者・疫病死者が続出した。天明三年には、それに加えて七月に浅間山《あさまやま》の大噴火があり、その降灰の被害は信濃・上野を始め北関東一帯におよんだ。また、噴煙が太陽の光を遮ったことにより、冷害の被害はいっそう大きくなった。このような自然災害による凶作が飢饉をも

荒歳流民救恤図（「救小屋」の部分）

たらし、それが翌年の端境期の食料不足を倍加させ、さらに凶作が重なると救いようのない深刻な事態を引きおこすことになった。この天明大飢饉の犠牲者は、餓死者・疫病死者をあわせると数十万にのぼると推定されている。

豆駿遠の三国でも、この天明年間（一七八一～八九）には長雨が続くなど、気候不順による凶作・飢饉に見舞われた。たとえば、遠州榛原郡吉永村（焼津市）では、天明元年に飢人二八八人をだし、同六年から翌年にかけては、四〇〇人以上になったという。山間部の被害はいっそう深刻で、天明四年に周智《しゅうち》郡熊切《くまきり》組一二カ村（浜松市天竜区春野《はるの》町）は、前年は皆無同様の凶作であったとして、夫食《ふじき》の拝借を願いでている。駿河・伊豆でも同様の状況で、伊豆では天明六年に山木《やまき》・滝山《たきやま》両村（伊豆の国市）が、田方の虫付・青立被害の検分を願いでているが、皆無・大痛・小痛に分けた田地のうち、皆無ないし大痛の申告が八割近くにのぼっているのである。

ところで、このような凶作が続くと、江戸や大坂を始めとする都市でも米不足が深刻となり、各地で米価の高騰、米の買占めに対する騒動・打ちこわしがおこった。とくに天明七年には、全国各地の主要都市でほぼ同時に打ちこわしがおこり、なかでも五月の江戸の打ちこわしは大規模なものであった。

天保の大飢饉もまた、天保四（一八三三）年から同十年ごろまでと長期にわたった。天保四年は春先から長雨が続いて気温があがらず、典型的な冷害となった。そのうえ、六月に出羽地方の大洪水、八月に関東の大風雨という災害が重なり、関東から東北にかけて大凶作となったのである。さらに、天保七年にはそれ以上の全国的な飢饉となり、やはり奥羽地方の被害が大きかった。この間三国においても、『静岡県史』の「自然災害編」にみられるように、長雨と大風雨が重なって、大きな被害をこうむったのであった。そして、時代がくだるにつれて幕藩制の矛盾が深まっていたこともあり、一揆や打ちこわしの発生件数は、天明期のそれを上まわったのである。

三国の一揆・打ちこわし●

いわゆる百姓一揆は近世の初めからおこっていたが、当初は村役人たちが代表となった訴願闘争が多かった。それが十八世紀になるころから惣百姓による強訴が多くなり、とくに十八世紀もなかば以降には、全藩一揆からさらに領主支配の枠を越えた広域闘争、大規模な強訴・打ちこわしがみられるようになっていったのである。

豆駿遠の三国でも、その規模や形態はさまざまであるが、かなりの一揆・打ちこわしがみられた。ある程度資料が残っているおもなものとしては、つぎのような事例があげられる。

年代順にみると、まず明和元（一七六四）年の駿河国小島藩の惣百姓一揆がある。これは領主財政立直しのための藩政改革によって、年貢増徴政策および藩支出費用の農民への転嫁策が推進されたため、百姓たちが改革を推進してきた新役人の罷免と改革以前の仕法に戻すことなどを要求して、出訴・一揆に至ったものであった。藩当局は、藩主が大坂加番の任から帰国する翌年秋まで問題を棚上げしようとしたが、惣百姓らは新役人の罷免を要求してゆずらず、年内に要求どおりの内済を勝ちとったのである。

天明三（一七八三）年の駿河御厨《みくりや》一揆は別項にゆずり、同六年には遠江で笠井《かさい》・二俣《ふたまた》騒動がおこった。いわゆる天明大飢饉の最中で、笠井村・二俣村の商人らが穀物や諸品を買い占め、売り惜しみをして暴利をむさぼっているとの風聞が流れ、周辺村々の百姓らが商家や名主宅の打ちこわしを行ったものである。また、同七年には駿河でも、米穀の他所売禁止や値下げを要求する山方騒動がおこった。そのときに村々にまわした廻状は、いわゆる傘《からかさ》連判状（首謀者をはっきりさせないために、円型放射状に署名した連判状）の形式をとっていた。

文化十三（一八一六）年の簑着《みのぎ》騒動も別項で取りあげることとして、つぎは天保期の事例である。天保四（一八三三）年には遠江の新居《あらい》町で打ちこわしがおこった。吉田藩では穀物が領外に流出するのをふせぐため、この年二度目の津留令《つどめれい》をだした。ところが、川口屋万平《かわぐちやまんぺい》がこの通達に反して、麦を船積みしているところを発見され、大騒動がはじまった。小前《こまえ》百姓らはその麦を押さえ、万平方に押しよせ、麦七〇〇俵借用などの要求をつきつけた。しかし万平がこれをこばんだため、家・土蔵・諸道具類の打ちこわしになった。そして、さらに数軒の商家に、穀物の放出を約束させたのである。

天保七年には、伊豆の下田《しもだ》町で打ちこわしがあった。下田町の場合は背後に米作地帯をもたなかったため、米価の高騰や米穀の払底《ふってい》はとりわけ深刻であった。同年は天保大飢饉のいわばピークの年でもあり、町内の米小売商四軒がつぎつぎに打ちこわされたのであった。同八年には駿河の大宮《おおみや》町でも、その日の夫食にも差しつかえるという困窮した小前百姓らが、低利の米価借用を要求するという騒動が勃発している。

このようにみてくると、三国の場合も天明・天保の大飢饉の影響を強くうけていたことがわかる。主要な一揆や打ちこわしも、まさにその両時期に頻発しているのである。そこでつぎに、実態が比較的よくわかる東部・中部・西部の個別事例について、ややくわしくみてみよう。

御厨一揆●

駿河国駿東郡の御厨地方は、隣国相模《さがみ》の小田原《おだわら》藩領であったが、当時慢性的な窮乏に見舞われていた。そのうえ、天明二（一七八二）年七月には大地震があり、翌三年五月ごろからは長雨が続き、九月ごろにやっと晴れたかと思うと早霜が降り、冷害による大凶作となった。まさに、天明大飢饉の始まりであった。

それまでは、御厨地方の農民たちは、あまり検見願や年貢減免願などをださなかったようである。しかし、この年はこれまでにない大凶作に直面し、十月の年貢割付の時期を迎えると、小田原表へ年貢減免の嘆願を行うことになった。ところが、藩側の対応ははかばかしくなく、ついに十一月十七日に至って、実力行使にふみきることになった（内田哲夫「安永・天明期の小田原藩と御厨一揆」『小田原地方史研究』五号）。

すなわち、小田原城下へ嘆願に出向くということで、一揆に参加したのは二八カ村、五〇〇〇人を超える人数になったようである。一揆勢は箱根関所《はこねせきしょ》へとむかい、同日夜にはその手前の山中村《やまなか》（三島市）に到着した。ところが、そこで箱根宿の名主佐五右衛門と藩から急派された小奉行らの必死の説得により、一揆勢は要求内容の確認も取らずに、あっけなく退散してしまったのである。

御厨に戻った農民たちは再度年貢減免願を提出するが、箱根関所を前にして引き返した農民たちの立場は弱く、藩の譲歩を十分に引きだすことはできなかった。十二月十一日には、一揆で遅れ

小田原城（神奈川県小田原市）

ていた年貢割付状が下付されたのである。そこでは藩の譲歩として、割付高のあとにある程度の用捨引《ようしゃびき》はなされていた。しかし、それは御厨地方の農民たちの要求からみて、不十分なものでしかなかったことはいうまでもない。

他方、翌天明四年二月から御厨一揆の参加者に対する糺明がはじまり、八月になってそれぞれへの処分が申しわたされた。萩原《はぎわら》村の小百姓久右衛門《きゅうえもん》が死罪、新橋《しんばし》村の常右衛門《つねえもん》が永牢となり、両人の居屋敷・田畑は没収されて村役人にあずけられた。その他、村払《むらはらい》になったものが、御殿場村の小百姓庄左衛門など九人あった。

簑着騒動●

文化十三（一八一六）年の簑着騒動とよばれる一揆は、いわゆる義民増田五郎右衛門伝承をうみだしたことでも知られている。騒動のきっかけは、この年閏八月四日の台風により、遠州・駿州の南部一帯が大きな被害にあったことによる。そのために、十一月になると年貢減免要求が広汎におこり、田中藩・掛川藩・横須賀藩・浜松藩の各城下、それに中泉《なかいずみ》陣屋にも、簑などをきた百姓らが数百人も押しよせたのである。

内山真竜の日記によると、その二十日の条に、「○伴六子、今日有玉上島にて美薗村辺八村之百姓凡六百人計、簑を着浜松城へ願出、其辺ノ名主差留ニ出、有玉橋ゟ上島堤迄人立併、○今日下山梨村辺村々、横すか城へ百姓凶作取面引願ニ出立、○今月十日頃、掛川城領地大井川東ノ百姓五、六百人掛川城へつめ、大手ノ門ニ而達願、家老取計ひ宜て引返ル」と、騒動のようすをなまなましく伝えている。

その結果、たとえば掛川藩領では、当初定免の村々では五厘引きということであったが、一揆の成果で四度に分けて総計三分五厘の減免となった。同時期に、藩領を超えて広範囲にたたかわれた一揆であったため、おそらく他領でもほぼ同様の成果を勝ちとったことと思われる。

そのような成果の反面、一揆参加者に対するその後の吟味は、なかなかきびしいものであった。田中藩領についてみると、翌年三月より詮議がはじまり、翌年六月に判決がくだされた。細島村《ほそじまむら》五郎右衛門《ごろうえもん》（増田五郎右衛門）が頭取として打首・家財没収となったのを始め、永牢・家財没収二人、村払五人、手鎖は数を知れずというありさまであった。さらに、請免一八カ村・検見村六〇カ村に対する強訴の過料《かりょう》（罰金のこと）として、庄屋三貫文・年寄一貫文・小前百姓二〇〇文ずつが課せられたのである。

浜松藩領の打ちこわし●

最後に取りあげるのは、弘化三（一八四六）年の遠州浜松藩領の打ちこわしである（曽根ひろみ「浜松藩弘化三年打毀し」『歴史評論』三二六号）。

この打ちこわしは、藩主水野忠精の転封と井

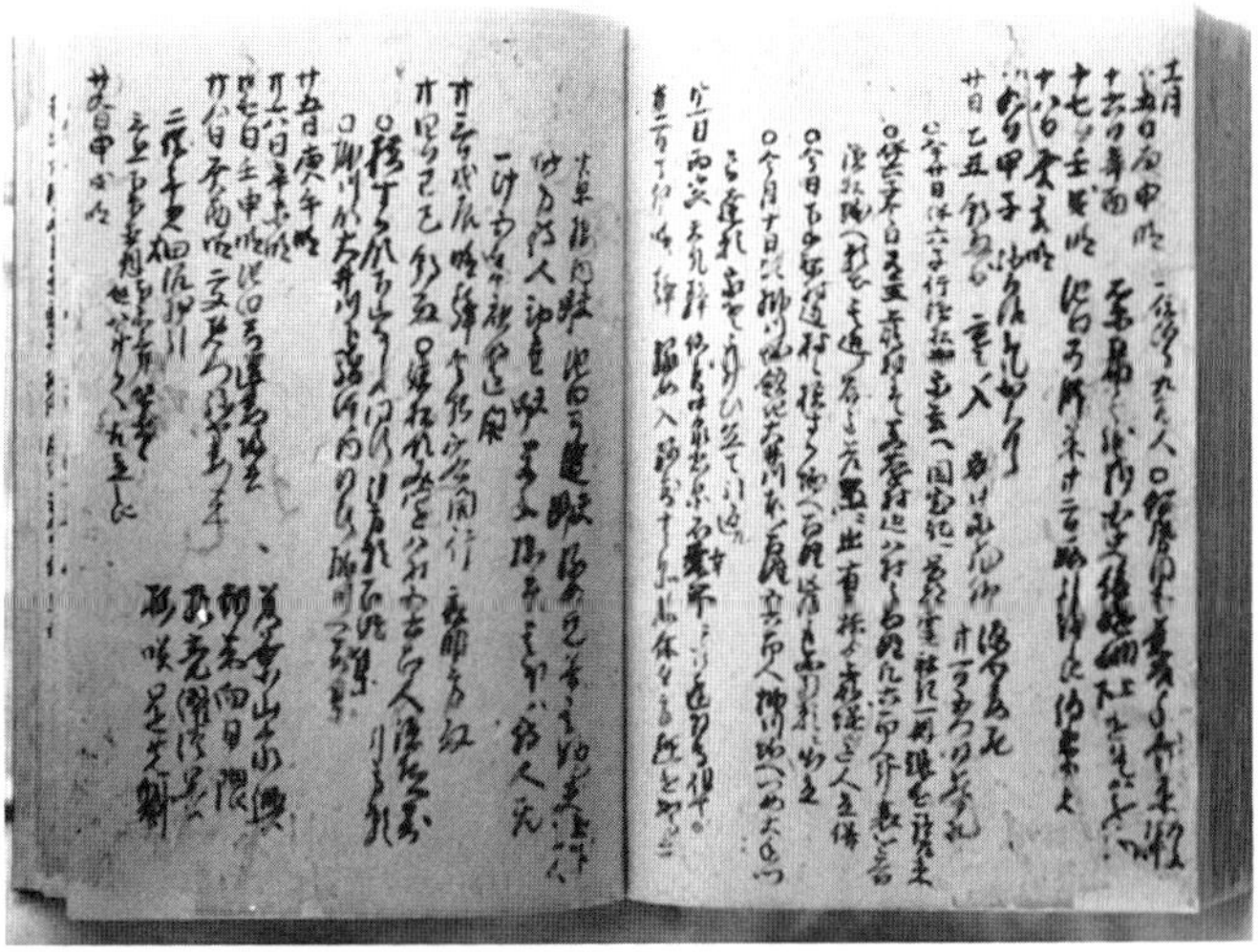

「内山真竜日記」（浜松市立内山真竜資料館寄託内山昌彦家文書）

上氏の入封という領主の交代期に、とくに水野氏の悪政に対する怒りが、二度にわたる勧農長庄屋《かんのうおさ》＝大地主への烈しい打ちこわしとなって爆発したものであった。勧農長とは、天保十（一八三九）年に浜松藩の天保改革の一環として、凶作にそなえて囲米・貯穀を推進する目的で藩権力に登用された有力庄屋であるが、職務を乱用して私腹を肥やすものが多かったといわれている。

打ちこわしの背景としては、まず、転封する水野氏が、それまで御用金・無尽講事など、多様な形態で収奪した金子《きんす》についてはそのままにして、領内貧民に高利で貸し付けていた金子のみをきびしく取りたてようとしたことへの反発である。ついで、打ちこわしに至る前段階として、庄屋をつうじて訴願運動がみられたが、高利貸付金の返済猶予の要求が藩によって拒否されたことである。さらに、積穀・無尽掛金の

浜松城（浜松市）

割返し要求の過程で、勧農長の積穀不正が露見したこと、などがあげられている。

打ちこわしは閏五月十日に、浜松東北部の有玉村陣屋支配下の五三カ村の農民たちによっておこされた。羽鳥《はとり》村の勧農長庄屋卯右衛門を手始めに、高畑《たかばたけ》村・橋爪《はしづめ》村・上前嶋《かみまえじま》村・有玉畑屋《はたや》村・有玉下《しも》村の各勧農長庄屋宅におよんだ。ついで六月二十二日には、浜松東南部一帯でおこり、向宿《むこうじゅく》村・瓜内《うりうち》村・江ノ島《えのしま》村・金折《かなおり》村・上松《うえまつ》村の各勧農長庄屋宅が打ちこわされた。三嶋村・白羽《しろわ》村の庄屋は、あずかっていた積穀金を差しだして、やっと打ちこわしをまぬがれた。この間に打ちこわし勢は一万人余になったともいわれており、まさに全藩一揆の様相を呈していた。

このように、打ちこわしの対象となったものは、村方ではほぼ例外なく勧農長庄屋であった。城下で目標とされたのは、主として藩出入りの米穀商人と、それと結んだ藩役人であったといわれている。しかし、打ちこわし勢が浜松城下にむかおうとしたところ、新藩主井上氏の調停により退散・帰村したため、襲撃をまぬがれたのであった。

打ちこわしの参加層としては、この地方の地主小作関係の矛盾もあって小作人＝貧農が中心で、これに水野藩政下の農民収奪の強化に反発する一部上層農民・庄屋層を含み込んで展開したものであったといわれている。そして、当初は庄屋をつうじて藩への訴願として展開していた運動が、実力行使による積穀割戻しに発展し、さらに勧農長庄屋への打ちこわしへと激化していったものであった。

4　幕末の社会状況

下田開港●

十九世紀にはいると、欧米やロシアのアジアへの侵出が激しくなり、日本にもしだいにその影響がおよびはじめた。幕府は天保十一（一八四〇）年のアヘン戦争で清国《しん》がやぶれたことに衝撃をうけ、その二年後には異国船打払令《いこくせんうちはらいれい》を緩和し、漂着船などがあれば薪・水・食料をあたえることにしたが、鎖国《さこく》政策はなお堅持していた。

この二〇〇年余におよぶ鎖国政策は、嘉永六（一八五三）年のペリー来航によって打破されることになった。すなわち、同年六月三日に、アメリカ東インド艦隊司令長官ペリーが率いる四隻の艦隊が、江戸湾入口の浦賀沖《うらがおき》にやってきたのである。そして、武力で威嚇しながら大統領の国書を受領させ、その返答をうけとるため明年再渡航することを通告して去っていった。

翌嘉永七年一月、ペリーは七隻の艦隊を率いて再度来航し、幕府との交渉の結果、三月に日米和親条約《にちべいわしんじょうやく》が結ばれたのである。それによって、幕府は通商は拒否したものの、下田・箱館《はこだて》の両港を開き、アメリカ船に薪・水・食料・石炭などを供給すること、漂流民を救助すること、などを約束させられた。そして翌年にかけて、イギリス・ロシア・オランダともほぼ同様の和親条約を結んだ。こうして幕末の一時期、伊豆の下田は歴史の表舞台に登場することになったのである。

アメリカは和親条約で満足せず、さらに通商を求めてハリスを送り込んできた。和親条約調印後一八カ月経過すれば、アメリカ領事が下田に駐在することを認めることがある、という規定によるものであった。ハリスが通訳としてヒュースケンをつれて下田に到着したのは、安政三（一八五六）年七月のことであった。下田奉行は当初ハリスの滞在をこばもうとしたが、強硬な要求に屈して玉泉寺《ぎょくせんじ》を提供した。そしてその玉泉寺は、以後三年近くにわたり、アメリカ総領事館となったのである。上陸した翌日にはさっそく旗竿が立てられ、日本の空にはじめて星条旗がひるがえった。

ハリスは下田の領事館を拠点として通商条約の交渉を行い、江戸出府を強く求めた。幕府はこれをかわし続けたが、ついに拒否しきれなくなり、翌四年十月にハリスは念願の江戸にはいったのである。同年十二月からはじまった通商条約の交渉は、翌五年一月まで一四回におよんだ。そして、条約の勅許が得られないまま、四月に大老となった井伊直弼のもとで、安政五年六月十九日に日米修好通商条約《にちべいしゅうこうつうしょうじょうやく》と貿易章程《ぼうえきしょうてい》が調印されたのである。

玉泉寺境内にひるがえる星条旗（ヒュースケン「日本日記」）

この通商条約により、開港場は神奈川・長崎・箱館、ついで新潟・兵庫となった。下田は神奈川開港後六カ月で閉鎖されることになった。それに伴って、玉泉寺のアメリカ領事館も、翌年五月に閉鎖されたのであった。

プチャーチンの来航●

日米和親条約や通商条約にみられるように、日本の開港はアメリカの圧力によってもたらされた。しかし、それ以前から諸国の通商要求はあり、シベリア開発を進めていたロシアも意欲的であった。寛政四（一七九二）年にはラックスマンが漂流民大黒屋幸太夫《こうだゆう》を伴って根室に、ついで文化元（一八〇四）年にレザノフが国書を持参して長崎に来航した。しかし幕府は鎖国の方針を堅持して、いずれも交渉を拒否したのである。

アメリカが強力な使節を派遣したことがわかると、ロシア政府もさっそくプチャーチンを派遣することにした。プチャーチンは嘉永六（一八五三）年七月に、ペリーより一カ月遅れて長崎にやってきた。そして、千島《ちしま》・樺太《からふと》の国境問題と通商を求める国書を呈し、幕府との交渉をはじめた。しかし、十二月からはじまった交渉は妥結に至らないまま、翌嘉永七年一月にプチャーチンはマニラに退去した。三月に勃発したイギリス・フランスとのいわゆるクリミヤ戦争を懸念してのものだった。

同年三月、ディアナ号にのったプチャーチンはふたたび長崎にやってきたが、強力なイギリス艦隊との遭遇をさけてわずか一週間で北上・退去した。そして、箱館に寄港したのち、九月に大坂沖にあらわれ、幕府に下田での交渉を約束させたのである。

下田でのプチャーチンとの交渉の日本側全権は、大目付筒井政憲《つついまさのり》・勘定奉行川路聖謨《かわじとしあきら》であった。十一月一日にはプチャーチンを下田郊外の福泉寺《ふくせんじ》に招き、翌二日には逆にディアナ号上での饗応があり、実際の交渉は福泉寺で三日からはじまった。ところが翌四日朝に大地震が勃発し、下田は地震の被害とともに大津波にもおそわれた。二十七日に安政と改元されたので、この地震は一般に安政東海大地震とよばれている。そのような災難に遭遇しながらもやっと交渉はまとまり、十二月二十一日に日露和親条約が結ばれた。国境問題については、千島はエトロフ島とウルップ島とのあいだを国境とし、樺太は両国民雑居のままとされた。

ところで、さきの大地震のため、下田町では全戸数八五六戸がほぼ全滅・流失し、八五人が溺死した。ディアナ号も大波に翻弄され、マストを折り、船底を大破し、五人の死傷者をだした。そのため、戸田港《へだ》（焼津市）で修理しようとしたが、途中で沈没してしまった。プチャーチンらはただちに代船の建造を願いでたところ、幕府もこれを許可し、韮山代官江川英竜《えがわひでたつ》の取り締まりのもとに、戸田港で造船されることになった。

戸田港で建造された日本最初の西洋型帆船は、二本マストで全長二五メートル・最大幅七メートル、排水量八七ト

ヘダ号の進水式（安政２〈1855〉年３月10日，朝暾斎筆）

ンの小型船であった。ロシア人将兵の設計・指導で、戸田はもとより、土肥《とい》・松崎《まつざき》などからも集められた船大工・頭領・人夫らが建造にあたった。翌安政二（一八五五）年三月十日に完成した帆船に、プチャーチンは感謝の意をこめてヘダ号と名づけた。そして、十八日にこの新造船ヘダ号で、帰国の途についたのである。

ディアナ号の遭難と救助、そしてヘダ号の建造は、日露の交渉史において、まさに両国民の友好関係を象徴する出来事であった。それはまた、わが国の造船史上でも画期的なことであり、戸田は近代造船業の発祥の地となったのである。

韮山代官江川英竜●

幕末期の伊豆で忘れてはならない人物に、韮山代官であった江川英竜（坦庵《たんあん》）がいる（仲田正之『江川坦庵』）。江川家は中世以来の名家で、英長《ひでなが》の代の小田原攻めで徳川家康《とくがわいえやす》にしたがい、韮山の地で世襲代官としての地位を得た。また、家康と江川氏の養女お万《まん》の方《かた》（養珠院《ようじゅいん》）とのあいだに、いわゆる御三家である紀伊《きい》の頼宣《よりのぶ》・水戸《みと》の頼房《よりふさ》がうまれたことも、江川氏の立場を強くした。

この韮山代官江川氏のなかで、もっとも著名なものが英竜（坦庵）であった。英竜は享和元（一八〇一）年に英毅《ひでたけ》の次男としてうまれたが、兄の死によって文政四（一八二一）年に嫡子となり、父の死で天保六（一八三五）年に代官職をついだ。就任当時の支配高は五万四〇〇〇石余、当分預地二万四〇〇〇石余をあわせると八万石に近かった。質素倹約を旨とし、食事は一汁一菜、冬でも火鉢を使わず、袷《あわせ》一枚ですごしたという。

英竜は代官就任当初から民政にはげみ、公正な政治、人材の登用を心がけたが、他方で、はやくから海防問題に関心を示していた。その海防に関する建議書は、三〇通を超えているのである。異国船の来航がみられるなかで、伊豆諸島や下田の重要性、浦賀水道の防禦案、海軍や砲台の整備の必要性などが主張されている。とくにユニークなのは農兵論で、農兵を採用して海防にあたらせようとしたことである。幕府はなかなかこれを許そうとはしなかったが、ペリー来航の直前、嘉永六（一八五三）年五月に下田警備の足軽についてのみ許可した。そして、実際に農兵が取りたてられたのは、英竜の没後になった。

水野忠邦には親任され、天保十年に相模・安房《あわ》・上総《かずさ》および伊豆沿岸の巡見に抜擢されて副使となった。ところが、海岸測量で蘭学者を用いたため正使の鳥居耀蔵《とりいようぞう》と対立し、いわゆる蛮社《ばんしゃ》の獄《ごく》（洋学を憎む鳥居耀蔵の讒訴《ざんそ》により、渡辺崋山《わたなべかざん》・高野長英《たかのちょうえい》らが捕らえられ自殺した）の誘因となるということもあった。

しかし、時代の流れは洋学を忌避するだけではすまなくなっており、幕府も兵制改革にのりださざるをえなくなった。天保十二年には英竜は高島秋帆《たかしましゅうはん》に入門し、徳丸原《とくまるがはら》（東京都板橋《いたばし》区）演練《えんれん》に参加するなど、西洋砲術を学んだ。同十四年五月には鉄炮方兼帯を命ぜられ、幕兵の装備の改革を企てるが、閏九月に水

江川英竜自画像

野忠邦が失脚して沙汰止みとなった。その後は韮山を中心に砲術教授や西洋砲の鋳造などを行い、晩年には韮山郊外に反射炉をきずくが、その完成は没後になった。

嘉永二年にイギリスの軍艦マリナー号が下田に入港したさいには、英竜はみずからこの応接にあたり、退帆交渉に成功している。ペリーの来航直後には、勘定吟味役格に列せられ、海防の議に参画することになった。ところが、下田開港や日露交渉問題などに忙殺されて病状が悪化し、安政元（一八五四）年十二月に幕命により出府したが登城できず、翌年正月江戸屋敷で死去した。満五四歳であった。

東征軍と神主諸隊

欧米列強との開港後、二六〇年余続いた幕藩体制は急速に崩壊していった。ペリーの来航から明治新政府の成立までは、わずか一五年にすぎなかったのである。尊皇攘夷《そんのうじょうい》運動の過程で朝廷の権威が高まり、朝廷と幕府との協調をはかろうとする公武合体《こうぶがったい》などの動きもあったが、やがて慶応二（一八六六）年一月に薩長連合が成立すると、討幕運動へと激化していった。

一橋慶喜《ひとつばしよしのぶ》が十五代将軍になったのは、同年十二月のことであった。慶喜はフランスの援助を得て陸海軍の強化をはかり、老中以下の職制を見直して人材を登用するなど、幕政改革を強力に進めた。しかし、大勢はいかんともしがたく、翌慶応三年十月に朝廷に大政奉還《たいせいほうかん》を行った。ところが、ほぼ同時期に薩長両藩に倒幕の密勅がくだされ、十二月には王政復古《おうせいふっこ》の大号令が発せられるとともに、慶喜に対しては「辞官・納地」の方針が決定された。

当時慶喜は二条城から大坂城にしりぞいていたが、この方針に憤激した幕府方は、幕兵および会津《あいづ》・桑《くわ》名《な》両藩の兵をもって、京都へ進撃することになった。そして、これを迎え討とうとする薩長両藩を中心とする兵とのあいだで、慶応四（閏四月に明治と改元）年一月に鳥羽《とば》・伏見《ふしみ》で合戦となった。激戦の結果、幕府方の大敗北となり、慶喜は大坂城を脱出し、海路江戸へと逃げ帰ったのである。いわゆる戊辰《ぼしん》戦争の始まりであった。

薩長両藩兵を中心とする東征軍は、二月に東海道・東山道に分かれて進撃を開始し、三月の西郷隆盛《さいごうたかもり》・勝海舟《かつかいしゅう》の会見を経て、四月に江戸城にはいったのである。東海道を進んだ東征軍は、まったく戦闘がないまま江戸にはいったが、東海地域では神主諸隊がこれに加わった。すなわち、遠州報国隊《ほうこくたい》・駿州赤心隊《せきしんたい》・豆州伊吹隊《いぶきたい》などであるが、国学運動との関わりもあって、とくに遠州報国隊が注目される。鳥羽・伏見の戦いの結果が遠州地方にもたらされると、浜松井上藩の御用商人で国学研究会の池田庄三郎《いけだしょうざぶろう》らは京都にむかい、官軍に協力しようとした。しかし、桑名での従軍希望はかなわず、ひとまず浜松に帰って、役に立つ隊を編成する準備をはじめた。そのころ京都の吉田神道本家や尾張藩勤王誘因係などのよびかけもあって、西遠地方の神主たちは二月十七日に浜松諏訪社の杉浦大学《すぎうらだいがく》の家に集まって協議し、翌十八日に桑原真《くわばらま》清《きよ》と杉浦の名前で同士勧誘の檄文《げきぶん》をまわした。これに応じた二〇〇余人で一団、中・東遠でも石川依平らの門人たちが中心になって一〇〇余人、これらが合併して三〇〇余人で報国隊を結成したのである。

これらの参加者のうち、神主・社家が三分の二を超えていて、身分不明のものも多いが、ほかに農民・藩士・商人・医師などが数人ずついた。必ずしも全員が勤王精神でつらぬかれていたというわけではなく、神職相続や神葬祭《しんそうさい》実現など、みずからの利害のために参加したものも多かったといわれている。

報国隊ではさっそく従軍の嘆願書をだすが、当初は天竜川などの警衛しか許されなかった。三月二十二日になってやっと従軍が許可され、二十八日までに駿府に集合したものは、桑原・杉浦を始め八〇余人で幕末の一時期、慶応三(一八六七)年七月なかばごろから翌年四月ごろにかけて、東海地方や近畿地方を中心に、一般に「ええじゃないか」とよばれた狂乱的な民衆運動がおこった。その名称の由来は、民衆が踊りながら、「ええじゃないか」「よいじゃないか」などととなえたからであるが、すべての地域でこのはやし言葉で乱舞したというわけではなかった。これは関西地方に特有だったようで、東海地方では「六根清浄《ろっこんしょうじょう》」「このおかげさん」などといっていたようである。

伊勢《いせ》神宮や秋葉《あきは》大権現を始め、諸社の御札《おふだ》が降ったということを契機にはじまるのであるが、これまでに知られているもっともはやい事例は、確実なところ七月十四日の三河牟呂《みかわむろ》村(愛知県豊橋《とよはし》市)の御札降りであるといわれている(田村貞雄『ええじゃないか始まる』)。それ以後、吉田《よしだ》宿(同)から、西では八月にはいって御油《ごゆ》宿(愛知県豊川《とよかわ》市)、ついで十一月にかけて藤川《ふじかわ》宿(愛知県岡崎《おかざき》市)、刈谷《かりや》町(愛知県刈谷市)、名古屋城下へと広がった。東では八月九日に新居《あらい》宿(湖西市)、十日に浜松城下、そして浜松周辺に御札降りがあり、十五日には見付《みつけ》宿(磐田《いわた》市)に達した。九月にはいって四日に横須賀《よこすか》城下(掛川市)、十二日には金谷《かなや》宿(島田市)にも本格的な御札降りがあり、「ええじゃないか」がはじまった。そして、この運動はさらに大井《おおい》川を越えて、駿河《するが》に至るのである。

このように、「ええじゃないか」の乱舞は東海道の宿伝いで広がっていった。降った御札の内容は多種多様であるが、東海地方では秋葉大権現のものが多かった。秋葉三尺坊大権現は遠州秋葉山に鎮座し、火伏《ひぶ》せの神として知られており、各地の秋葉講にもみられるように、秋葉信仰は遠州を中

❖コラム

心に、東海地方に広がっていたからである。

この御札降りは、もとより人為的なものであった。富裕な家に降ることが多く、民衆はそこで酒食の振舞いにあずかった。それがさらに狂乱的な乱舞に発展していったのは、お蔭《かげ》参りや御鍬祭《おくわまつり》の記憶の復活ともみられている。討幕派がこれを利用したともいわれているが、いずれにしてもこの「ええじゃないか」は、幕末から明治初年にかけての「世直し一揆」とよばれた一揆《いっき》・打ちこわしとは別の意味で、民衆の「世直し」要求の特異なあらわれ方であったといえよう。

大井川のお札降り（豊原国周筆「伊勢参宮大井川之図」，慶応3〈1867〉年刊）

あった。駿州赤心隊一〇〇余人のなかからも、従軍するものがあった。彼らは江戸では諸門の警衛にあったり、上野《うえの》の彰義隊《しょうぎたい》の討伐隊にも参加した。そして、十月に有栖川宮《ありすがわのみや》の凱旋《がいせん》が決まると、これに供奉《ぐぶ》して帰国・解散することになった。報国隊が浜松に帰着したのは、十一月十五日のことであった。

ところが、彼らの帰国よりはやい八月に、こともあろうに徳川宗家の後継者として田安亀之助《たやすかめのすけ》(徳川家達《いえさと》)が、駿・遠七〇万石の大名として駿府城にはいっていたのである。報国隊や赤心隊の参加者たちが危惧していたとおり、両隊員に対する旧幕臣たちの怨みは深く、報復行為が頻発した。御穂《みほ》神社の神主太田健太郎《おおたけんたろう》は殺害され、草薙《くさなぎ》神社神主森斎宮《いつき》は重傷を負わされた。

このため、隊員救済の目的で、軍務官大村益次郎《おおむらますじろう》は東京に招魂社《しょうこんしゃ》を設立し、その社司に両隊員を採用しようとした。国元では、東京移住をめぐって「移住論」と「不移論」とが対立したが、翌年秋に両隊から各三一人ずつ、あわせて六二人が東京で招魂社に奉仕することになった。そしてこの招魂社が、のちに日本軍国主義の精神的・宗教的な支柱ともいうべき靖国《やすくに》神社となっていったのである。

6章

近現代社会の形成と将来

牧ノ原の茶園(島田市)

1　明治維新から日清・日露戦争

明治維新と地租改正●

静岡県は維新《いしん》によって、まず徳川家達《とくがわいえさと》（田安亀之助《たやすかめのすけ》）の静岡藩への移住とその藩知事としての活動、そして大量の幕府《ばくふ》側知識人の静岡住まいからはじまった。クラーク、加藤弘之《かとうひろゆき》、西周《にしあまね》らの活躍した静岡学問所や江原素六《えばらそろく》の活躍した沼津《ぬまづ》兵学校は、近代国家の成立にあたっての重要な人材供給源として機能した。彼らは幕末の知的エリートであった。最後の将軍慶喜《しょうぐんよしのぶ》にしたがった近代日本の代表的財界人渋沢栄一《しぶさわえいいち》も静岡に滞在し、日本初の商法会所や近代的な西洋紙会社を設立した。慶喜は慶応三（一八六七）年十月将軍職をしりぞき、徳川宗家《そうけ》を家達にゆずり、家達の静岡藩への移住に伴って、宝台院《ほうだいいん》にはいり、謹慎生活を続け、のちに明治三十（一八九七）年東京に戻り公爵となって、大正二（一九一三）年に没している。静岡藩のほかに、浜松《はままつ》県、韮山《にらやま》県の三県が当初の行政組織であった。これらが明治九年八月二十一日に今日の姿のように、静岡県として統合された。韮山県は県令柏木忠俊《かしわぎただとし》のもと、現在の神奈川県や東京都西部をも包含する大県であった。維新の改革にとって重要なものは身分制の廃止、そして地租改正《ちそかいせい》をあげることができるし、静岡県のように富士《ふじ》川、大井《おおい》川、天竜《てんりゅう》川の三大河川が流れているところでは、横断する橋や山地と海岸をつなぐ通船などが重要だった。こうしてたとえば大井川の川越人足《かわごえにんそく》たち一〇〇戸は、渡船が明治三年に創業されたために、その長年の職を奪われ、丸尾文六《まるおぶんろく》に率いられて牧ノ原《まきのはら》開墾を旧武士団と同様に行って、この地を茶の生産地に変えていく事業に取りくんだ。そのうち、定住に成功したのは、三三戸であった。丸尾たちは富士製茶、商会を経営し、その後にはアメリカのサンフランシスコに支店を経営して、手広く活躍したが、大草高重《おおくさたかしげ》や、最後の県令で初代県知事をつとめた関口艮輔《せきぐちりょうすけ》（隆吉《たかよし》）ら三〇〇人にものぼる士族開墾の場合は、ほとんどが失敗している。引佐《いなさ》郡の事業家気賀林《きがりん》も士族授産の一貫として三方原《みかたがはら》開墾に着手している。沼津地方では愛鷹《あしたか》山の開墾が移住士族によって取りくまれた。失敗したとはいえ、江原素六らは牧牛社という搾乳事業を興している。

　地租改正条例が明治六年に発布され、全国的に土地の収穫量の測定にあたる丈量を行うべく、村落名望家である村惣代《むらそうだい》、百姓代《ひゃくしょうだい》の協力を得ながら、土地の収穫見積もりとそれに基づく地租の算定事業が実施された。しかし旧貢租とほぼ同水準の財政収入確保のための地租算定を必要とした維新政府は、ときには強引な算定を行い、農民の反発を招くことも多かった。静岡県の場合、地租改正事務局（事務総裁大隈重信《おおくましげのぶ》）編纂の『地租改正紀要』によれば、当時の浜松と静岡、韮山の三県で、民衆レベルでその対応は相当異なった。東部、中部では抵抗感はあったものの、目立った動きはまずなかった。

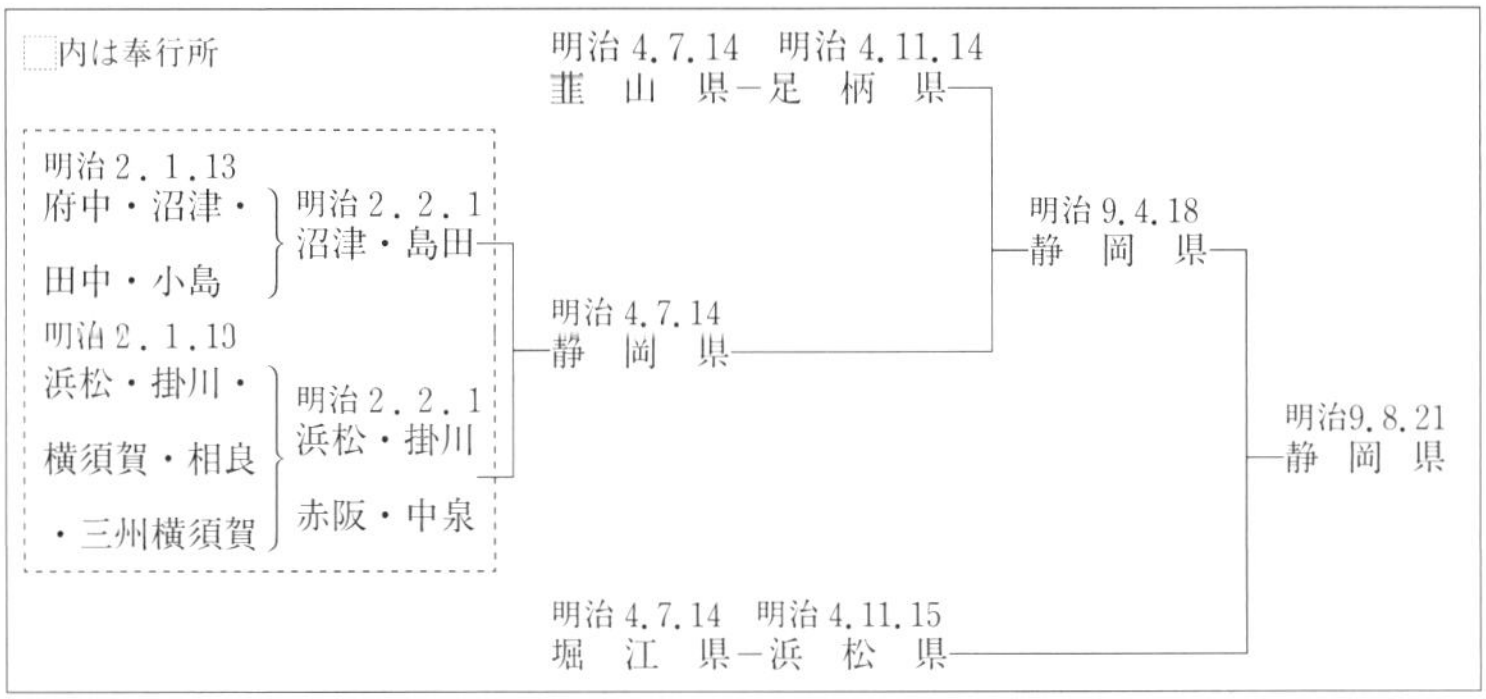

静岡県の成立

ところが浜松県は異なっていた。ここでは地価算定の基礎である一反歩（一〇アール）当り米一・二石は高すぎるというのが地元の反応であり、民会《みんかい》が組織され、浜松県民会として丈量のやりなおしを要求していた。この運動の先頭に立ったのは、岡田良一郎《おかだりょういちろう》ら報徳運動家であった。しかし政府はこれを聞きいれず、強行し、そのかわりに明治十三年の地価修正には応じるからとして、抵抗をかわし、さらに浜松県を廃止して明治九年には三県を統合して、新しく静岡県を設置した。地租改正は、定額金納方式として行ったために、客観的には農民負担はインフレーションとともに漸減することになった。つまり農民的余剰が地主を中心に蓄積され、資本主義工業化の原資の一端を構成した。

自由民権運動の始まり●

自由民権運動《じゆうみんけんうんどう》は全国的には、明治七（一八七四）年、板垣退助《いたがきたいすけ》らが前年の征韓論《せいかんろん》による下野《げや》以後、土佐《とさ》に帰り、士族を中核とした運動として愛国公党《あいこくこうとう》を組織化し、租税共議権をまずは士族にあたえ、その後民衆が目覚めれば、民権として確立せよ、と政府に要求する運動として開始された。のち一八七〇年代後半から八〇年代前半にかけて、とくに明治十年の西南《せいなん》戦争は、軍費調達の必要から多額の財政支出を要し、このために出動を要請された兵士たちはついに十分な給与支払いをうけることもなかった。彼らのなかでも、近衛兵《このえへい》は大蔵卿《おおくらきょう》大隈重信邸をおそって、給与支払いを獲得しようと活動した。当時、この動きを察知した陸軍卿山県有朋《やまがたありとも》は、彼らの騒ぎを利用して権力的支配の強化につとめたといわれる。竹橋《たけばし》事件がこれである。これは当時の自由民権思想にそまった兵士たちが関与したという。この事件に参加した兵士はその後、逆賊として、子孫に至るまで、逼塞《ひっそく》して生きねばならなかった。その一人に旧川根《かわね》村に帰り着いた兵士もいた。

さて、この騒動を利用して、山県は軍人勅諭《ぐんじんちょくゆ》と参謀本部条例を発するなど、軍事組織の権力内部での相対的自立化をはかった。軍人は天皇の軍隊として直隷するとされ、「上官の命は天皇の命と心得よ」、兵士の生命は鴻毛《こうもう》よりも軽いと認識せよとしたのが軍人勅諭であった。また新聞紙条例、集会条例、讒謗律《ざんぼうりつ》などの弾圧法規と憲兵制度による軍隊内外の規律、思想統制組織をつくった。これを端緒として、その後の変動はあるものの軍部の政治への影響力が強大になる根拠となっていった（山中永之佑『日本近代国家の形成と官僚制』）。

この時期、ヨーロッパで経済不況がはじまり、養蚕業を背景とした生糸輸出が困難におちいった。幕末開港以来、ヨーロッパへの生糸や蚕卵紙の輸出などで景気を拡大していた秩父の養蚕地帯の苦境は、人びとに政治への関心を高めさせていた。アメリカ向け輸出が好調な信州地方は、安定していた（石井寛治『日本の産業革命』）。金貨の流出と貿易赤字の増大、さきの西南戦争での軍費支出による財政インフレーションは激しさを増した。また大蔵卿大隈重信らはこの状況を克服する政策手段として、一方で、酒造税を増徴し、他方で、士族への金禄公債証書支払いを、イギリスからの外債導入で処理しようともくろんだ。

士族ばかりか地域の名望家を始め下層農民たちも租税共議権要求の運動に広く結集していった。自由民権運動が士族の枠を越え、下層民衆を含む全国的運動となり、また国会開設と憲法制定要求へと、地域問題から全国問題へと広がりをみせていった。静岡県でも全国にさきがけて国会開設要求が提出されていった。こうした運動をささえたのは、政治結社と日常的な農事改良のための「扶桑社《ふそうしゃ》」などの学習結社などであった（色川大吉『自由民権』）。多彩な結社が組織され、農民たちの夜学会や青年組織が登場した。直接にはこの運動に結びつかなかったが、県内各地の報徳運動によって、掛川《かけがわ》の岡田良一郎らの冀北学舎《きほくがくしゃ》や片《かた》平信明《ひらのぶあき》らの杉山報徳社《すぎやまほうとくしゃ》などの夜学会組織を手がかりに、青年会が組織化されたりしたのも一八七〇年代から九〇年代にかけての時期であった。

明治十四年政変と静岡事件の発覚●

武蔵《むさし》国秩父《ちちぶ》の運動は民権運動の先頭を切った。静岡県では下層農民を中心に、秩父の困民党《こんみんとう》のように、とくに伊豆《いず》地域を始めとして、活貧《かっぴん》党・借金《しゃっきん》党などの名称をもち、借財の棒引きといった高利貸商人への要求、集会、襲撃準備といった動きが全県的に拡がった（樋口雄彦「東駿・北豆の貧民党・借金党」『民衆運動の〈近代〉』）。これは板垣らの自由党《じゆうとう》が解党し、黒田清隆《くろだきよたか》ら北海道開拓使官僚が官有物の不当に安い価格での払下げを策謀し、一旦天皇によって裁可されたからである。しかし民権派新聞などのキャンペーンもあり、さらに政府部内では大蔵卿大隈重信による民権派の議会開設要求への同調もあって、政府としては官有物払下げの停止を行う一方、大隈の下野と政商三井《みつい》の支援を得たとされる板垣の洋行によって、沈静化がはかられた。これを明治十四（一八八一）年の政変という。一八八〇年代前半は大隈のあとをおそった松方正《まつかたまさ》義《よし》による財政政策で、財政インフレから引締施策がとられ、国立銀行券の明治十五年設立の日本《にっぽん》銀行による貨幣統一へ、貿易活動では十三年設置の横浜正金《よこはましょうきん》銀行設立で貿易金融の一元化がはかられ、資本主義的蓄積をめざして、十三年の工場払下概則に基づき、官営事業の民間への払下げを積極的に推進して、財政負担を軽減する一方で、政商資本の財閥《ざいばつ》独占への転化を促進し、海外取引の面で関税自主権《かんぜいじしゅけん》の回復と治外《ちがい》法権《ほうけん》を撤廃する目的で、国力増強に邁進《まいしん》するとの方向性が顕著となった。こうして全国的にも物価、地価下落は時代の流れとなり、地租払いに苦慮した中間層や、一部上層農民の土地の手離しがあいついだ。報徳結社組織化ともあいまって、地元資産家の力による二俣《ふたまた》紡績や島田《しまだ》紡績が活躍し、第三十五や浜松第二

十八、見付第百二十四、沼津第五十四、二俣第百三十八国立銀行など全国的にみても多数の国立銀行、銀行類似会社が多数設置されたのもこうした時代背景をうけてのことであった。当時元老院《げんろういん》議官関口隆吉は東海各県を訪問して、静岡県には金融機関が多く、活発な製茶取引などが行われていることを報告している。

　静岡県でも米価は明治十六年ごろには松方財政の開始した十四年に比して半額となり、地価も三分の一に下落した。むろん財政緊縮とともに、壬午《じんご》・甲申《こうしん》両事変を契機とした朝鮮への干渉・出兵を始めとして軍費増強のためにこの時期、国税、地方税の増徴も行われていて、県全体で酒造石《こく》数は十五年から翌年にかけて実に半減するほどの経営危機を招いていたのである。徴兵制度が明治五年に導入されてから、忌避をはかる民衆は免除規定を利用して対抗してきた。そこで徴兵令を改めて徴兵強化が行われたのもこの時期であった。これらに対して民衆の不満は増大していた。戸長《こちょう》制度の官選への転換は民衆への支配強化を目して十七年に行われた。県下では民衆の生活圧迫に対して借金党の形をとって各地で借金の無利息長期払いを商人にせまるなどの運動が行われている。明治十七、十八年前後はそれが活発化し、ときには地域の金貸しや銀行機関に対して武装襲撃の噂《うわさ》が乱れとぶほどであった。

　明治十九年六月、自由民権運動左派の大臣暗殺計画が発覚し、検挙された。検挙された人びとの中心が静岡県人であったので、これを静岡事件とよぶ。湊省太郎《みなとしょうたろう》・鈴木音高《すずきおとたか》・宮本鏡太郎《みやもときょうたろう》・鈴木辰三《すずきたつぞう》の静岡出身者、中野二郎三郎《なかのじろうさぶろう》・山田八十太郎《やまだやそたろう》ら浜松グループ、広瀬重雄《ひろせしげお》・小池勇《こいけいさお》らの県外人であった。彼らは明治十六年末から翌年二月ごろに武装蜂起で政府転覆をめざす方針を決めたらしい。その軍資金を確保するために、強盗などを働いたが、たいした成果をあげたわけではない。そのうち十七年十二月には名古屋・長野県飯田《いいだ》などの激化諸事件の検挙者もではじめた。十九年五月下旬には湊・鈴木らは東京に転住し警視庁の手で逮捕されたのは六月十二日であった。彼らは大臣暗殺の嫌疑をうけた。しかし彼らは国事犯として扱われたのではなく、強盗罪であった。彼らの家族や縁者はその後も周囲からは冷たい目でみられ、今日に至るも真相は闇のなかである。明治三十年特赦《とくしゃ》により出獄した鈴木音高は、シアトルにわたり、東洋貿易会社を経営し、三十二年に憲政会《けんせいかい》自由派の県内町村長、郡長の支援を得て一六六〇人の農工業視察を名目とした移民者を渡米させて、当時のアメリカの移民禁止と日本政府の渡航制限に違反したという事件を引きおこし、憲政会松本君平《まつもとくんぺい》派の攻撃をうけた（『ドキュメント静岡県の自由民権』）。

東海道線の開通と国会開設●

静岡県では早くも明治五（一八七二）年には浜松藩庁に磐田《いわた》郡彦嶋《ひこしま》村の名倉太郎馬《なぐらたろうま》らが畦畔《けいはん》改良を出願し、届が認められたのは十二年、一区画程度の小さな規模ではあったが、県下でも全国的にも最初の畦畔改良、のちの時代の耕地整理事業が実施された。これは江戸時代の農民の分散的で複雑な農地占有を、二宮尊徳《にのみやそんとく》の報徳思想に基づく正条《せいじょう》植えが可能で、水利条件の改善のための水路の区画に沿った流路変更、所有地の交換分合を行ったのである。これによって農作業の合理化がはかられ、生産性の上昇につながったことを知った地域の豪農たちのなかでも耕地整理の重要性への認識が深まっていった。また松方の財政政策がインフレから緊縮への大転換をつうじて、資本の原始的蓄積を開始する重要な梃子《てこ》となった。この過程は産業的には、綿糸紡績の近代工業が官営事業から脱して民営で発展を開始する契機となった。また国内綿花依存を離脱して、清国《しん》、インドへと供給先が変わり、三井物産の綿花商売がはじまった。農業分野でも米のほかにその他商業的農産物の生産へと大きく変貌した。とくに県西部地域の煙草《たばこ》・藺草《いぐさ》・ヘチマ・乾燥イモの生産など、バラエティにとんだ展開がみられた。県中部や東部では製茶・ミカン生産が進められ、富士山麓の山岳地帯や中部、西部の農村を中心に農家による養蚕業の兼業化が急速に進められていったのも、こうした商業的農業の発展を示した（『静岡県主要産物調査書』『静岡県蚕糸業沿革』）。

近代静岡県は他の地域と同様に、当初は河川の舟運や県を取りまく海洋を利用した沿岸海運、素《そ》封家《ほうか》の道路やトンネル開削への資金提供などに依存して、交通網の整備をはかってきた。東海道はむろん幹線交通路であった。交通手段は陸路はまだ荷車を牛馬に牽《ひ》かせる程度のものであった。これが一変するのは、明治五年の東京新橋と横浜間に開通した路線を別とすれば、東京にガス灯がともり、鉄道がしかれるようになってからである。静岡県でも官設鉄道として東海道鉄道が国会開設にまにあうように着工され、開通するのは二十二

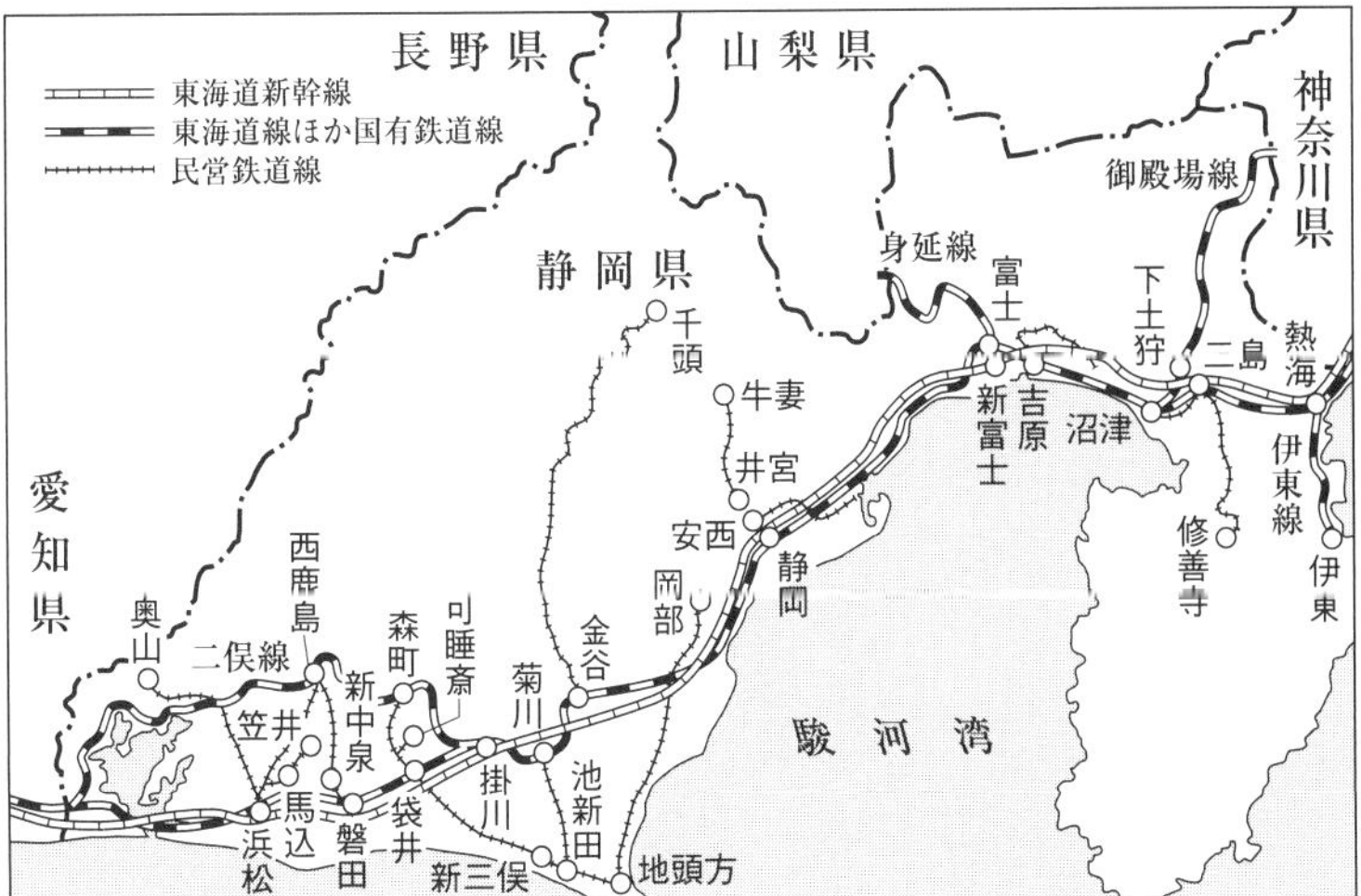

静岡県鉄道概況図（1920〜40年代）

年四月であった。ときの県令関口隆吉は開通式のための試乗で運悪く、静岡用宗《もちむね》付近の石部《せきべ》で転落し大けがをして、それがもとで死去するという痛ましい事故に遭った（『静岡県史』資料編18）。

この前後から民間の出資者による民営軽便鉄道敷設の動きが活発化して、一八九〇～一九一〇年代の鉄道ブームがおこっている。静岡県でも東海道鉄道工事のために明治二十年蛇松《じゃまつ》線が沼津・蛇松間に、二十三年富士馬車鉄道が鈴川《すずかわ》・入山瀬《いりやませ》間に、神奈川の小田原《おだわら》と伊豆熱海《あたみ》を結ぶ人車鉄道が二十八年に、また静岡茶《ちゃ》町と江尻《えじり》港を結ぶ茶輸出のための静岡鉄道が開通したり、さらに浜松に大日本軌道が営業した。この時期から一九一〇年代に県下では鉄道網が充実し、東西を結ぶ東海道線に対して南北や都市内部を結ぶことが必要となっていった。静岡県は「鉄道王国」さながらの観があった（山本義彦『静岡県鉄道写真集』）。

明治二十二年帝国憲法が発布された。また帝国議会は二十三年に開設された。これは明治十四年政変に際して、議会開設を約束したことに基づく。そのための総選挙は二十三年七月に実施された。第一にそれは国税一五円以上を納付するものに被選挙権を、また一〇円以上の納付者に選挙権を付与するという制限されたものであり、全国民の一％程度を対象としていたにとどまる。現にこの選挙での有権者は全県で一万一六四八人で当時の人口は一〇九万三一三四人であるから、一・一％であった。第二に小選挙区制度のために供応買収が頻繁に行われた。全県七区までの立候補者は七二人の乱立ぶりで、当選者は得票率として第一区三九・三％、二区四六・〇％、三区四六・〇％、四区五一・七％、五区三四・一％、六区一九・三％、七区は二人で各七四・二％、四七・二％である。また投票率を割りだしてみると、七区は二名連記制のため除外すると九五・七％に達している。当選した大成会《たいせいかい》派の西尾伝蔵《にしおでんぞう》の選挙参謀であった久野治太《くのじた》郎《ろう》の日誌は興味深い（『袋井市史』資料編4）。大成会は政府吏党《りとう》とされていて、とくに同時に当選した岡田良一郎がこれに参加したのには批判があいついだ。かつて彼は地租改正のやりなおしを要求した浜松県民会議長だったからである。県内選出議員は当選後の態度を含めて吏党派にくみしたものが多数で、その後の選挙でもその傾向は変わらなかった。

日清・日露戦争と民衆●

日清《にっしん》・日露《にちろ》戦争は近代日本のはじめての本格的な対外戦争であった。日清戦争は明治二十七(一八九四)年八月にはじまり、翌年四月に日本の勝利による馬関《ばかん》(下関《しものせき》)講和条約の締結をみた。この条約は、中国が台湾・膨湖《ほうこ》諸島を日本領とすることに同意し、また朝鮮に対する影響力行使を承認し、五市の開港を承認した。また日本は中国における経済活動の自由を獲得した。これらの諸条項は最恵国《さいけいこく》条規により、既存の国際条約にも援用され、イギリス・アメリカなどが清国を経済的な領土分割の条件を得るきっかけとなった。そればかりか三億余円の賠償金を獲得できたことが、その後の軍備拡張と金本位制《きんほんいせい》の成立に多大の役割をになった(高橋誠『明治財政史研究』)。

　日清戦争は、それほど多くの軍隊の犠牲を伴った戦争とはいえなかったが、ただこの戦争がきっかけで、日本は台湾を獲得

戦争人形(藤枝市常昌院)

して植民地経営にのりだすことになった。台湾銀行が政府直轄の日本銀行券を発券基礎とした台湾銀行券を発行する任務をもちつつも、他方で植民地経営のための資金供給商業銀行的任務もおびて、福建省《ふっけん》を中心に中国南部への影響力を広めていった。また日本は蔗農《しょのう》を収奪してサトウキビ栽培に積極的に取りくみ、製糖業をおこした。周智郡《しゅうち》森町《もり》出身の精糖王鈴木藤三郎《すずきとうざぶろう》もこの時期に前後して世界の製糖業の調査にでかけた。製糖用機械技術の習得のための欧米視察とジャワ・台湾のサトウキビ生産実態の調査も行った。彼は帰国後、東京小名木川《おなきがわ》に工場を設け、製糖機械製造と製糖業をいとなんだ。さらに大日本精糖や台湾精糖に出資するなどの活躍を続けた（『森町史』資料編）。

これに対して日露戦争は、巨大な戦争資金負担とそのための非常特別税や地租増徴に人びとは苦しめられたばかりか、世界一の大陸軍国ロシアとの対決は多大の人命をおとす結果となり、アメリカの仲裁がなければ、わが国の勝利もおぼつかないという状態であった。そしてこの大量の人命を失ったことに対して、各町村では篝火《かがりび》を焚《た》いて弔《とむら》い行事を繰り返し、他方で応召者への犒軍《こうぐん》行事もいとなみ、村の学校長を始め訓導・児童・青年団・愛国婦人会などの教化団体を上から組織して村民ぐるみ、国民ぐるみの戦争動員体制にのみこんでいった。庶民にとっては大黒柱である男手が多数犠牲者となったことが、支配者の推進する排外主義的な反ロシアのキャンペーンにのっていく結果をもたらした。そしてその後の戦争体制の基本はこの時期につくりだされたといっても過言ではない。村葬や犒軍の祝典に際して地域の女性たちは米の炊出しなどにかりだされ、筆者の調査ではその回数も愛国婦人会会員一人当り年間五二回にもおよぶ地域もあった。むろんこうした動員にたえることのできる家は多くはない。明治三十六年の磐田郡ではなんと全女性人口の一・一％でしかなかった（『袋井市史』通史編）。全国民的動員はのちの第二次大戦で本格化した。

日清戦争末の、明治二十八年に清水港《しみず》は外国貿易港外貿易港として政府が許可した。つまり同港は横浜開港場以外に、県内から外国への貿易取引が可能となったのである。当時の主力はなんといっても製茶であった。従来、横浜まで輸送されて外国にむかっていた製茶は、これ以降、もっぱら清水港から直接に輸出されることになり、現に「横浜商業会議所月報」でみても一気に横浜港からの製茶輸出量は激減し、他方、清水港からの輸出が激増をみせた。この動向はおよそ第一次世界大戦まで続き、その後、日本の製茶輸出は衰退する。それは一九〇〇年代にはいって、インド・アッサム地方の製茶の質と能力が高まったために、静岡県産への需要が凋落したからである。当時、静岡県知事は北米シアトル駐在日本総領事館にあてて、現地の人びとの茶の嗜好調査の依頼を行っており、いかに製茶農家に外国市場での需要の傾向に気配りしていたかを知ることができる(外務省外交史料館所蔵文書)。おりしも当時はアメリカで排日気運が高まっていた時期でもある。またそれ以前、一八八〇年代の「磐田郡茶業組合報」にも、インドの紅茶やウーロン茶の製法に関しての情報が掲載されていた。それほどに地域では国際的情報が流されていたのである。

地方改良運動と産業革命●

日露戦争は軍費の約六〇%をロンドン金融市場で獲得した外債によってまかなわれたばかりか、国内的にも公債、非常特別税、地租、営業税その他間接税の増税によった。こうして明治政府はこれによって疲弊する村落社会の活性化をはかるために「地方改良運動」に取りくむほかなかった。地方団体の財政力強化による中央政府負担の軽減をはかり、そのうえで、軍拡財政を実行していったのである。部落有財産の統一の提起はその一つであった。明治三十二(一八九九)年に導入された町村制により、伝統的な村落が財政規模の確保のためにあらたなより広域の町村に合併されたさいに生じた封建時代から続いてきた自然村である旧部落の共有財産をあらたな行政町村に寄付して、もって地方財政強化をはからせたのである。また人びとの生産の統一をはかるために教化組織を結集して、学校長、訓導、男女の青年会、愛国婦人会、在郷軍人会、村の鎮守、村社、報徳社の集まりなどを多様に結集させていった。また「模範村」を指定して、勤倹貯蓄、村社の共同清掃、時間観念の励行、模範者の奨励などの徳目と行動を村ぐるみで一体化させ、民衆統合をはかっていった。静岡県での模範村として経済計画を設定したのは、田方《たがた》郡田中《たなか》村、安部《あべ》郡浅《あさ》機《ばた》村、引佐郡井伊谷《いいのや》村などである（『引佐町史』下巻）。もっともそのようなことをしても人びとの暮らしむきが一向に変わるわけではないので、心底からこの運動に人びとが期待できるものではなかった。

　さきに述べたように一八九〇年代にはじまる地域鉄道網の発達は地域の産業革命を推進するうえでの大きな役割をになった。日清戦争前後から浜松地域では綿織物業の織機が改良工夫されていった。八〇年代以降織機の技術開発に努力してきた豊田《とよだ》佐吉《さきち》は郷里の鷲津《わしづ》をはなれて愛知県で活躍したとはいえ、彼の力《りき》

鈴木藤三郎（上）と豊田佐吉（下）

織機《しょっき》開発が遠州地域の織物業に多大の貢献をしたことは逸することはできないし、鈴木道雄《すずきみちお》（鈴木織機）や鈴木政次郎《せいじろう》（鈴政式織機）の織機生産はこの時期から開始され、第一次大戦期には、サロン織りを行い、南洋方面の需要にもこたえられるようになった（『静岡県の昭和史』）。そして和歌山県出身の時計職人山葉寅楠《やまはとらぐす》が飾り職人河合小市《かわいこいち》の協力ではじめたピアノ生産もこの時期軌道にのった。富士川周辺の製紙業でも機械式の洋紙が製造されるようになり、和紙製造にとってかわった。もっとも洋式製紙は渋沢栄一が明治八年に創業した「抄紙会社」に一六歳で入社した渋沢の甥大川平三郎《おおかわへいざぶろう》が二十二年に開業した王子《おうじ》製紙気田《けた》工場を先駆けとして、富士製紙がわが国最初の砕木パルプ製造に成功して、本格化していった。鉄道院浜松工場が進出してきた浜松では機械金属下請工業が成長をはじめ、日本楽器が好調な輸出品としてピアノを製造していった（『静岡県史』通史編5）。さきにみた鈴木藤三郎も佐吉もともに八〇件を超す特許件数の多いことで知られる。藤三郎は製糖技術から乾燥器、蒸留器など、多角的な技術開発をしたことで、また佐吉は織機技術の改良で一貫していた点で、それぞれに独自性をもっている。彼らはまさに「特許王」の異名がたてまつられるにふさわしい。大正期にはいると、動力源が蒸気力から電力に移行するにつれて、地域の小経営にも小型電動機が導入され、力織機の電化が進展していった。

2　大正デモクラシーと地域社会

第一次世界大戦と米騒動●

第一次世界大戦が勃発すると、初めのうちは大戦前からの慢性不況を引きついで、しばらく景気が低迷した。しかし大正四（一九一五）年のころには、景気は拡大基調になった。イギリスがドイツとの戦争のために、とうてい既得の東アジア市場をまもることができず、空白となったからである。日本の綿製品はこの時期、この地域に大量進出した。これらの地域では広幅物が利用されていたので、広幅に対応する織機の生産も必要となった。すでに述べたように、静岡県でも浜松地域の綿業界はこの時期から輸出向け産地として活躍をはじめた。鈴木政次郎が広幅用織機を開発したのは、まさに時代の要請に応えるものであった。鈴木道雄が日清戦争以降に織機製作につとめ、また大戦期以降、山葉の日本楽器が輸出品としてのピアノを製造する力量をつけた。むろん当時、日本楽器といっても世界的に知られていたわけではないので、後発のものがよくやるように、ドイツなどの有名ブランド名をつけて販売につとめたこともあった（くわしくは静岡県内務部『静岡県之産業』参照）。ここで逸することのできないのは、静岡市に設立された静岡燐寸《マッチ》が虎燐寸の商品名で東南アジア市場を席巻《せっけん》しはじめたことであろう。というのは大戦まで、ス

『静岡県之産業』

ウェーデンのマッチトラストが支配していたが、戦乱でここでも日本企業に敗退したのである（山本義彦『戦間期日本資本主義と経済政策』）。

大正七年四月前後には大戦景気をうけて、物価の高騰と品不足があいついだが、ちょうどその時期、前年のロシア革命に恐怖感をいだいた日本・イギリス・アメリカなどの諸国が社会主義革命干渉戦争に打ってでた。シベリア出兵がこれである。シベリアの反革命地方政権を防衛するというのである。わが国農商務省は三井物産・鈴木商店に対してシベリア派遣兵士の糧食として米の買付けを命じた。これを機として人びとは一気に怒りを爆発させ、富山県婦負《ねい》郡魚津《うおづ》町の半農半漁、しかも沖仲士《おきなかし》に従事していた女性たちの騒動が最初であったが、物価の高騰という可燃材料は各地にあったわけで、神戸《こうべ》市の鈴木商店焼打ち、京都市内の焼打ちなど、零細な商店主、低賃金労働者、被差別部落民などを中心として全国的な都市部での騒擾《そうじょう》状態となった。静岡県でも静岡市・清水市・浜松市・掛川市・三島《みしま》町・沼津町・袋井《ふくろい》町・笠西《かさにし》村・二俣町・藤枝《ふじえだ》町・見付《みつけ》町・金谷《かなや》町・犬居《いぬい》村などほぼ全域で発生した。米商人を襲撃する傾向が共通した特徴であった。筆者が調べた袋井町・笠西村の騒動参加者の所得階層によれば、低所得者層、また租税をはらえず不明者とされた人物、それに町中の傘職人などの職人、民営鉄道職員など野次馬半分の人たちを含んでいた。要するに激しい物価騰貴で人びとのなかには不満が充満していて、その暴発的雰囲気が多分にみられたのである（山本義彦「米騒動期袋井地域の一断面」『静岡県近代史研究』4）。

それだけに当時の騒動がいかに巨大な意味をもっていたかは、内務省警保局で図書検閲にあたっていた堀切善次郎《ほりきりぜんじろう》が昭和三十八（一九六三）年になって回想している談話（内政史研究会記録）によっても知ることができる。彼は、この運動には国際共産主義の影響があったとしている。むろん事実はそうではなく、組

静岡・浜松両市/県
%
6.8
9.0
10.6
13.7

13(1924)年である。

織化されてはいない民衆の運動であり、これを機として労働組合や小作人組合など運動の組織化が行われていった。これに対抗する工業倶楽部《クラブ》や経済連盟といった財界団体の形成はその直後の大正十一年である。また沈静化をはかるために、政府は天皇下賜金《かしきん》を下付して、騒動の各地に低所得者を中心としてその所得階層に応じて、下賜米や金の配布を行い、有力企業ばかりか地方の素封家たちの町村役場への寄付、それに半強制的とみられる租税支払いの格付けにあわせた地元民からの寄付などを組織した。静岡県の場合もこうした動きが判をついたようにどこでも行われている。この騒動をうけて大正七年から政府は「民《みん》力涵養運動《りょくかんよううんどう》」を提起した。これは都市民の社会運動が階級闘争的になることをおそれて「諧和《かいわ》」＝階級協調を願望して地域社会を組織化しようとしたが、いずれの土地でも地方改良運動の域を超えず、デモクラシーへの志向性をもつ人びとには影響をあたえなかった。

工業化と農業発展●

大正期にはいると、まず都市化が大きな流れとなった。それは都市の大工業が発展し、都市勤労者層が出現したし、第一次世界大戦のブームがそれまでの沈滞ムードを一変させたからである。静岡県の場合も、浜松市に鉄道院浜松工場が設置され（大正元〈一九一二〉年）、綿織物工業が内外市場をめざして発展し、さきにも述べたように、ピアノ製造も当時、ドイツ製ピアノに対抗して輸出が

都市化と人口集中

年　　次	県総人口	静岡市	浜松市	沼津市	清水市	市部人口	市/県
	人	人	人	人	人	人	%
大正元(1912)年	1,460,000	60,113	38,985			99,098	6.8
9(1920)年	1,550,287	74,093	64,749			138,842	9.0
14(1925)年	1,671,217	84,772	92,152	38,042	46,339	261,305	15.6
昭和5(1930)年	1,797,805	136,481	109,478	44,027	55,665	345,651	19.2

『静岡県史』資料編22により作成。沼津町と清水町が町村合併を経て市制を施行するのは大正

実現していった。さらに静岡市でも伝統工芸品である蒔絵《まきえ》や塗り物、マッチなどが輸出品として珍重されていった。そして一九〇〇年代以降には都市部にガス会社が登場し、電灯業も一九一〇年代後半に各地に創立され、これらは都市生活をささえる基盤となった。

さて、この都市化がどのように形成されていったか、一つには静岡市では大戦期から都市計画が実施され、また電気やガスが敷設されていったし、明治四十一(一九〇八)年に静岡鉄道が清水港まで軽便鉄道として開通し、市内電車も大正九年には市内鷹匠《たかじょう》町から静岡駅前間に、また同十四年には安西《あんざい》までが全通した。これは静岡御用邸、県庁、市役所前を経由した。清水市は港橋《みなとばし》と横砂《よこすな》が昭和八(一九三三)年に全通している。明治四十二年に遠州地方で最初に開通した浜松・中ノ町間の浜松鉄道は同四十一年には二俣まで開通し、大正十二年に元城《もとしろ》と奥山半僧坊《おくやまはんそうぼ》を結ぶ浜松軽便鉄道が開通している。

この間の人口の変化をみると、現在人口で、大正元年の県総人口は一四六万人、同九年は一五五万二八七人へと六・二%増大したが、静岡市は六万一一三人から七万四〇九三人へ二三・三%、浜松市は三万八九八五人から六万四七四九人へと六六・一%の増加を示している。なかでも浜松市の著しい急増を知ることができよう。これは鉄道院浜松工場の成立を含めて、めざましい工業化がこの地で進行したことを表現している。とくに沼津・清水両市の成立で、都市

人口はいっそう増大した。むろん静岡・浜松両市の県人口比率で大正初期以降、昭和五年の約二〇年間、確実にその比率は増大している。県内の農業人口は大正元年から昭和五年に一四万一二一人、商業人口は三万七二五四人、工業人口は二万四七三人から、それぞれ一四万七二五〇人、四万七六七五人、二万九七六三人へと変化した。つまり農業七、商業一・八、工業一・五の比率から六・五、二・一、一・三となった（『静岡県統計書』より計算）。

農業生産は四一三〇万円から八六三一万円へ二・一倍、製造業は一八〇五万円から七五三二万二〇〇〇円へと四・二倍の変化を示し、この間の県内総生産は一億一〇七万一〇〇〇円から二億八〇六九万二〇〇〇円へと二・八倍の激増であった。ここで知られることは、第一次世界大戦期をつうじて、静岡県産業は、いずれの分野でも大きく成長したが、なかでも製造業は他の二倍を圧して四倍を超していた。静岡県を代表した綿織物でみると、大正元年五九八万円から同九年三九九九万円へと六・七倍の激増であった。農業生産では、米の収穫高は大正元年の一一四万石から同九年に一九二〇年代のほぼピークに近い一三五万石に達した（ピークは大正十一年）。作付け面積は六万五七六八町歩から六万六五二七町歩であまり拡大したわけではないので、ここに生産力の向上をうかがい知ることができる（『静岡県史』資料編22）。こうした数字だけでもあきらかなように、第一次大戦期は、米騒動《こめそうどう》に象徴される急激な物価上昇により、あらゆる生産分野で急増を示しているとはいえ、大正九年はその年三月の戦後恐慌を経過していることを考慮すれば、生産活動がこの時期をつうじて大きな跳躍を記録したとしても過言ではあるまい。また農業分野もさきに述べたように、この時期は全般的に生産拡大を記録していて、世界大恐慌期の一九三〇年代とは大きく異なっている。

大正デモクラシー期の特徴は地域利害を代弁する政治活動が活発に展開する一方で、階層間の利害対立が表面化し、またその利害を代表する政治勢力が政党として組織化されていった面がみられることであろう。明治四十四（一九一一）年の総選挙では県内代議士一〇人中政友会《せいゆうかい》は七人を占めた。県政は県会を支配した自由党の専横《せんおう》がめだち、農工銀行への支配などの私物化がおきたのは明治末期の静岡県の実態であった。また静岡市電気事業の創設も長年の懸案であったが、それは政友派と非政友派の争いのためであった。第二次大隈内閣のもとで行われた大正四（一九一五）年総選挙で、県内代議士の一〇人のうち政友派は県内で一気に二議席に後退し、県知事湯浅倉平《ゆあさそうへい》が議会の反対を押し切って災害復旧費、安倍川堤防修築、汐見阪《しおみさか》改良や下田《しもだ》港の浚渫《しゅんせつ》を実行した。大正六年四月総選挙では政友会六対非政友四と勢力挽回に成功している（『静岡県政史話』）。大正初期の鉄道院浜松工場誘致問題をめぐる政党間駆引き、民営鉄道である浜松鉄道奥山線の敷設路線、中遠鉄道敷設をめぐる地域利害の調整、藤相鉄道創立をめぐる地元資本と東京系資本の対立（『静岡県史』資料編19）、中期の高等工業学校誘致をめぐる浜松市と静岡市の有力者間の対立、また引佐郡立養蚕学校の改廃をめぐる政党間対立（『土に生きる　静岡県立農業経営高等学校百周年誌』）、これらはいずれも、そのような動向を反映しているであろう。少なくとも明治中末期には鉄道線敷設に関して政党間や地域利害の対立は顕著ではなかったし、学校の改廃をめぐる対立もそれほどあらわれてはいなかったのである。そして政党では政友と非政友、憲政会派系の対立としてあらわれた。

また原敬《はらたかし》の政友会が地方政治を牛耳る《ぎゅうじ》にさいして、利権を振りかざしたことは有名であるが、静岡県でも大戦期以降こうした動きは顕著であり、筆者の調べによると、久努西《くどにし》村や久努村といった農村地帯でさえ、政争のために村長でもある村会議長や議員が辞任を繰り返しては再選挙で「みそぎ」をすまして返り咲くなどのケースがあとを絶たなかった。これと対照的なのは同じ袋井市域といっても、秋葉路《あきはじ》の山梨《やまなし》町では、物資集散地として栄えた町場ということもあってか、政争のなかで失墜した政治家は、再起するという傾向はほとんどみられなかった（いずれも現在の袋井市、各旧町村沿革誌により取材、『袋井市史』通史編）。

この時期の特色としては、明治後期からの耕地整理事業（明治三十三年、耕地整理法施行）が各地で展開され、そのさいの経費は受益者負担主義によっていた。そればかりか、この時期に内務省と農商務省（のちに農林省）がそれぞれの判断による、水利事業、一級河川指定への取組みなどはこの動きの反映であり、その努力が実って生産力の一定の向上に結びついていったのである。天竜川、菊《きく》川、大井川、安倍川、富士川、浮島《うきしま》沼干拓、狩野《かの》川――これらの改修事業は明治末期からこの時期にかけて積極的に推進されていった（『静岡県の土木史』）。そのさい、たいていは政党間対立に利用され、政友会と憲政会がこれにかかわった。静岡県の地主制は、明治期以来、経営規模の零細性と手作り地主の相対的な多さだけではなしに、とくに遠州地域でみられるように、毎年、それもたび重なる風水害によって、田畑が流出する危険性を絶えずはらんでいた。そうした事情は地主の小作人に対する協調主義的対応を特徴づけることになった。県東部は小作争議が活発であり、富士郡のミカン園の小作争議は報告書に登場するほどであった（『静岡県史』通史編5）このような特色のもとで、顕著な争議、紛争はみられなかった（農林省『小作調停年報』など）。これは内務省報告でも指摘されていた。実際、筆者が袋井市春岡《はるおか》で取材した地主の場合、昭和十三（一九三八）年現在で、田八反九畝、畑九反二畝、雑地七反二畝、共同所有山林一町六反九畝の規模であったが、明治二十八年から戦後改革までの散田帳《さんでんちょう》が残されていて、毎年「違作引き」が登場し、しかもついに連年実施され、明治三十年で総高の二割、大正七年で一割三分といった状況であった。これらは何を意味するか。基本的には地主は小作経営を維持するうえで、風水害による生産量の減少、田畑の流失に対して、小作米の割引によってしか、対処できなかったことを示している。しかもヒアリングによっても、自然発生的ともいうべき協力姿勢が知られた。この点は新潟・宮城・山形・秋田県の千町歩地主地帯のような支配形態とは相当に異質であった。これらの地域では、土地資料保存会の調査によれば、協調性よりも対立的側面がより強かった。また経営規模では静岡地域とあまり相異のない都市部に隣接している大阪府三島《みしま》郡山田《やまだ》村の場合にはやはり対決型であった。内務省の調査報告によると、これは指導者が思想的にも人格的にも労働運動と直結していたことともかかわっていよう。

3　昭和恐慌からアジア・太平洋戦争期

世界大恐慌と農村の窮状●

昭和恐慌《きょうこう》とは通例、アメリカのニューヨーク株式市場での株の暴落（一九一九年十月二十四日の「暗い木曜日」、実は八七年のバブル下の十月十九日の株式暴落の方が率としては高い記録となった）によってはじまった世界大恐慌が、日本では対米生糸輸出の破綻《はたん》を契機として、製糸・紡績を始め工業恐慌をもたらし、さらには農業生産力の拡大をうけての米の過剰生産と価格暴落を始め深刻な農業恐慌を伴ったことをさす。むろんわが国は先行する一九二〇年代に戦後不況をくぐりぬけて、工業化がめざましく展開する一方で、大戦期からの金融界の膨張がこの時期に銀行経営の不振をもたらし、昭和二（一九二七）年の金融恐慌を前提として、銀行法の制定をつうじて金融界の再編成が行われつつあったこともあって、欧米諸国のような金融恐慌をも伴う姿をとらなかった。静岡県では恐慌は、どのようにあらわれたのであろうか。

伊豆の賀茂《かも》郡稲生沢《いのうざわ》村の報告によると「繭《まゆ》は昨年の平価に近く、尚気候穏和の為重量も少ない、又山間の地として特産の木炭も半価と云ふ有様で、其の上余り変動の少ないと云はれる蜜柑も今年（昭和七年）は非常に安いので、こうした物を産して居る我村は実に不況風に襲はれて居る」、また同郡中川《なかがわ》村は「農産物惨落収入減のため納税の不納又は電気料等殆ど大半は不納の状態、納税完納能力あるものは殆んど指を屈する程に僅少なり、正に一銭の金にも窮する有様、村の維持も今後一ケ年は保たざる様なり」としている。さらに磐田郡福嶋《ふくしま》村は「過去三カ年の未曾有《みぞう》の農村不況は、益々深刻化し、農産物価の暴落により稲、麦作、養蚕、養鶏、蔬菜《そさい》栽培等悉《ことごと》く損失、殊に養蚕に於いては生産

官林での炭焼き（昭和９〈1934〉年，大河内村〈静岡市〉）

費すら償ふことは能はず、負債は増加、金融不回《まわらず》、疲弊困憊《ひへいこんぱい》の極に達せり。若《も》し此儘《このまま》に経過せられんには産業萎縮、回復困難なり。農村も自力更生の道を行ふと雖も此際救済方法を施行せられ其安定を計られんことを懇願し居る次第なり」と窮状を切々と訴えている。そして同郡於保《おぼ》村は「蚕業不振に依る養蚕家の経済は頓《とみ》に逼迫し、愛してゐた桑園も涙を落しつゝ抜根したるも、農産物価の下落により進んで蔬菜《そさい》其の他を栽培する意気込みなく広々とした桑園抜根の後を眺めて只青息吐息するのみ。本村金融は根強き信用組合により運転されるも、租税の延納するもの追々増加し之の不況が回復しないならば遠からず滞納者続出するとて一般に憂慮されてゐる」としている（静岡県農会『農村不況実態調査』）。

米の生産は昭和五年に一四九万九〇〇〇石となり、その後スローダウンして同六年、一二二万石をボトムに、八年には一五〇万二〇〇〇石に上昇している。しかし生産額では同じ時期に二五〇四万円から二一三四万円、二七六五万円であって、恐慌直前の四年の一一六万九六〇〇石、三〇三九万円とくらべれば、販売価格の下落による減収は間違いない。養蚕業はどうであろうか。繭生産量は昭和五年一〇四七万キログラム、八三六万円から同六年九四九万キログラム、六三四万円となった。恐慌直前の四年には一〇七〇万キログラム、一七六四万円であったから、その暴落ぶりがうかがえる。しかも養蚕農家数は昭和五年で六万五一四六戸、このときの全農家戸数は一六万三三五四戸であったから、四〇％の農家は養蚕を兼業していた。製造業従業者数では昭和五年の五万二〇五二人から同六年五万五二六六人、八年七万四六三六人へとむしろ増加を続けた。しかも職工は男女ともに微増を続けていた。その半数を超える紡織工業でも増加を示している。比率としてはなお低いとはいえ、機械、金属などでも、増勢を示していた。以上のことから、当時の静岡県は、なお農業県であり、昭和恐慌の影響は農業・農村であらわれた。昭和六年九月十八日の「満州事変《まんしゅうじへん》」の勃発は、さきにみてきたような経済状況のもとでは、不景気風をふっとばし、人びとの不安をかき消す役割を果たした。新聞は慰問と献金を募集して人びとに戦争協力意識を植えつけた。

労働・農民運動と経済更生運動●

ここで原口清・海野福寿『静岡県の百年』などによって、少し時代をさかのぼらせて、静岡県の労働・農民運動の組織化をみておこう。大正二（一九一三）年七月の駿東《すんとう》郡小山《おやま》町に組織された友愛会《ゆうあいかい》小山支部は、鈴木文治《すずきぶんじ》が大正元年に東京で発足させた友愛会の支部であり、富士瓦斯《ガス》紡績小山工場の労働者約七〇人が参加した。彼らは高山豊三《たかやまとよぞう》牧師夫妻の指導をうけた。その後会社側の工作や牧師の転任で弱体化し、大正十二年八月労働総同盟組合員の解雇をめぐって組合再建が実現したものの、九月の関東大震災による死者百数十人という犠牲もあり雲散霧消した。大井川通船組合の労組も組織されていた。そして全県的には大正十一年で労働団体は七二、加盟人員は二万六〇五人と報告されている。同十四年前後には総同盟の労働運動は共産党支持と社会民主主義、労働組合主義派の左右分裂の状況が生まれ、前者が関東地方評議会を基礎に日本労働組合評議会を組織し、静岡では東部合同労働組合がこれに参加し、翌年静岡地方評議会の結成にこぎつけている。合同労組の争議取組みは大正十五年ごろから昭和四（一九二九）年にかけて各地で積極的に行われた。これを背景に日本楽器争議は大正十五年四月から一〇五日間の争議を含めて八月にかけてたたかわれた（谷口善太郎『日本労働組合評議会史』、大庭伸介『日本楽器争議の研究』、吉見和子『静岡県無産青年運動の群像』）。昭和三年三月十五日日本共産党への大弾圧事件があり、評議会は解散させられた。これに抗して日本労働組合全国協議会が組織され、県内でも左翼労働組合の結集がはかられていったが、一九三〇年代なかばまでには指導者の検挙があいつぎ壊滅させられた。また右派労働運動としては総同盟系で山田重太郎《やまだじゅうたろう》の指導した昭和二年にはじまる東京モスリン紡織沼津工場の待遇改善などの要求運動、東京麻糸紡績、持越《もちこし》鉱山などが組織化された。労働組合は、農民組織とも結合して昭和三年の普通選挙法に基づく最初の総選挙で積極的に社会主義政党を支持してたたかった。

農民運動は米騒動を機に本格的にはじまり、大正七年七月と九月に暴風雨による被害をうけて小作料減免運動が組織された。富士郡田子浦《たごのうら》争議がこれである。減免を要求する小作人数百人が地主宅に押しかけたので、これに対して郡長・吉原《よしはら》警察署長が調停にのりだし、地主・小作立会いのもとで坪刈りによって減免額を確定することで決着したが、調査の当日に地主が立ちあわず、騒擾《そうじょう》となった。その後安倍郡・志《し》太《だ》郡・榛原《はいばら》郡などで、争議があいついだ。また要求内容としては小作料の永久減額から耕作権確立が提起された。そして小作組合から農民組合への組織化が行われた。

そこで農林省は、農山村の経済更生運動を展開することとし、救農土木事業をはじめ、昭和七年後半以降同九年までにおよそ二〇億円程度の資金を農山村に散布し、時局匡救《きょうきゅう》土木事業として農家労働力の雇用により景気回復をはかろうとした。昭和七、八年の年間一般会計決算がそれぞれ一九億五〇〇〇万円、二二億五〇〇〇万円程度の時代のことである。また同時に更生運動を推進する農村「中堅人物」を発掘、組織化することも行った。たしかに二〇億円とは当時の国家予算規模からすれば、決して少額であったとはいえないが、深刻な農村不況を救済するにはなお不十分な施策にとどまった（猪俣津南雄『窮乏下の農村』）。実際、農林省決算では昭和六年の五五〇〇万円から七年九九〇〇万、八年一億二〇〇〇万、九年一億三〇〇〇万円（経常部と臨時会計を合算した数値）へと膨張した。しかしこうした力がそそがれたにもかかわらず、農村に関しては、戦時体制が本格化するまで、ついに景気回復を実現するには至らなかった。この事業費は補助金の形態で末端におろされ、町村では「救農土木事業」を特別会計でくむが、大蔵・内務両省の許可をうけて事業費の相当部分を公債発行でまかない、残余をこの農林省の経費によって充当しなければならない。とすれば、そもそも町村財政は窮地におちいっていたのであって、そのうえで、公債発行となるので、十分な計画を設定できない事情にあった。公債発行額もその町村の租税徴収額によって返済することになっているので、そもそもその地域の経済力に大きく依存して事業規模が決まらざるをえない。

また他方では昭和四年以来の井上準之助蔵相の財政緊縮・金解禁《きんかいきん》政策を放棄した高橋是清《たかはしこれきよ》蔵相の財政政策は、つぎのようであった。昭和六年九月に勃発した「満州事変」を転機として日本銀行引受けをつうじた赤字国債発行に依存し、低金利政策、日銀券発行条件の緩和、貿易管理令の施行、低為替政策の展開をつうじて、景気回復のためのリフレーション政策を開始した。結果的には、低為替による東アジア＝英領植民地などへ、綿製品の大量輸出を契機として、他の諸国をしりめにいち早い景気回復に成功し、工業生産高で計算すると、昭和十二年には恐慌直前の一・七倍の成長をとげていった。もしも恐慌直前までの成長経過を前提とすれば、この間にたかだか四割程度の増加を記録するはずのものだったのである（山本義彦『戦間期日本資本主義と経済政策』の試算）。

日中戦争の勃発と県民の戦争動員●

昭和十二（一九三七）年七月の日中《にっちゅう》戦争の勃発は、ロンドン軍縮条約の効力の消滅を背景に「三五、六年の危機」が意図的にさわがれ、軍部青年将校による二・二六事件、景気回復とインフレーションの再燃した時期に前後したのである。「国民政府を対手にせず」との近衛文麿《このえふみまろ》首相の声明、賀屋興宣《かやおきのぶ》蔵相の需給均衡、国際収支均衡、財政収支適合などの財政経済三原則の方針、戦争直前の国家総動員法、臨時資金調整法、輸出入品等臨時措置法のいわゆる戦時三法《せんじさんぽう》を合図に、戦争体制を本格化させた。これは要するに、不要不急産業への資金供給の抑制と、輸出入為替の軍需関連優先の供給を行うというものであった。さらに昭和十五年の「紀元二六〇〇年」式典でいっそう国民の戦争動員への引寄せが行われた。近衛の、政党間の紛争を解消し天皇政治への協力を強要する「大政翼賛《たいせいよくさん》運動」「国民精神総動員《こくみんせいしんそうどういん》運動」は日本における「総力戦体制」の実現を示した。国会議席はもはや翼賛政治連盟の推薦するものが圧倒的に占め、非推薦議員はきわめて少数に押しこめられ、戦争体制への批判を行うものは、獄中の共産主義者、自由主義者、キリスト教・仏教などの宗教者の「消極的抵抗」にとどまった（家永三郎『戦争責任』）。

県や郡市町村レベルの各段階に大政翼賛会支部が結成され、地方自治団体はすべてこれに解消された。警防団、隣保班、町内会長、隣組、国防婦人会、翼賛青年団などの多様な組織化によって、戦時動員をはかるというこの形態は、一人の人物が多数の役職をかねたために、会議招集があっても十分に参加できないから、整理できないかといった要望が小笠《おがさ》郡の幾人かの村長から郡協力会議に提出されているのをみても（『菊川町史』通史編）、いかに官僚主義的な煩雑さが横行していたかはいうまでもない。戦後になって海軍大将井上成美《いのうえしげよし》が、良心的にも日本を戦争体制一色にもちこんだ一因は共産党などの反戦組織を解体したことにあったのではないかと回想しているほどのものである。むろん静岡県内でも、旧制静岡高校の読書サークルや社会科学研究会、のちの文学研究会などでのマルクス主義の影響をうけた反戦運動（草深会『抗いの青春』）や、小学校教師たちのつづり方運動、教育科学研究会の組織化、あるいは左翼労働運動などへの同調の動きはねばり強く展開されていたが、それらは大きな力を発揮するには至らなかった（治安維持法犠牲者国賠要求同盟静岡県本部『礎を築いた人々の記録』）。

さて昭和十五年を転機として、日本の西太平洋地域に拡大する軍事膨脹政策と日中戦争は中国人民の抵抗、国民党と共産党の合作によっていっそう著しい膠着《こうちゃく》状態となった。一方、軍戦備に不可欠の石油、鉄屑、精密工作機械などのアメリカからの輸入はきびしい状態となり、とりわけ対日石油禁輸措置、在米日本資産の凍結などの対抗措置が、日米対決強行戦略を誘発した。そもそも日本側の中国人民に対する民族的抵抗力の軽視が、情勢判断をあやまる根源にあり、また抜きさりがたい精神主義が科学的判断を見失わせ、極秘判断としては対米軍事対決が客観的条件を欠いていたことはわかっていても、なお奇襲攻撃的な行動によって勝利の可能性を信ずるといった認識が天皇、軍部を始め戦争指導者をおおったのである。こうした諸点を的確に戦時下告発した人物として清沢洌《きよさわきよし》をあげておこう。彼は信州穂高《ほたか》に生まれ、青年時代に北米に移民し、在米日系紙の記者として活躍後、一九二〇年代以降、日本の各紙記者を歴任し戦時下官憲の圧力を感じながらなおかつ戦争指導体制に近いところから、戦争指導の非科学性を告発し、『暗黒

掛川地下工場(掛川市本郷)

日記』を残した。

国内的には資源不足が生産を著しく軍事的に傾斜させ、国民消費を徹底的に圧縮し、ついには綿織物などの繊維産業その他消費財工業の軍需転換、労働力の戦争への駆出しの結果、中等学校の男女生徒の学徒勤労動員、広く地域社会から募集した女子勤労挺身隊、朝鮮人・中国人労働力の鉱山などへの大量投入をはかった強制連行に基づく不払い労働などを随伴した。さきの非科学的見通しとも重なって、賀茂郡河津《かわづ》町の戦時下行政資料などにも所蔵されているが、松根油・ひま油の採取や芋《いも》掘りへの動員までも、若い女学生の仕事とされた。

県内でも峰之沢《みねのさわ》鉱山、持越鉱山などや大井川久野脇《くのわき》発電所開発、掛川原谷《はらや》の中島飛行機地下工場などに大量の朝鮮人労働力が投入された（朝鮮人強制連行真相調査団『朝鮮人強制連行の記録　中部編』）し、東京麻糸紡績沼津工場、富士紡績小山工場などにも大量の朝鮮人女子勤労挺身隊員として、国際条約にも反する一三歳以下の児童を含む労働力が強制的に朝鮮半島から連行され働かされていた。彼女たちは日本人勤労挺身隊員とは異なって、報酬をあたえられることはなかった（『東京麻糸沼津工場朝鮮人女子勤労挺身隊公式謝罪等請求事件　訴状』平成九〈一九九七〉年および西成田豊『在日朝鮮人の「世界」と「帝国」国家』）。むろん軍需工場の県内移駐に伴って、日本人男女学徒が労務動員に従事させられた。軍事徴用では焼津《やいづ》漁港の遠洋漁業船九〇％が機関銃をそなえつけ、敵艦の情報収集にあたり大きな犠牲をはらった（服部雅徳編著『漁船の太平洋戦争』）。

郷土部隊の活動●

静岡県民は大井川から西部は豊橋《とよはし》歩兵第十八連隊に、東部は静岡歩兵第三十四連隊にそれぞれ動員され、また海軍では横須賀鎮守府《よこすかちんじゅふ》に動員されて、一部は「満州」派遣部隊に編入されて、他の一部は中国本土に派遣されていった。静岡連隊に動員が下令されたのは、盧溝橋《ろこうきょう》事件の約一カ月後の昭和十二（一九三七）年八月十五日であった。そして上海戦に二カ月余を要し、しかも出征兵士三八〇〇人のうち死傷者合わせて三四五六人という犠牲をはらった。そして十二月には南京《なんきん》を陥落させた（『浅羽町史』資料編三には南京事件に関与した兵士の生々しい軍事郵便が収められている）。豊橋連隊も静岡連隊と同様な戦歴をもっている。静岡連隊は南京周辺にはりついただけではない。戦争終結時期には一部がビスマルク島に残留した。「満州」に派遣されたものも戦局の悪化と最終段階にはいると中国本土、フィリピン戦、そして沖縄戦にと移動を余儀なくされ、物量に物をいわせたアメリカ軍の犠牲となったり、たたかわずして移送中の台湾とフィリピン群島のあいだのバシー海峡で海底深くしずめられるなどの犠牲をはらった。昭和十八年十月になると、大学生・専門学校生の繰上げ卒業によって学徒出陣も実施され、静岡城内からも多数の出陣姿がみられた。まず最初は旧制高校生・経済専門学校などの生徒たち、また文科系の大学生たちであった。さらに悲劇的なのは、筆者の調査によると、北辺の守り手としての期待と希望をもってとびだしていった満蒙《まんもう》開拓団の男たちは現地召集をうけて、「満州」でではなく、台湾海峡や南洋の島々、沖縄でその死を迎えなければならなかったことであろう（『袋井市史』通史編、『豊岡村史』通史編、『菊川町史』通史編、『森町史』通史編下巻はいずれも同一の手法で出征兵士の階級、戦死時期・場所などの統計をとっている）。

経済更生特別指定村と満蒙開拓●

さて、もう一つ忘れてはならないのが、満蒙開拓団への県民の送出であった。これは満州事変がはじまってまもなく関東軍参謀石原莞爾《いしはらかんじ》らが東宮鉄夫《とうみやかねお》少佐らと語らって、関東軍だけではとうていまもりきれない広大な大地の補助的な守備と、農村恐慌で苦しむ農民たちに本土では「過剰農家」となったとして、一戸当り一〇町歩以上の土地が耕作地として分けあたえられるというキャンペーンが大々的に行われていた。しかし当初は募集に応じるものを組織するという方法であったが、極寒の地である「満州」には安定して居住して「北辺の守り手」としては十分には機能するはずもなかった。そこでこうした「試験移民期」をのりこえて、むしろ経済更生運動にからめて各地の村落ぐるみで動員すること、つまり分村移民の形式をとって「満州に〇〇村を建設しよう」とのスローガンで多くの民衆をかりだすことをはかっていった。拓務省によると、その意図は同一の村の一定数のまとまった人びとが開拓団を編成することで、郷愁《きょうしゅう》（屯墾病）にかられることのないようにという点にあった（山本義彦「経済更生運動と『満洲』移民」『静岡県史研究』2）。

こうして経済更生特別指定村となった村を中心に全国的にも分村移民が強行され、二〇年後の「満州国」の人口五〇〇〇万人として、その一割五〇〇万人、一〇〇万戸を送出するという壮大な計画であった。また小学校をおえて農村に残っている若者や、中等学校生徒を「満蒙開拓青少年義勇軍」として募集し、さらに彼らに「満州」での定着をはからせるために、「大陸花嫁」を募集することなどが行われた。開拓団と義勇軍に参加する男子は茨城県内原《うちはら》に設置された加藤完治《かとうかんじ》を指導者とする訓練所での訓練を経て、現地に派遣された。また県内でも、小笠郡堀之内《ほりのうち》町や引佐郡井伊谷村に女子拓務訓練所が設置され、ここでの訓練を経て、「満州」に送出されたり福田《ふくで》開拓団がでかけた吉林《きつりん》省白城子《パイチャンツ》（白城）近辺の龍山に県立の開拓女塾が設置されて、現地での訓練も行われた（寺田ふさ子『無告の大地』、矢崎秀一編『春光―元龍山』）。

静岡県下からも、駿東郡原里《はらざと》村・富士郡白糸《しらいと》村・榛原郡中川根村・引佐郡井伊谷村・磐田郡福田町など昭和十九（一九四四）年十二月七日、ちょうど三年前の八日は天皇の対米英蘭戦争開始の詔勅がだされた日にあたることから、毎年大詔奉戴日《たいしょうほうたいび》として村の神社にでかけてこぞって戦勝祈願を行うこととされていた前日であった。この日の昼下がり午後一時三五分に熊野灘《くまのなだ》を震源域とする東南海地震が発生した。マグニチュードにして八・三、その規模は七・九の関東大震災を超えるものであった。むろん明治年間の濃尾《のうび》地震、安政二（一八五五）年の安政大地震以来の打撃と被害であった。濃尾地震のさいに、静岡県は郡を経由して各町村に対して、安政大地震の状況について古老の記憶を集めさせたことがある。家屋の倒壊状況、屋内の状態、道路や掛塚、福田《ふくで》湊の隆起や陥没の如何《いかん》を問うていた。

さて問題は戦時下のパニックとなった東南海地震の場合、有感半径六〇〇キロにもおよぶ大規模なものであり、とくに県西部の袋井《ふくろい》・掛川《かけがわ》・菊川《きくがわ》・磐田《いわた》方面に甚大な被害が発生し、御前崎《おまえざき》付近では海岸が一五センチの隆起をおこした。

この地震全体の死者一二〇二人のうち実に二九五人が静岡県民であった。負傷者も全体で二八三五人のうち県内で八一五人という巨大な被災となった。袋井町で六七人、今井《いまい》村で一〇人、久努西《くどにし》村で八人、田原《たはら》村三人の計八八人、負傷者のうち同地域で一五五人にものぼった。全壊家屋は清水《しみず》市の八四〇戸、袋井町で五七五戸、今井村三二二戸、山梨《やまなし》町二四四戸、久努西村一八二戸、田原村一六七戸という規模であり、全壊率は今井村九五・八％、田原村四三・五％、山梨町三九・〇％と

❖コラム

いったように大きく、なかでも袋井西国民学校では児童の死者二〇人、重軽傷三〇人、袋井保育所の園児二二人の圧死、保母一人が殉職した。それだけではない。学童疎開中であった東京都世田谷《せたがや》区麹谷《こうじや》国民学校児童も袋井町で二人、山梨町で一一人が、生命を奪われてしまった。校舎の全半壊が全地区で多くみられるのは、老朽化したまま放置されていたからだといわれる。

これだけの激甚災害であったために、半世紀をすぎた今日でも、戦争による機銃掃射への恐怖など以上に大きな記憶として地域の人びとに被害の大きな事件として、認識されてきた。しかし報道管制のために他地域の人びとに記憶はほとんど残されていない。この地震は地元では大詔奉戴日前日のアメリカ軍による攻撃とうけとめられたほどの大きな不安をかきたてられたという。だから、この地域の人びとにとっての戦時下の記憶とは空襲や艦砲射撃ではなく、この地震災害とその後の資材不足でままならぬ生活の再建と復旧事業ということになる。

むろん報道は少なかったものの、戦時下に歯に衣を着せぬ自由主義的外交評論家として活躍し、さすがに官憲による執筆禁止措置をいくたびか経験していた清沢洌《きよさわきよし》は、つぎのように書きとめている。「外務省に行くべく玄関に出ると大きな地震あり。水平動の強きもの。奈良君によって、名古屋方面の地震で電話不通、蒲原(?)駅陥落、汽車不通という事実を聞く。その被害は甚大であろうと考えられる。被害者に無限に供給すべき医療その他の無いのはむろんで、何でも二百万戸ぐらいしか保存して居らないそうだ。……地震のことは新聞にも書かず、ラジオにも報道せぬ」(『暗黒日記』昭和十九年十二月七日)。

から多くの人びとが、分村の夢をもたされて渡満した。いずれも小規模の田畑を所有し養蚕をいとなむ貧しい村か、戦時の軍需生産への転換から、廃業を余儀なくされた人びとが参加をせまられたものであった。こうして県内から送出された開拓団民は六五九五人、うち死亡は一四七五人、未帰還者は二一二人（死亡、未帰還率は二五・六％）であり、そのなかで青少年義勇軍は一九三三人であった。そして開拓団の女子供は、男子がいなくなった村をまもり、ついにソ連軍の怒濤《どとう》のような突進のなかで、また現地の人びとの恨みによる襲撃のなかで、命からがらの逃避行の末、少なからず命を落としたり、わが子を無念の殺害のはて、集団自決も余儀なくされた人びともあった（『静岡県海外移住史』）。

4　戦後改革から現代へ

ＧＨＱの占領体制と農地改革、工業の再建●

第二次世界大戦が日本の敗北によって終結し、連合国軍最高司令官総司令部（ＧＨＱ）は全国各都道府県に民政部を設置し、神がかり教育の禁止（墨塗り教科書、日の丸掲揚と君が代斉唱禁止）、団結権・争議行為など労働者の諸権利の承認、農地改革などに着手した。ここで近代立憲制に基づく、民主主義国家の成立をみたのである。静岡県も日本国憲法と地方自治法に基づく国家から自立した自治体として再生し、公選制の地方議会とアメリカ大統領制に擬せられた首長をもった。つまり公選制首長の権限はかなり大きいのである。人びとも言論思想の自由を立脚点とした男女平等の参政権を享受することになった。

第二次世界大戦が終結して、連合軍占領下の三年目にして静岡県は、知事を会長とした県振興審議会を組織した。何よりも当時にあっては、食料増産が緊急不可欠の課題であったことから、「残存する小作契約の文書化を図」ることとした。ここには、わが国小作契約が文書をもって行われないことを通例とする事態そのものが「封建的」とみられていたことへの、占領当局の配慮がにじみでている。欧米では、社会的契約とは文書をもってなされるべきであって、口約束では意味をなさないというわけである。

そして農業生産力の向上をめざして、農業者の組織化、集団化、協同化、経営の多角化が目標とされた。「農業協同組合」がそれである。戦時下の農業会では、統制的役割が主としてあったのに対して、ここでは自主的協同性がうちだされた。昭和二十四（一九四九）年度を目標として農地の買収・売渡しの完了をはかった。

また商工業についても農業と同様に、県商工業再建委員会を組織し、業種別の再建方針を提起している。そのさい、繊維・木工業・製紙業などの特産的分野の復興に力をそそいで、「重要生産資材の工場誘致」につとめるとしている。さらに「農村工業と都市工業との間に適当な調和を図り、進んで労働行政との緊密な連けいによって生産増強と輸出貿易の振興を」期するというのである。ここに「労働行政」との連携がうたわれているのは、当時の県議会委員会での論議などをみるかぎり、生産向上をはかるためにも、旧来の親方意識から脱却した労使関係の近代化が必要であるとの認識がみられていることからも、戦後民主化への志向の強さをうかがい知ることができよう。そして在来産業の復興を出発点としつつ、「重要工業」の誘致をはかるという思想がきわめて早期に登場していることが注目されよう。ここにいう「重要工業」はとくに規定されているわけではないが、重化学工業であることが自明である。

繊維工業では別珍《べっちん》・コール天が有望な特産物であるから、これらを中心に生産力の回復をはかること、二五%にしか達していない稼働率の状況にある工作機械の生産を一〇〇%稼働にもっていくために、特産工業と関連する織機・製茶機・製紙機の復興に力をそそぎつつ、時計・自転車などの新興分野の海外輸出に力をかたむけるというのである（『静岡県史』資料編21）。

教育の民主化●

教育面では軍国主義賛美から平和な民主教育を掲げ、公選制の教育委員会制度によって、民意を反映する教育行政がめざされた。これは戦前の皇国臣民教育、天皇制の国家教育権の立場から、国民教育権を主体とする立場への一八〇度の転換であった。昭和二十三（一九四八）年には六・三・三制に基づく小学校・中学校が発足し、旧制中学校・女学校の男女共学を旨とする高等学校への昇格と旧名称の使用が禁止され、教育面での刷新がはかられていった。新制中学校の場合、施設的にも不十分なままで発足せざるをえなかったので、周智郡森町では地域住民から、燃料として薪の寄付などをうけたりした。教育の民主化のために、戦前の父兄会にかわってアメリカ式の父母と教師の会、ＰＴＡの組織化がはかられた。また次頁のコラムにみるように住民による自主的教育組織として「自由大学三島庶民教室」が組織された。

さらに「民主主義のはなし」や「憲法のはなし」などを文部省がみずから発行して全国的にその啓蒙をはかった。占領軍の存在は、戦後教育の推進にとってきわめて大きく、たしかに国内からも南原繁《なんばらしげる》東京大学総長ら教育刷新委員会の働きは自主的な民主化という点で大きかったものの、その動きをささえるうしろだてとして、逸することはできない（加藤節『南原繁』）。また神がかり的教育に大きく寄与した視野のせまい師範教育を根本的に改めて、師範学校の廃止と新制の学芸学部への転換、教師の養成は広く一般学部

❖コラム

自由大学三島庶民教室

戦後まもない昭和二十（一九四五）年十二月、木部達二《きべたつじ》・拝司静夫《はいししずお》・伊藤三千夫《いとうみちお》らによって、三島《みしま》神社の社務所を会場に開かれた庶民大学講座が自由大学三島庶民教室の出発であった。東京から戦後価値の担い手、新進気鋭の石母田正《いしもだしょう》・丸山真男《まるやままさお》・武谷三男《たけやみつお》・川島武宜《かわしまたけよし》らの中堅・若手学者を中心とした知識人を三島に招き、憲法や、人権、平和、民主主義など幅広く講座が組織されて、人びとの知的関心の高さを示した。二年間に動員された学者は一〇〇人近く、聴講者は延べ五〇〇〇人というから、いかに爆発的な学習意欲の発露であったかがわかる。「庶民大学通信」をみると（上原信博氏所蔵資料）、会員を組織する総務部、研究部、一口二〇円以上の読書部、そして連絡部などからなっていて、新刊図書案内が掲載されている。「私達の庶民大学三島教室は、或特定グループの意見を一方的に発表する為の学校ではない。三島を中心とする一般庶民の為の学究機関である。もっと具体的に言へば誰でも自由に会員に入り、そして同時に大学の経営に発言することのできる、聴講生の為の、聴講生のものである」という記事もみえる。そして翌二十一年六月二日に憲法草案検討会も開催している。ここでは日本国憲法の自主的学習も行われていた。こうした庶民的な講座への取組みは地域における民主的教育運動として注目され、今日でも戦後民主化の歴史に積極的位置づけがあたえられている。二十二年八月には教員を対象とした夏期公開講座も開設された。しかし木部が二十三年二月急逝し、また「逆コース」の時勢のなかで、この教室は休止した。むろんここで育った人材はその後、地方政治や社会運動で大きな足跡を残しつづけた。

にも依存することとされたのである。静岡県内では、師範学校・高校・工業専門学校廃止による国立静岡大学設置の要請が自治体ぐるみで行われ、「静岡大学後援会」が各地で組織され、国立学校設置法の施行により、昭和二十四年六月に同大学が発足した（佐久間町蔵「旧浦河町文書」）。

第五福龍丸事件と平和運動●

昭和二十九（一九五四）年三月一日、ビキニ環礁付近で操業中の焼津漁港所属第五《だいご》福龍丸《ふくりゅうまる》がアメリカの水爆実験の死の灰に被曝《ひばく》し、「原爆マグロ」とさわがれた水揚げと被災者をのせて十六日に焼津に帰港した。多数の被災者のなかでも、久《く》保《ぼ》山愛吉《やまあいきち》は、九月二十一日に死去した。この事件は、全国的な原水爆実験禁止署名運動を展開する契機となり、その後の平和運動の出発点となった（焼津市『第五福龍丸事件』）。というのは日本が占領統治から独立を回復した昭和二十七年前後までは米軍の広島・長崎原爆投下問題を正面からとりあげることはきわめて困難であったので、この事件こそはそうした事態を一変させた。大井川町や焼津町では広範な署名運動と町議会での原水爆実験禁止決議、静岡

邦人漁夫、ビキニ原爆実験に遭遇
23名が原子病
一名は東大で重症と診断
水爆か
"死の灰"つけ遊び回る

第五福龍丸事件の新聞報道（『読売新聞』昭和29年3月16日付）

県議会での決議などが新聞紙上をにぎわせた。これには静岡大学教授塩川孝信《しおかわたかのぶ》などが調査に協力した。

それればかりか昭和三十年の原水爆禁止世界大会、日本母親大会を実現させることにもなり、さらに保守・革新の政党・政派を超えた国民的運動としても貴重な経験をすることになった。また昭和二十五年に勃発した朝鮮戦争により一時は軍需物資供給で息を吹き返したかにみえた日本産業界がこの事件をきっかけに、民需産業を中心とした発展に方向づけをすることにもなった点で、重要な歴史の転換点でもあった(山本義彦「『経済自立』と日米経済関係の形成」『日本同時代史』3)。

高度成長の条件としての地域開発、経済自立●

昭和二十五(一九五〇)年の国土総合開発法をうけて天竜東三河特定地域経済開発計画が開始され、電源開発株式会社によって昭和三十年には最大出力三五万キロワットの佐久間《さくま》発電所を建設し、その下流の秋葉《あきば》に三十三年八万五〇〇〇キロワットの逆調整発電所を設置した。東京電力と中部電力に電力供給することとされ、かつ水量の調整によって台風・豪雨による頻発する災害をふせぐなどの多目的性もかねられた。これは高度成長への基盤となった。「経済自立五カ年計画」は、昭和三十一年度を初年度として、三十五年度に至るまさに高度成長第一段階にあたる時期のことであった。その趣旨はアメリカの援助や特需に依存しない経済の自立の達成と急激に増加する生産年齢人口に対する雇用機会の増大との二つであり、国際収支の拡大均衡と雇用問題の解決を同時にはかるというねらいをもっていた。この経済計画による産業発展政策は三十二年の新長期経済計画、一九六〇年代の第一・二次総合開発政策と、昭和二十五年の所得倍増政策などに引きつがれていった。また県レベルでも、一九五〇年代の第一次総合計画から五次におよぶ、電源開発と国土保全、水利事業を経て、一九六〇年代の第六次からその後期計画、第七次計画、そして一九七〇年代初頭の第八次総合計画までに至る諸計画に具体化されていった。しかしこれらは概して工業誘致政策を基調としていて、県は全国有数の公害発生県となった。公害反対住民運動を上げてみると、昭和三十八、九年の沼津・三島の石油化学コンビナート問題、四十一、二年の日本軽金属蒲原《かんばら》工場増設、四十四、五年の富士市から蒲原町におよんだ火力発電所設置問題、四十六年沼津港拡張反対、四十六年から四十九年の田子浦へドロ問題、四十八年東亜燃料清水工場増設問題など、まさに公害オンパレードであった。四十五年には労働組合、住民組織、政党を糾合した「公害対策静岡県連絡会議」も組織された。昭和四十六年には浜岡《はまおか》原子力発電所が着工され、これに対しても想定される東海大地震との関連、従業員放射能被曝問題（嶋橋青年被曝問題は労災認定を獲得）など課題は残されてきている。宮本憲一『経済大国』によると、三十六年段階で県庁で公害課や係が設置されたのは東京都、大阪府とならんで全国最初であった。

　ここで沼津・三島のコンビナート問題に限定して述べて

「石油コンビナート進出反対沼津市総決起大会」に集まった2万5000人の人びと

テレビ契約数

年　　次	契約数	普及率(%)
昭和30(1955)年	1,394	0.3
40(1965)年	545,364	97.4
50(1975)年	775,309	102.6

『静岡県統計書』1955年, 64年, 75年版によって, 再編, 一部計算。

製造業出荷額中重化学工業と繊維工業の位置　(単位：100万円)

年　　次	出荷額合計 a	重化学工業計 b	b/a(%)	繊維工業 c	c/a(%)
昭和25(1950)年	84,128	20,539	24.4	20,030	23.8
35(1960)年	599,230	240,886	40.2	68,114	11.4
45(1970)年	2,403,906	1,320,286	54.9	114,755	4.8
55(1980)年	7,854,517	4,522,955	57.6	182,674	2.3
平成2(1990)年	16,237,847	9,991,394	61.5	179,993	1.1
4(1992)年	16,810,547	10,725,054	63.8	198,843	1.2
7(1995)年	16,162,954	10,341,816	64.0	143,851	0.9

『静岡県史』資料編22,『工業統計調査報告書(静岡県の工業)』(1993, 1955)より筆者作成。なお重化学工業の比率を計算する場合は, 一般的には化学, 石油, 石炭, 鉄鋼業, 非鉄金属, 金属製品, 一般機械, 電気機械, 精密機械をあげるのが通例である。ここでは静岡県の実状から, ゴム製品を含む7業種に限定して計算した。

おきたい。昭和三十六年、政府は石油化学コンビナートを太平洋岸ベルト地帯中心に配置し、高度成長のいっそうの推進をはかる方策として、新産業都市の建設をうたい、またそれともかかわって、工業整備特別地域を全国一一カ所に配置することを決め、静岡県では浜松周辺と東駿河湾地域とが検討の対象として名乗りをあげ、結果として東駿河湾工業整備特別地域が設定された。この地域の目玉として沼津・三島両市と清水町が整備対象として住友化学の進出と東京電力火力発電所誘致などを決定した。しかし住民の反対意見は堅く、ついに県はこの誘致を断念している。

まさに昭和三一年を境として塩化

ビニール・ナイロン・ビニロンなど合成繊維も普及をはじめ、石油化学工業の増設を背景としてつぎつぎに新製品が登場した。四日市《よっかいち》・岩国《いわくに》・新居浜《にいはま》・川崎《かわさき》のナフサセンターなどを基地とした、一五カ所の工場がいっせいに設備工事を完了したのは三十四年度のことであった。三十一年十二月の電力五カ年計画は従来の水主火従から火主水従へと大きく転換した。テレビの普及状況は前頁上表によって鮮明に知ることができる。つまり昭和三十年の高度成長開始期には一〇〇〇世帯につき三世帯という、きわめて希少性の高いテレビ普及の状態であった。当時の報道写真にしばしば、隣り近所の親子が、一つの家のテレビをみるというよりは、映画館での鑑賞のように集まっている写真をみることがあるのは、まさにこの普及不足によって知ることができる。また重化学工業化の進展は前頁下表に示すとおりである。

昭和二十七年度に水力三一%、国内石炭五〇%、石油一二%というエネルギー供給構成比であったのが、三十四年には水力二九、国内石炭三四、石油三一%と、みごとな転換をとげていった。ちなみに翌三十五年の三井三池《みついみいけ》大争議の敗北と貿易および為替の自由化が決定されたときには、水力二四、国内石炭三二、石油三六%へと加速度的に石油依存の方向を決定的としていった。こうして日本経済は、水力・国内石炭両エネルギー依存から輸入石油依存へ、そして石油化学工業依存へと展開をみせながら、高度成長の本格化、一九六〇年代成長へとばく進していったのである。なお『静岡県総合計画』（昭和五十二年二月）によると、戦後の静岡県の経済発展史を総括して、第一期（資源開発）、第二期（経済開発）、第三期（社会開発）と三区分している。

安保闘争と高度経済成長●

昭和二十六（一九五一）年の占領体制からの独立は、同時に日米安全保障条約の締結によって、占領時代のアメリカ軍の駐留を継続し、また沖縄県の本土からの切りはなし、米軍政下におくことを確定した。しかし安保条約によって、日本はアメリカを中心とした西側陣営に属することを宣言した結果となり、またその片務《へんむ》条約的性格のゆえに対米従属性の濃さが際《きわ》だった。いわば米ソ冷戦体制の環境がそこに投影したのである。静岡県では東富士《ひがしふじ》演習場が、戦後長く米軍演習場として活用されてきたのは、この条約と日米行政協定、その後の地位協定に基づいている。戦後の静岡県工業の生産構造変化を計算すると、まず従業員の拡大は昭和三十年、同三十五年の時期にかけて、きわめて大きかったことが示される。二十三年のおよそ二倍であった。これに対して、出荷額に関しては、すでに二十三年から二十五年で三倍、さらに二十五年から三十年でその三倍、つごう二十三年から三十年で九倍と、驚異的な成長をとげ、一方で戦争による打撃の大きさを示すとともに、他方ではそれにもまして戦後の復興期の成長力の高さを感じさせるし、しかもこの時期までに全国的にみても、技術革新がみられたとはいえ、従業員の拡大をはるかに上回る成長を示したことからして、産業界全般の生産力の発展の大きさを物語っている。そうした発展を前提として、三十年から三十五年にかけて一・六倍、出荷額では二・四倍という成長ぶりであった。出荷額でみると、昭和二十三年から三十五年で二一・五倍であった。

以上の数字での成長を確認してみるだけでも、少なくとも戦後再建復興から高度成長第一段階の一三年間で基調として生産力の拡大が従業員数の伸びをリードしたことが、特徴となっている。単純にみると、この間の生産性の伸びは従業員一人当りほぼ一〇倍といってよいのである。その間、食料品工業は従業員の面でも、出荷額の面でも一定の地歩を占めていて、昭和三十五年ごろには低下をはじめた。また繊維工業では従業員の比重は食料工業とであるが、出荷額では三十年前後をピークとして低下をはじめているこ

農業と兼業農家の推移

年　次	農家総人口 a	農家戸数 b	a/b	第一種比　率	第二種比　率	専業農家比　率
	人	戸		%	%	%
昭和22(1947)年	1,212,558	186,088	6.5	28.3	20.1	51.6
30(1955)年	1,169,560	181,895	6.4	35.7	34.0	30.2
35(1960)年	1,090,079	178,904	6.1	33.7	37.6	28.7
40(1965)年	954,731	165,937	5.8	34.1	46.8	19.1
45(1970)年	824,391	153,227	5.4	29.8	54.2	16.0
50(1975)年	719,280	140,127	5.1	25.7	61.8	12.4
55(1980)年	658,331	132,037	5.0	22.8	64.5	12.6
60(1985)年	612,859	124,007	4.9	20.0	68.0	12.0
平成２(1990)年	509,339	102,966	4.9	17.9	69.1	13.0
８(1996)年	312,820	90,620	3.5	17.2	41.5	12.2

1．『静岡県史』資料編22より作成。第二種比率とは農家戸数に占める％である。平成８年は静岡県農政部『静岡県の農業』(1997 年度)により算出。ただし農家戸数のうちに，非販売農家が含まれていて，それは平成８年の場合，総農家戸数中29.2%にもおよんでいる。ちなみに同年の全国の場合は 23.1%にのぼっていた。

2．参考までに全国の平成８年数値による計算を試みると，総世帯数の7.6%が農家総数で(県内では7.5%)，第一種兼業は13.4%，第二種は50.7%，専業は12.9%であった。興味ある事実は，静岡県の地位が総世帯数でも総農家戸数でも変わらず，2.7%であり，第一種兼業が3.4%で，全国比率としてバランスがとられているが，第一種兼業が多少高めである。

産業別就業者数の変化　　（単位：1,000 人）

年　次	総数	農林漁業	建設業	製造業	商業サービス
昭和22(1947)年	1,006	550	33	195	217
35(1960)年	1,307	397	82	341	190
45(1970)年	1,613	285	113	507	705
55(1980)年	1,744	184	147	540	782
平成２(1990)年	1,966	136	172	625	1,646

1．商業サービスには，卸・小売，金融・保険，不動産，運輸・通信，電気・ガス・水道，サービス，公務を含む。

2．『静岡県史』資料編 22 による。

とが明確に示されている。これら軽工業に対して、化学工業では従業員、出荷額の両面で、ほぼ位置を変えることなく持続し、他方で金属工業では従業員数の変化はあたえられた数値の問題があるので、これをのぞいて出荷額でみると、じりじりと比重をあげていて、機械工業では三十年前後からほぼ確実に従業員、出荷額ともに比重を高めて、とくに三十五年には従業員比率で全体のほぼ四分の一を占めるに至ったが、これは輸送用機械工業の発展によっている。

さて静岡県を代表する産業である紙パルプ工業、機械工業のうち輸送用機械工業の推移と位置をこの時期についてとらえると、まず紙パルプ工業は経済成長とともに、従業員・出荷額とも急成長の一角を構成していた。これに対して輸送用機械工業は、まだ動揺を含みつつ、ようやく一九六〇年代にはいるころから、出荷額での比率を増加させる傾向を顕著にしていった。まさにモータリゼーションが本格化する時期と照応した変化をみせていたといってよいであろう。それにこの時期をつうじて県工業構造は依然として高度成長前の軽工業主力の態勢であったことも容易にみることができる。出荷額の構成では、昭和三十五年の化学・金属・機械の合計がようやく二〇%程度にすぎなかったからである。

高度成長をささえる要素として不可欠なのは、昭和三十九年に開通した東海道新幹線と四十四年に開通した東名高速道路であろう。これら二つの交通インフラは県内経済と東西経済圏との結びつきをますます強める一方、大企業進出が農村地帯におよび、前頁上表に示すように農業労働力の工業への活用、兼業形態の農業経営をさらに加速したのである。なお、この間の産業別就業者数の変化は前頁下表に掲げるとおりである。

（単位：100 万円）

第三次産業	県内総生産	国内総生産		
		対前年比実質成長率	対前年成長率	県/全国
147,582(52.9)	278,670(100.0)	—	—	3.2
256,249(51.8)	494,589(100.0)	13.3	9.0	3.0
520,312(53.0)	981,038(100.0)	△4.7	9.1	2.9
1,123,784(51.5)	2,182,545(100.0)	10.2	10.9	2.9
1,870,961(51.2)	3,654,249(100.0)	10.2	8.8	
2,197,150(52.0)	4,180,554(100.0)	△3.8	△1.2	
2,362,918(53.9)	4,387,861(100.0)	△1.5	4.0	2.9
3,939,302(54.7)	7,198,074(100.0)	1.3	2.6	2.9
5,191,436(53.7)	9,671,262(100.0)	5.9	4.1	3.0
7,305,202(54.4)	14,252,211(100.0)	4.4	5.5	3.2
7,560,654(49.7)	15,206,779(100.0)		2.4	3.1

頁により抜粋。また平成 7 年は県統計課『静岡県の県民経済計算』(速報値) により算出，
サービス生産者，対家計民間非営利サービス生産者の計から輸入税，(控除) その他，(控
長率は経済企画庁『経済要覧 1997 年版』，日銀『国際比較統計』による。県内総生産の国

高度成長期以降の動向●

ここで、高度成長期から低成長期を含む静岡県経済の成長動向を概括的にとらえておきたい。というのは以下の静岡経済と産業発展を記述するうえで、理解が容易になると思われるからである。そのために、戦後の高度成長期における静岡県経済の変化を県内総生産の動向でとらえた上表によってみておこう。それによると、全国的動向と同様に農林漁業などの第一次産業の急速な地位低下が進行していることであり、他方、工業生産を中心として第二次産業の地位上昇がきわだっている。農林漁業などは昭和三十(一九五五)年の一六・二%から四十二年に九・四%と一割を切り、高度成長が終焉した四十八・四十九年にはついに五%と激減し一九八〇年代には三%、九〇年代には二%を切るまでに至ったのである。他方で、第二次産業は昭和三十年の三分の一から、一九六〇年代中葉、四割台へと前進し、その後第一次オイルショックにもかかわらず、増大し、およそ二

経済活動別県内総生産—名目(昭和30〜平成7年)

年　　次	第一次産業	第二次産業
昭和30(1955)年	45,272(16.2)	93,582(33.6)
35(1960)年	65,479(13.2)	186,013(37.6)
40(1965)年	103,688(10.6)	388,746(39.6)
45(1970)年	151,205(6.9)	975,304(44.7)
48(1973)年	188,202(5.2)	1,713,246(46.9)
49(1974)年	208,678(5.0)	1,928,293(46.1)
50(1975)年	239,752(5.5)	1,955,708(44.6)
55(1980)年	265,868(3.7)	3,261,749(45.3)
60(1985)年	271,872(2.8)	4,565,665(47.2)
平成2(1990)年	279,331(1.9)	6,475,414(47.8)
7(1995)年	248,532(1.6)	6,635,960(43.6)

昭和30〜平成2年は『静岡県史』資料編22，631〜632
ただしここにいう県内総生産は上に示した産業と政府
除）帰属利子を除した数字である。国内総生産実質成
内総生産比率は筆者による計算。

分の一におよんでいる。

この点は石油化学工業と鉄鋼業を中心に工場誘致を進めた他の地域とは相当に様相を異にした、堅調な成長を示し、一九六〇年代には人口、工業出荷額などで全国比率にして「三％経済」と特徴づけられていた静岡県は、人口比率の変化、また農業生産額や農業人口はそれほど変化はないものの、工業出荷額などではついに五〜六％にも達する成長ぶりを示したのである。この表では省略したが、成長率でみると、三十二年や三十五、三十六、三十七年に一一〜一三％にも達する前年比での伸びが記録されてのち、四十年の「不況」によるマイナス四・七％の低迷を経て、四十二〜四十五年の連年一〇％強から一四％にもおよぶ高度成長を、全国とともに歩んでいる。

しかしこの間の伸び率は、それでも全国比九割程度の達成であり、そのことは石油化学コンビナートなど当時の花形産業誘致を行わなかったことの一帰結ではあった。ただし県内総生産の全国総生産への

県内主要工業都市の地位変化(出荷額などでの比率変化)

年　　次	静岡市	浜松市	沼津市	富士市	清水市	5市計
昭和35(1960)年	10.7	15.4	7.0	16.4	15.1	64.5
45(1970)年	8.4	14.9	7.4	13.6	11.6	55.9
平成7(1995)年	5.9	12.2	5.3	10.3	5.6	39.3

昭和35〜50年は山本義彦「『高度成長』期における地域開発計画」(上原信博『地域開発と高度成長』御茶の水書房，昭和52年）より一部改訂。平成5年は静岡県『工業統計調査報告書(静岡県の工業)』(平成6，7年)により抽出，計算した。

参考注 (1)平成5年現在の静岡県の全国比は，事業所数で4.4%，従業者数で4.7%，製造品出荷額などで5.1%，付加価値額で5.0%を占めている。また平成7年は事業所数で4.5%，従業者数で4.8%，出荷額などで5.3%で，全国第5位である。かつて1960年代の重化学工業一辺倒の高度成長期には静岡県は人口比，生産比，いずれをとっても3%を占めていた。また成長率は全国比90%程度であった。しかし高度成長が終焉し，花形であった重化学工業の低迷の結果，むしろその道をとらなかったゆえに，静岡県の成長率は全国比をやや上回る結果となり，そのことが平成5，7年の数値にあらわれているとみてよいであろう。

(2)5都市の地位が1960年代までの高度成長期には高まっていたが，70年代の石油危機以降，低下を続けた。その主たる要因は富士地区の製紙業の低迷，清水市の造船，合板，軽金属などの構造不況業種をかかえていること，浜松地区の二輪車，楽器，綿工業の停滞などがあげられるのに対して，静岡市は着実に展開したが，それは在来伝統消費産業の存在が強みを発揮していることにあろう。

比率は工業出荷額などのように上昇傾向を示してはいない。それは全国的には脱工業生産、サービス経済化の進行した度合いが静岡県よりも高かったことを意味する。それでもとくに昭和四十八年オイルショックを経過して以降の、全国的には低迷を続けた成長の過程では、むしろ相対的にはより高いテンポの成長を記録して、全国的な減退期でも落込みはやや低めで、さきに述べたように、工業出荷額などの比率で、地位を高めていったのである。これは在来の産業集積が持続的成長を保障したといってよいであろう。

以上にみたように、高度成長期には花形産業の旗手であった石油化学工業や鉄鋼業は、あきらかに一九六〇年代末からは過剰生産と過剰設備、市場の制約、そして七〇年代オイルショックによる原油価格の高騰から発現した世界同時不況とその後の石油資源の節約的活用、資本集約化などをつうじて、長期の構造的不況に追い込まれるに至り、県内では部分的に清水市域の構造不況化、富士地区の製紙業不振という現象をもたらしはしたものの、県内経済全般としてはそれは打撃的には作用しなかったのである。このことは重要な論点となる。

ここでは、県内主要工業都市である静岡市・浜松市・沼津市・富士市・清水市（現静岡市清水区）の製造品出荷額などをとおして、高度成長期の県内産業立地のうえでの比重変化を前頁表によってみておきたい。ここからわかることは、県内五市の工業上の地位は、ほぼ高度成長前半期に確立していて、その後他地域への工場進出によって五市の相対的地位が低下をみせていることである。これは高度成長期の県内企業立地動向を具体的にみることができる一つの指標となろう。

石油危機と高度成長の終焉●

さて高度成長は一九六〇年代をつうじて石油化学コンビナートの全国的誘致ともかかわって、安い原油を背景に持続していったが、同時にさきにみたように、それは公害のバラ撒《ま》きを伴い、世界第一の公害国として著名になった。そして昭和四十二（一九六七）年の公害対策基本法が「経済と環境の調和」条項をもっていたのに対して、県民を始めとする国民運動の取組みのなかから、四十六年には「健康の保護」「生活環境の保全」をうちだした。しかし四十五年の「新経済社会発展計画」は依然として超高度成長を追求すべく外国原油にいっそう依存する路線を強調し、さらに佐藤栄作《えいさく》首相のあとがまをねらった通産大臣田中角《かく》栄《えい》は著書『列島改造計画』を発表し、工場再配置計画を推進して、過密化した大都市圏の公害型企業の過疎地域への分散配置などを主張した。この路線に基づいて従来の企業誘致政策は「工場再配置」と衣替えをし、農村地域工業導入促進法とも連動して「公害列島化」を推進した。

　ところが田中角栄が首相となり、昭和四十七年懸案であった中国との国交正常化を実現する一方で、四十八年秋には第四次中東戦争をきっかけとして石油危機がはじまり、原油価格は一バーレル当り二ドル程度であったのが、一挙に一一ドルとはねあがり（実際、原粗油は四十七年の一バーレル当り二・五一ドルが翌年には三・二九ドル、四十九年には一気に一〇・七九ドルへ——『経済要覧一九九〇年版』）、「物価狂乱」（福田赳夫《たけお》）時代を出現した。四十九年の春闘ではついに給与上昇率二九％程度のレベルとなった。こうして企業経営は従来の長期年功賃金型労働力を削減し、短期的・パートタイム的労働を多用し、内部蓄積資金力を活用して外部借入金を圧縮して減量経営を実現していった。そして景気の低迷に対して、政府は大幅赤字財政を展開して大量の赤字国債を発行した。また昭和五十三年には一方で「集中豪雨型」輸出をアメリカなど先進国にむけて強行し、「貿易摩擦」問題を激化させ、他方で「ロボット元年」といわれるマイクロエレクトロニクス・コンピュータ開発を進め、労働節約的で資本・技術集約的な企業経営を推し進めていった。

円高問題・バブル化と今後の展望●

昭和四十八（一九七三）年までは国際通貨制度として、「固定為替相場制」が維持されていて、一ドル＝三六〇円の四十六年末までと三〇八円への円の引上げによる固定相場が維持されていたものの、この年の二月以降、対米貿易大幅黒字を背景として円高が進んだ。一九八〇年代には、電子情報機器などの高度先端技術部門でも輸出競争力がつき対米貿易摩擦の内容は一九七〇年代前半までの繊維、鉄鋼、テレビなど家庭電化品、自動車から産業のコメ、半導体、電子機器などの分野での摩擦へと変化していった。静岡県の場合も、一九六〇年代後半から七〇年代をつうじた自動車、二輪車、ピアノから電子楽器を含む電子機器の生産と輸出へと大きく変貌したのである。

昭和六十年九月、プラザホテルでの日米間の合意に基づいた一ドル＝二四〇円前後に、またその後平成六（一九九四）年四月には八〇円にまで引きあげられていった。貿易摩擦は自動車、半導体など日本製品の対米輸出「自主規制」をせまるアメリカ側の要求をうけいれつつ、他方で円高を利用した資本進出を強行し、わが国はついに昭和六十年以降世界最大の債権大国となり、他方アメリカは最大の債務大国となっていった。静岡県の企業体が積極的に海外進出を開始したのは、比較的早く、ピアノや二輪車、別珍・コール天などの輸出はもとより、用材の買付けでも一九七〇年代には急速に進み、その後は商品輸出ではなく、資本輸出が進展し、その対米依存だけではなく、アジアを対象とするものも大きく増加していった。とくに金型などの中小下請的企業体さえも、低賃金を求めて中国などへの進出を増大させていった。

しかし国内的には依然として景気を活性化させる新産業分野をみいだせず、ここから大量の余剰資金が土地、株式などへの投機的買付け、テナントビルやマンション建設で荒稼ぎをはかる動きがみられ、こう

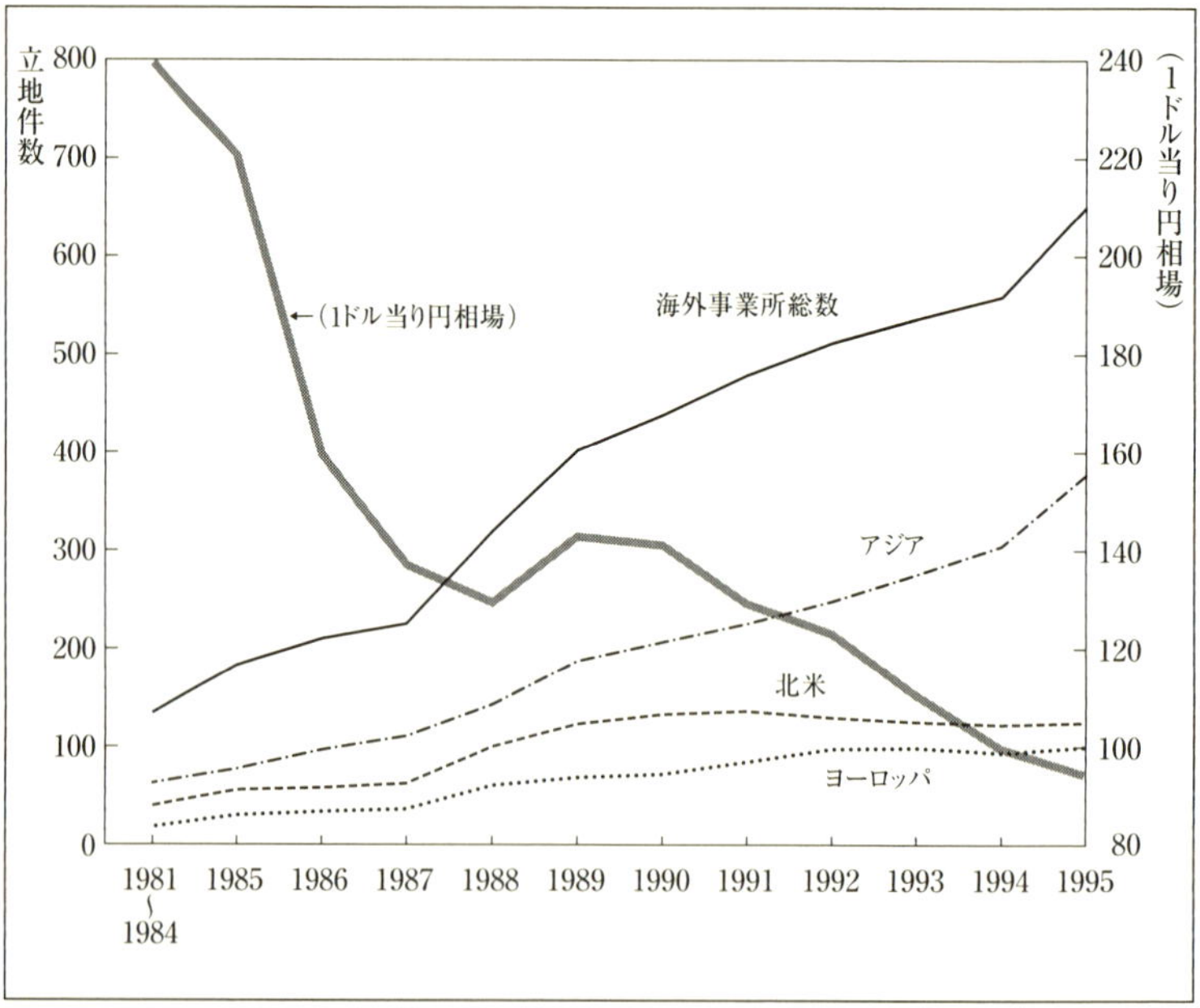

円高の進行と県内企業の海外立地動向

1．原資料では展開企業数と事業所数などが表示されているが，このうち地域別では事業所頭数で表記されているので，ここでは合計もこの項目の数値を採用した。また昭和56〜59年は暫定的な平均値を計算の基礎とした。

2．静岡県『静岡県内企業海外展開状況調査報告書』，日本銀行『国際比較統計』，大蔵省『財政金融統計月報』各年次国際収支特集。

した資本の運動がとくに一九八〇年代後半に強まった。バブル経済の始まりである。静岡県でも都市部のビルの買いあさりやマンション建設などがこの時期に急速に進み、その割にはテナントや買い手がつかず、一九九〇年代初頭には値崩れ現象を示し、全国とも連動してバブル期の担保ではとうてい未決済資金の処理が困難となった。バブル開始時点の昭和六十年に対して、一時、三倍を超える上昇を示した地価は平成九年末には、ようやく、昭和六十年の水準に戻った。平成七年四月に一ドル＝八〇円という超円高を経過してのち、同九年秋以降の東南アジア、香港、韓国と打ち続く急激な高度成長のあとをうけた金融混乱にも影響されつつ、これらの状況が進行している。

静岡の地域社会は全国と同様に、今日、高齢化と少子化の時代を迎え、また全国と対比しても国際化の傾向の強い特色をもっている。今後、高齢者福祉の一環としての在宅看護、ボランティア活動の充実とケア、女性の労働力化のいっそうの進展による児童福祉が求められていくであろう。そうした変化のなかで、住民の生涯学習への意欲も確実に増大しつつある。県内の公教育機関がそうした意欲に積極的にこたえつつ、施策の充実をはかることはいっそう求められていくであろう。こうした一連の施策が展開されるさいに、量的拡充とともにクオリティも重要な要素となっている。景気の低迷の長期化のもとで、きびしい財政環境が今後も予想されるとはいえ、これらの施策には公的政策の裏付けがますます要請されるであろう。

また、一部ではじめられているゴミの分別回収を始め「地球環境にやさしい」経済運営と、人びとの暮らしの改善がこの静岡の地でもますます求められている。平成九年のリサイクル法にもみられる、地域自治体でも、環境政策の積極化が要請されるところである。さらに、昭和五十三年以降、大規模地震対策措置法の強化指定地域とされている静岡県の防災システムの充実も、人びとの暮らしの安全をはかるうえで不可欠となっている。きびしい財政環境とはいっても、以上のような福祉、教育、環境、女性などに配慮ある施策が、県レベルのこれまでの弱点を克服するうえで重要である。

あとがき

県史シリーズの旧版『静岡県の歴史』が刊行されたのは一九七〇（昭和四十五）年のことであったから、すでに三〇年近くもたってしまった。その後、静岡新聞社による時代別の『静岡県の歴史』が企画され、七八年に中世編、七九年に近代・現代編、八三年に近世編が刊行されたが、原始・古代編はついに刊行されず、未完のままで終わってしまった。それからでも、すでに二〇年ほどになる。

この間、静岡県における歴史研究は大いに発展した。研究面では七〇年代後半に静岡県近代史研究会と静岡県地域史研究会とが相次いで発足したことの意義が大きい。他方、県下全般にわたる資料の発掘・調査の面では、とくに八五年から始まった『静岡県史』の編纂事業の成果がやはり特筆されるべきである。編纂事業自体は、当初の予定どおり一三年かけてこの三月に終了するが、通史編七巻、資料編二五巻、別編三巻、全三五巻におよぶ成果は、質量ともに充実していて、今後の研究にとって確かな基礎が据えられたといってよいだろう。また、この県史編纂事業が刺激になって、市町村史の編纂がそれまで以上に盛んになったことも注目される。市町村史では、県史以上によりきめ細かな調査や叙述が可能となり、歴史研究の裾野を大きく広げることになった。このように、この二〇年ほどの間に、静岡県の歴史研究の条件は格段に向上したのである。

その意味で、今回の新版県史シリーズは、静岡県にとってはまことにタイミングのよい時期の企画となった。本書の執筆にあたっては、通史編の一部が間に合わなかったとはいえ、県史編纂の成果に全面的に依拠している。また、近年の市町村史の成果も大いに参照した。『静岡県史』では、当初別編3は「概説静岡県史」の予定であったが、その後「図説静岡県史」に変更になった。概説の刊行はなくなったため、本書ははからずも、「概説静岡県史」の役割を果たすことになったともいえよう。

本書編集の要請をうけた私は、大まかな編成案を作成するとともに、執筆者としては、専門委員などとして県史編纂に携わった方々にお願いした。本書の執筆分担は、第一章荒木敏夫氏、第二章杉橋隆夫氏、第六章山本義彦氏で、序章および第三〜五章は本多が担当した。付録についても、それぞれ時代別に分担した年表と参考文献以外は、いずれも本多がとりまとめた。なお、近・現代の叙述が簡略になっているのは、先年山川出版社より『静岡県の百年』が刊行されているためである。

執筆にあたっては、私たちは章・節のタイトルや取りあげるべき内容についても、若干の意見交換を行った。また、先に述べたような最新の諸成果を、できるだけ採り入れるように努めた。しかしながら、限られた紙数のなかでは、どうしても触れられなかった問題も多く、あるいは評価の違いなどもあるかもしれない。そのような限界はあっても、本書には、私たちの立場からする最新の静岡県の歴史像が描かれていることは確かである。

最後に、著書・論文などを参照させていただいた方々、県史や市町村史の編纂に努力された方々に心からお礼を申し上げたい。また、山川出版社編集部の本書担当者には、行き届いたご配慮をいただいた。あわせてお礼を申し上げる次第である。

一九九八年三月

本多隆成

甲斐市
甲府市
甲州市
ルプス市
昭和町
中央市
笛吹市
山梨県
大月Jct
中央自動車道
八王子Jct
緑区
大月市
桂川
上野原市
相模原市
三ツ峠山
1785
西桂町
川町
市川三郷町
富士河口湖町
都留市
富士急行
愛川町
西湖
河口湖
精進湖
御正体山
1682
道志村
丹沢山
1567
清川村
本栖湖
身延町
忍野村
神奈川県
厚木市
雨ヶ岳
1772
鳴沢村
山中湖
山中湖村
1946
毛無山
延山
1153
身延線
富士川
富士吉田市
松田町
山北町
秦野市
伊勢原市
富士山
3776
駿東郡
小山町
宝永山
2693
長者ヶ岳
1336
御殿場市
ごてんば
開成町
大井町
南足柄市
二宮町
大磯町
富士宮市
御殿場線
小田原市
おだわら
御殿場Jct
箱根町
箱根山
芦ノ湖
南部町
ふじのみや
富士市
位牌岳
1458
1188
愛鷹山
駿東郡
長泉町
新東名高速道路
東名高速道路
裾野市
湯河原町
真鶴町
三島市
ふじ
みしま
田方郡
東海道本線
しんふじ
ぬまづ
清水町
伊豆箱根鉄道
函南町
あたみ
熱海市
清水Jct
清水港
しみず
清水区
久能山
沼津市
大瀬崎
初島
伊豆の国市
葛城山
伊東線
伊豆スカイライン
しゅぜんじ
いとう
駿河区
金冠山
816
達磨山
981
伊東市
相模灘
伊豆市
大室山
580
天城山
1406
遠笠山
1197
伊豆急行
東伊豆町
駿河湾
西伊豆町
いずあたがわ
賀茂郡
河津町
いずいなとり
松崎町
かわづ
いずきゅうしもだ
南伊豆町
下田市
石廊崎
N
1:680,000
0
7
14km

携帯便利なガイドブック

〈新訂版〉図説 仏像巡礼事典

古仏巡礼に必携の手引書

仏像の種類・特徴・見分け方、様式の変遷、規準的作例、坐法・印相・技法などを七〇〇余点の写真や図版を用いて要領よく解説。全国の国宝・重文指定の仏像(平成3年現在)全てを網羅。

新書判

図説 歴史散歩事典

歴史散歩に必携の案内書

寺院・神社・城・庭園・茶室・住宅・考古遺跡をはじめ、暦・貨幣・陶磁器・絵画工芸などの由来、見方、様式、名称を、一〇〇〇余点の写真や図版を用いて平易に解説。

新書判

図説 民俗探訪事典

日本人の暮らしの知恵を探る

衣食住・家と家族・ムラの社会・年中行事・民間信仰・生業と暮らし、民俗芸能などの見方、とらえ方を、一〇〇〇余点の写真と図版を用いて、平易に解説。

新書判

図解 文化財の見方
―歴史散歩の手引―

『歴史散歩事典』のダイジェスト版

文化財に親しむための入門書。社寺建築をはじめ城や仏像などの見方を、四〇〇余点の写真・図版を用いて簡潔・平易に解説。修学旅行や校外学習にも最適なハンドブック。

新書判

新 版 県 史　全47巻

古代から現代まで、地域で活躍した人物や歴史上の重要事件を県民の視点から平易に叙述する、身近な郷土史読本。充実した付録も有用。
四六判　平均360頁　カラー口絵8頁　　本体各1900〜2400円+税

1 北海道の歴史
2 青森県の歴史
3 岩手県の歴史
4 宮城県の歴史
5 秋田県の歴史
6 山形県の歴史
7 福島県の歴史
8 茨城県の歴史
9 栃木県の歴史
10 群馬県の歴史
11 埼玉県の歴史
12 千葉県の歴史
13 東京都の歴史
14 神奈川県の歴史
15 新潟県の歴史
16 富山県の歴史
17 石川県の歴史
18 福井県の歴史
19 山梨県の歴史
20 長野県の歴史
21 岐阜県の歴史
22 静岡県の歴史
23 愛知県の歴史
24 三重県の歴史
25 滋賀県の歴史
26 京都府の歴史
27 大阪府の歴史
28 兵庫県の歴史
29 奈良県の歴史
30 和歌山県の歴史
31 鳥取県の歴史
32 島根県の歴史
33 岡山県の歴史
34 広島県の歴史
35 山口県の歴史
36 徳島県の歴史
37 香川県の歴史
38 愛媛県の歴史
39 高知県の歴史
40 福岡県の歴史
41 佐賀県の歴史
42 長崎県の歴史
43 熊本県の歴史
44 大分県の歴史
45 宮崎県の歴史
46 鹿児島県の歴史
47 沖縄県の歴史

本多　隆成　ほんだたかしげ
1942年，大阪府に生まれる
1973年，大阪大学大学院文学研究科博士課程単位取得退学
現在　静岡大学名誉教授・文学博士
主要著書　『近世初期社会の基礎構造』（吉川弘文館，1989年），『初期徳川氏の農村支配』（吉川弘文館，2006年），『近世東海地域史研究』（清文堂，2008年）

荒木　敏夫　あらきとしお
1946年，東京都に生まれる
1975年，東京都立大学大学院人文科学研究科博士課程中退
現在　専修大学文学部教授
主要著書　『日本古代の皇太子』（吉川弘文館，1985年），『日本古代王権の研究』（編，吉川弘文館，2006年）

杉橋　隆夫　すぎはしたかお
1946年，静岡県に生まれる
1974年，京都大学大学院文学研究科博士課程単位取得退学
現在　立命館大学文学部名誉教授・博士（文学）
主要著書　『古代･中世の政治と文化』（共編著，思文閣出版，1994年），『増補改訂兵範記人名索引』（代表編著，思文閣出版，2013年）

山本　義彦　やまもとよしひこ
1944年，大阪府に生まれる
1973年，大阪市立大学大学院経済学研究科博士課程単位取得退学
現在　静岡大学名誉教授・博士（経済学）
主要著書　『戦間期日本資本主義と経済政策』（柏書房，1989年），『清沢洌の政治経済思想』（御茶の水書房，1996年）

静岡県の歴史　　県史 22

1998年6月25日　第1版1刷発行　　2015年1月30日　第2版1刷発行

著　者　本多隆成・荒木敏夫・杉橋隆夫・山本義彦
発行者　野澤伸平
発行所　株式会社　山川出版社　〒101-0047　東京都千代田区内神田1-13-13
電話　03(3293)8131(営業)　03(3293)8135(編集)　振替　00120-9-43993
印刷所　図書印刷株式会社　　製本所　株式会社ブロケード
装　幀　菊地信義

ISBN978-4-634-32221-9

付　　録

■ 索　　引

●あ　行

● か　行

● さ　行

● た　行

●な　行

●は　行

●ま　行

●や　行

●ら・わ　行

■ 年　　表

年　代	時　代	事　　項
3万年前ごろ	旧石器時代	このころ，愛鷹山麓の人びとが，台状様石器や磨製石斧を用いて，礫群で調理をする(沼津市中見与第1遺跡)。
B.C.1万9000年前ごろ		三ヶ日人・浜北人が活動する。
B.C.1万6000年前ごろ		沼津市尾上イラウネ遺跡の人びとが，拳大の円礫に線刻をする。
B.C.1万年前ごろ	縄文時代	このころ，最古の縄文土器(隆起線文土器)が島田市旗指遺跡，富士宮市芝川町小塚遺跡などで使用される。
B.C.5000年ごろ		このころ，遺跡数が一時的に減少する。
B.C.3000年ごろ		ふたたび遺跡数が増加し，県内の縄文時代の成熟期を迎える。
B.C.3世紀ごろ	弥生時代	浜松市天竜区半場遺跡や河津町姫宮遺跡などで遠賀川式土器が使用される。
B.C.1世紀ごろ		このころ，全県的に稲作農耕が定着する。
2世紀後半〜3世紀		このころ，本格的に弥生時代が展開し，遺跡数が急増する。浜名湖北岸では銅鐸の祭りが盛んになり，静岡市登呂遺跡のような微高地に集落が，低地には水田がいとなまれる。
3世紀中ごろ	古墳時代	このころ，三重の環濠がめぐらされた浜松市伊場遺跡の集落がいとなまれる。
3世紀末〜4世紀前半		このころ，磐田市新豊院山2号墳・袋井市座王権現神社古墳などがつくられる。
4世紀末		このころ，松林山古墳(110m)，銚子塚古墳(112m)などが造営される。
5世紀		このころ，兜塚古墳(80m)や京見塚古墳(47m)，堂山古墳(113m)などが造営される。
6世紀〜7世紀初		このころ，素賀国造・遠淡海国造・珠流河国造・廬原国造・久努国造・伊豆国造が任命される。

西暦	年　号	事　　項
663	天智　2	***8-13*** 廬原君臣(別名，臣足)が白村江の戦いに参戦。
680	天武　9	***7-*** 駿河国二郡を分けて，伊豆国とする(『扶桑略記』)。
	7世紀中葉	このころ，遠江で古墳の築造が中止される。
	7世紀後半	「辛巳年」(天武10＝681)・「乙酉年」(天武14＝685)・己亥年(文武3＝699)五月十九日渕評竹田里人〈下略〉」・「駅評人」(「屋椋帳」)などと墨書された木簡が伊場遺跡から出土する。
	8世紀初頭	このころ，「若舎人」と刻された石櫃がつくられる。
702	大宝　2	***10-10*** 持統太上天皇，三河に行幸。『万葉集』にみえる「引馬野」「安

		礼の崎」の地は遠江に関連するか。
712	和銅 5	***7-15*** 駿河国のほか20国に錦綾の織成を命じる。
738	天平 10	***2-14***「駿河国正税帳」を進上する。
739	11	この年，「伊豆国正税帳」作成される。
	8世紀前葉	このころ，駿河・伊豆でも古墳の築造を中止する。このころ，遠江国磐田郡の丹生直弟上，「磐田寺」の七重塔を建立する(『日本霊異記』)。
741	天平 13	***2-14*** 国分寺建立の詔が発布される。
758	天平宝字2	***12-*** 伊豆国賀茂郡三島大社の封戸が13戸となる。
769	神護景雲3	***3-*** 廬原郡大領の菴原首麻呂，「国造」となる。
781	天応 1	***7-6*** 富士山が噴火する。
800	延暦 19	***3-14*** 富士山が噴火する。
802	21	***1-8*** これより先，富士山が噴火する。
819	弘仁 10	***8-29*** 遠江国分僧寺火災。
832	天長 9	***5-22*** 伊豆国の三島神・伊古奈比咩神が「名神」に列せられる。
835	承和 2	***6-29*** 駿河国の富士川に浮橋を設置し，大井川・安倍川に渡船増加を命じる。
836	3	この年，伊豆国分尼寺火災。その後，「定額寺」を半世紀におよんで代用する。
840	7	この年，遠江国周智郡の無位小国天神と磐田郡の無位矢奈比売天神に従五位下，また伊豆国神津島の阿波神と物忌奈乃神に従五位下の神階がさずけられる。
834〜48	承和年間	このころ，富士山が噴火する。
850	嘉祥 3	***10-7*** 伊豆国の三島神に従五位上の神階がさずけられる。
853	仁寿 3	***5-13*** 駿河国の名神，浅間神社に従三位の神階がさずけられる。
855	斉衡 2	***9-28*** 伊豆国の人，大(丈カ)部富賀満建立の大興寺が定額寺となり，海印寺別院となる。
859	貞観 1	***1-27*** 駿河国の浅間神社に正三位の神階がさずけられる。
863	5	***6-2*** 駿河国富士郡法照寺・遠江国頭陀寺，定額寺となる。
868	10	***7-27*** 伊豆国の三島神に従三位の神階がさずけられる。
877	元慶 1	このころ，都良香『富士山記』があらわされる。
884	8	***4-21*** 伊豆国司，国分尼寺の再建を申請し許可される。
890	寛平 2	***12-25*** 遠江国の雄神に正四位下の神階がさずけられる。
927	延長 5	***12-26***『延喜式』撰進。
947〜57	天暦年間	このころ，『伊勢物語』成立。東下りのおりに，宇津谷峠(静岡市)などの情景を描く。
956	天暦 10	***10-21*** 駿河国司・郡司に武器の恒常携行を許す。
999	長保 1	***3-7*** 富士山が噴火する。
	10世紀後半	このころ，大知波峠廃寺が建立され，12世紀中葉ごろまで存続。
1032	長元 5	***12-16*** 富士山が噴火する。
1047	永承 2	この年，遠江国小笠郡高松神社の「御八講」がはじまる。
1059	康平 2	この年以降に『更級日記』成立。足柄山・関山・横走の関・富士の山・清見が関・田子の浦・大井川・富士川・ぬまじり・さやの中山·天中河·

		浜名の橋・ゐのはな等の地名がみえる。
1062	康平　5	***1-*** 出世上人能快が十二所の権現を勧請する。この年，久能寺の寿勢僧都，「法花八講」をはじめる。
1066	治暦　2	この年，藤原維清ら４人，大般若経(牧之原市般若寺蔵)を書写する。
1083	永保　3	***3-28*** 富士山が噴火する。
1104	長治　1	***2-6*** 大蔵大輔の大江通国，伊豆守を兼官する。在任中，大般若経(南伊豆町修福寺蔵)を書写する。
1117	永久　5	***8-4*** 僧良勝と橘成祐，埋納経を行う(伊豆山神社経塚)。
1127	大治　2	この年，伊豆守源盛雅の息男源盛頼ら，大般若経(南伊豆町修福寺蔵)を書写する。
1146	久安　2	***7-27*** 清原重安らが，浜松市根堅勝栗山出土と伝えられる陶製五輪塔を焼成する。
1149	5	***5-2*** 富士上人末代，富士山に一切経の奉納を企て，鳥羽天皇を始め京都の貴顕，東海の人びとを結縁させる。
1156	保元　1	***7-*** 保元の乱がおこり，駿遠豆武士団が源義朝に属して参戦する。
1160	永暦　1	***3-11*** 源頼朝，伊豆国に配流。これ以前，北条時政，牧の方と再婚か。
	12世紀中ごろ	このころ，後白河法皇，『梁塵秘抄』を編纂する。そのなかに，天下の霊験所として「伊豆の走湯」と「駿河の富士の山」の名がみえる。
1173	承安　3	***5-16*** 文覚，伊豆国に配流。
1176	安元　2	***10-*** 工藤祐経，伊豆の奥の狩場で河津祐通を射殺する。
1178	治承　2	***11-*** 平清盛，富士の綿2000両を後白河法皇に献上するという。
1180	4	***4-27*** 以仁王の令旨が，伊豆の源頼朝にとどけられる。***8-17*** 頼朝，伊豆に挙兵する。***10-14*** 鉢田合戦で，駿河在地の平氏方勢力が壊滅する。***10-20*** 甲斐源氏，富士川の戦いで平氏軍を破る。***10-21*** 頼朝，安田義定を遠江国の，武田信義を駿河国の守護とする。
1185	文治　1	***11-29*** 頼朝，守護・地頭の設置と兵粮米の徴収とを勅許される。
1188	4	***1-20*** 頼朝，伊豆山・三島社参詣のため，鎌倉をたつ。
1192	建久　3	***7-12*** 頼朝，征夷大将軍となる。
1193	4	***5-28*** 曾我兄弟，駿河国富士野の神野の狩宿において，伊豆国工藤祐経を殺害する。
1200	正治　2	***1-20*** 梶原景時とその一族，上洛の途次，駿河国狐崎で討ち取られる。
1202	建仁　2	***10-15*** 聖一国師，駿河国栃沢に生まれる。
1203	3	***9-29*** 源頼家，伊豆国修禅寺に幽閉され，のち殺される。
1205	元久　2	***7-25*** 相良永頼，肥後国人吉荘地頭職を拝領する。閏***7-20*** 北条義時・政子，父時政を伊豆国北条に引退させる。
1211	建暦　1	***6-26*** 幕府，東海道に新宿をたてるよう，重ねて守護・地頭に命ずる。
1219	承久　1	***2-22*** 阿野時元，駿河国阿野郡で敗死。
1221	3	***5-19*** 北条義時・政子ら，軍兵上洛を評定し，遠江・駿河・伊豆などの軍勢を催促する(承久の乱)。
1222	貞応　1	***8-17*** 幕府，遠江国内田荘下郷地頭内田致茂を，石見国貞松・豊田地頭職に補任する。また，このころ，吉川経光，安芸国大朝本荘地頭職に補任される。
1231	寛喜　3	***3-19*** 北条泰時，伊豆・駿河両国の出挙米をほどこして窮民を救う。

		この年，諸国大飢饉(寛喜の飢饉)。
1235	嘉禎 1	この年，大応国師，駿河国井宮に生まれる。
1242	仁治 3	8- 『東関紀行』の作者某，東海道をくだり，遠江・駿河・伊豆をとおる。
1256	康元 1	7-3 幕府，天野景経に遠江国山香荘犬居郷地頭職などを安堵する。
1261	弘長 1	5-12 日蓮，伊豆国伊東に流される。
1279	弘安 2	9- 幕府，駿河国熱原の日蓮宗徒20人をとらえ，ついで３人を斬る(熱原法難)。
1282	5	7-16 一遍，伊豆国三島社に参詣する。10-8 日蓮，日興ら６人の弟子を定める。
1327	嘉暦 2	閏9-21 後醍醐天皇，遠江国平田寺を祈願所とする。
1334	建武 1	7-12 後醍醐天皇，遠江国初倉荘内鮎川郷などを南禅寺領として安堵する。
1335	2	8-9 足利尊氏，北条時行ら討伐のため京都をたち，この日遠江国橋本でたたかう。以後，同国および駿河・伊豆の合戦で勝利する。12-5 足利・新田両軍，駿河国手越河原でたたかう。12-12 足利・新田両軍，駿河国竹下でたたかう。翌日は，伊豆国府でたたかう。
1336	3 (延元 1)	8-12 足利・新田両軍，遠江国袋井縄手でたたかう。9-13 足利・新田両軍，遠江国篠原および天竜川でたたかう。12-5 足利尊氏，遠江国初倉荘などを南禅寺に安堵する。
1337	4 (2)	8-14 遠江守護今川範国，府八幡新宮領中泉郷での殺生禁断を命ずる。9-26 足利尊氏，今川範国に駿河国羽梨荘・遠江国河会郷などをあたえる。この年，宗良親王，遠江国井伊谷城に入る。
1338	暦応 1 (3)	1-12 北畠顕家軍，遠江国橋本に進軍する。9- 宗良親王，ふたたび遠江国井伊城にはいる。10-29 松井助宗，駿河国安部城合戦での軍功を上申する。
1339	2 (4)	9- 宗良親王，遠江国井伊城より，後醍醐天皇哀悼の歌を送る。10-30 南朝方の遠江国千頭峰城，落城する。
1340	3 (興国 1)	1-30 遠江国三嶽城，落城する。8-24 遠江国大平城・井伊城，落城する。
1349	貞和 5 (正平 4)	7-19 内田致景，遠江国内田荘下郷惣領職を，嫡子致世にゆずる。8-23 中原師茂，遠江国浅羽荘預所職に善覚を補任する。
1351	観応 2 (6)	11-9 足利尊氏，関東にくだるに際して，伊豆国三島社に祈禱させる。12-27 足利尊氏の軍勢，直義軍を足柄山に破り，伊豆国府にせまる。
1362	貞治 1 (17)	8-16 足利基氏，畠山国清ら討伐のため，伊豆にむかう。9-10 畠山国清ら，降参する。
1374	応安 7 (文中 3)	2-17 義堂周信，湯治のため伊豆国熱海に赴き，広済庵で九峰信虔にあい，翌日詩会を開く。
1384	至徳 1 (元中 1)	5-4 観世清次，駿河国浅間社で申楽を舞う。5-19 清次，駿河で没する。5-19 遠江守護今川範国，没する。
1388	嘉慶 2 (5)	9- 足利義満，富士見物のために来駿する。
1391	明徳 2 (8)	10-8 足利義満，遠江国蒲御厨を，東大寺塔婆造営料所として寄進する。

1400	応永	7	***1-11*** 足利義満，今川泰範を駿河・遠江両国国務ならびに守護職に補任する。***1-18*** 足利義満，上杉憲定に，今川了俊討伐を命ずる。
1404		11	この年，斯波義教，遠江国守護となる。
1416		23	***10-7*** 上杉氏憲(禅秀)らの反乱により，足利持氏，伊豆国三島にのがれ，さらに駿河国瀬名に赴く。***12-28*** 駿河国入江荘で合戦が行われる。
1417		24	閏***5-7*** 足利義持，駿河守護今川範政に，同国富士下方をあたえる。***7-4*** 足利義持，伊豆守護上杉憲基に，同国闕所分を安堵する。
1432	永享	4	***9-*** 足利義教，富士見物に来駿する。
1439		11	***1-*** 足利義教の命により，駿河守護今川範忠ら，足利持氏を鎌倉に攻める(永享の乱)。
1440		12	***2-5*** 遠江国大洞院開山如仲天誾，没する。
1449	宝徳	1	閏***10-*** 遠江国蒲御厨諸公文・百姓ら，代官大島久重の不法を東大寺油倉に訴え，逃散する。
1456	康正	2	***1-16*** 遠江国浜松荘引間市で徳政一揆がおこり，土倉がおそわれる。
1457	長禄	1	***12-24*** 足利政知，鎌倉公方に下向するも，伊豆国堀越に留まる。
1461	寛正	2	***12-19*** 足利義政，駿河守護今川義忠に，足利政知への援助を命ずる。
1464		5	***9-11*** 遠江国蒲御厨東方諸公文ら，代官大河内真家の非法を東大寺油倉に訴え，逃散する。
1475	文明	7	***7-9*** 遠江国一雲斎開山川僧恵済，没する。
1476		8	***2-*** 駿河守護今川義忠，遠江国で討死する。
1479		11	***12-21*** 今川氏親，足利義政より，亡父義忠の遺跡所領などを安堵される。
1485		17	***9-13*** 万里集九，三河から遠江にはいり，浜名湖畔に着く。***9-19*** 万里集九，懸塚より海路，駿河小河に着く。***9-29*** 万里集九，駿河定輪寺より相模足柄に赴く。
1487	長享	1	この年，今川氏親，伊勢盛時(北条早雲)の助力を得て，小鹿範満を討つ。
1494	明応	3	***8-*** 今川氏親，遠江への侵攻を開始する。
1498		7	***8-25*** 明応の東海大地震おこり，浜名湖が外洋とつながる。
1501	文亀	1	この年，今川氏親，遠江守護斯波義寛らとたたかう。
1504	永正	1	***4-*** 宗長，駿河宇津山麓に柴屋軒を結ぶ。***9〜10*** 今川氏親・伊勢宗瑞(早雲)ら，関東へ出陣する。***10-25*** 宗長，伊豆三島社で，今川氏親の関東戦勝報賽のため，和歌千句をよむ。
1506		3	この年，今川氏親・伊勢宗瑞(早雲)ら，遠江から三河に出陣する。
1508		5	この年，今川氏親，遠江国守護となる。
1517		14	***8-19*** 今川氏親，引間城に斯波義達・大河内貞綱らを破る。
1518		15	***3-*** 遠江国相良荘般若寺領で検地施行(今川検地の初見)。
1526	大永	6	***4-14*** 今川氏親，今川仮名目録33カ条を制定する。***6-23*** 今川氏親が没し，嫡子氏輝がつぐ。
1536	天文	5	***3-17*** 今川氏輝・同彦五郎兄弟没し，家督争いがおこる。***6-8*** 梅岳承芳(今川義元)が玄広恵探を破り，家督をつぐ(花蔵の乱)。
1537		6	***2-10*** 今川義元，武田信虎の娘をめとる。***2-*** 北条氏綱，富士川以東の駿河国を侵攻する(河東一乱)。
1542		11	***8-*** 今川義元，三河小豆坂において織田信秀とたたかう（第一次小豆坂

			合戦)。
1548	天文	17	3- 今川義元，三河小豆坂において織田信秀とたたかう(第二次小豆坂合戦)。
1549		18	3- 松平広忠が家臣に討たれ，今川義元，岡崎城を接収する。11- 今川軍三河安祥城を破り，竹千代(徳川家康)を取り返し，駿府に送る。
1552		21	11-27 今川義元の娘，武田信玄の嫡子義信にとつぐ。
1553		22	2-14 今川義元，駿府友野座の掟書を定める。2-26 今川義元，今川仮名目録追加21カ条を制定する。
1554		23	7- 今川氏真，北条氏康の娘をめとる(駿・甲・相三国同盟成立)。
1556	弘治	2	9-24 山科言継，駿府に至り，新光明寺にはいる。
1560	永禄	3	4-24 今川氏真，駿河丸子宿に伝馬の法を定める。5-19 今川義元，尾張桶狭間で討死する。
1561		4	11-28 今川氏真，松木与三左衛門に諸商売の役などを免除する。
1568		11	12- 武田信玄が駿河に，家康が遠江に侵攻する。今川氏直は，懸川城にのがれる。
1569		12	5-6 今川氏真，懸川城を家康にあけわたし，駿東郡戸倉に去る。
1570	元亀	1	6- 家康，居城を岡崎から浜松に移す。
1572		3	12-22 家康，遠州三方ケ原で武田信玄に大敗する。
1573	天正	1	4-12 武田信玄没する。9- 家康，三河長篠城を攻略する。
1574		2	6- 武田勝頼，遠江高天神城を攻略する。
1575		3	5-21 織田・徳川連合軍，三河長篠合戦で武田勝頼を破る。8- 家康，遠江諏訪原城を攻略し，牧野城と改称。この年，穴山信君(梅雪)，駿河江尻城にはいる。
1581		9	3-22 家康，遠江高天神城を奪還する。
1582		10	3-11 武田勝頼，織田・徳川両軍に攻められ，甲斐田野で自殺。6-2 本能寺の変で，織田信長討たれる。家康は，堺から伊賀越えで帰国。
1583		11	11-28 家康，遠江可睡斎の鳳山等膳を，三河・遠江・駿河・伊豆の僧録に任命。
1584		12	3～11 織田信雄・徳川家康連合軍，羽柴(豊臣)秀吉と尾張小牧・長久手で合戦。8-26 家康，駿河志太郡の郷村に軍役を賦課する。
1586		14	5-14 徳川家康，羽柴秀吉の妹朝日姫をめとる。10-27 徳川家康，大坂城で秀吉に臣従。12-4 徳川家康，居城を浜松から駿府に移す。
1587		15	1-15 家康，遠江森町の七郎左衛門を，駿河・遠江の鋳物師惣大工職に任命。10-17 北条氏，伊豆の増反銭を，韮山城におさめさせる。
1588		16	1-14 北条氏，伊豆の郷村に，山中城普請の人足をださせる。この年，天竜川の寺谷用水開削される。
1589		17	2- 徳川氏の，五カ国(三河・遠江・駿河・甲斐・南信濃)総検地がはじまる。7-7 徳川氏，領国内の郷村に，七カ条定書の交付をはじめる。
1590		18	2-10 家康，小田原北条氏討伐のため出陣する。3-27 秀吉，沼津に着陣。3-29 豊臣軍，伊豆山中城を攻略する。5- 伊奈忠次，伊豆の郷村に郷中定書を交付する。7-5 小田原開城。北条氏直は高野山へ追放，氏政・氏照らは自決。8-1 家康，江戸入城。8- 内藤信成１万石で伊豆韮山城主となる。12-26・28 秀吉，駿河・遠江の寺社領を寄進・

			安堵。この年，三河・遠江・駿河には，豊臣系大名が入部。伊豆で総検地を施行(検地奉行伊奈忠次)。
1591	天正	19	***5-1*** 中村一氏，国役をつとめる駿河鍛冶衆に諸役を免除する。***11-11*** 福岡忠勝，森の鋳物師の屋敷を安堵し，金屋役銭の上納を命ずる。
1593	文禄	2	***4-3*** 横田村詮，石切市右衛門の屋敷を安堵し，領国内の石切を統轄させる。この年，山内氏の掛川領で太閤検地施行。
1594		3	この年，北伊豆から南伊豆にかけて検地施行(検地奉行彦坂元正)。
1598	慶長	3	この年，南伊豆で検地施行(検地奉行彦坂元正)。
1599		4	***5-3*** 横田村詮，榛原郡志都呂の焼物師の屋敷・畠を安堵し，焼き物の上納を命ずる。***6〜9*** 駿河の郷村に，横田村詮法度5カ条を交付。この年，中村氏の駿河領国，有馬氏の横須賀領，堀尾氏の浜松領で太閤検地施行。
1600		5	***2-20*** 横田村詮，岡部新宿の条規を定める。***9-15*** 関ヶ原の合戦で，東軍徳川家康勝利する。この年，今切(新居)関所設置される。
1601		6	***1-*** 徳川氏，東海道各宿に伝馬朱印状をくだす。***2-*** 大久保忠佐2万石で沼津藩主，天野康景1万石で興国寺藩主，内藤信成4万石で駿府藩主，松平定勝3万石で掛川藩主，大須賀忠政5万5000石で横須賀藩主，松平忠頼5万石で浜松藩主となる。***3-*** 酒井忠利1万石で田中藩主となる。
1603		8	***2-12*** 家康，征夷大将軍に任ぜられ，江戸に幕府を開く。
1604		9	この年，遠州総検地施行(検地奉行伊奈忠次)。駿河西部でも検地施行(検地奉行彦坂元正・伊奈忠次)。大井川で大洪水。
1607		12	***3-*** 家康，大御所として駿府城にはいる。***5-20*** 家康，江戸から駿府に着いた朝鮮使節を引見。***12-22*** 駿府城失火で焼失。この年，角倉了以，富士川に舟運をつうずる。
1608		13	***8-20*** 再建された駿府城天守閣の上棟式挙行。
1609		14	***2-*** 駿府町奉行兼駿河代官井出正次没し，彦坂光正就任。***12-12*** 徳川頼宣50万石で駿府藩主となる。この年，彦坂光正・畔柳寿学らによって，駿府城下の町割が行われたという。駿河東部で検地施行(検地奉行彦坂光正・伊奈忠次)。
1612		17	***8-*** 安倍川堤防洪水で決壊し，彦坂光正普請を行う。このころ，気賀関所設置される。
1615	元和	1	***5-8*** 大坂落城，秀頼・淀君ら自殺する。***6-*** 駿河版『大蔵一覧集』なる。
1616		2	***4-17*** 家康，駿府城で没し，同夜久能山に葬られる。***5-*** 駿河版『群書治要』なる。***8-4*** 東海道袋井宿が開設される。
1617		3	***3-15*** 下野日光山に改葬のため，家康の棺，久能山を出発する。
1619		5	***7-19*** 徳川頼宣55万石で紀伊和歌山へ転封。***9-27*** 近藤秀用1万石で井伊谷藩主となるが，翌年旗本となり廃絶。
1623		9	この年，北遠幕領で総検地施行。
1625	寛永	2	***1-11*** 徳川忠長50万石で駿府藩主となる。***8-*** 各地の関所の通関規定3カ条が定められる。
1632		9	***10-20*** 徳川忠長除封され，以後駿府藩は廃絶。
1634		11	***6〜8*** 徳川家光の大上洛で，東海道交通の整備・拡充が進む。

1635	寛永	12	6- 武家諸法度が改訂され，参勤交代が制度化される。11- 駿河城下で火災があり，駿府城天守閣など焼失。この年，御前崎に灯明台ができる。
1637		14	3- 府中宿・浜松宿などに，助馬令がだされる。
1638		15	この年，東海道各宿の常備人馬，100人100疋に強化される。
1640		17	3- 古郡重政，富士川下流の新田開発に着手する。9-28 北条氏重1万石が転封して，以後久野藩は廃絶。
1641		18	この年，加々爪直澄1万石で掛塚藩主となり立藩。
1642		19	この年，伊奈忠公三島代官に就任し，韮山代官領をのぞく伊豆幕領を支配。
1647	正保	4	この年から，小田原藩による駿東郡御厨地方の検地はじまる。
1650	慶安	3	この年，伊勢「おかげ参り」大流行。
1651		4	7- 由井正雪らの慶安事件おこる。
1658	万治	1	この年，浅井了意，『東海道名所記』をあらわす。
1664	寛文	4	5- 黄檗僧独湛，近藤貞用の招きで遠州金指に来たり，翌年初山宝林寺を建立する。
1665		5	9- 幕府，安倍川・大井川に川越の高札を掲げる。
1670		10	4- 駿東郡の深良(箱根)用水路，貫通する。
1671		11	この年，伊豆狩野川で大洪水(亥の満水)。大井川でも大洪水。
1672		12	この年から，北遠幕領の総検地はじまる(検地奉行松平市右衛門・雨宮勘兵衛)。
1674	延宝	2	8- 天竜川流域で大洪水(寅の満水)。この年，加島代官古郡重年，富士川下流の堤防(雁堤)工事を完成する。
1675		3	3～4 天竜川で大規模な築堤(彦助堤)工事が行われる。
1681	天和	1	2-9 加々爪直清1万石が除封され，以後掛塚藩は廃絶。
1682		2	3-9 西尾忠成2万5000石で横須賀藩主となり，以後西尾家で幕末に至る。5- 幕府，安倍川・大井川の川越高札を立てかえる。
1690	元禄	3	この年，遠近(おちこち)道印，『東海道分間絵図』をあらわす。
1694		7	2- 幕府，東海道各宿に助郷帳を下付する(元禄の助郷改革)。
1696		9	2-15 島田代官野田秀成，島田・金谷の川越賃刎銭(はねせん)を定める。またこの年，川庄屋が任命され，大井川徒渉制度が整備される。
1697		10	この年，元禄の「地方直し」が行われ，翌年にかけて伊豆・遠江などで旗本領がふえる。
1699		12	7～8 遠江で大風雨，遠州灘沿岸部で高潮被害，また大井川氾濫する。
1701		14	7～10 今切関所・城町の移転工事が行われる。
1702		15	閏8- 今切関所の管理が，三河吉田藩に移管される。
1703		16	5- 浜松諏訪神社大祝杉浦国頭，江戸の荷田春満に入門。
1704	宝永	1	1- 松平信孝1万石が，駿河国庵原郡小島村に陣屋を設けて立藩。
1705		2	6- 遠江で大風雨，天竜川氾濫する(酉の大水)。この年，伊勢「おかげ参り」大流行。
1707		4	10-4 宝永の東海大地震おこる。11- 富士山大噴火，宝永山できる。
1710		7	閏8- 本多忠晴1万5000石で相良藩主となり立藩。
1711	正徳	1	5- 幕府，駄賃・重量等高札，天竜川渡船場高札，今切関所高札などを

			いっせいに立てかえる。
1717	享保	2	***8***- 台風の大雨で大井川氾濫。浜松地方，潮風により木綿・大豆に被害。
1725		10	***11***- 幕府，東海道各宿に助郷帳を下付する(享保の助郷改革)。
1729		14	***5***- コウチ渡来の象が，東海道を江戸へくだる。
1730		15	***7***-*28* 本多正矩4万石で田中藩主となり，以後本多家で幕末に至る。
1736	元文	1	***1***- 幕府による大井川の大普請はじまる。この年，「伊豆国産物帳」「遠江国掛川領産物帳」などを幕府に提出。
1738		3	***5〜9*** 大井川で大洪水。***8***- 安倍川・天竜川でも洪水。
1740		5	***4***- 幕府，東海道方面の古文書調査のため，青木昆陽を派遣する。
1746	延享	3	***2***- 賀茂真淵，田安宗武につかえ，和学御用係となる。***9***-*25* 太田資俊5万石で掛川藩主となり，以後太田家で幕末に至る。
1757	宝暦	7	***5***- 天竜川・大井川で大洪水。
1758		8	***9***-*3* 田沼意次1万石で相良藩主となる。
1759		9	この年，臨済僧白隠，「白隠和尚自画賛集」をあらわす。
1760		10	***10***- 賀茂真淵，『万葉考』を脱稿する。翌月隠居。
1762		12	***11***- 内山真竜，賀茂真淵に入門。
1763		13	***5***- 賀茂真淵，大和に旅し，帰路松坂で本居宣長とあう。
1764	明和	1	***5***- 駿河小島藩で，新役人の罷免を要求する惣百姓一揆おこる。
1767		4	***3***- 栗田土満，賀茂真淵に入門。
1768		5	***12***-*11* 臨済僧白隠，没する(84歳)。
1771		8	この年，伊勢「おかげ参り」大流行。
1777	安永	6	***11***-*6* 水野忠友2万石で沼津藩主となり，以後水野家で幕末に至る。
1783	天明	3	***11***- 駿河御厨地方で，年貢減免を要求する百姓一揆おこる。この年，天明の大飢饉はじまる。
1786		6	***1***- 内山真竜，門人を率いて出雲に旅行する。***10***- 穀物の買占めなどの風聞で，遠江二俣騒動おこる。
1787		7	この年，松平定信老中首座となり，寛政の改革はじまる。
1789	寛政	1	***4***-*3* 幕府，東海道筋の宿駅・川越などの取り締まりを指示し，また助成金をあたえる。***6***- 天竜川で大洪水。翌年8月も。この年，石塚竜麿・高林方朗ら，本居宣長に入門。
1791		3	***4〜8*** 伊豆狩野川筋で大雨・洪水。
1792		4	***7〜8*** 大井川で大洪水。
1797		9	この年，『東海道名所図会』刊行。
1799		11	***6***- 内山真竜の『遠江国風土記伝』なる。
1800		12	この年，秋山文蔵(富南)の『豆州志稿』なる。
1801	享和	1	***2***- 小国重年，『長歌詞珠衣』をあらわす。
1802		2	***3***- 伊能忠敬，伊豆・相模などの沿岸を測量する。***8〜9*** 遠江で「東海道分間延絵図」作成の基礎調査実施。翌年駿河。この年，松崎慊堂，掛川藩校の教授になる。十返舎一九，『東海道中膝栗毛』初編を刊行。
1803		3	この年，大須賀鬼卵，『東海道人物志』を刊行。
1805	文化	2	***3***- 伊能忠敬，東海道・浜名湖岸を測量する。
1816		13	***11***- 駿河西部から遠江にかけて，蓑着騒動おこる。のちに，義民増田五郎右衛門伝承をうみだす。

1817	文化	14	***9-14*** 水野忠邦6万石で浜松藩主となる。
1818	文政	1	***8-*** 中村乗高，遠江を中心とする説話集『事実証談』をあらわす。
1820		3	この年，桑原藤泰(黙斎)の『駿河記』なる。
1823		6	***2-*** 小島蕉園，遠州一橋領の代官となる。
1824		7	閏***8-*** 文政の茶一件おこる(駿遠両国113カ村)。
1830	天保	1	この年，伊勢「おかげ参り」大流行。
1833		4	***12-*** 米価高騰・津留などにより，遠江新居町で打ちこわしおこる。この年，天保の大飢饉はじまる。安藤(歌川)広重，『東海道五十三次』(保永堂版)を描く。
1835		6	***5-4*** 江川英竜(坦庵)，韮山代官に就任。
1836		7	***7-18*** 米価高騰などにより，伊豆下田町で打ちこわしおこる。
1837		8	***1-*** 江川英竜，伊豆国防御策などについて建議書を提出。
1841		12	***5-*** 浜松藩主水野忠邦，老中首座として天保改革をはじめる。
1843		14	***5-*** 阿部正信の『駿国雑誌』なる。この年，「東海道宿村大概帳」作成のため，宿内の人別・家数調査実施。
1846	弘化	3	閏***5-*** 転封した水野氏の悪政に対し，浜松藩領で打ちこわしおこる。
1848	嘉永	1	***12-*** 岡田佐平治，牛岡組報徳社を設立。遠州報徳社運動の先駆となる。
1853		6	***2-*** 嘉永の茶一件おこる。***6-3*** ペリー率いるアメリカ東インド艦隊，浦賀沖に来航。
1854	安政	1	***3-3*** 幕府，ペリーと日米和親条約を締結，下田・箱館2港を開く。***11-4*** 安政東海大地震おこる。下田港のプチャーチン乗船のディアナ号，津波で大破。***12-21*** 幕府，プチャーチンと日露和親条約を下田で締結。
1855		2	***3-10*** 日露合作の洋式帆船ヘダ号，伊豆戸田港で完成。
1856		3	***8-5*** アメリカ総領事ハリスが下田に着任し，玉泉寺を領事館とする。
1857		4	***8-28*** 本郷泰固1万石で川成島藩主となるが，2年後に廃藩。
1858		5	***6-19*** 幕府，ハリスと日米修好通商条約と貿易章程に調印。***7〜8*** 東海道筋でコレラが流行する。
1861	文久	1	この年，新宮(中村)高平の『駿河志料』なる。
1867	慶応	3	***7-*** 東海道筋で「ええじゃないか」騒動はじまる。***10-14*** 徳川慶喜，大政奉還を請い，翌日許可される。
1868	明治	1	***1-3*** 鳥羽・伏見の合戦で，戊辰戦争はじまる。***1-20*** 浜松藩勤王誓書提出。***2-*** 遠州報国隊・駿州赤心隊・豆州伊吹隊結成。***3-22*** 遠州報国隊，東征軍への従軍を許可される。***4-11*** 討幕軍江戸入城，徳川慶喜は水戸へ退去。***5-24*** 徳川家達，70万石で駿府藩主となる。***7-17*** 江戸を東京と改称。***7-23*** 徳川慶喜，駿府宝台院に。***8-15*** 徳川家達，駿府到着。***10-15*** 駿河学問所開設。
1869		2	***1-8*** 徳川家兵学校・同付属小学校開設。***1-13*** 府中・浜松・沼津などに奉行所。***2-1*** 渋沢栄一，商法会所設置。士族の牧ノ原，三方原開墾。
1870		3	***2-8*** 磐田郡55カ村で百姓一揆。***7-*** 静岡・浜松・沼津など主要地域に小学校設置布達。***11-*** サミュエル=スマイルズ（中村正直訳）『西国立志編』，静岡で刊行。
1871		4	***7-14*** 廃藩置県で静岡県，堀江県成立。***11-14*** 韮山県廃止，伊豆国を足柄県に編入。***11-15*** 駿河国を静岡県，遠江国を浜松県とする。

1872	明治	5	***1-25*** 静岡県管内各区に戸長・副戸長を設置。***2-*** J.S.ミル・中村正直訳『自由之理』静岡で刊行。***8-3*** 静岡学問所廃止。***10-*** 静岡県，大区小区制へ。
1873		6	***2-16***『官許静岡新聞』創刊。***2-2*** 初の徴兵検査施行。***2-*** 浜松県，大区小区制へ。***2-*** 伊豆国生産会社設立。***2-*** 浜松県，資産金貸付所設置。
1874		7	***1-*** 浜松県立浜松病院設置。金原明善，治河協力社設立。***2-*** 浜松県，地券交付完了。***3-17*** 伊豆国地租改正事業着手。***5-17*** 浜松県，地租改正人民心得書。
1875		8	***1-*** 静岡師範学校創立。***6-*** 静岡県，地租改正丈量法人民心得書頒布。
1876		9	***4-4*** 県令，交換米紛擾で浜松に民会設立許可。***4-18*** 足柄県廃止，伊豆国一円，静岡県に合併。***7-3・4*** 浜松県民会設立方法を議決。***8-21*** 浜松県廃止，静岡県に合併。***10-*** 県立静岡病院設置。***12-24*** 静岡県民会開院式。
1877		10	***1-*** 伊豆国地租改正，耕宅地丈量完了。***4-1～3*** 遠州州会，貢米買上願法・貢米回漕方法を議決。***5-1*** 静岡県会(民会)開会。***10-*** 岡田良一郎，冀北学舎設立。
1878		11	***1-10*** 浜松第二十八国立銀行開業。***2-*** 掛川に農学社設立。***5-15*** 静岡第三十五国立銀行開業。***10-31～11-8*** 明治天皇県内巡行。
1879		12	***1-1*** 沼津第五十四国立銀行設立。***1-12*** 参同社設立。***1-*** 己卯社設立。***2-1*** 見付第百二十四国立銀行設立。***3-1*** 二俣第百三十八国立銀行設立。***3-12*** 伊豆４郡・駿河７郡・遠江12郡の計23郡とし，郡長13人任命。***5-10*** 第１回通常県会。***6-1*** 参同社，『函右日報』創刊。***10-11*** 伊豆国耕宅地地租改正終了。***10-31***『静岡新誌』創刊。***11-3～6*** 藤枝に扶桑社設立。***12-*** 駿河国耕宅地地租改正終了。
1880		13	***3-22・23*** 参同社・扶桑社・己卯社社員国会開設署名運動開始決議。***12-27*** 三州人民１万5735人，国会開設建白書を元老院議長に提出。
1881		14	***4-*** 島田紡績所設立。***7-3***『沼津新聞』創刊。***10-1***『東海暁鐘新報』創刊(攪眠社)。***10-8*** 前島豊太郎舌禍事件。***10-15*** 県下３州２万余人総代磯部物外ら，元老院に国会開設建白書提出。遠江国63カ村・駿河国志太郡８カ村，政府に特別地価修正を出願。
1882		15	***1～2*** 岳南自由党設立。年末ごろから伊豆国の静岡県管轄離脱運動。
1883		16	***11-13***「旧浜松県最置之議建白」を元老院に提出。***11-16～17*** 駿東郡御厨村地方86カ村貧民，御厨銀行に負債無利息年賦返済要求。
1884		17	***1-*** 貯蓄社，北伊豆で活躍，駿東郡大岡村で小作争議。***2-10***『静岡大務新聞』創刊(『官許静岡新聞』改題発行)。
1885		18	***2-3*** 駿東，君沢両郡60カ村借金党，三島大社に結集。***9-24*** 遠州石代相場改正請願各郡総代人見付宿に会合し，一国総代人７人を選出。
1886		19	***3-17*** 遠州人民総代人，大蔵大臣松方正義に遠州田方石代相場訂正を請願。***6-11*** 静岡事件発覚，逮捕開始。***7-19*** 府県官制改定で県令関口隆吉，県知事になる。
1887		20	***3-29*** 遠州地価修正，閣議決定。***4-4***『絵入東海新聞』創刊(前身『東海暁鐘新報』)。***12-20***『暁鐘新報』号外刊。
1888		21	***3-*** 浜松に山葉風琴製作所創立。***7-*** 町村合併事務開始。***11-1***『東海日

			報』創刊。
1889	明治	22	***2***-*1* 東海道線東京・静岡間開通式。***4***-*1* 静岡に市制施行。***4***-*16* 東海道線静岡・浜松間開通式。***8***- 県内に町村制施行。
1890		23	***1***- 富士製紙会社，富士郡鷹岡村入山瀬に第1工場。***7***-*1* 第1回衆議院選挙。
1891		24	***1***-*25* 『静岡日報』創刊。***10***-*20*『静岡民友新聞』創刊。***11***-*22*『東海暁鐘新報』創刊(前島豊太郎父子)。この年，茶業組合連合会議所設立。
1892		25	***7***-*8* 掛川信用組合創立。***11***-*18* 静岡商業会議所設立。***11***-*25*『岳南日報』創刊。
1893		26	***4***-*7* 浜松商業会議所設立。***7***-*1* 自由党県支部設立。***9***-*25* 立憲改進党県支部設立。***11***-*11* 静岡米穀取引所設立。***11***-『不二新報』創刊。この年，『岳南日報』創刊。
1894		27	***3***-*4* 浜松米穀取引所設立。***9***- 豊橋十八連隊，朝鮮に出動(日清戦争)。
1895		28	***1***-『静岡新報』創刊。***6***- 郷土兵凱旋。清水港貿易港に昇格。***12***- 新村理三郎ら，報徳報本社設立。
1896		29	***9***-*1* 郡制施行。***12***-*1* 静岡三十四連隊創設。
1897		30	***4***-*1* 府県制施行。営業税反対運動高揚。
1898		31	***1***-*9* 静岡農工銀行開業。
1899		32	***9***-*24* 県会議員選挙で小野田知事の干渉(憲政党絶対多数を確保)。
1900		33	***11***- 磐田・小笠・周智郡下小作人400余人，遠州小作同盟会を組織。
1901		34	***2***-*4* 県立高等女学校の開校認可。***3***-*5* 河井重蔵，貴衆両院議長宛に「静岡県秕政ノ議ニ付請願」を提出。***11***-*1* 県政刷新で静岡県同志会発会。
1902		35	***1***- 中遠疑獄事件。***3***- 県庁書記官ら静岡疑獄事件。***5***-*29* 静岡電話局開設。
1903		36	***2***-*9* 田中正造，掛川で演説。***10***- 愛国婦人会奥村五百子，県下を遊説。
1904		37	***2***-*10* 日露戦争(～明治38年)。***5***- 金原明善，金原疎水財団設立。***8***-*31* 首山堡戦で関谷連隊長・橘大隊長戦死。***10***-*18* 平民社，県下を社会主義伝道行商。
1905		38	***9***-*9* 静岡で日露講和反対県民大会。***11***-*5*～*7* 巴川改修をめぐり巴川暴動事件。
1906		39	***3***-*14* 静岡三十四連隊招魂祭，戦死者1626人を祭る。***4***-*1* 静岡女子師範学校開校。***6***-*9* 県水産試験場遠洋漁業発動機船富士丸披露式。
1907		40	***3***- 清水港第2重要港湾に指定。***10***-*9* 浜松六十七連隊設置。
1908		41	***1***-*19* 静岡商業会議所，増税反対を決議。***10***-*4* 愛国婦人会静岡支部第1回総会。
1909		42	***10***-*7* 電気事業市営静岡市民大会。
1910		43	***2***-*28* 県立三保学園設立。***8***-*8*～*12* 豪雨各地で被害，安倍川氾濫。
1911		44	***3***-*1* 静岡市電気事業開始。***7***-*1* 浜松市制施行。***8***-*5* 松本君平，静岡青年教団を設立。***11***-*17* 遠江国報徳社，大日本報徳社と改称。
1912	大正	1	***2***-*1* 静岡蚕糸組合設立。***11***-*1* 鉄道院浜松工場創業。***11***-*16*～*17* 第1回県地主大会。
1913		2	***1***-*14* 静岡市で憲政擁護県民大会。***7***-*11* 友愛会小山支部結成。***7***-*9*～

			12 静岡市で婦人矯風会大会。***12-****7* 静岡市電気部汚職事件。
1914	大正	3	***1-****5* 駿河湾汽船愛鷹丸就航。***2-****3* 静岡市営業税納税者大会。***12-****10* 静岡俘虜収容所開設(大正7年***8-*** 閉鎖)。***12-****13* 県政刷新会発足，政友派横暴への県政刷新運動(第一次世界大戦開始)。
1915		4	***4-****12* 浜松師範学校開校。***10-****31* 沼津少年団結成。***11-****30* 静岡活版工理想団発会。
1916		5	***4-*** 賀茂郡南上村三菱青野奥山鉱など精錬所建設計画，村民の反対で撤回。
1917		6	***5-****1* 静岡で普選期成同盟会発会式。
1918		7	***3-****3* 田方郡中郷村亜鉛電解会社精錬所鉱害問題，村民，漁民反対運動展開。***8-****10〜24* 各地で米騒動。***10-****3* 富士郡田子浦村小作争議(*-13〜14* 騒擾事件)。
1919		8	***6-****7* 県，民力涵養運動実行方法を発表。***12-****20* 静岡に公設市場設立。
1920		9	***1-****5* 普通選挙期成同盟会，東海11州普選大会開催。***1-****17* 知事，民力涵養で訓令。***2-****10* 県連合青年会創立。***11-****4* 三島に重砲兵第一旅団編成完了。
1921		10	***2-****1* 大日本機関車乗務員会沼津支部結成(***2-****13* 弾圧で解散)。
1922		11	***1-****5* 浜松で東海普選大会。***4-****1* 郡制廃止。***4-****6* 日本絹糸紡績大宮工場争議(〜***5-****4*)。***5-****1* 県下初のメーデー。***8-****25* 静岡高等学校設置。***10-****21* 浜松高等工業学校設置。
1923		12	***5-*** 県水平社結成。***7-****1* 沼津市制施行。***8-****10* 富士ガス紡績小山工場争議。
1924		13	***1-****15* 静岡市で普選大会。***2-****11* 清水市制施行。
1925		14	***5-****1* 浜松六十七連隊廃止。***10-****9* 浜松飛行七連隊設置決定。
1926	昭和	1	***4-****26〜*** **8-****8* 日本楽器争議。***9-****3* 全国初の普選浜松市議選。***12-****5* 労農党支部結成。
1927		2	***4-****29* 総同盟紡織労働組合沼津支部結成。***6-****26〜*** **7-****2* 藤相鉄道スト。
1928		3	***3-****10* 駿東郡富岡村に農村青年共働学校開校。***3-****15* 三・一五事件で40数人検挙。
1929		4	***4-****16* 四・一六事件で60数人検挙。***12-****10* 廃娼同志婦人大会，県に決議文を提出。
1930		5	***4-****17* 水平社県連，豊橋十八連隊差別事件糾弾。***5-****28〜*** **6-****3* 天皇，県下を視察。
1931		6	***2-****19* 駿東郡小泉村小作争議。***3-****21* 静岡放送局開局。***4-****27* 労農党県連結成。***9-****18* 満州事変(〜昭和8年)。***12-****13* 廃娼婦人大会(廃娼断行建議を県会に提出)。
1932		7	***9-****19〜21* 第1回時局匡救臨時県会。
1933		8	***1-****14〜29* 日本絹織島田工場スト。***7-****19* 浜松放送局開局。***8-****25* 丹那トンネル貫通。
1934		9	***4-****18* 静岡三十四連隊，「満州」警備に出動。
1935		10	***1-****16* 全農県連，右旋回をきめる。***12-****19*〜(？)県立盲学校生徒，虐待に抗議スト。
1936		11	***2-****28* はじめて「満州」武装移民送出。***5-****14〜20* 中外鉱業持越鉱業

			所争議。
1937	昭和	12	***4-10*** 熱海市制施行。***7-7*** 日中戦争。***8-26*** 静岡三十四連隊，中国に出動。
1938		13	***1-*** 満蒙開拓青少年義勇隊員募集開始。***11-3*** 県産業報国会結成。
1939		14	***4-1*** 市町村に警防団設置。***7-12〜16*** 賀茂郡河津鉱山で朝鮮人労働者争議。
1940		15	***1-15*** 静岡大火で5100戸焼失。***12-12*** 大政翼賛会県支部発会式。
1941		16	***4-29*** 三島市制施行。***12-1*** 新聞統制で『静岡新聞』一紙に統合。***12-8*** 太平洋戦争はじまる。
1942		17	***3-16*** 大日本翼賛壮年団県支部結成。***4-29*** 大日本婦人会県支部結成。***6-1*** 富士宮市制施行。
1943		18	***4-25*** 清水高等商船学校開校。***6-*** 登呂遺跡発見。***9-15*** 皇国標準農村に7カ村指定。***11-20*** 静岡高等学校学徒出陣壮行式。***12-25*** 県農業会発足。
1944		19	***1-15*** 女子勤労挺身隊出動。***4-*** 学徒勤労動員通年実施。***8-*** 東京・名古屋の学童集団疎開受入れ開始。***11-1*** B29来襲，以後空襲続く。***12-7*** 東南海大地震で死者143人。
1945		20	***6-18*** 浜松大空襲。***6-20*** 静岡大空襲。***7-7*** 清水大空襲。***7-17*** 沼津大空襲。***8-15*** 終戦。
1946		21	***2-*** 自由大学三島庶民教室発足。***3-2*** 県労働組合協議会結成。***3-*** 占領軍，静岡軍政部設置。***5-1*** 戦後第1回メーデー。***5-26*** 総同盟県連創立。***6-17〜18*** 天皇，県下を視察。
1947		22	***4-5*** 初の公選知事に小林武治。***5-*** 農地買収開始。***7-10*** 登呂遺跡発掘(〜昭和25年)。
1948		23	***6-2*** 県産業復興5カ年計画。***11-1*** 県教育委員会発足。
1949		24	***1-10*** 東海道線静岡・沼津間電化。***4-12*** 浜松・静岡間電化。***6-1*** 静岡大学開学。この年，1ドル＝360円とドッジ不況。
1950		25	***3-14〜7-18*** 鈴木織機争議。***4-13*** 熱海大火。***6-1*** 国立遺伝研，三島に設立。***6-25*** 朝鮮戦争勃発，ガチャ万景気。
1951		26	***4-1*** 静岡女子短期大学・浜松短期大学開学。***11-20*** 県労働組合評議会結成。
1952		27	***2-1*** 清水港，特定重要港に指定。***4-1*** 静岡法経短期大学開学。
1953		28	***4-1*** 静岡県立薬科大学開学。***5-25〜9-21*** 日産吉原工場争議。***8-10*** 佐久間ダム着工。
1954		29	***3-1*** 第五福龍丸，ビキニ環礁で被曝。***6-2〜9-16*** 近江絹糸富士宮工場争議。
1955		30	***1-26*** 熱海市泉区，湯河原町に分離合併問題(〜昭和41年***11-***)。
1956		31	***4-14*** 焼津で原水爆実験反対漁民大会。***4-16*** 静岡茶市場開設。
1957		32	***6-1*** NHK静岡放送局，テレビ放映開始。***10-26〜30*** 静岡国体秋季大会。
1958		33	***1-*** 県議会，遠州灘射撃場設置反対決議。***9-26*** 狩野川台風で被害。***10-*** 駿河湾臨海工業地帯，重要工業地帯に指定。
1959		34	***3-1*** 焼津で原水爆禁止日本大会。***3-15*** 安保条約改定阻止県民大会。

1960	昭和	35	春先から6月まで安保改定反対県民運動。***5***-*29* 県文化協会発足。
1961		36	***5***-*30* 県，沼津三島地区石油コンビナート第1次案発表。***12***-*9* 伊豆急行全通(下田・伊東間)。
1962		37	***3***-*25* 浜松で軍事基地撤廃県民決起集会。***9***-*20* 新丹那トンネル開通。
1963		38	***2***- 寒波で農作物に被害。***7***-*12* 東駿河湾地区，工業整備特別地域に指定。***8***-*25* 県労働総同盟組合会議結成。***10***-*21* 知事，石油コンビナート計画新構想発表。
1964		39	***1***- 三島市・沼津市・清水町で石油コンビナート進出反対運動おこる。***10***-*29* 清水町長，石油コンビナート問題自然消滅を確認。
1965		40	***3***-*31* 遠州南部，低開発工業地区に指定。***7***-*11* 戦没者追悼式。
1966		41	***3***-*5* BOAC機，富士山太郎坊に墜落。***4***-*1* 静岡英和短大・常葉短大開学。
1967		42	***8***-*11* 浜岡原発設置反対漁民大会。***9***-*28* 中電，浜岡原発建設を県に申し入れ。***11***-*14* 県立女子大学開学式。
1968		43	***3***-*22* 東電，火電建設を県・富士市に申し入れ。***7***-*23* 内浦湾に赤潮発生被害。***9***- 静岡大学で紛争，校舎占拠。***10***-*20* 今沢・静浜・浜松でミサイル持込み反対・沖縄返還要求統一大会。
1969		44	***4***-*1* 聖隷学園浜松衛生短期大学開学。***5***-*26* 東名高速道路全線開通。
1970		45	***1***-*19* 富士市長革新系当選，火電問題解消。***11***-*7* 公害対策静岡県連絡会議結成。
1971		46	***4***-*22* 田子の浦港へドロ，富士川河川敷へ投棄開始(～昭和56年)。***8***-*14* ニクソンショックで，県内企業不振。
1972		47	***3***-*6* 内浦湾養殖ハマチ最高11ppmのPCB検出報道。***12***- みかん豊作で大暴落。
1973		48	***6***- 駿河湾の魚介類，水銀汚染。***11***- 石油ショックで，洗剤・ちり紙高騰。この春から通貨のフロート制移行で，県内企業不振へ。
1974		49	***3***-*5* インフレから福祉をまもる県民集会。***5***-*9* 伊豆半島沖地震。***8***-*13* 中電浜岡原発，試運転開始。
1975		50	***10***-*5* 反インフレ・生活防衛県民大集会。
1976		51	***3***-*17* 中電浜岡原発営業開始。***8***-*23* 東京大学石橋克彦助手，駿河湾巨大地震説。
1977		52	***9***-*5* ヘドロ訴訟で東京高裁，製紙会社に負担金支払いを命ずる。この年，円高不況。
1978		53	***1***-*14* 伊豆大島近海地震，持越鉱山のシアン流出。***10***-*31* 浜岡原発3号機認可。
1979		54	***7***-*11* 東名日本坂トンネル事故。***7***-*19* 静岡スモン訴訟で原告勝訴。
1980		55	***3***-*11* 浜岡原発の使用済み核燃料，一般道路で初搬出。***8***-*16* 静岡駅地下街，ガス爆発事故。
1981		56	***9***-*18* 国鉄二俣・清水港線廃止決定。***3***-*29* 河津七滝ループ橋完成。
1982		57	***5***-*26* 清水港コンテナ・ターミナル完工式。***8***-*4* 浜松など19のテクノポリス決定。
1983		58	***2***-*22* 知事，はじめて財政硬直化を認める。***4***-*1* 県立総合病院開設。
1984		59	***3***-*31* 国鉄清水港線，赤字路線として全国初廃止。***11***-*1* 静岡総合研究

			機構発足。
1985	昭和	60	***3-1*** 浜松テクノポリス都田開発計画。***5-17*** 県民間空港開設研究会設立。この秋以降，円高急進で県内企業海外進出活発化。
1986		61	***8-13*** 天竜浜名湖鉄道㈱発足。
1987		62	***1-29*** 静岡県新総合計画。***4-1*** 静岡県立大学発足。***4-1*** 国鉄分割民営でJR東海発足。***7-15*** 第２東名建設促進協議会発足。***8-28*** 浜岡原発３号機運転開始。
1988		63	***3-13*** 東海道新幹線新富士・掛川両駅開業。***7-12*** 県，シンガポールに駐在員事務所を開設。***8-31*** 東名掛川インター開設。
1989	平成	1	***6-12*** 第２東名期成同盟会発足。***10-1*** 県，デュッセルドルフに駐在員事務所を開設。
1990		2	***8-2*** 第２東名ルート正式発表。***10-1*** 大井川鉄道井川線にアプト式鉄道開通。
1991		3	***11-28*** 運輸省，第６次空港整備計画静岡空港採択。***12-12*** 東海道線豊田駅開業。この春以降，バブル不況で県内企業低迷へ。
1992		4	***6-9*** 県，「にっぽんリゾートふじの国」構想策定。
1993		5	***1-27*** 浜岡原発４号機発電開始。***8-25*** 静岡空港が新規事業に格上げ。***9-3*** 浜松テクノポリス都田土地区画整理事業完了。
1994		6	***3-23*** 県立美術館ロダン館開設。***4-*** 高齢者保健福祉計画。
1995		7	***5-17*** 地震対策300日アクションプログラム公表。***11-28***『静岡県新世紀創造計画』策定。この春，史上最高の円高(１ドル＝80円)。
1996		8	***4-1*** 静岡・浜松両市，中核市の指定をうける。***8-21*** 統一静岡県成立120周年記念式典。
1997		9	***4-1*** 静岡県立大学短期大学衛生看護学科，国際文化学科開学。***10-*** ヤオハン・ジャパン倒産。

■ 沿革表

1. 国・郡沿革表

(2014年9月1日現在)

国名	延喜式・倭名抄	吾妻鏡その他	郡名考・天保郷帳	郡区編制	現在 郡	現在 市
遠江	浜《はま》名《な》	浜名	浜《はま》名《な》	浜名	浜名《はまな》郡	浜松市 湖西市
	長《なかの》上《かみ》 長《なかの》下《しも》	長上	長《なかの》上《かみ》	長上		
	敷《ふ》智《ち》	敷智 敷知	敷《ふ》智《ち》 敷知	敷智		
	引《いな》佐《さ》	引佐	引《いな》佐《さ》	引佐	引佐《いなさ》郡	浜松市
	麁《あら》玉《たま》	麁玉	麁《あら》玉《たま》	麁玉		
	周《す》智《ち》 周知	周智 周知	周《す》智《ち》 周知	周智	周智《しゅうち》郡	浜松市
	山《やま》香《か》	山香	山《やま》香《か》			
	豊《とよ》田《た》	豊田	豊田	豊田	磐田《いわた》郡	磐田市 袋井市 浜松市
	磐《いは》田《た》	磐田	磐《いは》田《た》	磐田		
	山《やま》名《な》	山名	山《やま》名《な》	山名		
	佐野《さの》《さや》	佐野	佐《さ》野《の》	佐野	小笠《おがさ》郡	掛川市 御前崎市 菊川市
	城《き》飼《かふ》	城飼 城東	城《き》飼《かふ》 城《き》東《とう》	城東		
	蓁《はい》原《はら》	蓁原 榛原	榛《はい》原《はら》	榛原	榛原《はいばら》郡	御前崎市 牧之原市 島田市
駿河	志太	志太	志《し》太《た》	志太	志太《しだ》郡	島田市 藤枝市 焼津市
	益《まし》頭《つ》	益頭 益津	益《まし》頭《つ》 益津	益津		
	有《う》度《と》	有度 烏渡	有《う》度《と》 有渡		庵原《いはら》郡	静岡市
	安《あ》倍《へ》	安倍 阿兵	安《あ》倍《へ》	安倍		
	廬《いほ》原《はら》	庵原	廬《いほ》原《はら》 庵原	庵原		

	富《ふ》士《し》	富士	富《ふ》士《し》	富士	富士郡《ふじ》	富士市・富士宮市 静岡市・藤枝市 焼津市
	駿《する》河《か》	駿河 駿東	駿《する》河《か》 駿東	駿東	駿東郡《すんとう》	沼津市・裾野市 御殿場市
伊豆	田《た》方《かた》	君沢 田方	君沢 田方	田方	田方郡《たがた》	熱海市・三島市 伊東市・伊豆市 伊豆の国市
	賀《か》茂《も》	賀茂 加茂	賀《か》茂《も》 加茂	賀茂	賀茂郡《かも》	下田市
	那《な》賀《か》	那賀	那《な》賀《か》	那賀		

2．市・郡沿革表

（2014年９月１日現在）

静《しず》岡《おか》市《し》

明治22年４月１日　市制施行
明治41年10月２日　安倍郡豊田村大字南安東の一部を編入
明治42年７月１日　安倍郡南賤機村《みなみしずはた》のうち大字安西・安西井宮・安西外新田・安西内新田を編入
昭和３年10月１日　安倍郡豊田村を編入
昭和４年３月１日　安倍郡安東村・大里村を編入
昭和７年４月１日　安倍郡賤機村を編入
昭和９年10月１日　安倍郡千代田村・麻機村・大谷村・久能村・長田村を編入
昭和23年４月10日　庵原郡西奈村を編入
昭和30年６月１日　安倍郡美和村・服織村・中藁科村・南藁科村を編入
昭和33年４月１日　清水市大字平沢・中吉田の全区域，および大字谷田・中之郷の一部を編入
昭和44年１月１日　安倍郡大河内村・梅ヶ島村・玉川村・井川村・清沢村・大川村を編入
平成15年４月１日　清水市《しみず》（明治22年４月１日，町制施行　大正13年２月11日　安倍郡入江町・不二見村・三保村と合併，市制施行，昭和29年２月11日，庵原郡飯田村を編入，昭和29年４月１日，庵原郡高部村を編入，昭和30年４月１日，庵原郡有度村を編入，昭和33年４月１日，大字平沢・中吉田の全域，および大字谷田・中之郷の一部を静岡市に編入，昭和36年６月29日，庵原郡興津町・袖師町・庵原村・両河内村・小島村を編入）を合体
平成17年４月１日　政令指定都市となり，区制施行
平成18年３月31日　庵原郡蒲原町《かんばら》（明治22年４月１日，町制施行）を編入

平成20年11月１日　庵原郡由比《ゆい》町(明治22年４月１日，町制施行)を編入

浜《はま》 松《まつ》 市

明治22年４月１日　町制施行
明治37年12月14日　浜名郡白脇村の大字浜松寺島・浜松八幡地・竜禅寺を編入
明治41年10月１日　浜名郡浅場村大字浅田・海老塚・伊場・東鴨江を編入
明治44年７月１日　市制施行
大正１年10月１日　浜名郡富塚村の大字和地山・浜松沢を編入
大正５年５月１日　浜名郡富塚村大字両追分を編入
大正10年４月１日　浜名郡天神町村を編入
昭和11年２月11日　浜名郡曳馬町・富塚村を編入
昭和14年７月１日　浜名郡白脇村・蒲村を編入
昭和24年４月１日　浜名郡可美村の大字明神野・東明神野を編入
昭和24年８月１日　浜名郡入野村大字入野の一部を編入
昭和26年３月23日　浜名郡新津村・河輪村・五島村を編入
昭和29年３月31日　浜名郡笠井町・中ノ町村・長上村・和田村を編入
昭和29年７月１日　浜名郡吉野村・三方原村・飯田村・芳川村を編入
昭和30年３月31日　浜名郡都田村・神久呂村を編入
昭和32年３月31日　浜名郡入野村と湖東村の大字和地・伊佐地を編入
昭和32年10月１日　浜名郡積志村を編入
昭和35年10月１日　浜名郡湖東村を編入
昭和36年６月20日　浜名郡篠原村を編入
昭和40年７月１日　浜名郡庄内村を編入
平成３年５月１日　浜名郡可美村を編入
平成17年７月１日　天竜《てんりゅう》市(昭和31年９月30日，磐田郡二俣町成立，昭和33年９月13日，二俣町を天竜町と改称，昭和33年11月３日，市制施行)・浜北《はまきた》市(昭和31年４月１日，浜名郡浜名町・北浜村・中瀬村・赤佐村・麁玉村合併，町制施行，昭和38年７月１日，市制施行)・周智郡春野《はるの》町(昭和31年９月30日，犬居町・熊切村合併，町制施行，昭和32年８月１日，気多村を編入)・磐田郡龍山《たつやま》村(明治34年11月１日，竜川村の大字大嶺・戸倉と山香村の大字下平山・瀬尻合併，村制施行)・佐久間《さくま》町(昭和31年９月30日，浦川町・山香村・佐久間村・城西村合併，町制施行)・水窪《みずくぼ》町(明治36年12月１日，奥領家村・地頭方村・山住村合併，奥山村成立，大正14年５月10日，奥山村を水窪町と改称，町制施行)・浜名郡舞阪《まいさか》町(明治22年４月１日，舞阪宿・長十請新田と馬郡村の一部が合併，町制施行)・雄踏《ゆうとう》町(明治22年４月１日，宇布見村・山崎村合併，村制施行，大正14年２月11日，町制施行)・引佐郡細江《ほそえ》町(昭和30年４月１日，気賀町・中川村合併，町制施行)・引佐《いなさ》町(昭和28年４月１日，金指町・井伊谷村合併，町制施行，昭和30年５月１日，奥山村・伊平村・鎮玉村を編入)・三ヶ日《みっかび》町(大正11年５月１日，西浜名村を三ヶ日町と改称，町制施行，昭和30年３月31日，東浜名村を編入)を編入
平成19年４月１日　政令指定都市に指定，区制施行

沼《ぬま》津《づ》市

明治22年４月１日　町制施行
大正12年７月１日　駿東郡沼津町・楊原村合併，市制施行
昭和19年４月１日　駿東郡金岡村・大岡村・静浦村・片浜村を編入
昭和30年４月１日　駿東郡大平村・愛鷹村，および田方郡内浦村・西浦村を編入
昭和43年４月１日　駿東郡原町を編入
平成17年４月１日　田方郡戸田《へだ》村（明治22年４月１日，井田村と合併，村制施行）を編入

熱《あた》海《み》市

明治24年６月11日　町制施行
昭和12年４月10日　田方郡多賀村と合併，市制施行
昭和32年４月１日　田方郡網代《あじろ》町を編入

三《み》島《しま》市

明治22年４月１日　町制施行
昭和10年４月１日　田方郡北上村を編入
昭和16年４月29日　田方郡錦田村と合併，市制施行
昭和29年３月31日　田方郡中郷村を編入

富《ふ》士《じの》宮《みや》市

明治22年４月１日　富士郡大宮町成立
昭和17年６月１日　富士郡富丘村と合併，市制施行，富士宮市と改称
昭和30年４月１日　富士郡富士根村を編入
昭和33年４月１日　富士郡北山村・上井出村・白糸村・上野村を編入
平成22年３月23日　富士郡芝川《しばかわ》町（昭和32年３月31日，富原村・柚野村合併，町制施行）を編入

伊《い》東《とう》市

明治39年１月１日　町制施行
昭和22年８月10日　田方郡小室村と合併，市制施行
昭和30年４月１日　田方郡対島村・宇佐美村を編入

島《しま》田《だ》市

明治22年４月１日　町制施行
昭和23年１月１日　市制施行
昭和30年１月１日　志太郡伊久身村・大長村・大津村・六合村を編入
昭和30年４月１日　榛原郡川根町の大字笹間下の一部を編入
昭和36年６月１日　榛原郡初倉村を編入
平成17年５月５日　榛原郡金谷《かなや》町（明治22年４月１日，町制施行，昭和31年11月１日，榛原町の上切山・猪土居を編入，昭和32年４月１日，初倉村より大字湯日の一部を編入，昭和32年６月25日，掛川市より大字佐夜鹿の一部を編入，昭和32年10月１

日，五和村を編入)を合体
平成20年4月1日　榛原郡川根《かわね》町(昭和30年4月1日，下川根村を川根町と改称，町制施行)を編入

富《ふ》士《じ》市

昭和4年8月1日　富士郡加島村を富士町と改称，町制施行
昭和29年3月31日　富士郡田子浦村・岩松村と合併，市制施行
昭和41年11月1日　吉原市・富士郡鷹岡町を編入
平成20年11月1日　庵原郡富士川《ふじかわ》町(明治22年4月1日，村制施行，明治34年1月25日，町制施行，昭和32年4月1日，松野村を編入)を編入

磐《いわ》田《た》市

昭和15年11月1日　磐田郡見付町・西貝村・中泉町・天竜村合併，町制施行
昭和23年4月1日　市制施行
昭和30年1月1日　磐田郡御厨村・向笠村・大藤村と南御厨村の一部を編入
昭和30年4月1日　磐田郡長野村を編入
昭和31年1月1日　磐田郡岩田村を編入
昭和31年9月1日　磐田郡田原村の一部を編入
昭和32年9月1日　磐田郡於保村の一部を編入
昭和36年6月1日　袋井市大字大谷の一部を編入
昭和37年9月1日　磐田郡豊田村大字一言の一部を編入
平成17年4月1日　磐田郡福田《ふくで》町(大正15年10月31日，福島村を福田町と改称，昭和30年1月1日，南御厨村の大字南島・小島・蛭池を編入，昭和30年3月31日，豊浜村を編入，昭和32年9月1日，於保村の一部を編入)・竜洋《りゅうよう》町(昭和30年4月1日，掛塚町・袖浦村・十束村合併，町制施行，昭和30年4月15日，大字赤池・上本郷・下本郷・仁兵衛新田を豊田村に編入)・豊田《とよだ》町(昭和30年3月31日，井通村・富岡村合併，村制施行，昭和30年4月15日，池田村および竜洋町の大字赤池・上本郷・下本郷・仁兵衛新田を編入，昭和48年1月1日，町制施行)・豊岡《とよおか》村(昭和30年4月1日，広瀬村・野部村・敷地村合併，村制施行)を合体

焼《やい》津《づ》市

明治34年6月28日　町制施行
昭和26年3月1日　市制施行
昭和28年11月1日　志太郡豊田村を編入
昭和29年3月31日　志太郡藤枝町の大字大覚寺を編入
昭和30年1月1日　志太郡小川町・大富村・和田村・東益津村を編入
昭和32年4月1日　志太郡広幡村の大字越後島を編入
平成20年11月1日　志太郡大井川《おおいがわ》町(昭和30年3月31日，静浜村・相川村・吉永村合併，町制施行)を編入

掛《かけ》　川《がわ》　市

明治22年４月１日　町制施行
大正14年８月20日　小笠郡大池村を編入
昭和18年４月１日　小笠郡南郷村を編入
昭和25年10月10日　小笠郡上内田村を編入
昭和26年４月１日　小笠郡粟本村・西山口村・西南郷村を編入
昭和29年３月31日　小笠郡東山口村・曽我村と合併，市制施行
昭和30年４月１日　小笠郡日坂村・東山村を編入
昭和32年３月31日　小笠郡北小笠村・原谷村・原田村を編入
昭和32年６月25日　大字佐夜鹿の一部を金谷町に編入
昭和35年10月１日　小笠郡三笠村を編入
平成17年４月１日　小笠郡大須賀《おおすか》町(昭和31年６月１日，横須賀町・大淵村合併，町制施行，昭和31年９月30日，笠原村大字山崎の一部を編入)・大東《だいとう》町(昭和48年４月１日，大浜町・城東村合併，町制施行)を合体

藤《ふじ》　枝《えだ》　市

明治22年４月１日　町制施行
昭和29年１月１日　志太郡西益津村を編入
昭和29年３月31日　志太郡青島町・高洲村・大洲村・葉梨村・稲葉村と合併，市制施行
昭和30年２月25日　志太郡瀬戸谷村を編入
昭和32年４月１日　志太郡広幡村(大字越後島を除く)を編入
平成21年１月１日　志太郡岡部《おかべ》町(明治22年４月１日，町制施行，昭和30年３月31日，朝比奈村を編入)を編入

御《ご》殿《てん》場《ば》市

明治22年４月１日　駿東郡御厨町成立
大正３年８月１日　御厨町を御殿場町と改称
昭和30年２月11日　駿東郡富士岡村・原里村・玉穂村・印野村と合併，市制施行
昭和31年１月１日　駿東郡高根村を編入
昭和31年９月１日　駿東郡小山町の大字古沢を編入

袋《ふくろ》　井《い》　市

明治42年１月１日　磐田郡山名町を袋井町と改称
昭和３年12月15日　磐田郡笠西村を編入
昭和23年９月１日　周智郡久努西《くどにし》村を編入
昭和27年10月10日　磐田郡久努村を編入
昭和29年11月３日　豊田郡今井村を編入
昭和30年３月31日　豊田郡三川《みつかわ》村を編入
昭和31年９月１日　磐田郡田原村の一部を編入
昭和31年９月30日　小笠郡笠原村を編入
昭和33年11月３日　市制施行

昭和38年1月1日　周智郡山梨町を編入
平成17年4月1日　磐田郡浅羽《あさば》町(昭和30年3月31日，西浅羽村・幸浦村・上浅羽村・東浅羽村合併，村制施行，昭和31年10月1日，町制施行)を合体

下《しも》田《だ》市

明治22年4月1日　町制施行
昭和30年3月31日　賀茂郡稲生沢村・稲梓村・浜崎村・朝日村・白浜村を編入
昭和46年1月1日　市制施行

裾《すそ》野《の》市

昭和27年4月1日　駿東郡泉村・小泉村合併，町制施行
昭和31年9月30日　駿東郡深良村を編入
昭和32年9月1日　駿東郡富岡村・須山村を編入
昭和46年1月1日　市制施行

湖《こ》西《さい》市

昭和30年4月1日　浜名郡白須賀町・鷲津町・新所村・入出村・知波田村合併，町制施行
昭和47年1月1日　市制施行
平成22年3月23日　浜名郡新居《あらい》町(明治22年4月1日，新居宿・内山村・浜名村合併，町制施行，明治38年3月1日，吉津村の大字中之郷を編入)を編入

伊《い》豆《ず》市

平成16年4月1日　田方郡修善寺《しゅぜんじ》町(明治22年4月1日，村制施行，大正13年8月31日，町制施行，昭和31年9月30日，下狩野村を編入，昭和34年4月10日，北狩野村大字牧之郷・柏久保，年川・大野の一部を編入)・土肥《とい》町(明治22年4月1日，小土肥村と合併，村制施行，昭和13年4月1日，町制施行，昭和31年9月30日，西豆村を編入)・天城湯ヶ島《あまぎゆがしま》町(昭和35年11月1日，中狩野村・上狩野村合併，町制施行)・中伊豆《なかいず》町(昭和33年1月1日，上大見村・中大見村・下大見村合併，町制施行)を合体，市制施行

御《お》前《まえ》崎《ざき》市

平成16年4月1日　榛原郡御前崎町(昭和30年3月31日，御前崎村・白羽村合併，町制施行)・小笠郡浜岡《はまおか》町(昭和30年3月31日，池新田町・朝比奈村・新野村・比木村・佐倉村合併，町制施行)を合体，市制施行

菊《きく》川《がわ》市

平成17年1月17日　小笠郡小笠《おがさ》町(昭和29年3月31日，小笠村・平田村・南山村合併，町制施行，昭和32年9月1日，城東村大字大石を編入，昭和32年10月1日，大字棚草の一部を菊川町に編入)・菊川町(昭和29年1月1日，堀之内町・内田村・横地村・六郷村・加茂村合併，町制施行，昭和30年3月31日，河城村を編入，昭和32年10月1日，小笠町大字棚草の一部を編入)を合体，市制施行

伊豆《いず》の国《くに》市

平成17年４月１日　田方郡伊豆長岡《ながおか》町（昭和９年11月３日，川西村を伊豆長岡町と改称，町制施行，昭和29年３月31日，江間村を編入）・韮山《にらやま》町（明治22年４月１日，村制施行，昭和37年４月１日，町制施行）・大仁《おおひと》町（昭和15年12月10日，田中村を大仁町と改称，町制施行，昭和34年４月10日，北狩野村の大字下畑・浮橋・田原野・長者ヶ原を編入）を合体，市制施行

牧《まき》之《の》原《はら》市

平成17年10月11日　榛原郡相良《さがら》町（明治22年４月１日，町制施行，昭和26年４月１日，萓山村を編入，昭和30年４月１日，萩間村・地頭方村を編入）・榛原《はいばら》町（昭和30年３月28日，川崎町・勝間田村・坂部村合併，町制施行，昭和30年11月１日，相良町の大字白井の一部を編入，31年11月１日，上切山・猪土居を金谷町に編入）を合体，市制施行

賀《か》茂《も》郡

東伊豆町《ひがしいずちょう》　昭和34年５月３日　稲取町・城東村合併，町制施行
河津町《かわづちょう》　昭和33年９月１日　上河津村・下河津村合併，町制施行
南伊豆町《みなみいずちょう》　昭和30年７月31日　竹麻村・南中村・南崎村・三坂村・三浜村・南上村合併，町制施行
松崎町《まつざきちょう》　明治34年３月15日　町制施行
昭和30年３月31日　中川村を編入
昭和31年６月１日　岩科村を編入
西伊豆町《にしいずちょう》　昭和31年３月31日　仁科村・田子村合併，町制施行
平成17年４月１日　賀茂郡賀茂《かも》村（昭和31年９月30日，宇久須村・安良里村合併，村制施行）を合体

田《た》方《がた》郡

函南町《かんなみちょう》　明治22年４月１日　村制施行
昭和38年４月１日　町制施行

駿《すん》東《とう》郡

清水町《しみずちょう》　明治22年４月１日　村制施行
昭和38年11月３日　町制施行
長泉町《ながいずみちょう》　明治22年４月１日　村制施行
昭和35年４月１日　町制施行
小山町《おやまちょう》　大正１年８月１日　六合村・菅沼村合併，町制施行
昭和30年４月１日　足柄村を編入
昭和31年８月１日　北郷村を編入
昭和31年９月30日　須走村を編入

榛《はい》 原《ばら》 郡

吉《よし》 田《だ》 町《ちょう》　明治22年４月１日　村制施行
　　昭和24年７月１日　町制施行

川《かわ》根《ね》本《ほん》町《ちょう》　平成17年９月20日　榛原郡中川根《なかかわね》町(昭和31年９月30日，徳山村を編入，村制施行，昭和32年３月31日，本川根町大字文蔵を編入，昭和37年４月１日，町制施行)・本川根《ほんかわね》町(昭和31年９月30日，東川根村・上川根村合併，町制施行，本川根町と改称，昭和32年３月31日，大字文蔵を中川根町に編入)を合体，町制施行

周《しゅう》 智《ち》 郡

森《もり》　町《まち》　昭和30年４月１日　森町・園田村・飯田村・一宮村・天方村合併，町制施行
　　昭和31年９月30日　三倉村・原泉村大字炭焼の一部を編入

■ 祭礼・行事

(2014年9月1日現在)

〔1月〕

3 小国《おくに》神社の田遊び ➔周智郡森町一宮・小国神社(天竜浜名湖鉄道遠江一宮駅下車)

小国神社は遠江国の一宮で，古代以来の由緒をほこり，近世においても590石の朱印地を有していた。田遊びは正月3日の正午からはじまり，神殿において神事を行ったあと楽屋にはいる。田打ちから田植えの神降ろしまでを模した12段から構成され，御田に見立てた大太鼓を中心に象徴的な所作を行うのが特徴である。演劇的要素が少ないため，詞章の果たす役割が大きい。県指定無形民俗文化財。

3 寺野《てらの》三日堂祭礼ひよんどり ➔浜松市北区引佐町渋川・宝蔵寺《ほうぞうじ》観音堂(天竜浜名湖鉄道金指《かなさし》駅下車，車利用)

「寺野のひよんどり」は「三日堂の祭り」とか「鬼踊り」などともよばれるが，松明《たいまつ》をもって輪になって踊る火踊りから，「ひよんどり」とよばれるようになった。現在は正月3日の昼ごろからはじまり，観音堂での火踊りなど，夕刻まで十数番舞われる。やがて太郎・次郎・三郎の三鬼などが登場し，この「鬼の舞」で最高潮に達する。国指定重要無形民俗文化財。

3 懐山《ふところやま》のおくない ➔浜松市天竜区懐山・泰蔵院《たいぞういん》(遠州鉄道西鹿島駅下車，車利用)

泰蔵院は阿多古《あたご》川の上流にあり，修正会《しゅしょうえ》の呼称「オコナヒ」から転じた「おくない」はかつては新福寺阿弥陀堂の祭りであった。現在は正月3日の午後3時ごろからはじまり，途中「たうえ」では観客も早乙女《さおとめ》となって祭りに加わる。呪師芸《じゅしげい》系・猿楽《さるがく》系・狂言《きょうげん》風の詞章本も伝えられている。国指定重要無形民俗文化財。

4 川名《かわな》のひよんどり ➔浜松市北区引佐町川名・福満寺《ふくまんじ》薬師堂(天竜浜名湖鉄道金指駅下車，車利用)

薬師堂(通称八日堂)の祭りで，現在は正月4日午後2時のシシウチ神事からはじまり，ひよんどりは午後6時から行われる。火祭りが強調されていて，裸の若い衆が堂の入口で人垣をつくり，壮絶なもみ合いが演じられる。またこの祭りは，大禰宜《おおねぎ》・小禰宜・松明・ダンゴツミなどとよばれる特定の家筋の人びとの役割分担によってささえられているのも特徴である。国指定重要無形民俗文化財。

7 三嶋《みしま》大社のお田打ち ➔三島市大宮町・三嶋大社(JR東海道線三島駅下車)

三嶋大社は伊豆国の一宮として古代以来信仰を集め，近世においてもその朱印高は530石であった。このお田打ちは「御田祭り」ともよばれ，正月7日の昼ごろからはじまり，まず本殿で神事を行い，ついで稲作の経過を模擬的に演ずる。内容的にはいわゆる田遊びで，田まわり・苗代打ちなど11段と風流《ふりゅう》

田楽《でんがく》からなる。県指定無形民俗文化財。

7　新井《あらい》の大祭り諸行事　➡伊東市新井・新井神社(JR伊東線伊東駅バス新井行魚市場下車)

新井神社で隔年に行われる大祭りで，「裸まつり」として知られている。若衆が社殿でお祓いをうけたのち，まず社殿前で鹿島踊りを舞い，ついで裸の若衆が神輿《みこし》を海にかつぎいれ，神幸船で東浜から西浜へと海上渡御《とぎょ》となる。船中では船唄があり，やがて浜に着くとふたたび若衆がきそって海にはいり，神輿を船からおろして神社へとむかうのである。県指定無形民俗文化財。

7　法多山《はったさん》の田遊祭　➡袋井市豊沢・法多山尊永寺《そんえいじ》(JR東海道線袋井駅バス法多山行法多山下車)

尊永寺は高野山《こうやさん》釈迦文院《しゃかもんいん》の末寺で厄除《やくよ》け観音として知られており，遠州一帯に広く民衆の信仰を集めてきた。田遊びは7日の正午に寺方・村方の行列が本坊山門前で合流し，本堂にむけて参道を進む。本堂に到着すると，寺方は内陣で大法要を執行し，村方は大師堂で太刀の舞をはじめ，7段からなる田遊びを演ずるのである。県指定無形民俗文化財。

7　日向《ひなた》の七草《ななくさ》祭　➡静岡市日向・福田寺《ふくでんじ》観音堂(静岡鉄道新静岡駅新静岡センターよりバス日向行日向下車)

日向は藁科《わらしな》川上流の山間集落であり，旧暦正月7日の夜に観音堂境内の仮設舞台で行われる。いわゆる田遊び系の芸能で，神降ろしの儀にはじまり，稲作や養蚕の繁栄を祈願する踊りのほか，海水を振りかけて清めつつ，魚などの土産をもたらす演技などに特色がある。県指定無形民俗文化財。

第3土曜日　梅津神楽《うめづかぐら》　➡榛原郡川根本町梅地・谺谽石《こだまいし》神社，同町犬間・若宮神社(大井川鉄道井川線川根長島駅下車)

伊勢《いせ》神楽の系統に属する駿河《するが》神楽の一つで，梅地地区では谺谽石神社で14日に，犬間地区では若宮神社で5日に，それぞれ交互に隔年実施していたが，現在は接岨峡温泉会館(梅地公民館)で奉納される。神迎えの神楽式からはじまり，舞は幣《ぬさ》の舞など15番からなる。県指定無形民俗文化財。

旧暦18・19　西浦《にしうれ》の田楽　➡磐田郡水窪町西浦・西浦観音堂(JR飯田線水窪駅下車役場前より送迎バス利用)

旧暦正月18日の午後10時ごろから翌朝にかけて，別当《べっとう》高木家の当主を中心に，能衆(農衆)とよばれる世襲の人びとによって演じられる。演目の構成は，庭ならしからはじまる地能33番と，高砂《たかさご》からはじまるはね能12番とからなる。地能には田遊びの芸能が多く，はね能は能楽で幸若舞《こうわかまい》なども含まれていて，芸能史上の意義も大きい。国指定重要無形民俗文化財。

〔2月〕

上旬　一幡《いちまん》神社の御榊《おさかき》神事　➡牧之原市菅ケ谷《すげがや》・一幡神社（JR東海道線金谷駅バス相良営業所行相良営業所下車，車利用)

特設した小屋で1年間保管した「お榊様」とよばれる榊につるした餅が神体で，これをささげた本名《ほんみょう》を中心に神社まで行進し，神前で「お榊様」を開い

て異常がないことを確認する。この行事は「二十八名」とよばれる特定の旧家と，それに付属した「名連」によって本名の自宅で行われる。県指定無形民俗文化財。

11　蛭ケ谷《ひるがや》の田遊び　➔牧之原市蛭ケ谷・蛭児《ひるこ》神社(JR東海道線金谷駅バス相良営業所行相良営業所下車，車利用)

夕方から夜更《よふ》けにかけて行われ，笛・太鼓などの鳴り物はいっさいなく，詞章と所作だけで演じられる。蛭児神社の本殿前の庭で篝火《かがりび》を焚き，原則として15〜30歳までの長男が演ずる。矢納め・ほだ引きなどからはじまり，田植え・稲刈りでおわる豊穣祈願の予祝神事である。県指定無形民俗文化財。

17日に近い土曜か日曜日　滝沢《たきさわ》八坂神社の田遊び　➔藤枝市滝沢・八坂神社(JR東海道線藤枝駅バス上滝沢行不動峡入口下車)

夕方から，八坂神社本殿前の石畳舞台で演じられる。まさに稲作の予祝神事としての田遊びで，薙刀《なぎなた》からはじまり，主要な演目である「田打」などとともに,「タロッコ」とよばれる人形をうみおとす「孕《はら》み早乙女《さおとめ》」が注目される。ほとんどが詞章を伴い，笛・太鼓・編木などで囃《はや》すが,面行の演目はなく,装束や切り紙は白で統一されている。県指定無形民俗文化財。

〔3月〕

17　藤守《ふじもり》の田遊び　➔焼津市藤守・大井八幡宮(JR東海道線焼津駅バス飯淵行藤守下車)

大井八幡宮の祈年祭の一神事として行われるもので，社殿の前の三間四面の舞台で，夕方から深夜にかけて，氏子中の未婚の青年男子によって演じられる。演目は25番まであり，さらに前後に番外のものがある。約半数は笛や太鼓で囃し，本格的に芸能を演ずるもので，とりわけ「間田楽《までんがく》」や「猿田楽」などは,「ショッコ」と称する冠《かぶ》り物をつけたはなやかなものである。国指定重要無形民俗文化財。

〔4月〕

3・4　戸田《へだ》の漁師踊・漁師唄　➔沼津市戸田・諸口《もろぐち》神社(伊豆箱根鉄道修善寺駅バス戸田港行戸田港下車)

諸口神社の祭礼で踊りうたわれているものである。もとは紀州から伝わったものといわれ，紀州家から伊豆石運搬用の千歳丸を賜ったさい，鯨突《くじらつ》きの踊りと唄とが伝えられたという。県指定無形民俗文化財。

3・4　沼田《ぬまた》の湯立神楽《ゆたてかぐら》　➔御殿場市沼田・子之《ねの》神社(JR御殿場線南御殿場駅下車)

3日の前夜祭に湯立神楽の舞が奉納され，4日の本祭では直会《なおらい》の舞と神輿還《みこしかん》御《ぎょ》の舞が奉納される。湯立神楽は七五三の舞・行《ぎょう》の舞・宮めぐり・釜めぐり・四方固めの5番からなる。とくに釜めぐりの舞は勇壮で，獅子頭《ししがしら》をつけたものが湯がたぎる大釜をまわりながら奉納する。県指定無形民俗文化財。

5　静岡浅間《せんげん》神社廿日会祭《はつかえさい》の稚児《ちご》の舞　➔静岡市葵区宮ケ崎町・静岡浅間神社(静岡鉄道新静岡駅新静岡センターよりバス安東循環中町廻り赤鳥居下車)

１～６日にかけて行われる静岡浅間神社の大祭廿日会祭の最終日に演じられる舞楽である。この稚児の舞は，もとは明治の廃仏毀釈《はいぶつきしゃく》で廃寺となった建穂《たきょう》寺《じ》の芸能であった。演目は振鉾《えんぶ》・万歳楽《まんざいらく》・納蘇利《なそり》・還城楽《げんじょうらく》・案摩《あま》・太平楽《たいへいらく》の６舞であり，市内の小学生がきらびやかな衣装をつけて舞う。県指定無形民俗文化財。

第１土・日曜日　**天宮《あめのみや》神社十二段舞楽**　➔周智郡森町天宮・天宮神社(天竜浜名湖鉄道戸綿駅下車)

例大祭にあわせて，以前の４月２・３日から，最近では第一土・日曜日に行われるようになった。「天社穀《てんしゃこく》」といわれる青年集団によって奉仕され，舞楽は拝殿前の舞台で演じられ，囃子方《はやしかた》は橋でつながれた楽屋から，舞台にむかって奏する。演目は延鉾《えんぶ》から獅子舞までの12段で，この舞に用いられている面や衣装は，いずれも芸術的価値の高い秀作である。国指定重要無形民俗文化財。

第１土・日曜日　**三熊野《みくまの》神社の地固《じがた》め舞・田遊びと三社祭礼囃子《さんしゃさいれいばやし》**　➔掛川市西大淵・三熊野神社(JR東海道線袋井駅バス横須賀車庫行東番町下車)

いずれも三熊野神社の祭礼のさいに行われる。地固めの舞は境内に仮設された舞台の上で演じられ，いわゆる田楽・田遊びの芸能である。また三社祭礼囃子は，横須賀《よこすか》藩主西尾氏が江戸の祭礼囃子を地元に伝えたものといわれていて，６曲からなる。祭礼は神輿の巡行を中心に行われ，各町内独自の作り物をいただいた屋台も繰りだす。いずれも県指定無形民俗文化財。

14　**猿舞**　➔島田市東光寺・日吉《ひよし》神社(JR東海道線六郷駅下車，車利用)

東光寺の地内日吉神社に伝わる猿舞は，以前は４月の申《さる》の日に行われていたが，現在は14日となっている。祭りの当日，日吉神社から天狗に先導された雌雄《めすおす》２匹の猿が山をおりてきて，境内に設けられた舞台で幣束《へいそく》や扇などをもって舞うものである。県指定無形民俗文化財。

18日に一番近い土・日曜日　**小国《おくに》神社の十二段舞楽**　➔周智郡森町一宮・小国神社(天竜浜名湖鉄道遠江一宮駅下車)

例大祭のさい，舞殿において両日とも奉納され，連舞《れんぶ》から獅子舞までの12段からなる。内容的には天宮《あめのみや》神社の十二段舞楽と大差はないが，ただ連舞の前に，番外として花の舞がある。代々禰宜《ねぎ》の鈴木左近家《すずきさこんけ》が舞楽師範となり，明治以降は氏子一同により奉納されてきた。国指定重要無形民俗文化財。

〔７月〕

第２土・日曜日　**山名《やまな》神社天王祭《てんのうさい》舞楽**　➔周智郡森町飯田・山名神社(JR東海道線袋井駅バス遠州森町行天王下車)

以前は７月14・15日であったが，現在では第２土・日曜日に行われている。舞楽殿の真ん中に幕を引き，拝殿よりが舞台，残り半分が楽屋となる。演目は八初児《やつはち》・神子舞《みこまい》・鶴舞・獅子舞・迦陵頻《かりょうびん》・龍舞・蟷螂《とうろう》舞・優塡獅子《うでんじし》の８段からなり，それぞれ特異な面や衣装をつけ，優塡獅子以外はすべて稚児《ちご》によって舞われる。最近では，舞楽というよりは祇園祭りの系統を引くものとみ

られている。国指定重要無形民俗文化財。

15・16　来宮《きのみや》神社鹿島踊　➔熱海市西山町・来宮神社(JR東海道線来宮駅下車)

来宮神社の祭礼において，鹿島踊はまず境内で踊られ，ついで神社から繰りだして，ほかの行列と一緒に町を練って歩き，湯前神社－熱海駅前－浜－銀座から，やがて神社へと戻って踊るのである。行列の先頭には天狗がいて「麦こがし」をまき，２頭の獅子もついてまわる。県指定無形民俗文化財。

〔８月〕

旧暦８月10日に近い土・日曜日　見付《みつけ》天神裸祭　➔磐田市見付・矢奈比売《やなひめ》神社(JR東海道線磐田駅遠州鉄道バス見付・磐田営業所行見付下車)

矢奈比売神社(通称見付天神社)の祭礼で，現在は旧暦８月10日に近い土・日曜日に大祭を行う。裸踊りとして有名で，午前に浦安《うらやす》の舞が奉納され，夕方から夜中にかけて，遠州灘《えんしゅうなだ》で垢離《こり》をとった氏子たちが，白褌《しろふんどし》で腰簑《こしみの》をつけて町内を乱舞し，天神社に練り込むのである。神輿のお渡りは夜半になり，明かりが消された旧街道を走って，午前零時ごろに渡御がおわる。県指定無形民俗文化財。

13　焼津《やいづ》神社獅子木遣《ししきや》り　➔焼津市焼津・焼津神社(JR東海道線焼津駅下車)

焼津神社の祭神は日本武尊《やまとたけるのみこと》であり，８月の祭礼は荒《あら》祭りとして知られている。12日にはお神楽《かぐら》祭りが，そして13日には神輿渡御が行われる。氏子の青年たちが神輿をかついで町内から御旅所をまわり，夜になって還幸するのである。獅子木遣りは，県指定無形民俗文化財。

13～15　滝沢《たきさわ》の放歌《ほうか》踊　➔浜松市北区滝沢町・林慶寺《りんけいじ》と新盆の家(天竜浜名湖鉄道都田駅下車)

滝沢は浜松市最北部の町で，ここでは大念仏とともに珍しく放歌踊を伝承している。大念仏を踊ったあと放歌踊に切り替え，13日はみずからの集落を，14・15日は近隣をまわる。編成は頭２人，幟《のぼり》１人，笛・切太鼓・双盤鉦《そうばんかね》は各数名，供回りを含めると四十数人で新盆の家などを訪れる。県指定無形民俗文化財。

14・15　平野《ひらの》の盆踊　➔静岡市葵区平野・少林院《しょうりんいん》(静岡鉄道新静岡駅新静岡センターよりバス有東木《うとうぎ》または梅ケ島温泉行平野下車)

平野は安倍《あべ》川中流域の村で，毎年２日間少林院の境内で古風な盆踊りが行われていたが，現在は別の広場に移っている。男踊りと女踊りとがあり，締め太鼓で調子をとりながら交互に踊る。張り笠をかぶって踊る中踊りにみられるように，踊りの場に祖霊を迎え，安倍川の岸辺に送りだすという形をとっている。県指定無形民俗文化財。

第３日曜日　御船《おふね》行事　➔牧之原市大江・大江八幡神社(JR東海道線金谷駅バス相良営業所行相良営業所下車，車利用)

例大祭の前日，２艘の船を大江の海で清め，船若衆も潔斎《けっさい》をする。御船行事は八幡神社を出発する祭の柱起こしからはじまり，大江中の練りに移る。揃《そろ》いの浴衣《ゆかた》と白足袋《しろたび》で激しく練り，とくに渡御の行列が還御《かんぎょ》するさいは，鳥居

前で力つきるまで練りを繰り返す。国指定無形民俗文化財。

15　有東木《うとうぎ》の盆踊　➔静岡市葵区有東木・東雲寺《とううんじ》(静岡鉄道新静岡駅新静岡センターよりバス有東木行有東木下車)

有東木は平野より上流部にあり，東雲寺境内で夕方から夜中まで踊る。以前は14・15両日で，伝承では平野より新しいようであるが，やはり男踊りと女踊りとに分かれていて，太鼓にあわせて交互に踊る。踊りの最後には村はずれまで行進し，張り笠などにつけた紙の房を集めて燃やす。国指定無形民俗文化財。

15　妻良《めら》のぼんおどり　➔賀茂郡南伊豆町妻良・妻良海岸(伊豆急行下田駅バス子浦行妻良下車)

海岸に櫓《やぐら》をくみ，そこから張りわたした綱に大漁旗をつるして飾りたて，その下で踊る。かつては口説《くど》きを伴っていたようであるが，近年は櫓太鼓を中心に，笛3・三味線3・大小太鼓各1の囃子で踊る。踊り子は造花をつけた花笠をかぶり，浴衣をきている。県指定無形民俗文化財。

15　徳山《とくやま》の盆踊　➔榛原郡川根本町徳山・徳山浅間《せんげん》神社(大井川鉄道駿河徳山駅下車)

徳山浅間神社の境内で，徳山古典芸能保存会および氏子たちによって行われる。盆踊とはいっても，本来はそれぞれ別の芸能であった「鹿ン舞」,「ヒーアイ」とよばれる盆踊り，「狂言《きょうげん》」の総称である。昼間は鹿ン舞の集団が村をめぐり，夕方から浅間神社の舞台上でヒーアイと狂言が奉納され，鹿ン舞は警護役として舞台のまわりを舞うのである。国指定重要無形民俗文化財。

15～17　三島囃子《みしまばやし》　➔三島市河原谷(JR東海道線三島駅下車)

三嶋大社の舞々役幸若与惣太夫《こうわかよそうだゆう》によって創曲されたものといわれ，現在は三島ばやし保存会によって行われている。三島囃子は「おはやし」7曲と「しゃぎり」7曲とからなっていたが,「おはやし」は現在，松・祇園《ぎおん》・吉野ばやしの3曲しか伝承されていない。県指定無形民俗文化財。

〔9月〕

15　田代《たしろ》神楽　➔榛原郡川根本町田代・大井《おおい》神社(大井川鉄道崎平駅下車)

3年に1度。大井川や安倍川水系の他の神楽と同系統のものではあるが，独自の要素も含んでいる。3人の舞手が三度笠をかぶり，馬の頭に模したものをつけて舞う「駒の舞」などはその代表例である。大井神社で夕方からはじまり深夜にまでおよび，多様な内容を含んだ神楽である。県指定無形民俗文化財。

秋の彼岸の中日とその前日　桜ヶ池のお櫃《ひつ》納め　➔御前崎市佐倉・池宮《いけみや》神社(JR東海道線掛川または菊川駅バス御前崎行桜ヶ池下車)

池水が諏訪湖《すわこ》と連なっているという伝説がある桜ヶ池には，その昔ある僧侶が弥勒菩薩《みろくぼさつ》の出現を待とうとして，大蛇に変身して潜んだといわれている。「お櫃納め」の神事はこの僧侶の供養《くよう》にはじまるといわれ，潔斎《けっさい》した若者が，池の中央でお櫃をしずめるのである。県指定無形民俗文化財。

〔10月〕

第１土・日曜日　**大東町八坂神社の祇園囃子と祭礼行事**　➡掛川市中・八坂神社(JR東海道線掛川駅下車，車利用)

疫神である祇園牛頭天王《ごずてんのう》をまつり，その加護によって疫病をまぬがれようとする信仰は各地にみられる。大東町八坂神社の祭礼もまさにこの祇園祭であり，にぎやかな祇園囃子が付随している。祭礼の７日前に伝説の故地青谷《あおや》のお旅所に神輿が巡行し，当日は山車《だし》が青谷に練り込み，神輿還御《かんぎょ》のさいには，満勝寺《まんしょうじ》前で参拝祈禱が行われる。県指定無形民俗文化財。

10　**徳山《とくやま》神楽**　➡榛原郡川根本町徳山・徳山神社(大井川鉄道駿河徳山駅下車)

徳山神社の湯立《ゆたて》神楽は，駿河神楽の一種ではあるが，独自の演目などもみられる。神の舞に続いて湯立が行われ，神楽がはじまる。採り物の舞のほか面《めん》行《ぎょう》の舞もあり，庭では湯の舞が行われ，湯伏と神歌があるのが特色であるといわれている。県指定無形民俗文化財。

第２土・日曜日　**獅子舞かんからまち**　➡掛川市瓦《かわら》町・龍尾《たつお》神社(JR東海道線掛川駅下車)

掛川祭りは，３年に１度大祭が行われる。掛川宿十三町からはじまった祭りといわれているが，現在に伝わる大祭の三大余興《よきょう》や出し物などは明治中期ごろからという。仁藤《にとう》町の大獅子をはじめ，勇壮な「獅子の祭り」として名高く，かんからまち(瓦町のかんから獅子)は県指定無形民俗文化財である。

第２土・日曜日　**横尾歌舞伎《よこおかぶき》**　➡浜松市北区引佐町横尾・開明座《かいめいざ》(JR浜松駅または天竜浜名湖鉄道金指駅バス奥山行横尾下車)

横尾歌舞伎は，静岡県下でただ一つ現存する農村歌舞伎である。横尾・白岩地区の地芝居で，現在は引佐町芸能保存会によって，横尾と白岩の氏神の祭礼がある７・８日に，横尾の開明座で演じられる。初日には式三番叟《しきさんばそう》が演じられ，２夜にわたり「太閤記《たいこうき》」「忠臣蔵《ちゅうしんぐら》」などの熱演がある。県指定無形民俗文化財。

12〜14　**清沢《きよさわ》の神楽**　➡静岡市葵区杉尾・子《ね》の神社(静岡鉄道新静岡駅新静岡センターよりバス日向行杉尾入口下車)

駿河神楽の一種で，旧清沢村に伝承されてきた湯立神楽を総称したものである。清沢神楽保存会によって，各集落の神社に奉納される神楽を助け合い，杉尾のほか，黒俣の峯山や中塚の子の神社のものも盛大である。演目は採り物の舞のほか面行《めんぎょう》の舞もあり，お囃子《はやし》も豊かである。県指定無形民俗文化財。

13〜15　**島田帯祭《しまだおび》**　➡島田市大井町・大井神社(JR東海道線島田駅下車)

３年ごとに行われる大井神社の大祭は，一般には帯祭りとして知られている。祭礼では，大名行列・鹿島踊・屋台が町を練り歩くが，大名行列のなかに豪華な帯をかざった大奴《おおやっこ》がいるからである。最終日には神輿がお仮屋に巡行し，夕刻に大井神社に還御する。このうち大名行列・鹿島踊が，県指定無形民俗文化財。

15　大鍋子守神社の神楽《おおなべねのかみ》　➔賀茂郡河津町大鍋・子守神社(伊豆急行河津駅下車,車利用)

かつては厄払いの祈願のため，祭礼日に関係なく奉納されたといわれるが，近年は秋の大祭で毎年演じられる。7番まであるうち，芝踏《しばふみ》の舞・御姿《みすがた》の舞・翁《おきな》の舞・申《さる》(猿)太彦《たひこ》の舞の4番が主舞で，他の3番は余興《よきょう》的な舞といわれている。舞人は15～50歳ぐらいまでの氏子長男とされている。県指定無形民俗文化財。

第3土・日曜日　掛塚《かけつか》祭屋台囃子　➔磐田市掛塚・貴船《きふね》神社(JR東海道線浜松駅バス掛塚行掛塚下車)

掛塚の8台の屋台は，江戸時代の末期から大正期にかけて製作された立派なものであり，祭りの1週間前に神社で各町の屋台が組み立てられる。屋台祭りは2日間にわたって行われ，本祭りは日曜日の12時半からはじまり，神輿《みこし》のお渡りもある。この祭りの屋台囃子が，県指定無形民俗文化財である。

29　高根白山《たかねはくさん》神社古代舞楽《ぶがく》　➔藤枝市蔵田・高根白山神社(JR東海道線藤枝駅バス蔵田または大久保行蔵田下車)

藤枝市の最北部，高根山頂にある白山神社に毎年奉納される。伊勢《いせ》流の神楽で，古くから伝承しているという。演目は座揃いからはじまって，幣《ぬさ》の舞など十数番におよぶが，恵比寿大黒《えびすだいこく》の舞などが注目される。金銀や五色の紙を使った切り抜きなども美しい。県指定無形民俗文化財。

最終土曜日　川合《かわい》花の舞　➔浜松市天竜区佐久間町川合・八坂神社(JR飯田線下川合駅下車)

奥三河に多い「花祭」の一種で，県内では現在佐久間町内の3カ所でのみ行われている。境内《けいだい》に注連縄《しめなわ》を張って舞処《まいと》とし，中央に大釜をすえて湯を立てる。構成は湯立《ゆたて》祭儀・採り物の舞・面行の舞からなるが，とくに鬼の面をつけ，真っ赤な衣装で鉞《まさかり》をもった「山見鬼《やまみおに》」で知られる。県指定無形民俗文化財。

〔11月〕

2・3　仁科《にしな》の人形三番叟《さんばそう》　➔賀茂郡西伊豆町仁科・佐波《さわ》神社(伊豆箱根鉄道修善寺駅バス松崎行沢田下車)

式三番叟は伊豆の全域に分布するが，このうち人形三番叟で現在残っているのは5カ所である。仁科の佐波神社では，2日の宵《よい》祭りで「日の入り三番」，3日の本祭りで「日の出三番」が演じられる。人形は，頭・左使い・足に分かれてあやつる三人遣いである。演目は千歳《ちとせ》・翁《おきな》・三番叟で，ここでは共導社《きょうどうしゃ》といわれる若者組のなかから選ばれたものが演ずる。県指定無形民俗文化財。

2・3　人形三番叟　➔賀茂郡西伊豆町宇久須《うくす》・牛越《うしこし》神社(伊豆箱根鉄道修善寺駅バス松崎行宇久須港口下車)

2日の夜は「揃《そろ》い」といって舞台のうえで，3日の早朝は「御納」といって社殿前の境内で演ずる。演ずるものは氏子の有志であり，人形遣い9人をは

じめ，太鼓・鼓・笛・謡など21人で奉仕する。人形は仁科と同様原則として3人遣いであるが，三番叟のみ途中2人遣いとなる。県指定無形民俗文化財。

3～5　**富士宮《ふじのみや》囃子**　➔富士宮市宮町ほか・富士山本宮浅間《ほんぐうせんげん》大社(JR身延線富士宮駅下車)

秋の大祭の3日間，市街地の20地区ほどが山車《だし》・屋台をだし，町方氏子が自治区内を引きまわすが，そのさいの祭囃子である。初日の午前中に「宮まいり」といって浅間大社に参集し，富士宮囃子を奉納する。引回しで山車・屋台が出会った場合は，囃子の「競り合い」が行われる。県指定無形民俗文化財。

＊　静岡県下にはみるべき祭礼・行事が多いため，国指定・県指定のものにかぎった。また祭礼・行事の名称は，原則として『静岡県内指定文化財要覧』に記載されているものにしたがった。

■ 参考文献

【静岡県における地域史研究の現状と課題】

静岡県の地域史研究を語る場合，戦前に刊行された『静岡県史料』全5巻をまずあげなければならない。若干の誤読・誤植があるとはいえ，3国にわたるすぐれた史料集として，その利用価値は今日においてもなお高い。なお，戦前の県史編纂は，通史編は第3巻の鎌倉期まででおわっていて，本格的な県史・市町村史編纂は戦後になってからである。

戦後の市町村史編纂では，当初，磐田・焼津・沼津などでは「市誌」の編纂が行われたが，1955年ごろから編纂がはじまった浜松・伊東・清水などでは，資料編を伴った「市史」へと発展していった。その後，島田・藤枝・富士宮などの市史は通史編のみとやや後退したが，1975年前後から刊行がはじまった静岡・御殿場・天竜・袋井などの市史以降は，資料編をだすことが一般的となっていった。

このような流れのなかで，1985年から待望の県史編纂事業が開始された。13年計画で，通史編6巻・年表1巻・資料編25巻・別編3巻の全35巻の構成であり，1997年度の事業として年表と図説を刊行して，予定どおり1998年3月に終了することとなっている。また関連して，『静岡県民俗調査報告書』20冊も刊行された。これら県史の諸成果が，今後の静岡県における地域史研究の発展に大きく寄与することはいうまでもないことである。

しかし，この間に収集された膨大な諸資料が，県史編纂事業の終了後に整理・保存・公開されるかどうかが，当面する重要な課題となっている。本来ならば，県史の終了にあわせて，公文書館や人文系博物館などが建設され，県史の諸資料はそこへ移管して保存・公開するとともに，引きつづき調査・研究の体制がとられるべきである。残念ながら，静岡県にはそのような計画がないため，当面，県史編纂事業の終了後ただちに，保存・公開のためのなんらかの処置をとることが必要である。

他方で，県史の編纂が市町村史編纂に対して，大きな刺激をあたえたことも注目される。町村史では，県史を契機に編纂をはじめたところも多く，それぞれの地域で資料の発掘が進んでいる。最近の市町村史の傾向として，まず文書目録を作成し，ついで資料編から通史編へ，最後に別巻としてよりわかりやすい図説などをまとめるようになっている。また，『静岡県史研究』のように，市史レベルでは研究紀要を発行するところもふえていて，研究の進展にのぞましいことである。

県下の研究団体としては，静岡県考古学会，静岡県地域史研究会(古代～近世)，静岡県近代史研究会，静岡県民俗学会があり，それぞれ20年前後の活動歴を有して，地域史研究の裾野を広げている。また，自主的な会員制で毎年発行されている『地方史静岡』はすでに26号に達しており，巻末の県史関係論文目録・資料紹介は検索に便利である。

触れ残したことは多いが，いずれにしても静岡県の地域史研究は，県史や市町村史の成果を基礎に，今後おおいに発展するものと期待される。

【辞典・通史など】

静岡県教育委員会文化課編『静岡県歴史の道・東海道』 静岡県教育委員会 1994（初版，『静岡県歴史の道調査報告書－東海道－』 1980）
静岡新聞社出版局編『静岡大百科事典』 静岡新聞社 1978
新静岡風土記刊行会編『静岡県の歴史と風土』 創土社 1981
永原慶二・海野福寿編『図説・静岡県の歴史』 河出書房新社 1987
若林淳之ほか編『角川日本地名大辞典 22 静岡県』 角川書店 1982
若林淳之ほか編『静岡県姓氏家系大辞典』 角川書店 1995
若林淳之『静岡県の歴史』 山川出版社 1970

【自治体史】

浅羽町史編さん委員会編『浅羽町史』資料編3巻·民俗編·通史編 浅羽町 1996-2000
熱海市史編纂委員会編『熱海市史』上巻・下巻・資料編 熱海市役所 1967-72
新居町史編さん委員会編『新居町史』通史編上・下，資料編8巻，別巻 新居町 1983-90
伊豆長岡町教育委員会編『伊豆長岡町史』上・中・下巻，資料3巻，津田家古文書，諸家古文書2巻 伊豆長岡町教育委員会 1982-2006
伊東市史編纂委員会編『伊東市史』本編・資料編 伊東市教育委員会 1958-62
引佐町編『引佐町史』上巻・下巻・民俗芸能編 引佐町 1991-95
磐田市史編さん委員会編『磐田市史』通史編3巻・史料編5巻・図説 磐田市 1991-95
磐田市誌編纂委員会編『磐田市教育のあけぼの』等，市誌シリーズ10冊 静岡県磐田市 1973-89
大井川町誌編纂委員会編『大井川町史』 上巻・中巻・下巻 大井川町 1984-92
大須賀町誌編纂委員会編『大須賀町誌』 静岡県小笠郡大須賀町 1980
岡部町史編纂委員会編『岡部町史』 静岡県志太郡岡部町 1970
御前崎町編『御前崎町史』 資料編2巻・写真集・通史編 御前崎町 1991-96
小山町史編さん専門委員会編『小山町史』通史編3巻・資料編5巻・民俗編 小山町 1990-98
掛川市教育委員会市史編纂委員会編『掛川市史資料集』 2巻 掛川市役所 1980-82
掛川市史編纂委員会編『掛川市史』上巻・中巻・下巻 掛川市 1984-97
金谷町史編さん委員会編『金谷町史』資料編4巻・地誌編・通史編2巻・図説 金谷町役場 1992-2005
函南町誌編纂委員会編『函南町誌』上巻・中巻・下巻 函南町 1974-85
蒲原町史編纂委員会編『蒲原町史』資料編3巻 蒲原町史編纂委員会 1983-96
菊川町史編さん委員会編『菊川町史』通史編1巻・資料編1巻 菊川町 1990-97
湖西市史編さん委員会編『湖西市史』資料編9巻・別巻 静岡県湖西市 1979-98

小野真澄編『川根町史』近世史料編1巻　川根町　1989
上白石実編『川根町史』近世史料編3巻・近現代史料編　1994-2007
御殿場市史編さん委員会編『御殿場市史』通史編上・下，史料7巻・別巻2巻　御殿場市役所　1974-83
相良町編『相良町』通史編上巻・下巻，資料編4巻　相良町　1991-96
佐久間町役場編『佐久間町史』上巻・下巻，史料編4巻　佐久間町役場　1966-82
静岡県編『静岡県史』通史編7巻・資料編25巻・別巻3巻　静岡県　1989-98
静岡県吉田町誌編纂委員会編『吉田町史』上巻・中巻・下巻　静岡県吉田町教育委員会　1985-97
静岡市役所編『静岡市史』通史編3巻・資料編7巻・別巻　静岡市役所　1969-82
芝川町誌編さん委員会編『芝川町誌』　芝川町　1973
島田市史編纂委員会編『島田市史』上巻・中巻・下巻　島田市役所　1968-78
清水市史編さん委員会編『清水市史』本文編3巻・資料編7巻　清水市　1964-86
下田市史編纂委員会編『図説下田市史』　静岡県下田市教育委員会　1988
下田市史編纂委員会編『下田市史』資料編6巻　静岡県下田市教育委員会　1990-2010
裾野市史編さん専門委員会編『裾野市史』資料編7巻・通史編2巻　裾野市　1991-2001
龍山村村史編纂委員会編『龍山村史』　静岡県磐田郡龍山村　1980
天竜市役所編『天竜市史』上巻・下巻・資料編9巻・別巻　天竜市役所　1974-88
豊岡村史編さん委員会編『豊岡村史』通史編・資料編3巻・豊岡村百話　豊岡村　1992-96
豊田町誌編さん委員会編『豊田町誌』通史編・資料集7巻・別編2巻　豊田町　1988-2001
長泉郷土誌増補版編さん委員会編『長泉町史』上巻・下巻　長泉町・長泉町教育委員会　1992
中川根町史編纂委員会編『中川根町史』資料編　静岡県榛原郡中川根町　1975
韮山町史編纂委員会編『韮山町史』16冊・年表　韮山町史刊行委員会　1979-99
沼津市史編さん委員会・沼津市教育委員会編『沼津市史』史料編11巻・通史編4巻・別編3巻　沼津市　1993-2009
榛原町史編纂委員会編『静岡県榛原町史』上巻・中巻・下巻　静岡県榛原郡榛原町　1985-91
浜岡町史編纂委員会編『浜岡町史』　浜岡町　1975
『浜北市史』通史上巻・下巻，浜北と天竜川，資料編6巻　浜北市　1988-2004
浜名郡雄踏町教育委員会編『雄踏町誌』史料編10巻　浜名郡雄踏町　1968-78
浜松市役所編『浜松市史』通史編3巻・資料編6巻　浜松市役所　1957-80
春野町史編さん委員会編『春野町史』通史編上・下巻・資料編3巻　春野町　1991-99
袋井市教育委員会教育長等編『袋井市史資料』7冊・別冊　袋井市教育委員会教育

長等　1972-83
袋井市史編纂委員会編『袋井市史』通史編・史料編４巻・資料編・目で見る袋井市史　袋井市役所　1979-86
藤枝市史編纂委員会編『藤枝市史』上巻・下巻　藤枝市　1970-71
富士川町史編纂委員会編『富士川町史』　静岡県富士川町　1962
富士市史編纂委員会編『富士市史』上・下　富士市　1966・69
富士市史編纂委員会編『吉原市史』上・中・下　富士市　1968-78
富士市史編纂委員会編『鷹岡町史』　富士市　1984
富士宮市史編纂委員会編『富士宮市史』上巻・下巻　富士宮市　1971-86
福田町史編さん委員会編『福田町史』資料編３巻　福田町　1994-
木村文雅ほか編『細江町史』通史編上巻・下巻，資料編 10 巻　細江町　1980-97
細江町史編さん委員会編『細江町史』通史編中巻　細江町　2000
本川根町史編集委員会編『本川根町史』資料編　静岡県榛原郡本川根町　1980
舞阪町史研究会編『舞阪町史』史料編５巻　静岡県舞阪町　1970-74
舞阪町史編さん委員会編『舞阪町史』上巻・中巻・下巻　舞阪町　1989-99
舞阪町渡辺八平編『舞阪町史』史料編５巻　静岡県舞阪町　1974-79
水窪町史編さん委員会編『水窪町史』上・下　水窪町　1983
三島市誌増補版編さん委員会編『三島市誌増補』本文編・資料編２巻　三島市　1987-92
三島市誌編纂委員会編『三島市誌』上巻・中巻・下巻　三島市　1958・59
三ケ日町史編纂委員会編『三ケ日町史』上巻・下巻　三ケ日町　1976-79
森町史編さん委員会編『森町史』通史編上巻・下巻，資料編６冊・別冊　森町　1993-96
由比町史編さん委員会編『由比町史』　静岡県由比町教育委員会　1989

【原始・古代】
大塚初重他編『登呂遺跡と弥生文化』　小学館　1985
斎藤忠先生頌寿記念論文集刊行会編『考古学叢考』上・中・下　吉川弘文館　1988
静岡県考古学会編『静岡県のあけぼの』　静岡県考古学会　1984
静岡県埋蔵文化財研究所編『昭和六二年度埋蔵文化財発掘調査報告会－静岡県の原像を探る－』　静岡県埋蔵文化財研究所　1987
竹内理三編『伊場木簡の研究』　東京堂出版　1981
原秀三郎編『新版古代の日本７　中部』　角川書店　1993
藤岡謙二郎編『古代日本の交通路』Ｉ　大明堂　1978
山中敏史『古代地方官衙遺跡の研究』　塙書房　1994

【中　世】
有光友学『戦国大名今川氏の研究』　吉川弘文館　1994
石井進『日本中世国家史の研究』　岩波書店　1970

上横手雅敬『日本中世政治史研究』 塙書房 1970
大塚勲『大井川流域の中世史』 朝日書店 1995
奥富敬之『鎌倉北条氏の基礎的研究』 吉川弘文館 1980
小和田哲男『駿河今川一族』 新人物往来社 1983
小和田哲男・本多隆成『静岡県の歴史＝中世編』 静岡新聞社 1978
勝俣鎮夫『戦国法成立史論』 東京大学出版会 1979
川添昭二『今川了俊』 吉川弘文館 1964
五味文彦『院政期社会の研究』 山川出版社 1984
佐藤進一『増訂 鎌倉幕府守護制度の研究』 東京大学出版会 1971
佐藤進一『日本中世史論集』 岩波書店 1990
佐藤進一『室町幕府守護制度の研究 上』 東京大学出版会 1967
静岡県教育委員会文化課編『静岡県の中世城館跡』 静岡県教育委員会 1981
静岡県教育委員会文化課編『駿府城跡内埋蔵文化財発掘調査報告』 静岡県教育委員会 1983
長倉智恵雄『戦国大名駿河今川氏の研究』 東京堂出版 1995
福田以久生『駿河相模の武家社会』 清文堂出版 1976

【近 世】
和泉清司『徳川幕府成立過程の基礎的研究』 文献出版 1995
岩崎鐵志『内山真龍』 天竜市役所 1982
北島正元『江戸幕府の権力構造』 岩波書店 1964
佐藤孝之『近世前期の幕領支配と村落』 巌南堂書店 1993
静岡県地域史研究会編『東海道交通史の研究』 清文堂出版 1996
関根省治『近世初期幕領支配の研究』 雄山閣出版 1992
高橋敏『日本民衆教育史研究』 未来社 1978
田村貞雄『ええじゃないか始まる』 青木書店 1987
寺田泰政『賀茂真淵－生涯と業績－』 浜松史跡調査顕彰会 1979
徳川義宣『新修徳川家康文書の研究』 徳川黎明会 1983
仲田正之『江川坦庵』 吉川弘文館 1985
中村孝也『徳川家康文書の研究』上巻・中巻・下巻之一・下巻之二・拾遺集 日本学術振興会 1958-71
藤木久志『豊臣平和令と戦国社会』 東京大学出版会 1985
藤野保『新訂幕藩体制史の研究』 吉川弘文館 1975
本多隆成『近世初期社会の基礎構造』 吉川弘文館 1989
本多隆成編『近世静岡の研究』 清文堂出版 1991
若尾俊平ほか『駿府の城下町』 静岡新聞社 1983
若林淳之『静岡県の歴史＝近世編』 静岡新聞社 1983
若林淳之『旗本領の研究』 吉川弘文館 1987
渡辺和敏『近世交通制度の研究』 吉川弘文館 1991

【近代・現代】
海野福寿編『静岡県の昭和史』上巻・下巻　毎日新聞社　1983
静岡新聞社編『静岡年鑑』各年版　静岡新聞社
静岡県『静岡県新世紀創造計画』 1995
静岡県編『静岡県の百年』 静岡県　1968
原口清・海野福寿『静岡県の歴史＝近代・現代編』 静岡新聞社　1979
原口清・海野福寿『静岡県の百年』 山川出版社　1982
山本義彦監修『静岡県鉄道写真集』 郷土出版社　1993

■　図版所蔵・提供者一覧

表紙カバー　大須賀町観光協会
見返し表　静岡市教育委員会
　　裏上　長泉町教育委員会
　　裏中　国立歴史民俗博物館
　　裏下　藤枝市郷土博物館
口絵1上・下　原品 宮内庁正倉院事務所・複製品 国立歴史民俗博物館
　2上　神護寺
　2・3下　清浄光寺・歓喜光寺
　3上右　静岡県歴史文化情報センター
　　上左　明治大学刑事博物館
　4　名古屋市博物館
　5上　久能山東照宮博物館
　　下　(財)駿府博物館
　6上　袋井市教育委員会
　6・7下　西尾市岩瀬文庫・静岡県歴史文化情報センター
　7上　東海道広重美術館・静岡県歴史文化情報センター
　8上　木内敏介
　　下　焼津市観光協会
p. 3　国立公文書館
p. 6　静岡大学
p. 9　伊豆長岡町教育委員会
p.11　沼津市教育委員会
p.17右　三ケ日町教育委員会
　　左　東京国立博物館
p.19　磐田市教育委員会
p.25　浜松市博物館
p.30　浜松市博物館
p.31　浜松市博物館
p.40　宮内庁正倉院事務所
p.42　藤枝市教育委員会
p.44　(財)静岡県埋蔵文化財調査研究所
p.53　熱海市観光協会
p.54　湖西市教育委員会
p.58　伊豆山神社・静岡県歴史文化情報センター
p.61右　伊豆山神社・熱海市観光協会
　　左　伊豆山神社・静岡県歴史文化情報センター
p.62　高木正勝・静岡県歴史文化情報センター
p.65　願成就院・湊嘉秀
p.70　般若寺・静岡県歴史文化情報センター
p.72　天理大学附属天理図書館
p.74　国立公文書館・静岡県歴史文化情報センター
p.77　中山吉雄・静岡県歴史文化情報センター
p.82　山下晃
p.91　静岡県歴史文化情報センター
p.106　東福寺・静岡県歴史文化情報センター
p.108　写真提供　杉橋隆夫
p.110　静岡県歴史文化情報センター
p.114　花園大学
p.115　京都大学総合博物館・静岡県歴史文化情報センター
p.120　静岡県歴史文化情報センター
p.123　増善寺・静岡県歴史文化情報センター
p.139　(財)徳川黎明会
p.146　山田信敏・静岡県歴史文化情報センター
p.151　大庭重一
p.157　大通院
p.165　妙興寺
p.167　東海道広重美術館
p.174　日光東照宮宝物館
p.178　江川文庫
p.183　『県治要略』
p.191　国立公文書館
p.197　袋井市教育委員会
p.207　三倉正樹
p.210　『駿河志料』
p.213　内山昌彦・天竜市教育委員会
p.219　相良小学校
p.222　東京都立大学付属図書館
p.223　浜松市立賀茂真淵記念館
p.227　原品 東京国立博物館
p.233　国立国会図書館
p.239　内山昌彦・天竜市教育委員会
p.243　ヒュースケン「日本日記」
p.245　(財)東洋文庫
p.247　江川文庫
p.251　塚田光弥

p.253　　金谷町観光協会
p.263　　静岡県歴史文化情報センター
p.266上　安間善一
　　下　トヨタ自動車(株)
p.276　　森町教育委員会
p.282　　静岡県歴史文化情報センター
p.294　　西岡昭夫

敬称は略させていただきました。

紙面構成の都合で個々に記載せず，巻末に一括しました。所蔵者不明の図版は，転載書名を掲載しました。万一，記載洩れなどがありましたら，お手数でも編集部までお申し出下さい。